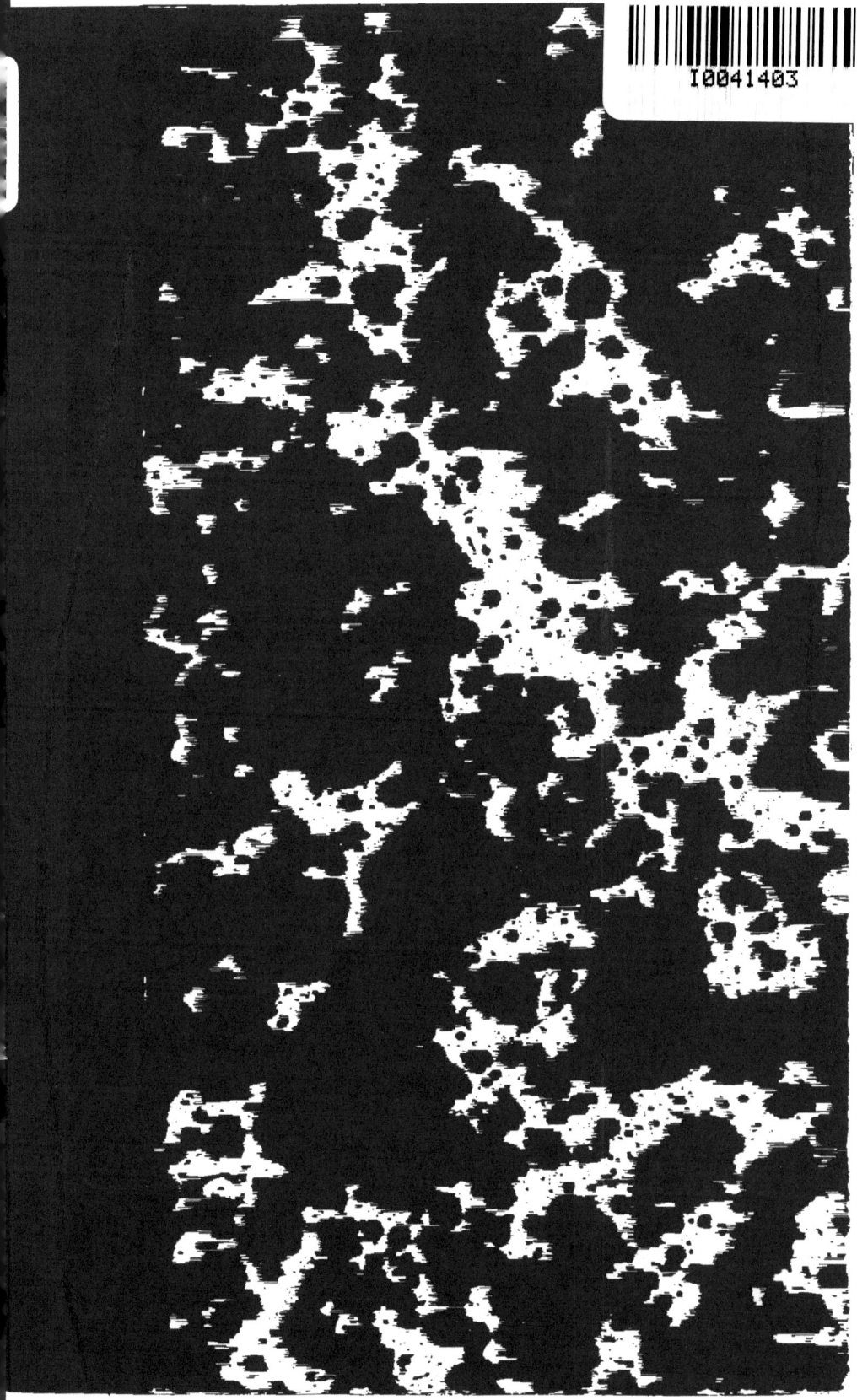

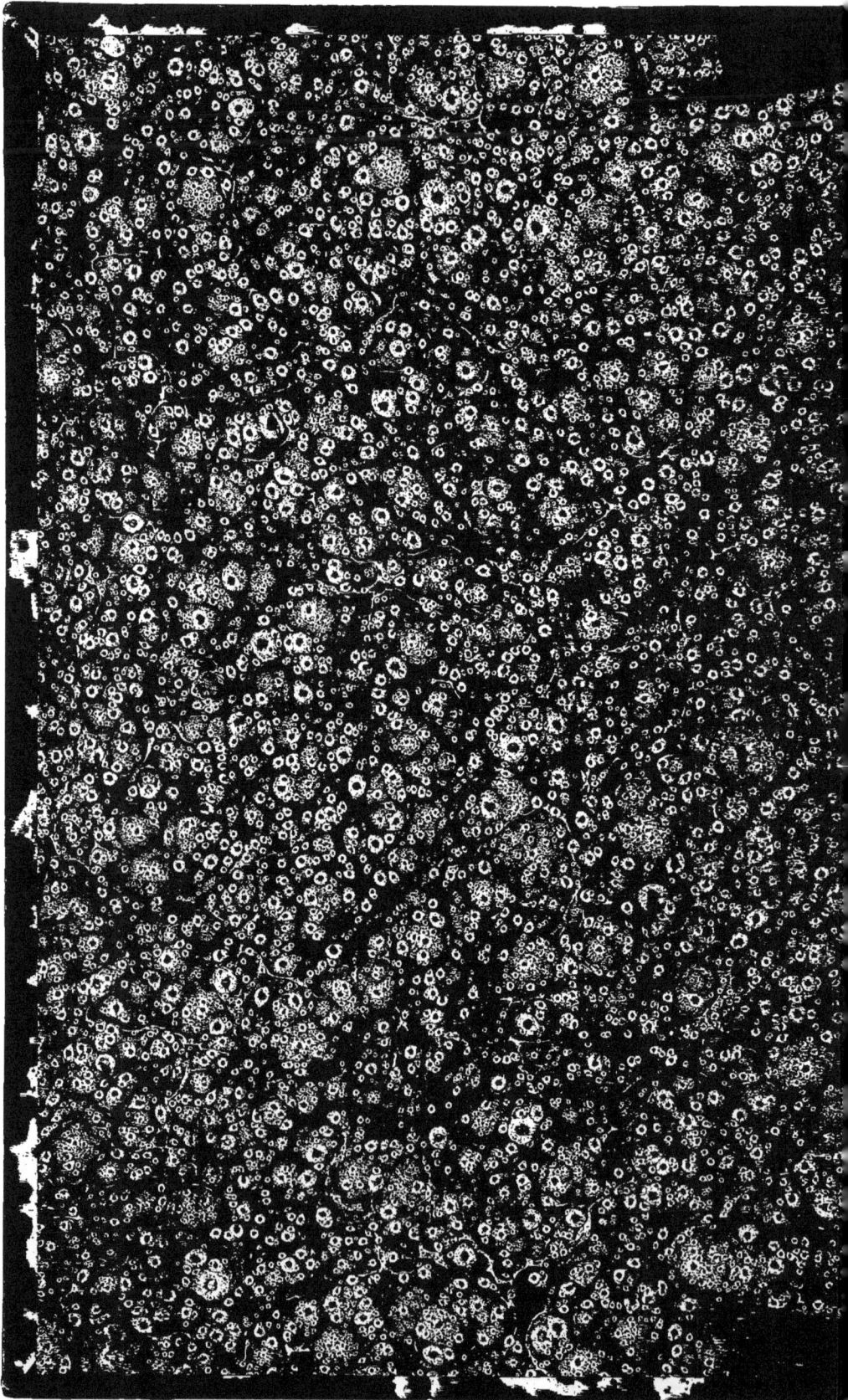

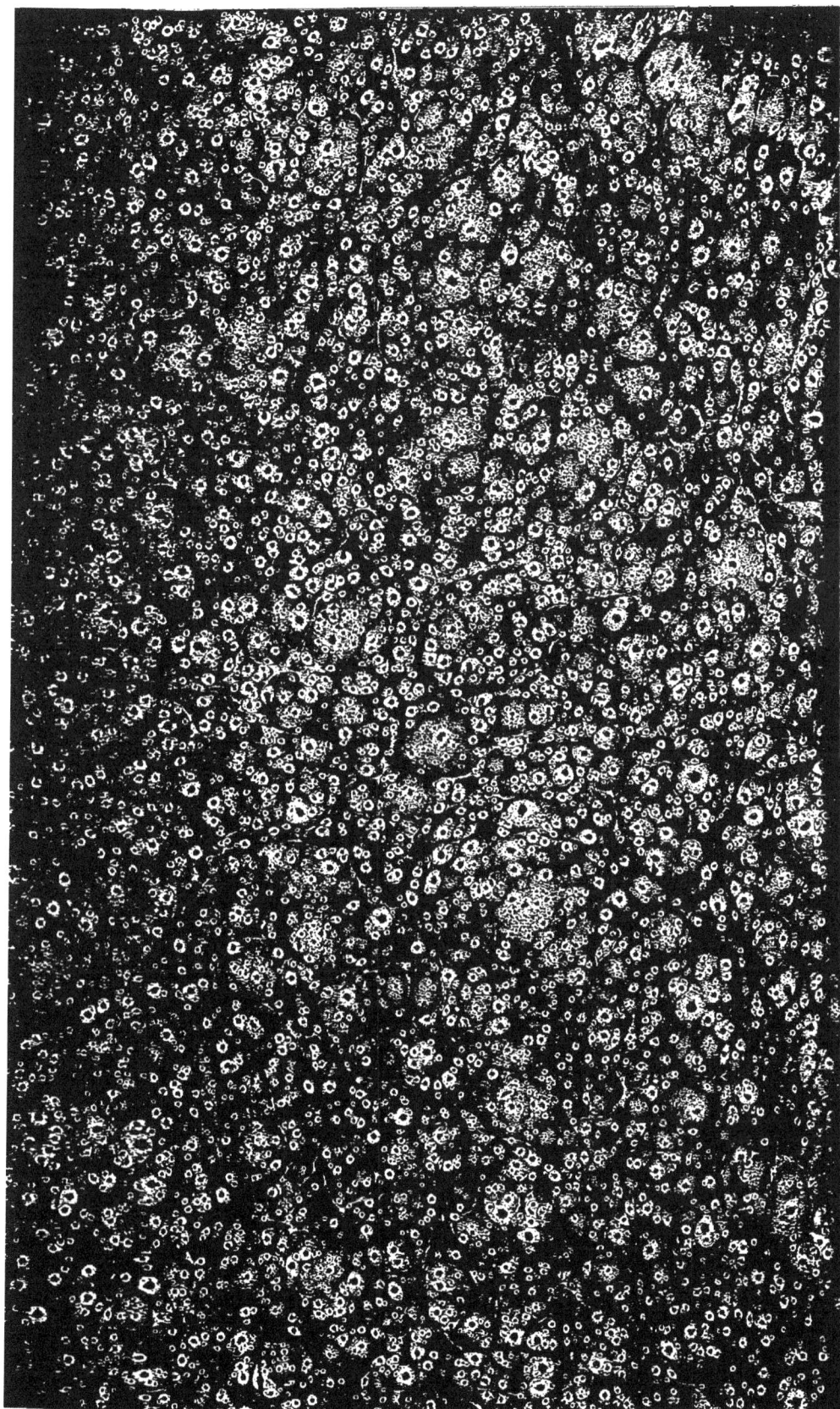

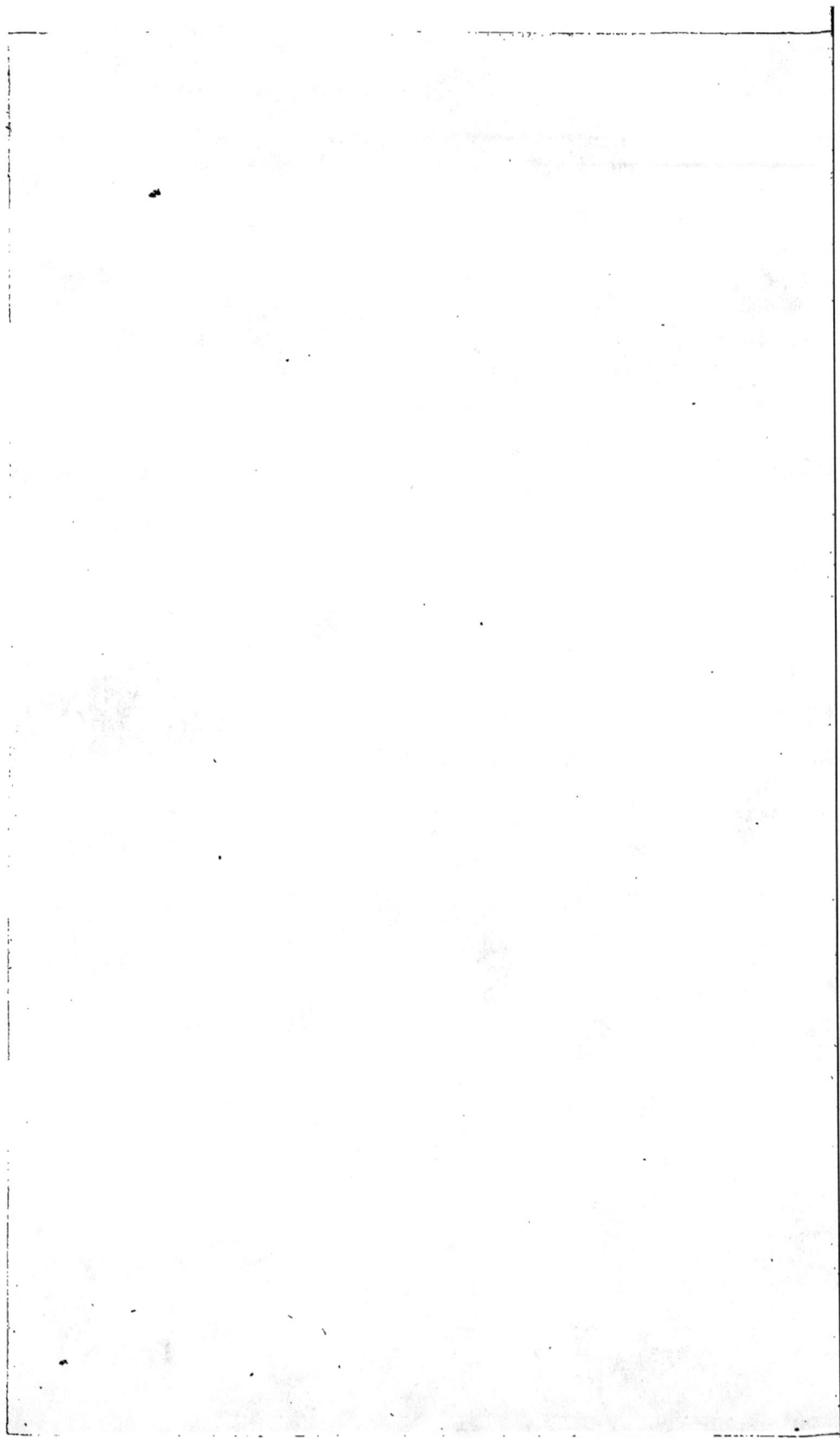

TRAITÉ

DES COURS D'EAU

ET DES DROITS DU PÉAGE.

*Tout exemplaire non revêtu de la signature de l'Auteur
sera réputé contrefait.*

TOULOUSE, IMPRIMERIE DE A. CHAUVIN ET COMP.,
Rue Mirepoix, 3.

TRAITÉ

DES

COURS D'EAU

NAVIGABLES OU FLOTTABLES EN TRAIN,

Y compris plusieurs questions importantes sur les autres cours d'eau,

ET DES

DROITS DU PÉAGE

POUR

LA TRAVERSE DES FLEUVES ET RIVIÈRES,

PAR BENOIT RATIER,

NOTAIRE HONORAIRE A VILLEMUR (HAUTE-GARONNE).

TOULOUSE,

CHEZ GIMET, LIBRAIRE-ÉDITEUR,

RUE DES BALANCES, 66.

—

1847.

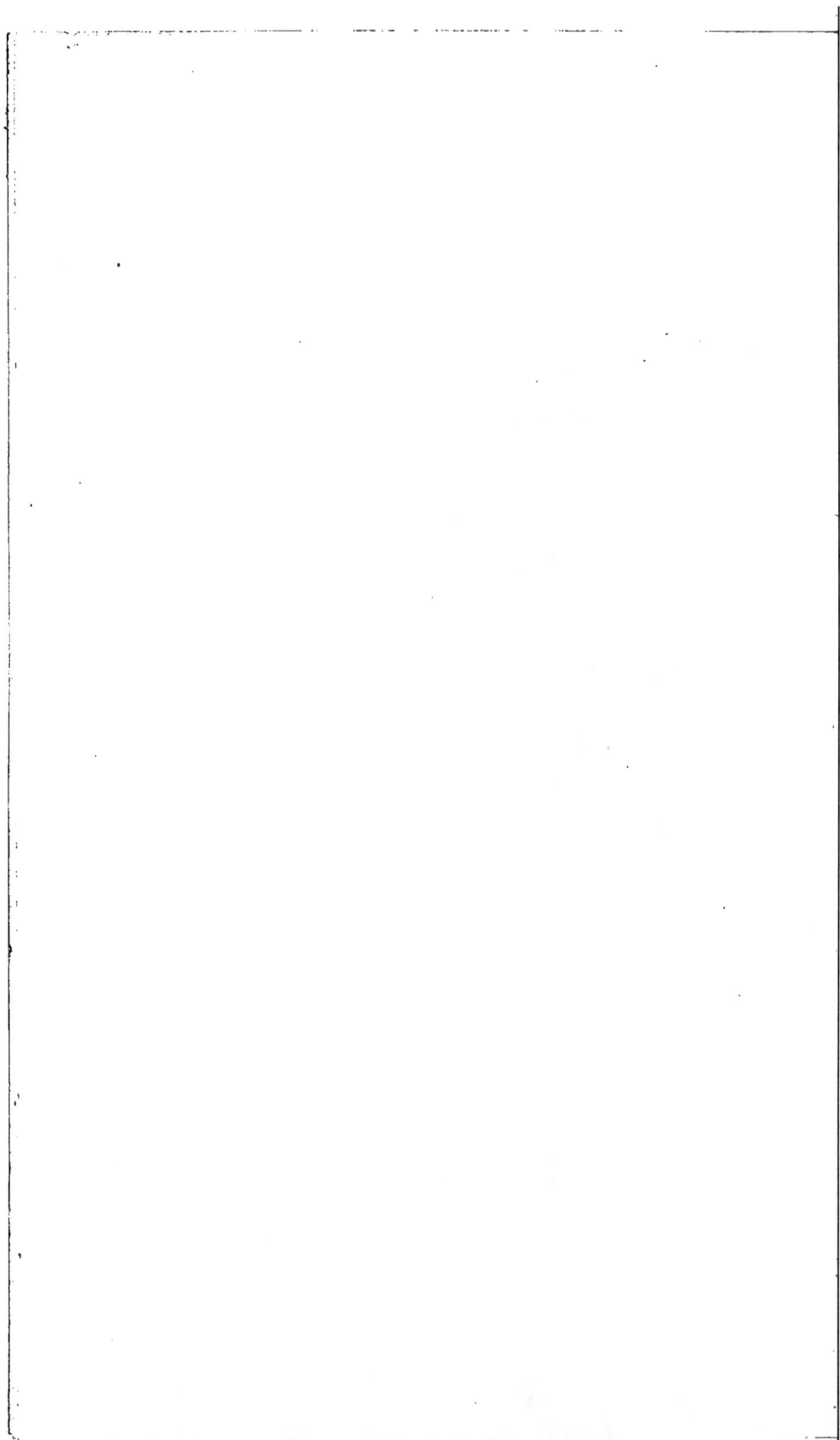

TABLE SOMMAIRE

DES CHAPITRES CONTENUS DANS CE VOLUME.

LIVRE PREMIER.

DES COURS D'EAU NAVIGABLES OU FLOTTABLES EN TRAIN, Y COMPRIS PLUSIEURS
QUESTIONS IMPORTANTES SUR LES AUTRES COURS D'EAU.

LIVRE DEUXIÈME.

DU PÉAGE POUR LA TRAVERSE DES FLEUVES ET RIVIÈRES.

CHAPITRE IX.

CHAPITRE X.

CHAPITRE XI.

CHAPITRE XII.

CHAPITRE XIII.

CHAPITRE XIV.

CHAPITRE XV.

CHAPITRE XVI.

CHAPITRE XVII.

CHAPITRE XVIII.

CHAPITRE XIX.

CHAPITRE UNIQUE.

FIN DE LA TABLE SOMMAIRE DES CHAPITRES.

AVANT-PROPOS.

En ma qualité d'actionnaire du pont suspendu sur la rivière du Tarn, à Villemur, je l'ai administré dans les premiers temps de son établissement.

Je portai mes premiers soins sur l'étude du tarif des droits à percevoir, et pour l'application je donnai mes instructions, même mes ordres, au commis du péage, toujours avec impartialité. Dans le doute, je faisais pencher la balance en faveur du redevable.

Cependant, et comme je devais m'y attendre, des contestations se sont parfois élevées entre les commis et les redevables.

Tantôt il s'agissait de savoir s'il était permis à un propriétaire riverain de se servir de ses propres bateaux pour faire la traverse de la rivière, sans payer le péage, malgré qu'il ne fût pourvu d'aucune autorisation; tantôt il s'agissait de déterminer s'il y avait, oui ou non, fait de traverse, lorsque le bateau parvenait d'une rive sur l'autre en parcourant la rivière dans sa longueur, néanmoins dans les limites du péage. — D'autres fois, le redevable prétendait que le fait de la contestation était de la nature de ceux appartenant à la marine marchande, montante et descendante. Le point où devait se terminer la limite du péage, la nature des voitures, la nature des objets voiturés, les dénominations de charrette, charriot ou char, fournissaient encore matière à contestation, tout aussi bien que beaucoup d'autres cas que je ne signale pas.

Le juge de paix fut souvent appelé à prononcer.

Deux consultations furent délibérées par des jurisconsultes distingués sur des points importants, une fois sur la demande de l'administration du pont de concert avec le redevable, et une seconde fois sur la demande d'un redevable seul.

Malgré cela, et attendu que les sentences du juge de paix, pas plus que les deux consultations, n'ont fourni aucun enseignement utile, les contestations se sont renouvelées et se renouvellent encore.

On ne trouve dans la jurisprudence que des documents sur les cas ordinaires, et je ne connais que l'ouvrage de M. Daviel, ancien premier avocat général à la cour royale de Rouen, où il s'agisse du péage pour la traverse des fleuves et rivières ; mais cet auteur n'a fait qu'indiquer la matière dans une courte analyse. Il ne l'avait pas sans doute envisagée lorsqu'il conçut le plan de son excellent ouvrage. Son objet était d'une nature plus sérieuse; et, s'il a été entraîné à en dire quelques mots, c'est qu'il a pensé qu'après avoir parlé de l'octroi de navigation et du péage sur les canaux, il était assez naturel d'en agir ainsi pour ne pas laisser de vide dans le cadre.

M. Proudhon s'est aussi occupé du péage; mais, comme M. Daviel, il n'a fait qu'effleurer la matière.

Dans cet état de choses, je me suis demandé si un traité sur cette matière ne serait pas généralement utile. Mon expérience m'a suffi pour résoudre le doute, et je me suis déterminé à remplir moi-même cette tâche.

Je le ferai avec tout le zèle dont je suis capable : heureux, si ma volonté n'est pas trompée par mes faibles lumières !

J'établirai la discussion seulement sur l'entente des dispositions de la loi du 6 frimaire an 7. Elle est seule suffisante. Les lois antérieures ne contiennent que des dispositions provisoires, et les arrêtés postérieurs du gouvernement, ainsi que la loi du 14 floréal an 10, ne feraient que prolonger mon travail sans utilité. Je n'y aurai recours que pour en tirer, s'il est nécessaire, des arguments propres à une démonstration plus solide.

Il serait inutile d'ajouter que tout ce que je dirai, relativement aux ponts suspendus, s'appliquera exactement et sans restriction à tous autres ponts, bacs, barques et bateaux servant à des passages communs, non affranchis du droit de péage.

En effet, les fleuves et les rivières, dans l'intérieur d'un état, ne doivent pas être considérés comme une barrière difficile à franchir : s'ils contribuent à la prospérité commune par les avantages qu'ils offrent dans les opérations commerciales, faudrait-il du moins qu'on ne pût les considérer comme la limite de nations différentes, ce qui arriverait sans la facilité dans les moyens de traverse, le défaut de communication d'une rive à l'autre étant propre à éloigner les citoyens des deux rives de ces rapports fré-

quents et familiers qui engendrent la confraternité et les sentiments d'un véritable patriotisme.

Telle a été la pensée du législateur. Or, que la traverse s'opère,
ou avec un bac, ou avec un pont moyennant péage, les règles
d'administration, de sûreté et de police sont les mêmes dans les
deux cas, sauf à n'appliquer, à chaque nature de moyens de traverse, que celles qui lui sont propres.

Je ferai précéder la matière du péage par un traité sur les cours
d'eau navigables ou flottables en train, y compris plusieurs questions importantes sur les autres cours d'eau, et l'explication de la
loi sur la pêche fluviale.

Je diviserai l'ouvrage par chapitres et en deux livres. Le premier sera consacré aux cours d'eau, et le second au péage. Un
chapitre unique sur la compétence sera placé à la fin des deux
livres, le tout lié par une seule série de numéros.

TRAITÉ

DES COURS D'EAU

ET DES DROITS DU PÉAGE.

LIVRE PREMIER.

**Des cours d'eau navigables ou flottables en train,
y compris plusieurs questions importantes sur les
autres cours d'eau.**

CHAPITRE PREMIER.

DE LA LIMITE DU LIT DES FLEUVES ET DES RIVIÈRES.

1. — Il n'est pas étonnant que la limite du lit des fleuves et
des rivières occasionne parfois des différends entre le domaine
public et les riverains.

Les grandes crues, sur un certain nombre de fleuves et de
rivières, enlèvent souvent les berges, tantôt sur une rive, tantôt
sur l'autre.

Leur action est plus sensible lorsque les rives sont planes, et les
berges d'une faible élévation. Les fouilles sont faciles, comparativement à cette force imposante résultant d'une masse d'eau,
se renouvelant sans cesse et poussée sans relâche par un courant
irrésistible.

C'est ainsi qu'il arrive quelquefois que le fleuve ou la rivière agrandit son lit sur une rive, en abandonnant sur l'autre une partie plus ou moins forte de l'ancien lit; d'autres fois, des propriétés considérables sont envahies par les eaux et coupées d'amont en aval et en plusieurs fractions par de larges voies d'eau ou canaux : d'où il résulte ordinairement, et par un certain laps de temps, des alluvions, même des atterrissements, qu'il ne faut pas confondre avec ces langues de terre qui, quoique détachées de la rive, ont résisté à l'action des eaux, présentant encore une surface unie dominant les crues ordinaires.

2. — Par le droit romain, les bords des fleuves et des rivières appartenaient aux propriétaires des terres contiguës, ainsi que les arbres qui y prenaient naissance. (*Institutes* de Justinien, liv. II, titre 1, § 4.)

Ferrière, à la suite de la traduction de ce paragraphe, ajoute qu'à l'égard de la propriété des rivages, on ne suit pas en France la disposition du droit romain ; « car, dit-il, non-seulement la propriété des fleuves et des grandes rivières appartient au roi, mais aussi la propriété de leurs rivages qui en sont l'accessoire. »

Cette assertion, à la prendre à la lettre, n'est pas du tout exacte.

Les mots *bords* et *rivage* doivent être pris dans une seule et même acception, lorsqu'ils se rapportent à fleuve ou rivière : ainsi, s'il s'agit d'une partie du rivage qui doive être considérée comme une fraction du lit, l'assertion est vraie en la restreignant ; elle est entièrement fausse dans le cas contraire. Il était donc utile que l'auteur entrât dans quelque explication pour faire disparaître l'équivoque, et par là se faire comprendre.

Il y a plus : en admettant que tout le terrain, couvert par les grosses eaux sans débordement, dût être considéré comme dépendance du lit du fleuve ou de la rivière, il est encore plus difficile de comprendre l'auteur.

Serres, dans ses *Institutes*, dit : « que, par le droit romain, l'usage des rivières était public, mais que la propriété en appartenait aux riverains ; qu'il en est, à peu de chose près, de même en France, à moins qu'on ne veuille dire avec Boissieu (*Traité des Fiefs*, chap. 60, *in fine*), que les bords ou rivages des rivières navigables appartiennent au roi, comme une suite naturelle de la propriété du fleuve qui lui appartient également. »

3. — L'opinion de ce dernier auteur est plus facile à saisir : on le comprend lorsqu'il dit plus bas, que les bords ou rivages d'une rivière navigable, étant d'une trop grande conséquence, le roi, par l'art. 7 du titre 28 de l'ordonnance des eaux et forêts de 1669, a ordonné, aux propriétaires des héritages aboutissant à icelles, de laisser le long des bords 24 pieds (7 m. 80 c.) au moins de place en largeur, pour chemin royal et trait de chevaux.

C'est tout comme s'il avait dit, que le roi a abandonné toutes prétentions sur la propriété des rivages, sous la condition de la servitude légale du marchepied ou chemin de halage. En effet, il ne pouvait y avoir rien de fixe avant l'ordonnance de 1669. L'intérêt de la navigation dominait alors, comme il doit dominer encore, et l'usage constant des rivages pour le marchepied ou chemin de halage devait en déterminer la condition domaniale en totalité ou en partie, ou tout au moins en rendre la propriété incertaine dans les mains des riverains (1).

4. — Mais, depuis cette ordonnance, il doit paraître évident que les riverains ont été reconnus propriétaires des rivages jusqu'au lit des fleuves ou rivières. L'ordonnance attestait ce droit avant le Code civil qui, par son article 650, l'a confirmé en plaçant de même, au nombre des servitudes légales, le marchepied (2) le long des rivières navigables ou flottables; car on ne conçoit pas une servitude quelle qu'elle soit en faveur du propriétaire du

---

(1) Je dois cependant observer que, par l'ordonnance de François Ier, donnée dans le mois de mai 1520, pour la rivière de la Seine et ses affluents, le principe de la servitude légale avait été établi. (*Traité de la Voirie*, par M. ISAMBERT, 1re partie, p. 171.)

(2) Le mot marchepied, employé par le législateur du Code civil, est employé comme terme générique. Il signifie aussi chemin de halage.

fonds qui en serait grevé. La servitude disparaît, s'anéantit, sans laisser aucune trace, devant son droit d'user et d'abuser.

Or, celui qui prétend avoir droit de servitude sur un fonds, s'interdit par cela même toute prétention à la propriété.

Ce point ainsi établi, il sera plus facile de s'entendre pour la limite du lit des fleuves et des rivières navigables ou flottables.

5. — Tout cours d'eau navigable ou flottable en train, ainsi que le lit qui le renferme, sont nécessairement du domaine public, comme consacrés à perpétuité à l'usage de tous. De là, ils sont imprescriptibles et inaliénables.

Mais si le cours d'eau change de lit, celui qu'il abandonne rentre dans la condition de propriété privée et devient aliénable et prescriptible (art. 541 du Code civil).

6. — Tous les cours d'eau sans exception sont susceptibles d'accroissement et de décroissement. Leur volume est variable comme les moyens qui le produisent.

Il y a, malgré cela, des règles généralement fixes : chacun sait dans sa localité que, dans la saison des pluies et de la fonte des neiges, les eaux peuvent monter à tel point, et que, dans la saison de la sécheresse, elles descendent jusqu'à tel autre point.

On ne compte pas ces grandes crues qu'on ne voit que très-rarement et par de longues périodes de temps. Elles constituent des torrents, et ne peuvent être considérées que comme une des exceptions à la règle générale, et conséquemment de nulle valeur pour l'établir.

7. — Il faut s'attacher aux crues ordinaires qui sont celles qui, sur tous les fleuves et rivières, couvrent les rivages à une étendue plus ou moins forte, selon que les berges sont plus ou moins élevées, et selon la configuration plane ou en pente tirant vers le fleuve des rivages et terres contiguës.

L'on doit observer que les berges des fleuves et des rivières ne sont décrites en aucune part par des lignes horizontales régulières. Elles fléchissent çà et là de distance en distance, et souvent par des abaissements très-sensibles.

Cela provient, ou de la configuration primitive, ou du mouvement insensible des terres pour rencontrer une assiette fixe, ou d'ouvrages de main d'homme, et des fouilles pratiquées par les grandes crues, en y comprenant les éboulements qui en sont une suite inévitable.

8. — Cela posé, quelle sera la limite du lit des cours d'eau?

Faudra-t-il la placer sur la ligne extérieure baignée par les eaux moyennes?

Ou bien, faudra-t-il adopter la ligne extérieure des hautes eaux?

Faudra-il, dans ce dernier cas, prendre en considération l'irrégularité de la ligne horizontale des berges?

9. — On ne sait découvrir de motifs convenables pour se déterminer en faveur de la limite tracée par les eaux moyennes.

Despeysses, sect. 9, tit. 5, des *Droits seigneuriaux*, pas plus que Ferrière et Serres, ne fournit aucun moyen décisif ni pour ni contre. Après avoir cité le droit romain, il dit : « Néanmoins, aujourd'hui, en France, tous les fleuves navigables et leurs rivages appartiennent au roi, bien qu'ils prennent leurs cours par les terres des seigneurs, particuliers, justiciers, parce que, par la coutume générale de France, les choses communes à tous par le droit naturel appartiennent au roi, comme la mer, le rivage d'icelle, les fleuves, les rives, les ports, les chemins publics, et généralement tout ce qui est délaissé et destiné à l'usage public. »

Domat ne fournit non plus rien qui tranche la difficulté. Voici ce qu'on trouve dans le § 9, sect. 2, tit. 8, liv. I de son *Droit public* : « Cette même utilité de la navigation des rivières demande l'usage libre de leurs bords; de sorte que, dans la largeur et l'étendue nécessaire pour les passagers, et le trait des chevaux tirant les bateaux, il n'y ait ni arbres plantés, ni autres obstacles. »

10. — M. Daviel, tom. I, p. 46, 3ᵐᵉ édition, invoque l'opinion de Lefèvre de la Planche, *Traité des Domaines*, liv. I, chap. 3, de laquelle il résulte que le terrain que les eaux couvrent, sans

débordement extraordinaire, est regardé, sans nul doute, comme faisant partie du lit de la rivière, et étant comme tel au rang des choses publiques.

J'ai fait d'autres recherches, et comme elles ne m'ont conduit à rien de satisfaisant, j'ai dû me dispenser d'en faire part à mes lecteurs.

La doctrine des auteurs, sans y comprendre Lefèvre de la Planche, est donc entièrement vague, et je resterais seulement en présence de mes faibles ressources, si, pour m'éclairer, je n'avais à consulter l'autorité de la jurisprudence.

11. — La cour de Rouen a décidé, dans un arrêt du 16 décembre 1842, rapporté par Sirey, tom. XLII, 2, p. 411, que la limite du lit d'un fleuve devait être déterminée par la hauteur qu'atteignent ses eaux moyennes, et cela d'après les règles de la matière.

La cour n'a plus rien dit à cet égard, laissant ainsi à deviner les vrais motifs qui l'ont déterminée.

12. — Je ne pense pas que cette décision ait le plus grand nombre de partisans. En l'adoptant, il se présente une foule d'obstacles dans la pratique.

13. — L'ordonnance de 1669 prescrit aux riverains de laisser, le long des bords, un marchepied ou chemin de halage de 24 pieds (7 m. 80 c.) en largeur, et leur défend de planter arbres, ni tenir clôture ou haie plus près de 30 pieds (9 m. 74 c.) du côté que les bateaux se tirent, et 10 pieds (3 m. 25 c.) de l'autre bord.

14. — Le chemin de halage est appelé, par l'ordonnance, chemin royal, et il ne serait rien moins que cela si l'on adopte la ligne des eaux moyennes pour fixer la limite du lit des fleuves et des rivières. Le riverain, pouvant planter arbres, tenir clôture ou haie, sauf à laisser 9 m. 74 c. de distance à partir de cette limite, le halage ne serait nullement libre; il serait souvent impraticable. Il aurait pour obstacle invincible, non-seulement les crues ordinaires, mais encore les plantations, clôtures et haies permises par l'ordonnance.

Je dis invincible. C'est évident, lorsque le chemin est submergé. Le terme ne trouve pas moins son application, lorsque l'obstacle vient seulement des plantations, clôtures ou haies ; car personne n'a le droit de les détruire pour se frayer un nouveau chemin.

Le domaine public est lié tout aussi bien que le riverain par les règles posées par la loi. L'un n'a pas plus de droit que l'autre de les enfreindre (1).

15. — Or, s'il était décidé que la limite du lit des fleuves et des rivières est celle tracée par les eaux moyennes, il faudrait encore ajouter aux entraves déjà signalées, que la ligne des eaux moyennes étant généralement éloignée de celle des hautes eaux par une forte distance, le halage serait interrompu, non pas seulement lorsque les eaux seraient parvenues à leur plus haut point sans débordement (le chemin serait alors plus que submergé), mais encore avant d'y arriver ; car la manœuvre du halage ne peut être exacte et facile que lorsque le cordage du trait décrit une diagonale, les chevaux ou les hommes qui s'en trouvent chargés tenant dans ce cas une position qui, dans le danger, donne plus de facilité d'éviter les accidents. Il n'en serait pas de même si, par le rapprochement du chemin de halage, la hauteur des eaux forçait le trait presqu'en ligne droite parallèle à la rivière. Il serait alors, sinon impossible, du moins très-dangereux.

16. — On pourrait m'objecter que je ne suis pas exact, en signalant les entraves dans le fait du halage qui est naturellement interrompu par les hautes eaux ; d'où il suit qu'il importe peu que le chemin soit plus ou moins rapproché du cours d'eau.

Cet argument n'est nullement péremptoire. Entre le fort et le faible, il y a une mesure de gradation. Or, la navigation n'est interrompue que lorsque le volume d'eau a acquis une certaine puissance, et c'est à peine si cette puissance existe lorsque les

(1) Je n'entends pas exclure le cas d'absolue nécessité. On sait que la loi fléchit en pareil cas ; mais la partie lésée a droit à des dommages.

eaux sont au-delà des 7 m. 80 c. de la limite des eaux moyennes, d'autant que les 7 m. 80 c. ne se calculent pas sur une ligne verticale. Dans les rivages en pente tirant vers le fleuve ou la rivière, il suffit souvent d'un mètre de gonflement pour y arriver.

17. — Qu'on réfléchisse quelques instants sur l'embarras du navigateur par l'existence du chemin de halage à 7 m. 80 c. de la limite des eaux moyennes, comparativement à l'embarras qui peut résulter du chemin placé à 7 m. 80 c. de la limite des hautes eaux. On trouvera une énorme différence. Dans ce dernier cas, ce n'est que naturellement que le halage devient impossible ou presque impossible ; tandis que, dans l'autre, il ne serait tel que par l'imprévoyance du législateur.

18. — On ne doit donc pas hésiter à reconnaître que l'esprit de l'ordonnance de 1669 s'oppose à la limite des eaux moyennes.

Tout autre système ferait considérer la navigation sur les fleuves et rivières comme objet d'un mince intérêt, tandis qu'il est incontestable qu'elle est au nombre de ceux sur lesquels repose la prospérité générale ; ainsi, au lieu de retrécir les moyens, on doit plutôt leur donner de l'extension.

19. — La cour de Lyon ne s'y est pas trompée. Par son arrêt du 25 février 1843, rapporté par Sirey, tom. XLIII, 2, p. 315, elle a décidé que la limite du lit d'un fleuve ou d'une rivière navigable ou flottable était déterminée par les hautes eaux dans l'état normal du fleuve ou de la rivière, et au-dessus duquel les eaux commencent à déborder.

A la différence de l'arrêt de la cour de Rouen, la cour de Lyon a posé dans celui qu'elle a rendu des considérants remarquables que je transcris littéralement.

« Attendu que tout cours d'eau a une mesure normale de crois-
» sance ou de décroissance qui règle naturellement l'étendue du
» lit qui le renferme et le contient ; qu'ainsi son lit ne comprend
» pas seulement le sol couvert par les eaux d'une manière per-
» manente, ce qui en restreindrait les limites aux lignes baignées
» par les plus basses eaux ; qu'il embrasse comme une dépendance

» nécessaire les parties du sol alternativement couvertes et décou-
» vertes suivant la crue ou l'abaissement des eaux, sauf, toute-
» fois, les cas de débordement; que ces parties du sol, ainsi
» soumises à l'habitude du retour des eaux, sont en général
» frappées d'une stérilité absolue, caractère essentiel de leur su-
» jétion; que leurs limites se manifestent au contraire presque
» toujours par un revêtissement de végétation auquel on recon-
» naît que là finit la domination habituelle et normale du fleuve;
» qu'en un mot, le lit d'un fleuve ou d'une rivière comprend
» toute la partie du sol sur lequel se répand son cours, lorsque
» le fleuve ou la rivière coule à pleins bords, c'est-à-dire lorsque
» les eaux s'élèvent au point au-dessus duquel elles ne peuvent
» monter sans commencer à déborder; attendu que c'est cette
» ligne extrême qui marque l'élévation normale des eaux, et
» qu'elle doit être considérée, par conséquent, comme la ligne
» séparative du domaine public et des propriétés riveraines; at-
» tendu qu'en cas de contestation entre l'état et les propriétaires
» riverains sur les limites du domaine public et du domaine
» privé, on doit prendre pour règle cette ligne des plus hautes
» eaux sans débordement, puisque c'est jusqu'à cette ligne ex-
» trême que le fleuve porte la rigoureuse action de son empire;
» qu'on ne saurait adopter en effet la ligne marquée par la hau-
» teur moyenne des eaux, car ce serait substituer une ligne de
» démarcation toute fictive, et, dès-lors, arbitraire, à celle que
» la nature elle-même a tracée; attendu que la règle des plus
» hautes eaux sans débordement est d'une application facile sur
» les terrains d'une configuration plane, au travers desquels un
» fleuve a marqué son cours régulier et ses rives; qu'elle présente
» seulement quelques difficultés dans son application, soit aux
» lieux où l'élévation naturelle des berges domine et contient le
» cours du fleuve, soit aux lieux où des changements opérés
» par des travaux d'art motivent, de la part des propriétaires ri-
» verains, une action en indemnité contre l'état, auteur de ces
» travaux, et où il s'agit de rechercher la ligne antérieure de se-

» paration entre les propriétés privées et la propriété domaniale;
» attendu que, dans ces deux hypothèses, on ne saurait étendre
» la limite du domaine public à la ligne où arrivent en de pareils
» lieux les plus hautes eaux possibles; car ce serait admettre,
» contrairement aux lois même de la nature, qu'il y a deux prin-
» cipes opposés qui règlent les limites des dépendances du fleuve,
» que ce qui sera considéré comme crue accidentelle extraordi-
» naire sur un point devra être réputé une crue ordinaire et
» régulière sur un autre point, non pas suivant les habitudes
» d'un fleuve, mais suivant la configuration variée de ses rives;
» qu'il faut donc, en de tels lieux, marquer seulement l'éléva-
» tion normale des plus hautes eaux par la ligne extrême qu'elles
» atteignent lorsque ses rives, bornant un terrain à surface
» plane, soit en amont, soit en aval, le fleuve coule à pleins bords,
» et ne peut croître encore sans commencer à déborder; que, si
» c'est là le type régulateur des plus grandes crues normales,
» on ne peut comprendre dans les dépendances du fleuve que les
» parties du sol, qui sont, dans cette mesure, soumises à l'action
» rigoureuse des eaux sujettes à l'habitude de leur retour vers la
» ligne où commence la végétation. »

M. Daviel dit : « Nous n'hésitons pas à adopter la doctrine de
la cour de Lyon. La restriction de la limite du fleuve aux eaux
moyennes ne me paraît pas rationnelle; car c'est, pendant plusieurs mois de l'année, substituer une démarcation, purement
idéale et démentie par le fait, à celle que la nature elle-même
trace sur le terrain. »

Il cite M. Pardessus, des *Servitudes*, n° 35, où l'on trouve :
« On peut donner pour règle générale que le lit des fleuves et
des rivières est composé de l'espace occupé par les eaux dans leur
plus grande hauteur commune. »

20. — D'après ces documents, il serait difficile de justifier la
décision de la cour de Rouen. Celle de la cour de Lyon doit être
généralement admise. Celle-ci s'évince d'ailleurs des faits matériels eux-mêmes amplement signalés dans l'arrêt.

21. — Je dois observer que, d'après ces règles, un fleuve ou une rivière est censé couler à pleins bords, malgré que, sur certains points, les eaux n'atteignent pas la hauteur des berges, tandis que, sur d'autres points, il y a déjà commencement de débordements partiels.

On sait que tout cours d'eau, avant de se perdre dans la mer, rencontre des berges d'une élévation suffisante pour le contenir, même dans les plus grandes crues, et qu'il en est autrement sur beaucoup d'autres points. Malgré cela, il serait contraire aux vrais principes d'admettre deux modes pour la limite de son lit. Il ne doit y avoir qu'une seule et unique règle, de telle sorte qu'ici, une partie de la berge fera dépendance de la propriété riveraine, par la raison que là-bas, à une distance plus ou moins éloignée, il y a commencement de débordement, et que c'est ce fait qui limite le lit du fleuve ou de la rivière.

22. — En parcourant les lieux, il est facile de se convaincre que tout autre mode blesserait les règles d'équité. La nature pose les limites du lit. Elle les pose par l'habitude du décroissement des eaux pour rentrer dans leur état normal, et par le revêtissement de végétation qui frappe dans certains lieux la vue de l'agriculteur, après leur retour.

C'est donc la ligne, où la végétation marque et les soins du laboureur et la fertilité du sol, qui doit servir de régulateur tant en amont qu'en aval, n'importe l'élévation plus ou moins forte des berges, pour limiter la propriété domaniale et la propriété privée; et, lors-même qu'il se présenterait quelque difficulté dans l'applition de cette règle pour cause de la configuration variée des rivages; vu, d'ailleurs, qu'en général, il s'agit d'objets d'un bien mince intérêt, l'on devrait se déterminer en faveur de la propriété privée. L'objet principal du domaine, et j'ose dire presque unique, c'est d'éviter toute espèce d'entrave à la navigation; et, s'il ne s'agit point d'îles, îlots ou atterrissements, il n'a nul intérêt de contester sur de minces parcelles de terre, qui ne sont susceptibles de porter des fruits que par les soins des riverains.

23. — Le domaine semble l'avoir ainsi jugé. On ne connaît pas d'exemple contraire, quoique sur tous les rivages l'on découvre de langues de terre produisant des fruits par les soins des riverains, bien qu'elles soient ordinairement couvertes par des débordements partiels.

En supposant que ces langues de terre pussent rigoureusement être comprises, en totalité ou en partie, dans la largeur du lit du fleuve ou de la rivière, le fait de les laisser cultiver par les riverains ne peut jamais nuire à l'intérêt public : on sait que la chose consacrée à l'usage de tous est inaliénable et imprescriptible.

Ce motif serait seul suffisant pour justifier en pareil cas l'absence d'hostilités de la part du domaine.

CHAPITRE II.

24. — Le chemin de halage, comme je l'ai déjà dit, doit être établi en vertu de l'art. 7, tit. 28, de l'ordonnance du mois d'août 1669.

Sa largeur est fixée à 7 m. 80 c., et les riverains ne peuvent planter arbres, ni tenir clôture ou haie, plus près que 9 m. 74 c. du côté que les bateaux se tirent, et 3 m. 25 c. de l'autre bord.

L'ordonnance ne dit pas autre chose; d'où l'on pourrait conclure que les 7 m. 80 c. devraient être réservés sur chaque rive, et que les 9 m. 74 c. du côté que les bateaux se tirent, et les 3 m. 25 c. de l'autre bord, réservés comme libres de toutes plantations, clôtures ou haies, devraient se mesurer en rentrant dans les terres, à partir de la ligne où se terminent les 7 m. 80 c.

La construction grammaticale de l'art. 7 de l'ordonnance semble le vouloir ainsi; néanmoins, comme dit M. Daviel (1) : « En fait, le chemin de halage n'est jamais établi concurremment sur les deux rives. Son entretien étant une charge assez coûteuse, le gouvernement, qui en est grevé, ne le doublerait pas sans nécessité, et nous croyons que cette nécessité ne sera jamais constatée. »

Ce raisonnement est plein de justesse, et l'on doit s'y confor-

(1) Tome 1ᵉʳ, page 93.

mer, sans tenir compte de l'opinion contraire émise par M. Garnier, *Traité des Chemins*, n° 12.

L'ordonnance n'a en vue qu'un seul chemin sur chaque rive : celui du halage d'un côté et le marchepied de l'autre.

25. — Ce n'est pas qu'il soit interdit à l'administration publique d'opérer des changements. Elle a ce droit incontestablement lorsque, par un nouveau régime du cours d'eau, la nécessité l'indique.

Ainsi, le chemin de halage sera abandonné sur une rive, pour en être établi un nouveau sur l'autre rive, sans que le propriétaire, nouvellement grevé de cette surcharge, ait droit à une indemnité, quelque longue qu'ait été la durée de la possession du chemin de halage sur l'autre rive.

Cela tient aux principes de la matière. Les propriétés riveraines sont affectées, non-seulement du chemin de halage, mais encore du marchepied ; non pas cumulativement sur chacune des deux rives, mais bien alternativement ou suivant les exigences de la nécessité, et non pas suivant le caprice de l'administration publique, si tant est qu'elle pût jamais en être accusée à bon droit.

26. — Il en est de ce cas comme de celui où il arrive que le chemin de halage étant emporté par l'action incisive des eaux, il en est pratiqué un nouveau sans indemnité sur la terre restante, aux mêmes conditions de l'ordonnance.

Cet assujettissement des propriétés riveraines se compense avec la possibilité des alluvions. C'est d'ailleurs au possesseur qu'incombe l'obligation de se défendre contre l'action des eaux. Le domaine n'a aucun intérêt de s'en mêler ; il n'en a même pas le droit.

27. — Je traiterai en son lieu la question de l'indemnité relative aux constructions établies sur l'alignement donné par l'autorité compétente, et à raison des plantations, clôtures ou haies à la distance prescrite par l'ordonnance, le tout devant être détruit pour la nouvelle assiette du chemin de halage.

28. — L'ordonnance ne dit rien quant à la largeur du marche-

pied; elle dit seulement que le riverain ne pourra planter arbres, ni tenir clôture ou haie plus près que dix pieds (3 m. 25 c.) du côté où existe le marchepied.

Cette locution n'est pas satisfaisante, placée surtout à la suite de la prescription relative au lez de 9 m. 74 c. du côté où les bateaux se tirent, le chemin de halage n'étant que de 7 m. 80 c.

Il était nécessaire de préciser la largeur du marchepied, sauf à prohiber les plantations, clôtures ou haies à une distance plus forte. Ainsi la prohibition a lieu dans les 3 m. 25 c. réservés, d'où l'on pourrait naturellement conclure que le marchepied ne comprend pas cette même largeur.

La réduction des 3 m. 25 c. à 1 m. 30 c. par exemple, ne serait pas sans intérêt pour le riverain; si, dans les 1 m. 95 c. excédant les 1 m. 30 c. de la largeur du marchepied, il ne peut faire des plantations, des clôtures où haies, il ne lui serait pas moins loisible d'y jardiner, ou de les laisser en prairie comme il le peut dans les 1 m. 95 c. excédant les 7 m. 80 c. du chemin de halage, et d'en retirer par l'un de ces deux moyens un revenu quelconque, sans porter la moindre atteinte à la liberté de ceux qui ont droit à son usage.

29. — Je voulais éviter d'entrer dans un certain détail, pour tenter d'arriver à une explication nette de l'art. 7, tit. 28 de l'ordonnance. Je me suis aperçu que ce détail était utile.

Le chemin de halage doit avoir 7 m. 80 c. en largeur, et le lez 9. 74. c.

Le lez du marchepied doit être de 3 m. 25 c.

Sa largeur n'est pas nommément fixée par l'ordonnance.

Si le chemin de halage doit se mesurer, comme on en est généralement d'accord, à partir de sa ligne intérieure, celle qui joint le lit du fleuve ou de la rivière, ou bien de l'arête de la berge aux endroits élevés, il doit en être de même à l'égard des 3 m. 25 c. relatifs au marchepied.

Or, les deux lez devant être mesurés à partir du même point, il est évident que le marchepied ne peut être d'une largeur de 7 m. 80 c.

30. — C'est ainsi que l'ordonnance a été interprétée par décret du 16 messidor an 13, rendu à l'occasion d'un arrêté du préfet de l'Yonne, portant « que l'ordonnance elle-même détermine » la largeur de ce marchepied par la disposition qui exige 3 m. » 25 c. de libre du côté que les bateaux ne se tirent pas, ce qui » rend cette largeur commune aux deux bords, lorsqu'il n'y a » tirage sur aucun des deux. »

31. — M. Daviel, qui rapporte ce décret, s'était fait cette question : « Sur les cours d'eau qui, sans être navigables aux bateaux, sont flottables en train, le marchepied doit-il être de 7 m. 80 c.? » Il répond : « A appliquer strictement l'art. 7, tit. 28 de l'ordonnance de 1669, il semble qu'il en doit être ainsi. Cependant, dans l'usage, la conduite des trains, ne se faisant pas par trait de chevaux, il suffit d'un simple marchepied pour le service des haleurs (1). »

32. — L'incertitude de M. Daviel ne me paraît pas fondée.

L'ordonnance a distingué avec soin le chemin de halage du marchepied. Pour l'un, le lez est de 9 m. 74 c.; pour l'autre, il n'est que de 3 m. 25 c.

Il a fallu une largeur de 7 m. 80 c. pour le halage des bateaux, et il n'y a pas de motif à en refuser l'usage pour le tirage des trains; mais sur les rivières seulement flottables en train, il doit en être autrement. Il y a un motif d'intérêt évident en faveur du riverain; et dès-lors, il ne doit être tenu qu'au simple marchepied, qui est l'unique voie sur de pareils cours d'eau.

33. — Si l'ordonnance présente quelque difficulté au sujet de la largeur du marchepied, est-il toujours certain que cette largeur ne peut jamais excéder les 3 m. 25 c. ?

34. — M. Isambert critique l'arrêté du préfet de l'Yonne qui,

(1) Tome 1er, no 101.

fixant à 3 m. 25 c. la largeur du marchepied, donne , dit-il, une extension illégale à l'article 7, chap. 17, de l'ordonnance de 1672, qui fixe à 4 pieds (1 m. 30 c.) seulement le marchepied réservé pour les flotteurs (1).

A la vérité, M. Isambert s'est mépris : il a pensé, ou que l'ordonnance de 1672 contenait, quant à ce, explication de l'ordonnance de 1669, ou bien il a confondu les deux espèces. Dans l'ordonnance de 1672, il s'agit seulement du flottage à bûches perdues. Malgré cela, son opinion doit compter pour quelque chose dans la difficulté que présente l'application de l'ordonnance de 1669, sur le point de savoir si le marchepied doit, dans tous les cas, être de largeur de 3 m. 25 c. ; s'il ne vaudrait pas mieux le réduire à une largeur moindre.

35. — C'est la seule difficulté que l'on puisse raisonnablement soulever. Celle relative à la largeur de 7 m. 80 c. remettrait en question un point décidé en fait par une longue et constante expérience, et en droit, par l'opinion des auteurs et de la doctrine de la jurisprudence.

36. — J'ai visé une ordonnance rendue en conseil d'état du 24 juillet 1845, rapportée par Sirey, dans le premier cahier de l'année 1846, 2, p. 44. J'ai dû la placer ici.

Le conseil de préfecture du Nord, par arrêt du 23 octobre 1843, avait renvoyé quatorze propriétaires riverains de la Scarpe, des fins de procès-verbaux dressés contre eux pour plantations faites sur les bords de cette rivière, par ces motifs que le terrain sur lequel ces plantations avaient été faites, était toujours resté dans la pleine possession et jouissance des prévenus; que , si les plantations ne se trouvaient plus à la distance prescrite par les règlements relatifs aux chemins de halage, ce fait ne devrait être attribué qu'à l'envahissement des eaux, dont les riverains ne pouvaient être responsables, et que c'est celui à qui est due la servitude, et non celui qui la subit qui doit veiller à sa conservation.

(1) *Traité de la Voirie*, n° 161.

Pourvoi contre cet arrêté de la part du ministre des travaux publics.

« Louis-Philippe, etc. — Vu l'ordonnance de 1669, le décret » du 22 janvier 1808, l'arrêté réglementaire du 6 prairial an 11, » la loi du 29 floréal an 10; — considérant qu'aux termes de » l'art. 7, tit. 28 de l'ordonnance de 1669, les propriétaires des » héritages aboutissant aux rivières navigables doivent laisser le » long des bords un certain espace pour chemin de halage et » trait de chevaux, et qu'ils doivent toujours ce chemin, soit qu'ils » aient profité d'une alluvion, soit que l'action des eaux ait en- » levé une portion des rives. — Considérant que, par arrêté du » 6 prairial an 11, la largeur du chemin de halage le long de la » Scarpe avait été fixée à 7 mètres, comptés à partir de l'arête » intérieure des digues de cette rivière; qu'il était constaté, par » les procès-verbaux de contravention des 22 et 28 décembre » 1842, que des arbres et des haies, appartenant aux sieurs Smetz » et consorts, se trouvaient à moins de 7 mètres de ladite arête, » et que, dès-lors, le conseil de préfecture aurait dû en ordon- » ner l'enlèvement; mais que le fait d'avoir planté lesdits arbres » et lesdites haies remontant à une époque antérieure de plus » d'une année à la constatation de la contravention, l'action pu- » blique, à l'égard de l'amende encourue par les contrevenants, » était prescrite. — Art. 1er. L'arrêté du conseil de préfecture du » Nord, en date du 23 octobre 1843, est annulé dans la disposition » qui renvoie les sieurs Smetz et consorts des fins des procès-ver- » baux dressés contre eux les 22 et 25 décembre 1842. — Art. 2. » Les sieurs Smetz et consorts devront, dans le mois qui suivra » la notification de la présente ordonnance, enlever les arbres et » les haies signalés auxdits procès-verbaux, dans ladite limite de » 7 mètres, comptés à partir de l'arête intérieure de la Scarpe, » faute de quoi il y sera pourvu à leurs frais. »

Cette ordonnance est en tous points conforme à la doctrine que je viens d'établir.

CHAPITRE III.

37. — Il est nécessaire que je m'occupe de la destination précise, soit du chemin de halage, soit du marchepied.

Il existe une grande différence entre ces deux voies : la première est appelée chemin royal , dénomination dont le large sens embrasse les opérations du halage et du flottage en train au moyen de chevaux ou d'hommes , et toute autre espèce de manœuvre s'y rapportant.

38. — Les dépôts de marchandises quelconques ne peuvent y être tolérés. Les lois spéciales s'y opposent tout aussi bien que les lois générales de police.

39. — La seconde voie, qui est simplement le marchepied, que je ne confonds pas avec le chemin de halage, malgré que le législateur moderne ait généralisé ce terme dans l'art. 650 du Code civil, est destinée, comme le chemin de halage, à faciliter les opérations de la marine marchande, avec cette différence remarquable que l'un, d'une largeur suffisante, a , pour principe de son établissement , le motif d'une large facilité dans la remonte des bateaux par chevaux ou hommes ; tandis que l'autre, posé dans des limites resserrées, est étranger à cette manœuvre essentielle, ne devant son existence que pour fournir au navigateur un lieu de station libre particulièrement pour la nuit, un moyen facile dans la descente, soit des bateaux, soit des trains en flottage, et un libre concours de relations entre les différents équipages stationnés sur la même rive, et avec toute personne ayant intérêt direct ou indirect à la conservation des objets voiturés.

40. — Ce n'est pas que le marchepied ne puisse servir pour d'autres opérations secondaires se rapportant à la navigation, comme aussi pour certaines opérations de la pêche; mais on ne doit pas tenir pour certain qu'il soit permis de s'en servir avec chevaux pour le tirage des bateaux et des trains.

41. — L'administration des ponts-et-chaussées ne s'occupe nullement de l'entretien du marchepied. Les cantonniers de la marine sont placés sur les chemins de halage, et c'est là où ils emploient tout leur temps.

42. — Il n'est pas de rivage, sur les fleuves et rivières navigables ou flottables en train, qui ne soit coupé de distance en distance, non-seulement par des enfoncements naturels, mais encore par des ruisseaux; malgré cela, nul pont dans la longueur des marchepieds pour faire disparaître les difficultés qui s'ensuivent.

Ces deux motifs me semblent plus que suffisants pour se déterminer contre la faculté de haler avec chevaux, sur le marchepied.

Il n'est pas de règle générale qui ne comporte quelque exception : il est très-possible que le halage par trait de chevaux soit pratiqué dans certains lieux sur le marchepied; il faut céder à la loi de la nécessité, et l'administration publique est seule juge en pareille matière; mais, dans ce cas, la partie nécessaire sur la longueur du marchepied est rendue viable par les soins de la même administration et à ses frais. Le riverain n'a pas à se plaindre, pourvu que l'on s'en tienne à la largeur de 3 m. 25 c. réservés par l'ordonnance.

Ainsi, à part les exceptions de la nécessité, le halage par trait de chevaux n'est nullement permis sur le marchepied.

43. — Il n'est pas non plus permis d'amarrer les bateaux en les attachant aux arbres plantés en dehors de la limite de l'espace réservé. Ce fait constituerait un acte arbitraire, et exposerait son auteur à des dommages envers le propriétaire.

Un fait de cette nature a été jugé par la cour de cassation, le 11 juin 1822, sur le pourvoi contre un jugement du tribunal civil de

Rouen qui avait condamné le sieur Dubourg à des dommages-intérêts en faveur du sieur Lallemant, propriétaire de l'île Brouilly près Rouen, pour avoir, le sieur Dubourg, attaché ses bateaux aux arbres plantés sur les rives de ladite île. « La cour, » attendu que l'île Brouilly est une propriété privée, qu'aucun » titre de servitude n'est rapporté par Dubourg, et que l'amar- » rage n'a pas eu lieu pour cause de péril imminent, rejette le » pourvoi. (1)

44. — L'art. 36 de la loi du 15 avril 1829 sur la pêche fluviale porte : « Les fermiers et porteurs de licences ne pourront user » sur les fleuves, rivières et canaux navigables, que du chemin » de halage; sur les rivières et cours d'eau flottables, que du » marchepied. Ils traiteront de gré à gré avec les propriétaires » riverains pour l'usage des terrains dont ils auront besoin pour » retirer et assener leurs filets. »

Cette disposition législative fut le résultat d'une vive discussion aux deux chambres. Les uns voulaient accorder aux pêcheurs le droit de se servir du chemin de halage ou du marchepied pour jeter leurs filets dans l'eau, l'en retirer et récolter le poisson, et généralement pour tous autres usages relatifs à l'exercice de la pêche.

Telle était la première rédaction du projet; mais elle fut combattue par cette principale considération que les chemins de halage et les marchepieds n'ayant été établis que comme servitude à la charge des fonds riverains pour le tirage des bateaux dans l'eau, il fallait la restreindre à l'objet de sa première destination, et s'en expliquer d'une manière précise dans la loi, afin d'écarter toute fausse interprétation; que, procéder différemment, ce serait étendre la servitude au préjudice des riverains.

45. — Les pêcheurs ne peuvent donc se servir du chemin de halage ou du marchepied que pour le tirage de leurs bateaux et pas autre chose. C'est le sens des termes restrictifs et impératifs

(1) Rapporté par M. Daviel, tom. I, p. 81.

de la loi , ainsi que de la disposition finale qui renvoie le pêcheur à traiter de gré à gré avec le propriétaire riverain pour les emplacements dont il pourrait avoir besoin.

46. — Le législateur moderne n'a pas voulu porter atteinte aux dispositions de l'ordonnance de 1669 qu'il a jugées conformes aux vrais principes, la profession de pêcheur ne pouvant être d'ailleurs un motif suffisant pour étendre la servitude. Il n'était pas juste de placer cette classe de citoyens dans une règle exceptionnelle, la propriété privée ne devant être attaquée que pour cause de nécessité ou d'utilité publique , auxquels cas il y a lieu à indemnité.

CHAPITRE IV.

47. — Il ne faut pas croire que la servitude du halage et du marchepied soit établie en faveur de tout venant. Son objet ne se généralise pas ; il se renferme dans les besoins de la marine marchande montante et descendante, du flottage en train, et de la pêche.

Toute servitude est de droit étroit. On ne peut l'étendre au-delà du titre qui la constitue. Cette règle d'harmonie et d'équité est posée dans l'art. 702 du Code civil.

48. — Ainsi, tout citoyen, étranger aux opérations signalées, doit se garder de se faire à l'habitude de passer dans le chemin du halage et du marchepied, tout comme il en a le droit à l'égard des chemins vicinaux. Si le riverain ne se plaint pas, ce n'est point une raison d'en continuer ainsi l'usage. Ce n'est de sa part qu'une tolérance qui n'établit aucun droit. Sa volonté est telle aujourd'hui, elle peut être contraire demain, et donner lieu à une action en justice, dont l'issue tournerait contre l'auteur du fait qui l'aurait provoquée.

49. — Je ne vois aucun doute lorsqu'il s'agit du passage avec charrette, cheval ou toute autre bête de somme.

L'administration publique a intérêt de s'opposer au passage avec charrette ou cheval dans le chemin de halage par deux motifs dominants.

50. — Le premier se rattache à la liberté de la navigation. Cette liberté n'existerait pas dans des bornes raisonnables, si l'on faisait des chemins de halage une voie publique. Il y aurait sou-

vent des entraves dans le tirage des bateaux et quelquefois de graves accidents, la largeur de ces chemins n'étant pas suffisante pour deux services.

Il faut encore observer que la destination spéciale des chemins de halage, donne droit au navigateur sur toute la largeur des 7 m. 80 c., et que nul ne peut le forcer à se tenir de côté dans le tirage pour laisser place dans la rencontre à tout autre service.

Cette largeur n'est pas excessive, si l'on remarque que les précautions de prudence exigent que les chevaux ou les hommes du tirage soient toujours placés à l'extrémité extérieure des 7 m. 80 c.; au moyen de quoi la manœuvre se fait avec plus de précision et avec moins de danger en cas de recul.

51. — Le second motif s'évince des frais d'entretien : deux services usant concurremment du chemin de halage, ces frais feraient plus que doubler; d'autant que le service public, se servant de toute espèce de moyen de transport, dégrade considérablement la voie dont il se sert; et il serait par trop extraordinaire que l'administration des ponts-et-chaussées fût tenue d'un surcroît de dépense occasionné par un service auquel elle est totalement étrangère.

52. — A ces deux motifs, qui me paraissent décisifs, faut-il joindre l'intérêt du propriétaire riverain?

A son égard, il y aurait une étonnante aggravation de la servitude. Elle n'aurait plus de destination spéciale; d'où il suit que son droit de propriété serait méconnu, et voué en quelque sorte au mépris du premier occupant.

On dira peut-être qu'il est sans intérêt de s'opposer à l'usage public du chemin de halage, dont l'entretien n'est nullement à sa charge; qu'il lui suffit de veiller à ce que son champ ne soit pas foulé au-delà des 7 m. 80 c., ayant droit à des dommages contre celui qui dépasserait cette limite.

53. — Pour admettre ce raisonnement, il faudrait perdre de vue deux choses essentielles.

La loi civile, d'accord avec la vraie morale, ordonne aux hommes de se respecter réciproquement dans leurs personnes et leurs propriétés : maxime de sagesse dont la violation laisse le désordre se propager et expose la société à des crises funestes.

D'un autre côté, on ne doit pas oublier que le chemin de halage peut être réduit à un simple marchepied, la nécessité ou le plus grand avantage de la navigation pouvant exiger son établissement sur l'autre rive.

Le fleuve ou la rivière peut perdre sa navigabilité dans la totalité ou dans une partie de son cours, par des événements qu'on ne peut prévoir.

Les bateaux à vapeur pourraient faire sur plusieurs points le service de la navigation intérieure, à l'exemple de ce qui se pratique assez généralement en Angleterre et aux Etats-Unis d'Amérique.

Dans ces différents cas, il faudrait rendre à l'agriculture les chemins de halage devenus inutiles, sauf à laisser un simple marchepied ; mais si leur usage était depuis longues années de destination publique, malgré qu'aucun titre écrit ne constatât la légitimité de cette destination, il y aurait les plus grandes difficultés pour faire prévaloir les justes prétentions des riverains.

Ce que je viens de dire, relativement au chemin de halage, s'applique et avec bien plus de raison, au simple marchepied dont la consécration, même pour la marine, n'est relative qu'à des facultés secondaires.

54. — Quant au passage à pied sur les deux voies, n'importe les considérations importantes que l'on pourrait faire valoir en faveur d'une pareille faculté, on est forcé de convenir que la rigueur des principes s'y oppose, tout aussi bien que la jurisprudence.

La cour royale de Toulouse, par son arrêt du 19 janvier 1825 (1), dans la cause du sieur Grossous contre le sieur Bon-

(1) Sirey, tom. XXV, 2, p. 119.

nafous, a posé des considérants qu'il suffit de transcrire en partie.

« Attendu que, si l'ordonnance de 1669 qualifie de chemin » royal l'espace qui doit être laissé au bord des rivières navigables, » elle n'enlève pas aux riverains la propriété de cet espace. Ce qui » le démontre, ce sont les termes de cette même ordonnance por- » tant, etc.

» Qu'ainsi, dans l'ancien droit, les chemins de halage n'enle- » vaient pas à la propriété, et n'établissaient qu'une servitude au » profit de la navigation, changeant ou cessant avec elle, gouver- » née, quant aux particuliers, par les règles ordinaires applicables » aux servitudes.

» Attendu qu'aux termes du Code civil qui régit l'espèce, les » marchepieds le long des rivières navigables ou flottables sont » expressément qualifiés de servitude (art. 650); que la loi et la » raison défendent d'user des servitudes autrement et pour chose » différente que ce pourquoi elles ont été établies; qu'incontesta- » blement ce n'est qu'en faveur de la navigation et exclusivement » pour elle, etc. »

L'espèce jugée par cet arrêt était relative à un chemin de ser- vice pour l'exploitation d'une vigne appartenant au sieur Gros- sous, aboutissant à un chemin de halage et enclavée des autres parts.

Le sieur Bonnafous, qui fournissait sur ses terres un sentier pour y aboutir, se permit de le barrer, prétendant, qu'attendu que la vigne n'étant pas enclavée, puisqu'elle aboutissait au che- min de halage qu'il appelait chemin public, le sieur Grossous n'avait aucun droit de se servir du sentier. Les prétentions du sieur Bonnafous furent rejetées par les motifs ci-dessus transcrits.

Autre arrêt dans le même sens rendu par la cour de cassation, le 24 janvier 1827 (1).

Elle a décidé qu'un chemin de halage n'étant qu'une servitude

(1) Sircy, tom. XXVII, 1, p. 481.

imposée par la loi, la propriété privée conserve sa nature et ses prérogatives, hors les cas du service de la navigation.

J'avais un vif désir de trouver quelque moyen de faire fléchir la loi en faveur du simple passage à pied sur les chemins de halage. Je n'ai pu y parvenir. Les principes et la jurisprudence étaient toujours là pour m'entraver.

Mon désir avait pour fondement l'utilité de tous sans nul préjudice pour les propriétaires riverains, un plus grand nombre de piétons circulant sur un chemin de halage ne pouvant être considéré comme aggravant la servitude; avec d'autant plus de raison que, si jamais le chemin de halage était abandonné par la marine, un tel usage, de quelque durée qu'il eût été, ne pourrait fournir, aux communes ou sections de commune de la contrée, le droit d'y être maintenus, à la différence du cas où il s'agirait d'un service par charrette, cheval ou toute autre bête de somme.

Je dois donc me borner, par raison de convenance, à engager les propriétaires riverains à ne jamais s'opposer au passage des piétons dans le chemin de halage, ce fait ne pouvant à présent ni à l'avenir leur porter le moindre préjudice.

Il n'en est pas ainsi du marchepied. Cette voie secondaire n'est presque nullement pratiquée dans sa longueur par la marine, et les riverains disposent leurs champs et leurs manoirs à peu de chose près tout comme si elle n'existait pas.

Elle n'existe pas moins; mais il n'est pas toujours aisé d'en reconnaître l'assiette. L'administration des ponts-et-chaussées, jetant avec raison tous ses soins sur les chemins de halage proprement dits, la voie secondaire se revêt de gazon, et se perdant ainsi dans l'ensemble des fonds contigus, le riverain en retire un revenu, soit par les dépaissances, soit autrement.

A ce premier motif d'intérêt, le propriétaire riverain doit joindre celui d'éloigner les maraudeurs, d'autant que les marchepieds sont pour eux un lieu de bonne fortune, à la différence des chemins de halage qui sont généralement à découvert et fréquentés habituellement : circonstances qui leur inspirent une crainte salutaire.

Ces deux motifs d'un intérêt permanent sont plus que suffisants pour légitimer aux yeux de tous les poursuites du propriétaire riverain contre ceux qui useront du marchepied comme ils le feraient d'un chemin purement vicinal. Ici on ne doit pas compter sur la tolérance du propriétaire riverain. Il ne doit tolérer que lorsque ses propres intérêts n'en souffrent pas.

CHAPITRE V.

DES ATTERRISSEMENTS, ILES ET ILOTS.

55. — Par l'art. 560 du Code civil, les îles, îlots et atterrissements qui se forment dans le lit des fleuves ou des rivières navigables ou flottables appartiennent à l'Etat, s'il n'y a titre ou prescription contraire.

Cette règle est fondée sur le principe établi dans les articles 538 et 539 du Code civil. Les atterrissements, îles et îlots doivent être considérés comme biens vacants et sans maître. Ils se forment insensiblement dans le lit des fleuves et rivières. L'Etat, chargé de l'intérêt de tous, doit en devenir seul propriétaire.

56. — Cette propriété n'est pas de la même nature que le lit des fleuves et rivières qui, consacré à contenir le volume d'eau servant à l'usage de tous, est inaliénable et imprescriptible comme son contenu, l'un et l'autre n'étant pas susceptibles de propriété privée.

57. — Il en est autrement des atterrissements, îles et îlots; ils tombent dans la classe des propriétés ordinaires, et sont régis par les lois du droit privé. De là, ils sont susceptibles d'une efficace possession, et conséquemment prescriptibles et aliénables.

58. — Sous un autre rapport, il ne faut pas non plus les confondre avec les portions de rivage qui, détachées par l'action des eaux, sont séparées, par des canaux nouvellement formés, des fonds avec lesquels elles ne faisaient avant qu'un seul et même corps. Elles ont conservé leur primitive assiette et ne peuvent changer de maître. C'est la disposition expresse de l'art. 562 du Code civil.

La différence vient de ce que les atterrissements, îles et îlots, attribués à l'Etat, ont usurpé insensiblement place dans l'inté-

3

rieur du fleuve ou de la rivière, et qu'il y a impossibilité naturelle de reconnaître quel est le fonds riverain qui a fourni à leur première couche, à leur accroissement et à leur consolidation.

59. — Il est sans doute certain que ces atterrissements, îles et îlots, se sont formés des substances des fonds riverains, détachées, ou violemment, ou insensiblement par l'action des eaux. Il est aussi certain que ces mêmes substances ont été par le même moyen dénaturées complètement, réduites en poudre, se mêlant et ne faisant qu'un seul corps avec le fluide qui les entraînait.

Voilà ce qui est du ressort de l'intelligence humaine, qui ne peut avoir la puissante faculté de découvrir le lieu où ces substances vont se reproduire. — Resterait encore la preuve de l'identité qui, dans ce cas, est contre nature : seule considération plus que suffisante pour justifier le droit de propriété en faveur de l'Etat, ces biens devant être sans nulle difficulté confondus dans la classe des biens vacants et sans maître.

60. — Que doit-il en être des atterrissements, formés sur la totalité ou sur une partie de l'emplacement de la propriété d'un simple particulier, détruite dans sa surface jusqu'à une profondeur plus ou moins forte par les courants, l'emplacement étant ainsi resté sous les eaux pendant plusieurs années ?

D'après l'art. 552 du Code civil, la propriété du sol emporte la propriété du dessus et du dessous. Telle est la règle générale, et il n'est pas raisonnablement possible d'en imaginer d'autre.

Il semble que les exceptions ne peuvent résulter que de conventions légalement formées, si ce n'est des concessions forcées par l'intérêt général pour l'exploitation des mines; mais, dans ce cas, il est payé au propriétaire, réduit à la surface, une indemnité relative.

61. — Cependant, voici une espèce dans laquelle l'opinion contraire a prévalu.

Un arrêt du conseil, du 16 juillet 1705, confirmé par plusieurs arrêts postérieurs, a fait concession au sieur Bernard de la Termelière, représenté depuis par le sieur Philippe et consorts, de plusieurs îles dans la Loire et parmi lesquelles se trouvait l'île Praud d'une contenance de 33 hectares environ.

En 1793, la débacle du fleuve emporta toute la partie orientale de cette île, dont il ne resta alors aucun vestige; mais, au bout de près de 20 ans, une vasière, qui s'était formée sous les eaux dans l'emplacement de la partie enlevée, commença à apparaître, s'accrut avec le temps, et finit, en se solifiant, par se réunir à la partie de l'île Praud qui avait subsisté.

Les sieurs Philippe et consorts, se considérant comme proprié_taires de ce terrain de formation nouvelle, y coupèrent les roseaux qui y étaient accrus; mais alors l'Etat, se prévalant des termes de l'art. 560 du Code civil, suivant lequel les îles, îlots et atterrissements, qui se forment dans le lit des fleuves ou des rivières navigables ou flottables, appartiennent à l'Etat, s'il n'y a titre ou prescription contraires, revendique la propriété de ce terrain : il reconnaissait bien que les sieurs Philippe et consorts étaient propriétaires de l'île Praud; mais il soutenait que la débacle de 1793, en emportant une partie de l'île, avait, quant à cette partie, mis fin à leur propriété, et que les atterrissements qui s'étaient formés depuis cette époque ne devaient pas être considérés comme partie intégrante de l'île, et se trouvaient en conséquence régis par les dispositions de l'art. 560.

62.—19 juin 1838, jugement du tribunal de Savenay, qui déclare l'Etat mal fondé dans ses prétentions attendu que l'atterrissement litigieux s'est formé sur l'emplacement même occupé par la partie de l'île emportée en 1793.

63. — Appel de la part de l'Etat, et, par arrêt du 25 janvier 1841, la cour royale de Rennes, après enquête et expertise, a infirmé ce jugement.

La cour a posé en principe qu'une île ne fait pas partie du fleuve qui la porte, non plus que le chargement d'un navire ne fait partie du navire; que, lorsque l'Etat vend une île, il ne vend pas la partie du fleuve sur laquelle elle repose, il ne vend qu'une île sous la seule garantie du fleuve qui l'a formée et qui peut la

détruire; que, si elle vient à être détruite, tout ce qui a été
vendu a été détruit; qu'il ne reste plus d'île; qu'il ne reste que le
lit du fleuve, et qu'aussitôt que la portion de ce lit, qui avait été
envahie par l'île, est reconquise par l'action des eaux, elle rede-
vient propriété de l'Etat, auquel seul peut appartenir le lit des
fleuves et des rivières navigables ou flottables; que les îles sont
donc des biens d'une nature particulière, des biens qui n'ont ni
passé ni avenir, qui n'ont que l'actualité, attendu les chances
continuelles de destruction et de reproduction, d'accroissement
et de retranchement; que ces chances ont été plus favorables
que défavorables aux intimés; qu'en effet l'île Praud s'est tellement accrue que, malgré le retranchement qu'elle a subi, sa
contenance est encore triple ou quadruple de celle qui a été
vendue.

Les sieurs Philippe et consorts se sont pourvus en cassation,
et la cour, par son arrêt du 25 avril 1842, a rejeté le pourvoi (1).

64. — Mais il est indispensable, pour donner à la question le
développement convenable, de rapporter littéralement les considérants les plus saillants de l'arrêt.

« Attendu que la cour royale a conclu de ces faits que la
» vasière dont il s'agit est de création nouvelle et ne fait point
» partie de l'île détruite; que c'est une propriété distincte et
» délimitée par la ligne de jonction reconnue par les experts et
» indiquée sur leur plan; — attendu d'ailleurs qu'il a été re-
» connu aussi et constaté que, malgré le retranchement subi
» par la violence du courant et la débacle des glaces, l'île Praud
» s'est tellement accrue par les alluvions qu'elle a une étendue
» superficielle triple ou quadruple de celle qui a été vendue. »

65. — La cour de cassation n'est pas appelée à apprécier les
faits, elle doit les prendre tels qu'ils sont rapportés par les cours
royales: d'où il suit que l'arrêt attaqué établissant en fait que la

(1) Sirey, tome XLII, 1, p. 621.

vasière était de création nouvelle et ne faisait point partie de
l'île détruite, la cour de cassation avait seulement à examiner si,
en droit, il avait été fait une juste application de l'art. 560 du
Code civil.

On peut ajouter que les demandeurs en cassation avaient aussi
contre eux le fait de l'énorme accroissement de l'île Praud, dont
la surface actuelle a une étendue trois ou quatre fois plus forte
que lors de la vente.

66. — Cependant, dans la rigueur du principe, il me semble
qu'on ne peut adopter la doctrine de la cour royale.

D'abord, il est difficile de faire comprendre qu'une île doive
être considérée comme chose flottante, et conséquemment sans
assiette fixe. L'art. 552 du Code civil dit le contraire, et l'on ne
trouve nulle part d'exception à cette règle générale, pas même
par voie d'analogie.

67. — D'un autre côté, l'accroissement, quelqu'énorme qu'il
soit, provient d'alluvions qui peuvent disparaître d'un moment à
autre. C'est la chance de tout fonds aboutissant à un cours d'eau,
ou formant une île, d'accroître ou de décroître. Voilà pourquoi
on tombe dans le pur arbitraire, si l'on fait dépendre l'application du principe d'un point de fait qui, sans passé ni avenir, n'a
que l'actualité.

La question de droit, ainsi dépouillée de circonstances propres
seulement à obscurcir la matière, tâchons d'arriver, par les vrais
principes, à une solution satisfaisante.

68. — L'art. 560 du Code civil contient une disposition dont
la rigoureuse application ne peut contrarier personne. Les atterrissements, îles et îlots de formation nouvelle sont considérés
biens vacants, l'Etat en est seul propriétaire.

69. — Ce droit ne s'évince nullement de ce que ces nouveaux
corps immobiliers se consolident sur une partie du lit des fleuves
et des rivières. On tomberait dans la règle des accessoires, et l'on
ne serait pas exact. Le droit d'accession frappe ailleurs; il ne
peut surtout être invoqué que lorsque l'objet principal est de la

même nature, c'est-à-dire lorsque les deux corps sont homogènes.

70. — Les atterrissements, îles et îlots ne constituent pas des usurpations au préjudice du lit des cours d'eau. — L'emplacement où ils se forment est le plus souvent compensé avec usure par celui pris aux dépens des riverains sur l'une ou l'autre rive, tout cours d'eau dépendant du domaine public étant irréductible; il est seulement sujet à déplacement par l'action rigoureuse des eaux, par où l'Etat, ne pouvant éprouver aucune perte à ce sujet, acquiert gratuitement les atterrissements, îles et îlots nouvellement formés.

71. — Ces propriétés privées, quoique dans les mains de l'Etat, sont transmissibles par les moyens du droit commun. Le tiers, qui en devient propriétaire par titre légitime, peut-il craindre d'en être jamais dépouillé par celui-là même qui le lui a fourni?

Il y a ici la circonstance sans laquelle il n'y aurait pas de question, que l'île comprise dans la transmission, détruite dans sa surface jusqu'à une forte profondeur par l'action des eaux, a été ainsi submergée pendant environ vingt ans, et que, par des amas de sable, limons et vase réunis et consolidés sur le même emplacement, elle a fini par s'élever au-dessus des eaux et redevenir propriété utile.

72. — L'ayant-cause de l'Etat invoque en sa faveur l'art. 552 du Code civil, pour prétendre qu'il n'a jamais cessé d'être propriétaire de l'île; que la destruction de sa surface et la submersion n'ont pu le priver que des fruits qu'elle aurait produits si elle était restée dans son primitif état; mais que le tréfonds ne lui restait pas moins avec l'espérance du rétablissement entier de l'île; que, s'il n'a pas possédé, c'était par empêchement de force majeure; que personne n'a donc pu posséder à son lieu et place, par où son droit est resté tout entier, tel qu'il était un instant avant la destruction de l'île et la submersion.

Il est difficile de trouver des arguments convenables à opposer

à des prétentions fondées sur une disposition législative, claire
et précise, imaginée uniquement pour déterminer le droit absolu
et exclusif du maître du sol, à l'égard du dessus et du dessous de
ce même sol.

73. — Néanmoins, l'Etat invoque en sa faveur l'art. 560 du
Code civil et revendique la propriété de l'île.

Il est bien vrai que, règle générale, les atterrissements, îles et
îlots, qui se forment dans l'intérieur des fleuves et des rivières
navigables ou flottables, appartiennent à l'Etat; mais ne faudrait-il
pas convenir que, pour empêcher dans l'espèce l'application de
l'art. 552, il faudrait ne trouver aucun autre cas propre à
l'art. 560?

Ce ne serait qu'alors qu'il pourrait y avoir dérogation à la règle
générale posée par l'art. 552. Elle ne serait pas expresse; mais
on ne serait pas moins forcé de l'admettre, pour ne pas considérer l'art. 560 comme disposition législative vaine et sans objet.

74. — Comme je l'ai déjà prouvé, les atterrissements, îles et
îlots sont, en règle générale, dans la classe des biens vacants et
sans maître, et l'Etat en devient propriétaire en vertu de
l'art. 560.

75. — J'avoue qu'en assimilant, aux biens vacants et sans
maître, les atterrissements, îles et îlots, l'art. 560 pourrait être
considéré comme la répétition de l'art. 539, d'où l'on pourrait
induire qu'en restreignant l'application de l'art. 560 à un cas déjà
réglé par l'art. 539, mon système n'est pas exact.

76. — Cet argument serait captieux: lorsque je confonds, dans
les biens vacants et sans maître, les atterrissements, îles et îlots,
je n'entends pas faire une assimilation pure, entière; cela n'est
vrai que par rapport à l'impossibilité dans laquelle se trouverait
le tiers qui, sur le seul motif de la destruction de son rivage,
prétendrait droit, à la propriété d'une île de formation nouvelle,
de justifier sa prétention.

77. — Les biens vacants et sans maître ne sont pas rigoureusement de la même nature que les atterrissements, îles et îlots, qui

ne se forment qu'aux dépens des fonds riverains plus ou moins éloignés. Ainsi, sans la disposition précise de l'art. 560, il ne serait pas extraordinaire de voir un riverain prétendre que l'île nouvellement formée, l'ayant été aux dépens de son propre fonds, devient sa propriété.

Il appuierait ses prétentions sur des titres portant fixation de la contenance précise de son rivage, sur la circonstance que ce rivage a été détruit pour une partie, la veille ou quelques jours avant l'apparition de l'île, qu'il est seul réclamant. Il offrirait d'autres preuves plus ou moins précises; il ajouterait que l'Etat n'a qu'à s'occuper de la navigabilité des cours d'eau; que sa tâche est remplie, s'il empêche les entraves que l'avidité des riverains pourrait y apporter, et s'il emploie les moyens convenables pour faire disparaître celles survenues naturellement; qu'il doit rester étranger à tout gain comme à toute perte, les cours d'eau se rendant justice à eux-mêmes par l'irrésistible impulsion de leur force, en prenant d'un côté ce qu'ils peuvent perdre de l'autre; que le droit d'accession n'a pas été imaginé pour l'Etat, si ce n'est dans son individualité, c'est-à dire lorsqu'il est possesseur par titre légitime d'une propriété privée.

78. — A cela on doit ajouter qu'il fallait régler le sort des îles, îlots et atterrissements qui se forment dans les rivières non navigables et non flottables, et qu'en attribuant ces nouvelles propriétés aux riverains, le législateur n'aurait pas été prudent s'il n'avait réglé en même temps, et par une disposition expresse, le sort des atterrissements, îles et îlots qui se forment dans le lit des fleuves et des rivières navigables ou flottables.

79. — C'est ce qu'il a fait par les art. 560 et 561 du Code civil, et si l'on pouvait encore argumenter de cette prétendue répétition, il ne faudrait pas moins préconiser les vues du législateur, puisque par là il aurait empêché de voir se soulever des prétentions qui, quoique d'une vérité seulement apparente, ne laisseraient pas moins que de diviser les opinions, et d'être une source féconde de matière à procès.

80. — En me résumant : Sans porter aucune atteinte à l'art. 552, l'art. 560 trouve son application à l'égard des atterrissements, îles et îlots de formation nouvelle sur un tréfonds qui avait toujours fait partie du lit du cours d'eau.

81. — Le même art. 560 ne peut être considéré comme la répétition de l'art 539. Ses dispositions étaient nécessaires pour arrêter les prétentions du tiers dont le rivage a été emporté par les eaux, ou en totalité ou en partie.

82. — Enfin, ce même art. 560 impose silence au riverain, en lui refusant le droit accordé par l'art. 561 au riverain des cours d'eau non navigables et non flottables (1).

Il y a donc parfaite harmonie dans l'ensemble de ces dispositions légistatives; d'où il suit que l'art. 552 conserve toute sa force.

83. — En effet, l'ayant-cause de l'Etat, maître de l'île par transmission légitime, compte sur l'immobilité de cette propriété dans les limites fixées dans son titre. Il n'ignore pas que les couches de la terre végétale peuvent être facilement enlevées; comme aussi que l'étendue de l'île peut accroître ou décroître. C'est le sort des îles et des propriétés riveraines des fleuves et des rivières; mais il n'en est pas ainsi à l'égard du tréfonds, son immobilité est certaine.

84. — L'événement heureux ou malheureux de force majeure ne donne pas lieu à indemnité contre le propriétaire du fonds accru, ni en sa faveur dans le cas contraire ; l'indemnité de part et d'autre se compense avec la probabilité ou possibilité des alluvions; et ce ne peut être qu'à l'égard de l'accroissement et du décroissement des îles et des propriétés riveraines, et nullement à l'égard du tréfonds, que l'on peut dire par fiction que ce sont des propriétés flottantes.

85. — Le tréfonds ne peut faire partie du lit du cours d'eau

---

(1) A la vérité, l'art. 561 ne peut être que déclaratif et non attributif. Il doit être considéré comme simple règlement, tout aussi bien que l'art. 563.

que par force majeure, c'est-à-dire, que pendant tout le temps qu'il est couvert par les eaux ; de sorte que, dès l'instant qu'une nouvelle surface, formée par des matières qui se sont consolidées sur le même emplacement de l'île, apparaît au-dessus des eaux, l'île reprend sa primitive condition, l'Etat n'ayant aucun motif légitime de s'en prétendre propriétaire.

86. — Toute prétention doit avoir un fond d'équité, sans quoi la raison désapprouve.

L'occupation par les cours d'eau navigables ou flottables ne fournit aucun nouveau titre à l'Etat : il n'y a à son égard aucune chance, il n'y en a que vis-à-vis des riverains. Les uns gagnent, les autres perdent, et leur position respective actuelle peut être renversée par une nouvelle révolution dans les cours d'eau : c'est ainsi jusqu'à l'infini.

87. — Si le cas de force majeure ne donne lieu à aucune indemnité en faveur de la partie lesée, comment l'Etat pourrait-il s'en prévaloir pour renforcer son domaine privé ?

L'art. 563 du Code civil (1) vient à l'appui de mon raisonnement. Il dispose : « Si un fleuve ou une rivière navigable, flotta-
» ble ou non, se forme un nouveau cours en abandonnant son
» ancien lit, les propriétaires des fonds nouvellement occupés
» prennent à titre d'indemnité l'ancien lit abandonné, chacun
» dans la proportion du terrain qui lui a été enlevé. »

Dans ce cas, la loi rétablit l'équilibre dans les intérêts des parties lésées ; pourquoi en serait-il autrement dans l'autre espèce, étant démontré que l'art. 560 ne peut affecter que les îles, îlots et atterrissements qui se confondent avec les biens vacants et sans maître (2).

88. — Lorsque l'île, après avoir été submergée pendant long-temps, apparaît avec une surface d'une plus forte étendue que

_____

(1) Voyez aussi l'art. 559.

(2) M. Daviel professe la même opinion, tome Ier, p. 151, et il ajoute que l'arrêt de la cour de cassation, qui a rejeté le pourvoi formé contre l'arrêt de la cour de Rennes, ne contredit pas la doctrine qu'il a exposée.

celle qui fut transmise primitivement, à qui doit appartenir l'excédant?

La rigueur des principes prouve en faveur du propriétaire de l'île. L'accessoire suit le sort du principal; et il est incontestable que l'excédant de contenance ne peut former qu'un accessoire comparativement à l'île.

La circonstance que l'accroissement s'est formé d'une manière occulte, ne peut en changer la nature : c'est proprement une alluvion et pas autre chose.

89. — Cette décision ne peut être conforme aux principes que tout autant qu'il serait reconnu que toute autre personne, y compris l'État dans son individualité, n'avait aucune île sur l'emplacement de l'excédant de contenance ; car, dans le cas contraire, faudrait-il d'après les mêmes principes borner chaque propriété sur les anciennes limites, et attribuer à chacun celle qui lui était propre avant la submersion.

90. — Dans ce cas, les contenances primitives ne devraient pas être prises en considération pour fixer les limites. Les îles accroissent ou décroissent, et ce moyen pourrait conduire à l'erreur.

Il serait peut-être difficile de reconnaître ces limites, surtout en l'absence de plan figuratif. Dans ce cas, il serait prudent aux intéressés de pactiser à l'amiable et en bons pères de famille, plutôt que d'avoir recours à des enquêtes et contre-enquêtes qui, le plus souvent et surtout dans une pareille matière, laissent les juges ainsi que les parties dans la même ignorance que ci-devant.

91. — Je ne pense pas que l'État, ni dans son individualité, ni en sa qualité d'administrateur de la chose commune, puisse prétendre droit à l'excédant de contenance dont s'agit que je considère comme composant des alluvions, ce qui écarte l'application de l'art. 560 du Code civil.

92. — Je l'ai déjà dit, l'Etat n'est appelé à devenir propriétaire gratuit que des biens vacants et sans maître et des atterrissements, îles et îlots de formation nouvelle sur un tréfonds qui n'avait jamais été dans la catégorie des propriétés privées.

CHAPITRE VI.

93. — La propriété est le droit de jouir et de disposer des choses de la manière la plus absolue, pourvu qu'on n'en fasse pas un usage prohibé par les lois ou les règlements (art. 544 du Code civil).

Ainsi le riverain peut pratiquer tels ouvrages qui lui conviendront pour empêcher les eaux de fouiller dans ses rivages, et toutes les fois que ces ouvrages n'auront pas d'autre objet, il n'y aura là qu'un acte de bon ménager et de bon père de famille.

94. — Mais si, au contraire, les mêmes ouvrages étaient pratiqués pour agrandir la propriété, il y aurait alors acte offensif contre les propriétés de la rive opposée.

Il est facile sur la nature des ouvrages de reconnaître l'intention du maître. S'il les dispose d'une certaine élévation et sur une diagonale qui, prolongée à vue d'œil du côté d'aval, finirait par aboutir sur l'autre rive, il y a acte offensif, malgré que les ouvrages soient placés sur son propre fonds.

Il y a acte offensif dans ce sens que, dans les hautes eaux, le courant est rejeté, par la conformation des ouvrages, vers la rive opposée où il porte toute son action.

Cette manière de procéder, étant vicieuse, donnerait lieu à une action tendant à la destruction des ouvrages, avec dommages et intérêts pour le riverain qui en aurait déjà souffert.

95. — Cela ne doit pas paraître trop sévère, l'équité le veut ainsi; on peut d'ailleurs s'appuyer sur l'art. 1382 du Code civil,

dont les dispositions s'harmonisent si bien avec la maxime divine:
« Fais à autrui ce que tu voudrais qui te fut fait. »

Cet article porte : « Tout fait quelconque de l'homme qui
» cause à autrui un dommage, oblige celui par la faute duquel il
» est arrivé à le réparer. »

« Si l'énonciation de l'art. 1382, dit Toullier, n'était pas li-
mitée, elle serait fausse par trop de généralité; car il y a des
faits de l'homme qui, quoique nuisibles à autrui, n'obligent
point celui qui les a commis à réparer les dommages qu'ils
peuvent avoir causés; mais les premières expressions de cet article, trop générales en apparence, sont sagement limitées par la
disposition finale qui n'oblige à réparer le dommage que celui par
la faute duquel il est arrivé. »

En effet, les dommages ne sont dûs que tout autant qu'il y a
faute, et l'on ne commet de faute qu'en faisant une chose qu'on
n'avait pas le droit de faire.

96. — Ce n'est pas l'intention qu'il faut consulter, il y aurait
trop d'incertitude, les faits matériels doivent seuls être appréciés,
car l'ignorance n'excuse pas.

97. — Lorsqu'on fait une chose qu'on a le droit de faire, on
n'est tenu à aucun dommage, malgré qu'elle soit nuisible à autrui.

Toullier en donne plusieurs exemples. Je prends le plus
simple :

« En creusant, dit-il, un puits dans mon fonds, je détourne
la source qui alimentait le puits inférieur de mon voisin. C'est
un dommage qu'il éprouve, et qu'il éprouve par mon fait; mais
je ne suis point tenu de le réparer, parce que je n'ai fait qu'user
de mon droit, sans commettre aucune faute. »

Cet exemple est seul suffisant pour faire ressortir la différence
entre un fait permis et un fait qui ne l'est pas.

98. — Dans l'espèce, celui contre qui on réclamerait ne pourrait se justifier, lorsqu'il y aurait réellement faute de sa part,
en disant que le riverain qui se plaint n'a qu'à faire comme lui,
se défendre par de pareils ouvrages contre l'action des eaux.

99. — On doit se défendre contre l'action naturelle des eaux , et l'on ne peut se plaindre vis-à-vis de personne des dommages qui sont une suite de votre propre négligence ou de l'irrésistible courant; mais se défendre contre le fait d'autrui, c'est accuser, et indiquer par là qu'il y a faute de la part de l'auteur du fait, et conséquemment obligation à sa charge de rétablir les choses dans leur état primitif et de payer les dommages soufferts.

100. — S'il en était autrement, le plus actif, le plus puissant en moyens pécuniaires, aurait tout l'avantage. Ce serait en sa faveur une espèce de privilége.

101.— Tous les riverains, étant sous la loi commune , ne doivent avoir d'autres vues que d'empêcher les dommages de force majeure; et si, pour y parvenir, ils se livrent à des travaux quelconques, ils doivent les établir dans cet unique but; sans cela ils porteraient atteinte à cette espèce de communauté de profits ou de pertes qui doit les lier réciproquement.

102. — La question de savoir si les ouvrages faits sont défensifs ou offensifs, peut souvent embarrasser; car il faut convenir qu'entre la faculté et la prohibition de faire , il y a dans la matière un intervalle quelquefois difficile à saisir.

En me renfermant dans l'expérience acquise dans ma localité, et je crois qu'il en est ainsi sur les autres cours d'eau, tout ouvrage sur le fonds riverain, en ligne parallèle au cours d'eau, doit être considéré comme purement défensif.

103. — Ce n'est pas que toute espèce d'ouvrage ne puisse, dans un certain sens , porter quelque dommage sur l'autre rive : dans les grandes crues, par exemple, le courant, qui ne peut déborder sur une rive, gonfle plus ou moins son volume sur toute la longueur des ouvrages, et porte une action plus puissante sur la rive opposée; d'où il résulte, ou un plus grand débordement, ou une plus vive attaque sur les fonds riverains. Mais telle est la condition de ces fonds, d'être considérés comme propriétés flottantes, quant à leur produit et à leur accroissement ou décroissement. Faut-il toujours qu'il y ait de justes limites dans les droits res-

pectifs des propriétaires des deux rives, et que chacun puisse, tout dol et fraude cessant, veiller à la conservation de sa propriété.

104. — Cette faculté de consolider les rivages s'accorde très-bien avec l'intérêt de la navigation. Un système contraire pourrait engendrer de graves inconvénients ; les lits des cours d'eau deviendraient, sur un grand nombre de fleuves et de rivières navigables ou flottables, d'une étendue qui ne serait pas en rapport avec le volume des eaux ordinaires nécessaires à la navigation. Il s'établirait des canaux, des atterrissements, et sur certains points il ne resterait plus une seule voie d'eau navigable. Difficulté d'autant plus sérieuse qu'elle ne pourrait disparaître que par des dépenses annuelles considérables, à la charge de l'administration publique.

105. — Il serait donc à désirer que les riverains des cours d'eau s'occupassent annuellement d'ouvrages propres à consolider les bords des deux rives. Ce serait pour eux un avantage, et la navigation y trouverait le sien. Les courants seraient renfermés dans de justes limites, et les entraves, bien loin de se multiplier, disparaîtraient insensiblement pour laisser une voie pleinement navigable même dans les basses eaux.

106. — J'ai parcouru la Loire dans le mois de mai 1844, depuis Orléans jusqu'à Nantes. J'y ai vu des dragueurs sur plusieurs points, et je me suis aperçu que si le fleuve était à peine navigable, cela provenait de l'énorme étendue de son lit, résultat, ou de la négligence des riverains, ou de la défense de l'administration publique d'empiéter sur le lit du fleuve.

107. — Il est bien vrai que, d'après la rigueur des principes, il n'est nullement permis aux riverains d'empiéter sur le lit des cours d'eau navigables ou flottables ; cependant, cette règle ne devrait pas être invoquée indifféremment. Toutes les fois que l'administration publique s'apercevrait d'empiètements, dont les suites devraient tourner en faveur de la navigation, bien loin de s'y opposer, elle devrait au contraire encourager les riverains. Il faudrait seulement éviter qu'il y eût entre eux opposition d'inté-

rêts. Règle générale, elle n'existerait pas si les travaux s'exécu-
taient simultanément sur les deux rives. Dans beaucoup d'autres
cas, elle n'existerait pas non plus, lors même qu'on n'opèrerait
que sur une seule rive.

108. — Si, au lieu d'avoir pour unique but la conservation du
rivage dans l'état actuel, le riverain faisait les travaux pour reconquérir les fractions qui en auraient été déjà enlevées par les
eaux, pourrait-il prétendre qu'il a ce droit?

Ce nouveau cas doit être décidé par les mêmes principes, ceux
développés au n° 93 et suivants. En effet, le point de décider
consiste toujours à savoir s'il y a faute, c'est-à-dire si les ouvrages
sont pratiqués contre les intérêts des autres riverains, et conséquemment en dehors des règles d'une légitime défense.

Reconquérir n'est pas le mot. Il n'est pas exact de prétendre
qu'on est dépouillé par l'action des eaux. Ce qu'elles ont détruit
ne peut vous être rendu, et si votre rivage accroît, ce ne peut
être que par alluvion; mais il ne vous est pas permis d'en favoriser la formation par aucune espèce d'ouvrage. Telle est l'opinion, sans aucun tempérament, de MM. Chardon et Proudhon,
cités par M. Daviel, n° 127.

109. — Mais ce dernier auteur cite encore M. Dubreuil qui,
dans son traité de la législation sur les eaux, émet une opinion
contraire : « Il est permis aux riverains de se procurer des alluvions pourvu qu'ils ne détournent pas les eaux sur la rive opposée.»

M. Daviel embrasse cette dernière opinion.

110. — Il me semble qu'il serait facile de réunir ces auteurs
dans le même sentiment. Lorsqu'un fait, quel qu'il soit, n'est nuisible à personne, sur quel motif s'élever contre? Sans intérêt,
point d'action.

La condition mise par M. Dubreuil rapproche tellement les
deux opionions que je ne trouve entre elles qu'une divergence
dans les mots et nullement quant au fonds.

111. — Mais, ajoute M. Daviel, la difficulté est grande dans
la détermination du fait. Oui sans doute, toute la difficulté est

là , et je conçois qu'elle sera souvent de nature à sérieuse contestation.

Posons quelques exemples :

112. — 1° Les ouvrages sont placés à l'extrême bord du rivage sur une ligne parallèle au cours d'eau.

Les propriétaires de la rive opposée sont sans intérêt de se plaindre. Il n'y a que l'administration publique qui, prétendant que les ouvrages sont placés dans le lit du cours d'eau, peut en demander la suppression.

Il serait rare en effet de pratiquer de pareils ouvrages sans anticiper sur le lit du cours d'eau, d'autant que l'on doit se rappeler que l'opinion la plus accréditée en porte l'étendue jusqu'à la ligne baignée par les hautes eaux (1).

113. — 2° La ligne occupée par les ouvrages décrit une diagonale, l'extrémité d'aval avançant vers le cours d'eau sans y prendre pied.

Dans ce cas, le courant étant dirigé vers la rive opposée, il y a faute de la part de l'auteur des ouvrages, et conséquemment obligation à sa charge de les détruire, avec dommages-intérêts à l'égard du riverain lésé.

114. — 3° Un troisième cas, qui me paraît d'une solution facile, c'est lorsqu'un rivage, détruit dans sa partie d'aval jusqu'à une certaine profondeur en rentrant dans les terres, a conservé intacte sa partie d'amont, laquelle avance sur le cours d'eau comparativement à l'autre partie submergée depuis sa destruction, ajoutant que les propriétés d'autrui en amont avancent tout autant que la partie non détruite, avec laquelle il y a contiguité.

Les ouvrages ont été pratiqués sur une ligne parallèle au cours d'eau, appuyée sur la limite extérieure de la partie non détruite du rivage.

Par ce moyen, il y aura dans peu de temps une alluvion sur l'emplacement submergé, d'autant que la surface n'en a été dé-

(1) Voyez les nos 19 et 20.

truite que par le retour ou le remous des eaux dans ce court espace, et qu'en pareille circonstance il est assez facile d'arrêter leur action.

Le retour des eaux est chose assez rare : cela arrive quelquefois surtout en aval des barrages, écluses, pertuis et usines, et même en aval des lieux où le lit du cours d'eau est resserré par l'élévation des berges sur les deux rives.

Les ouvrages, dans ce troisième cas, ont eu un double motif : conserver la partie restante du rivage et se procurer des alluvions.

Mais qui pourrait se plaindre d'un pareil procédé? Personne. Ici nulle provocation contre les propriétaires de l'une ni de l'autre rive, les eaux n'étant nullement détournées de leur cours naturel.

L'administration publique applaudira; elle y trouvera son avantage, en ce sens que le rivage sera uni, une fois que l'excavation sera remplie par des alluvions : d'où résultera une plus grande facilité pour la navigation.

L'opinion de **M.** Dubreuil s'applique parfaitement à ce cas, et je suis bien loin de penser qu'elle puisse trouver des contradicteurs.

115. — L'administration publique peut tolérer les actes qui tendent à anticiper sur le lit des cours d'eau. Elle est sans intérêt à s'y opposer, pourvu toutefois qu'il n'en résulte pas des entraves pour la navigation, les courants se font place. Elle doit seulement veiller à la conservation des îles, îlots et atterrissements qui sont dans son domaine privé, et ce n'est que dans les lieux où ils existent qu'elle doit s'opposer à tout empiètement sur le lit du cours d'eau. On conçoit que, sans cette précaution, la partie usurpée est remplacée par la destruction, en totalité ou en partie, des îles, îlots et atterrissements, résultat forcé du rétrécissement du lit du cours d'eau.

J'ai été entraîné à émettre mon sentiment sur ce point, d'abord parce que je l'ai cru conforme aux règles d'intérêt général, et ensuite parce qu'il m'a toujours paru que l'administration publique l'avait jugé de même, ma mémoire et la jurisprudence ne me fournissant aucun exemple contraire, malgré les empiétements plus ou moins sensibles que l'on remarque sur les différents lits de cours d'eau. Si elle a formé opposition, ce n'a jamais été que lorsque les actes qu'elle attaquait étaient purement offensifs, c'est-à-dire de nature à porter atteinte au libre exercice de la navigation ou à son domaine privé.

116. — La tolérance de l'administration publique ne peut empêcher l'action des tiers. Leur intérêt est d'une nature différente. Le rétrécissement du lit du cours d'eau doit être généralement considéré comme acte offensif à l'égard de la rive opposée. C'est donc un mal, mais un mal relatif. J'ai dit plus haut qu'il en résulterait un bien pour la navigation, si on opérait simultanément et par un égal procédé sur les deux rives, surtout dans les lieux où le lit est d'une largeur trop forte, comparativement au volume d'eau. Je maintiens cet avis; j'ai seulement intérêt qu'on ne confonde pas les deux cas, puisque la solution de l'un est opposée à la solution de l'autre.

CHAPITRE VII.

117. — L'art. 42, tit. 27 de l'ordonnance de 1669, prohibe les plantations d'arbres dans les fleuves et les rivières navigables et flottables.

Il faut joindre à cet article celui déjà rapporté qui est le 7me du tit. 28 de la même ordonnance, portant qu'il est défendu de planter des arbres ni tenir clôture ou haie plus près que 30 pieds (9 m. 74 c.) du côté que les bateaux se tirent, et 10 pieds (3 m. 25 c.) de l'autre bord.

En vertu de ces deux articles, la prohibition de planter des arbres s'étend depuis le lit du cours d'eau jusqu'au chemin de halage et 1 m. 95 c. au-delà, et de l'autre bord, depuis le même point jusqu'au-delà des 3 m. 25 c. consacrés au marchepied.

Il ne me reste donc aucune place libre à partir de la limite extérieure ainsi déterminée jusqu'au lit du cours d'eau; et la prohibition étant absolue, on doit se garder de l'enfreindre si l'on ne veut s'exposer à des poursuites de la part de l'administration publique.

118. — Si l'on voit, entre la chaussée du halage et du marchepied et le lit du cours d'eau, des arbustes, des saules à basse tige et des oseraies, il faut croire qu'ils y sont provenus naturellement et sans la participation des riverains. Les inondations bouleversent parfois les rives et enfouissent des branches, des tiges qui, recouvertes par le limon, prennent racines, et pendant les basses eaux grandissent et forment comme une plantation de main d'homme.

L'administration ne querelle personne à ce sujet. Elle comprend qu'elle serait souvent injuste en adoptant un autre système.

119. — Les choses en cet état, les riverains peuvent en récolter les produits librement et sans crainte; ils leur appartiennent. Les cantonniers de la marine, chargés d'abattre tout ce qui peut porter obstacle à la liberté de la navigation, n'y ont aucun droit.

Il y a plus : l'administration tolère des plantations à basse tige dans tous les lieux où la navigation ne peut être gênée. Elle remplit en cela les vues du législateur. On doit laisser aux propriétaires tous les produits utiles de leurs rivages, les abondantes productions du sol, quelle que soit leur nature, intéressant la masse des citoyens.

La servitude légale du halage et du marchepied, utile à tous, est un lourd fardeau pour les riverains; faut-il du moins qu'en contribuant ainsi au bien général ils ne soient pas querellés dans les faits qui, ne portant aucune atteinte au libre exercice de la navigation, constituent purement des actes d'un bon père de famille.

CHAPITRE VIII.

DE L'INDEMNITÉ DUE AUX RIVERAINS POUR LA DESTRUCTION DES BATIMENTS, CLOTURES, HAIES ET PLANTATIONS LE LONG DU CHEMIN DE HALAGE, ET DE CELLE A L'ÉGARD DE CE CHEMIN.

120. — On ne peut se dissimuler que l'assiette du chemin de halage ne doive être forcément considérée mouvante, tant dans la pensée de l'administration publique que dans celle des riverains.

Malgré cela, on ne doit pas en tirer la conséquence que, dans tous les cas, les riverains soient sans droit pour réclamer une indemnité. Ce serait violer ouvertement les règles d'équité et consacrer le principe d'une espèce de pénalité sans griefs; les bâtiments, clôtures, haies et plantations existant seraient sans valeur; et, pour l'avenir, quel qu'en fût le besoin, nul ne saurait se déterminer à faire de pareils ouvrages sur les terres riveraines du cours d'eau du domaine.

Les deux principes doivent donc se combiner ensemble, et marcher d'un pas égal vers un seul et unique but : celui contre lequel on ne peut articuler aucun blâme.

L'indemnité est ou non due selon les circonstances.

121. — Elle n'est point due si, par l'effet des affouillements des eaux du fleuve ou de la rivière, le chemin de halage est détruit en totalité ou en partie, le riverain étant alors tenu de fournir une nouvelle assiette, ou de compléter la partie restante de la précédente, sans indemnité.

C'est un cas de force majeure dont la responsabilité ne peut peser sur personne.

Nous l'avons dit d'ailleurs dans le cours de l'ouvrage : la possibilité ou la probabilité des alluvions est pour le riverain une juste compensation des dommages soufferts ou à souffrir, et, malgré cette éventualité de gain ou de perte, aucune réclamation de sa part n'est permise contre l'administration publique qui, n'ayant aucune chance de gain, ne peut être exposée à aucune chance contraire.

122.— Mais, que doit-il en être, en pareil cas, de la destruction des bâtiments, clôtures, haies et plantations dont l'existence légale ne pouvait être révoquée en doute?

Il n'y a pas analogie parfaite entre cette question et celle du n° précédent; l'analogie s'affaiblit bien plus encore, si nous voulons mettre la même question en parallèle à celle où il s'agit de déterminer le droit du riverain à l'égard de la destruction des ouvrages demandée par l'administration publique.

Dans le n° précédent, il s'agit seulement de la destruction par force majeure du chemin de halage, et de l'obligation à la charge du riverain de fournir sans indemnité une nouvelle assiette.

Ici il faut joindre, à la perte du terrain où s'exerçait la servitude du halage, la perte des bâtiments, clôtures, haies et plantations établies en vertu de l'alignement donné dans les formes légales par l'autorité compétente, en convenant toutefois que, s'il y avait lieu à indemnité, elle ne devrait s'étendre que sur ces derniers objets.

Cet alignement serait-il un titre à l'appui de la demande du riverain?

Il est nécessaire de distinguer :

123. — Si les agents de l'administration font erreur dans l'alignement donné, constaté par un procès-verbal régulier, et que plus tard le riverain soit tenu à la destruction des ouvrages par nouvel alignement provoqué par l'administration, toutes choses étant d'ailleurs dans le même état que ci-devant, l'indemnité est due sur le motif que l'erreur commise n'est imputable qu'à l'administration, le riverain n'étant nullement tenu de surveiller

l'opération de l'alignement, ni de le faire rectifier, s'il n'est pas conforme aux règles tracées par la loi. Il a sans doute ce droit lorsqu'on attaque arbitrairement sa propriété; sauf cela, il est sans intérêt et conséquemment sans action pour se plaindre.

Cette décision s'évince des plus simples règles du droit positif; chacun est tenu de répondre de ses faits personnels.

124. — Mais, en nous renfermant dans l'espèce proposée, si, au lieu d'un alignement erroné, il en a été donné un régulier, pour soumettre l'administration à la garantie des ouvrages détruits par la force majeure, il faudrait aller jusqu'à dire que le procès-verbal d'alignement équivaut à un titre formel de garantie, sur le fondement qu'en le donnant l'administration s'est de plein droit imposée l'obligation de veiller elle-même à la consolidation de la berge pour empêcher les affouillements, et par voie de suite la destruction des ouvrages établis par le riverain.

Cette prétention érigée en droit serait trop dure; aussi est-elle rejetée, non-seulement par les principes généraux, mais encore par ceux qui régissent la matière.

Par les principes généraux, on est garant de sa propre obligation et de celle des personnes dont on répond. On peut le devenir par voie de cautionnement à l'égard des tiers qui s'obligent.

Ainsi la garantie comme obligation accessoire pèse de plein droit sur la tête de tout débiteur y compris la caution. Elle est une condition inhérente à la matière de l'obligation principale dont elle ne peut être séparée que par convention expresse.

L'administration, donnant l'alignement sur la demande ou la sommation du riverain, ne peut être comprise dans cette catégorie. Le fait de l'alignement est isolé. Il doit être considéré comme emportant libération définitive.

Il n'y a pas de rapprochement possible entre l'administration d'une part, et d'autre part, le vendeur, le donateur, le dépositaire, ou tout autre débiteur. Les principes du droit, d'accord avec la raison, s'y opposent.

Ceux qui régissent spécialement la matière sont pour le fonds du droit, consignés dans l'art. 7, titre 28 de l'ordonnance de 1669, et dans l'art. 650 du Code civil, et pour les mesures de précaution, dans l'intérêt de la navigation et du tirage des trains, dans les lois et décrets relatifs à l'alignement des grandes routes.

La servitude du chemin de halage est établie sur le fonds riverain comme servitude légale, et l'obligation par le propriétaire d'obtenir l'alignement, avant d'établir aucun ouvrage permanent le long du chemin de halage, est dans l'ordre des mesures de sûreté.

On ne trouve rien dans ces différentes dispositions législatives qui puisse indiquer à la charge de l'administration une garantie quelconque en dehors des termes du droit commun.

Je viens de le dire : l'administration n'est garante que de la régularité de l'alignement, et c'est seulement sous ce point de vue qu'elle peut être assimilée au vendeur ou à tout autre débiteur. Le vendeur a pour objet principal de son obligation d'empêcher tout trouble et éviction contre son acheteur, et pour objet secondaire et de plein droit, l'obligation de garantie. L'administration a pour objet principal de son obligation la régularité de l'alignement, et pour objet secondaire aussi de plein droit, l'obligation de garantir le riverain du vice de l'alignement.

Ce rapprochement est le seul admissible.

123. — Du reste, l'administration n'a nul intérêt personnel à la consolidation des berges, la loi vient à son secours pour le remplacement sans indemnité d'un chemin de halage détruit par l'action des eaux ou par tout autre moyen de force majeure.

126. — C'est donc au riverain qu'incombe l'obligation de prendre des mesures de précaution pour éviter la destruction de ses propres ouvrages. S'il n'y parvient, il ne peut s'en prendre qu'à lui-même. Sans compter qu'il est généralement facile de consolider les berges, l'alignement donné n'est obligatoire que par rapport à la ligne extérieure tirant vers le chemin de halage. Le riverain n'a pas moins la faculté d'établir les ouvrages dans l'intérieur de son champ et sur tel point que sa prudence pourra lui désigner.

127. — Le chemin de halage, appelé par l'ordonnance chemin royal, est soumis aux mêmes règles de police et de conservation que la grande voirie, et c'est sur ce motif que le riverain, qui veut établir des constructions ou des clôtures le long du chemin de halage, est assujetti à requérir un alignement comme les riverains des routes royales et sous les mêmes peines.

128. — Si le chemin de halage et les ouvrages établis par le riverain sur l'alignement donné sont détruits par la force majeure, et que l'administration ne soit tenue à aucun dommage, ayant même le droit d'exiger, sans indemnité, une nouvelle assiette pour l'exercice de la servitude en la portant sur le fonds restant, on doit décider le contraire lorsqu'il s'agit de la destruction des ouvrages sur la demande de l'administration.

Il y a entre les deux hypothèses une nuance tranchante : la force majeure d'un côté, la volonté de l'administration de l'autre. Cette différence dans les deux cas ne peut permettre l'application du même principe.

M. Proudhon, *Traité du Domaine public*, seconde édition, n° 790, s'exprime en ces termes : « Déjà nous avons dit qu'il ne peut être dû d'indemnité pour l'envahissement du sol, attendu qu'il n'est que le résultat de la force majeure; mais en ce qui concerne les plantations et constructions qu'il serait nécessaire de détruire pour rétablir le chemin, nous croyons qu'on doit faire ici l'application des règles que nous expliquerons plus bas, relativement à la suppression des usines, et dire que, comme il est dû une indemnité pour la suppression de celles qui avaient été établies par suite de concession de l'autorité compétente, de même il en doit être dû une pour la suppression des plantations ou des bâtiments qui n'auraient été établis que par l'autorisation du pouvoir administratif, parce que le même titre doit comporter la même garantie de la part de celui qui l'accorde, et que, dans la question qui nous occupe, il serait difficile de supposer que l'administration publique n'eût pas quelque faute de négligence à s'imputer pour avoir omis de munir le rivage du fleuve. »

Le raisonnement de M. Proudhon manque de clarté, même de justesse.

Il valait la peine de discuter la question de savoir si l'administration est tenue de veiller à la consolidation des berges, et de faire à ces fins les ouvrages nécessaires dans l'intérêt des riverains, surtout s'il s'agit de la conservation des bâtiments ou plantations établis sur un alignement régulier. Il ne suffit pas de dire qu'il serait difficile de supposer que l'administration publique n'eût pas quelque faute de négligence à s'imputer pour avoir omis de munir le rivage du fleuve.

Cette question préliminaire serait d'autant plus importante, dans le système de M. Proudhon, qu'elle serait entièrement liée à la question de l'indemnité.

D'un autre côté, s'agit-il de constructions ou plantations détruites, ou de celles à détruire, ou des unes et des autres ensemble?

On ne comprend pas trop l'opinion de M. Proudhon. A-t-il pensé que l'indemnité est due dans les deux cas?

Elle serait due incontestablement dans le premier cas, si l'administration avait à sa charge la consolidation de la berge, et qu'il fût reconnu que c'est par sa négligence que le chemin de halage, les bâtiments et plantations, ont été enlevés par l'action des eaux.

M. Daviel critique l'opinion de M. Proudhon (1).

« Mais, dit-il, une indemnité n'est-elle pas due au riverain dont des plantations importantes ou des constructions, établies d'abord à la distance légale du bord de la rivière, doivent être sacrifiées pour reporter plus loin le marchepied?

» M. Proudhon professe l'affirmative par le double motif que, d'une part, l'administration, en autorisant par un alignement

(1) N° 95.

la plantation ou la construction, en a garanti l'existence, et que, comme pour une usine dûment autorisée sur une rivière, elle n'en peut ordonner la destruction sans indemnité, et que d'autre part, il est difficile de supposer que l'administration n'a pas quelque négligence à s'imputer pour avoir omis de munir le rivage du fleuve.

» Mais, ajoute M. Daviel, outre que la suppression d'un établissement autorisé ne donne pas, dans tous les cas, lieu à indemnité, l'analogie établie entre une concession et une indication d'alignement ne nous paraît nullement admissible; et quant au devoir de munir les rives, aucune loi ne l'impose à l'administration. Ce soin de prudence incombe au riverain : s'il l'a négligé il doit en supporter la conséquence. La servitude qui l'astreint à fournir le marchepied, en quelque état que les eaux soient, dérive de la situation naturelle de son héritage, et, si la berge est détruite par les eaux, c'est une force majeure dont l'Etat ne lui doit pas garantie. »

La critique de M. Daviel est bonne, je l'adopte; mais j'estime que son raisonnement ne donne pas la mesure exacte de son opinion sur la question de l'indemnité qu'il aurait dû traiter en embrassant les deux hypothèses; ses lecteurs auraient trouvé quelque enseignement dans la discussion.

On connaît déjà la mienne sur l'une et sur l'autre. J'ai donné mes motifs à l'égard de la première. Il me reste à donner ceux se rapportant à la seconde, celle du présent numéro.

La force majeure libère tout débiteur loyal. Tel est le principe du droit naturel, sanctionné par le droit positif (art. 1148 du Code civil).

Il y aurait en effet une criante injustice d'imputer à un pareil débiteur un fait qu'il n'a pu prévoir ni empêcher.

Ainsi l'administration serait-elle tenue de munir les berges, qu'elle ne pourrait être déclarée responsable, ni de la destruction des bâtiments, ni de celle des plantations par l'effet de la force majeure, pourvu toutefois qu'on ne pût lui imputer faute de négligence (art. 1137 du Code civil).

Mais lorsque c'est seulement le chemin de halage qui a été rongé, l'administration demandant, sans offrir indemnité, la destruction des bâtiments et plantations pour une nouvelle assiette de la servitude, il faut convenir que ce cas ne peut recevoir l'application des mêmes principes que le précédent.

A la demande de l'administration, le riverain possesseur à juste titre, les bâtiments et plantations étant sur pied, opposera le droit inviolable de sa propriété; il ajoutera que l'administration n'a qu'à rétablir le chemin de halage sur le tréfonds qui ne peut disparaître. La circonstance qu'il se rencontre à ce rétablissement des obstacles qui occasionneraient une forte dépense importe peu au riverain. Ce n'est pas une considération propre à affaiblir son droit.

Si la servitude ne cesse d'être due sans indemnité en vertu de l'ordonnance, il est sous-entendu que cette règle n'a son application que tout autant qu'il ne se rencontre pas, sur le nouveau tracé, des bâtiments, plantations, clôtures ou haies, établis sur l'alignement donné par l'autorité compétente et exécuté ponctuellement. S'il en était autrement, on aboutirait à cette lourde injustice de rendre le riverain garant des cas de force majeure. (Personne ne doit y être assujetti.) S'il fournit jusqu'à l'infini un emplacement libre pour l'exercice de la servitude, sans recevoir une indemnité pécuniaire, on a vu qu'il en est indemnisé par les alluvions présentes ou futures. C'est une espèce d'échange qui s'opère en cela. Or, si les bâtiments et autres ouvrages doivent être détruits sur la demande de l'administration, faut-il du moins balancer leur valeur avec une pareille fournie au riverain ainsi dépouillé.

Ce dernier raisonnement signale l'application de la loi sur l'expropriation pour cause d'utilité publique légalement constatée, et je ne pense pas qu'on puisse en invoquer d'autre.

L'opinion de M. Proudhon, quant à l'indemnité à l'égard des ouvrages à détruire, est pour le fonds conforme à la mienne. Il y a seulement à remarquer qu'il n'y a aucune liaison entre ses motifs et les miens.

On a lieu de penser que M. Daviel refuse l'indemnité dans les deux hypothèses; car il ajoute à sa critique: « Il paraît pourtant que, par une jurisprudence d'équité adoptée par l'administration des ponts-et-chaussées, une indemnité est accordée au riverain qui peut justifier que les plantations et bâtiments, dont la destruction est ordonnée pour rendre au marchepied sa largeur, avaient été originairement établis à la distance légale de la berge, et que c'est l'action des eaux qui a détruit le terrain intermédiaire. »

M. Daviel, comme M. Proudhon, cite trois décisions conformes du directeur général des ponts-et-chaussées, sous les dates des 29 octobre 1811, 19 mai 1818 et 27 juillet 1823.

Si ce fonctionnaire a cru que l'administration n'était nullement tenue, par les principes de la matière, d'indemniser le riverain, il a été mu par un heureux instinct. L'équité est la suprême loi, et on doit se féliciter de la voir mettre en pratique par les premiers fonctionnaires de l'Etat, par préférence à l'application des lois dont le texte pousserait à l'injustice.

J'ajoute que, dans une nation policée, on ne doit point rencontrer de loi spoliatrice, et voilà pourquoi l'art. 57 de la charte a aboli la peine de la confiscation. Il y aurait réellement spoliation au préjudice du riverain, si l'administration s'emparait, sans payer indemnité, des ouvrages établis par lui légalement, le long du chemin de halage. Ce motif serait seul suffisant pour justifier mon opinion.

CHAPITRE IX.

DES AFFLUENTS DES COURS D'EAU DU DOMAINE PUBLIC ET DU DROIT DU
PROPRIÉTAIRE DU CHAMP OU NAIT UNE SOURCE.

129. — Les cours d'eau dépendant du domaine public sont inaltérables. En est-il de même des eaux de leurs affluents?

Tout cours d'eau qui se jette dans un fleuve ou une rivière en est considéré l'affluent.

130. — Il ne peut y avoir d'exception qu'à l'égard d'une source bornée à un simple filet d'eau qui se perd naturellement dans les terres après avoir parcouru une certaine distance.

Il serait, ce me semble, dérisoire de comprendre un tel filet d'eau au nombre des affluents, malgré que, dans la saison de l'hiver, il vienne, par intervalles, se perdre, sans intermédiaire et par l'impulsion de sa propre force, dans les eaux du domaine.

On ne doit pas le considérer comme d'intérêt général ; difficilement il pourrait être l'objet d'une convention : il est seulement utile au propriétaire du champ où il prend naissance. Il s'en sert dans la saison de la sécheresse pour arroser quelque plante : c'est le seul avantage qu'il puisse en retirer ; il ne peut s'en servir comme moyen d'irrigation.

131. — Il est bien vrai que, règle générale, les affluents donnent la vie, si je puis m'exprimer ainsi, aux cours d'eau qui les reçoivent. Malgré cela, les eaux en sont soumises à un régime diamétralement opposé à celui des eaux du domaine.

132. — L'art. 44, tit. 27 de l'ordonnance de 1669, défend à toutes personnes de détourner l'eau des rivières navigables ou flottables, ou d'en affaiblir et altérer le cours par tranchées,

fossés et canaux, à peine contre les contrevenants d'être punis comme usurpateurs, et les choses réparées à leurs dépens.

133. — A la vérité, par l'art. 4, sect. 1re, du tit. 1er de la loi du 28 septembre, 6 octobre 1791, concernant les biens et usages ruraux, les propriétaires étaient autorisés, en vertu du droit commun, à faire des prises d'eau dans les fleuves et rivières, sous la condition de n'en détourner ni embarrasser le cours d'une manière nuisible au bien général et à la navigation établie.

134. — Mais l'article cité de l'ordonnance de 1669 a été rétabli par les dispositions de l'art. 644 du Code civil, portant que celui dont la propriété borde une eau courante, autre que celle qui est déclarée dépendance du domaine public par l'art. 538, au titre de la distinction des biens, peut s'en servir à son passage pour l'irrigation de cette propriété.

135. — La différence que l'on remarque entre les deux législations ne pouvait tirer à conséquence; il en résultait seulement que le législateur de 1669 avait craint les abus, et que celui de 1791 avait placé sa confiance dans les agents du pouvoir pour les empêcher.

Ce n'était que le superflu des cours d'eau navigables ou flottables qui était livré aux riverains, afin d'augmenter la fertilité de leurs champs, et, sous ce rapport, le tempérament porté à la rigueur de l'ordonnance était un bien.

136. — Les eaux attribuées au domaine ne sont autres que celles renfermées dans leurs lits, et les prohibitions que je viens de signaler ne se rapportent qu'à elles exclusivement. Les eaux des affluents sont de toute autre nature, quoique alimentant les fleuves et rivières navigables ou flottables; de là, elles sont franches de la main mise du domaine.

Si les riverains peuvent s'en servir comme moyen d'irrigation (art. 644), si ceux dont elles traversent les héritages peuvent même en user dans l'intervalle qu'elles y parcourent, en vertu du paragraphe du même article, les uns et les autres à la charge de les rendre, à la sortie de leurs fonds, à leurs cours ordinaires, il ne faut pas en conclure que ces eaux soient d'intérêt général ; elles sont plutôt d'intérêt privé ; le législateur a seulement entendu, par là, établir une espèce de communauté entre les riverains de chaque cours d'eau qui n'appartient pas au domaine, et les faire participer au bienfait qui peut en résulter, sans établir de privilége, laissant néanmoins entiers les droits naturels de préférence, si tant est qu'il y en ait, par la situation respective des propriétés riveraines.

C'est ce qui résulte des dispositions de l'art. 645 du Code civil qui, en cas de contestation, commet les tribunaux pour régler l'usage de ces eaux, en conciliant l'intérêt de l'agriculture avec le respect dû à la propriété. Cette dernière condition me paraît d'un sens profond.

On ne trouve donc rien, pas même par voie d'analogie, qui puisse autoriser à déclarer inaltérables les eaux des affluents, quels qu'ils soient. La maxime, qui veut la fin veut les moyens, vraie généralement, fléchit en pareil cas.

137. — Les eaux des affluents étant ainsi livrées aux riverains, on pourrait craindre pour la navigabilité ou le flottage des cours d'eau du domaine, et, par voie de suite, pour la prospérité publique.

Un tel inconvénient, pour être grave, devrait résister à tout moyen propre à le faire disparaître; mais il n'en est pas ainsi dans notre législation, la loi donne à l'administration publique les moyens d'y pourvoir.

J'entends parler de la loi sur l'expropriation pour cause d'utilité publique, au moyen de laquelle tout rentre dans l'ordre, sinon dans l'ordre naturel, du moins dans un ordre d'intérêt général, sans affaiblir les intérêts privés, l'indemnité de l'expropriation étant ou devant être une équitable compensation des dommages soufferts (1).

_____

(1) Une telle loi n'est pas le résultat d'une application sérieuse de la part du législateur; elle s'évince d'elle-même de cette autre loi que l'on ne trouve écrite

138. — Les affluents sont de toute autre nature que les canaux qui se forment par la division des eaux des fleuves et des rivières. On ne peut les confondre dans une seule et même catégorie : les affluents viennent grossir les cours d'eau du domaine, et les canaux ou bras en sont au contraire un démembrement, une dérivation.

Ordinairement ces canaux rentrent dans le lit du fleuve ou de la rivière d'où ils dérivent, après un espace plus ou moins long; ils en sont une dépendance nécessaire dans toute leur longueur : d'où il suit qu'il n'est pas permis aux riverains d'invoquer l'art. 644 du Code civil pour se servir des eaux qu'ils renferment, comme ils en ont le droit à l'égard des eaux courantes ordinaires constituant des affluents, lors même que ces canaux seraient reconnus non navigables et non flottables, circonstance qui ne doit être d'aucun poids, étant écartée par différents motifs également puissants, les uns puisés dans la nature de la matière, et les autres s'évinçant de l'intérêt de la navigation et du service public.

En un mot, de pareils cours d'eau étant absolument de la même nature que ceux d'où ils dérivent sont sous la protection des mêmes règles.

139. — Mais si, au lieu de rentrer dans le lit du fleuve ou de la rivière d'où elles ne sont qu'une pure dérivation, les eaux du canal venaient se perdre dans tout autre cours d'eau ou dans la mer, faudrait-il adopter d'autres règles?

Il faut, avant tout, supposer que le canal n'est ni navigable ni flottable; dans le cas contraire, il n'y aurait pas de question.

140. — Dans la première hypothèse, les eaux du canal ne peuvent plus être considérées dépendances du fleuve ou de la rivière; elles en sont une décharge, comme il en est à l'égard d'un

en nulle part, que l'on nomme nécessité, et qui ne peut être de création nouvelle. Je la considère existante depuis la division du cahos. Elle serait divine, si elle ne se rattachait uniquement aux besoins temporels des hommes; ainsi la loi écrite ne fait qu'organiser sa marche, et le législateur ne pourrait encourir de blâme qu'en cas de vice dans cette organisation.

bassin, de celles qui s'échappent par son trop plein. Rejetées ainsi par leur mère nourricière, elles doivent être rangées dans la classe des affluents et en subir toutes les conséquences.

Cette assimilation, malgré qu'elle ne soit pas naturellement exacte, ne doit pas moins être considérée telle, afin d'aboutir par là à la possibilité d'appliquer au cours d'eau d'un pareil canal un régime conforme aux principes, devant passer pour évident qu'il n'y a aucun moyen de s'en tenir à l'application de ceux se rapportant au canal dont les eaux rentrent dans le lit du fleuve ou de la rivière qui les lui a d'abord fournies.

141. — La seconde hypothèse se confond dans la première, et sur ce motif je n'ai rien à ajouter à ce que je viens de dire dans le numéro précédent. Il me suffit d'y renvoyer.

142. — Le développement que je viens de fournir sur les canaux ou bras par dérivation des fleuves et des rivières, navigables ou flottables, manquerait d'ensemble, si je ne disais quelques mots sur les canaux creusés de main d'homme et entretenus par les particuliers.

143. — Il est hors de tout doute qu'un canal de dérivation, navigable ou flottable, appartient au domaine. Sa consécration à l'usage public en rend l'aliénation impossible. Tel est le droit commun qui résiste à tout acte de possession de la part des tiers, même aux titres qu'ils pourraient rapporter.

144. — Il en est de même à l'égard d'un canal non flottable, mais rentrant dans le cours d'eau navigable ou flottable d'où il dérive.

145. — Cependant la règle fléchit dans certaines circonstances. C'est lorsque, dans le premier cas, le canal a été creusé de main d'homme dans des propriétés particulières étant entretenu par les propriétaires, et où la navigation n'a d'autre objet que le service et l'exploitation de ces héritages (1).

C'est, dans le second cas, lorsque le canal ne sert qu'à l'irriga-

_____

(1) Voir M. Daviel, n° 34.

tion des fonds qui le bordent, en ajoutant encore la condition que son entretien n'est nullement à la charge de l'Etat (1).

L'art. 1ᵉʳ de la loi sur la pêche fluviale vient à l'appui de ces principes; il le fallait ainsi pour être juste, d'autant qu'on ne doit pas douter que, lors de l'établissement d'un canal quelconque par dérivation d'un fleuve ou d'une rivière navigable ou flottable, les agents du pouvoir soient intervenus, soit parce que, avant 1789, l'Etat était propriétaire des cours d'eau portant bateaux de leur fond, sans artifices et ouvrages de mains (ordonnance de 1669, tit. 27, art. 41), et qu'il était naturellement surveillant des cours d'eau qui, quoique seulement flottables, ne laissent pas que d'être d'intérêt public ou de localité, soit parce que, après 1789, l'Etat était comme il l'est encore propriétaire de tous les cours d'eau navigables ou flottables en train.

Cette présomption de l'égalité dans l'existence des canaux aurait été un motif de retenue dans la volonté du législateur, s'il avait cru nécessaire d'affranchir les cours d'eau formés par dérivation des fleuves et des rivières navigables ou flottables de tout droit d'usage particulier ou de servitude. Les choses anciennes existantes matériellement d'intérêt public, de communauté ou de compagnie, inspirent toujours un certain respect, lors surtout qu'on ne peut invoquer contre elles aucune plainte qui indique l'état de souffrance ou de privation d'une masse d'habitants, ou d'un certain nombre d'industriels comme sont les voituriers par eau. Il est alors prudent de s'en tenir au statu quo. Une innovation pourrait froisser l'intérêt général ou tout au moins l'intérêt de localité sans nul avantage pour personne; du reste on ne doit pas craindre pour l'avenir, les règles sont trop sûres pour qu'il arrive jamais que la moindre usurpation soit convertie en droit irréfragable sur les cours d'eau du domaine.

146. — Une question très-importante, d'autant qu'elle se

---

(1) Arrêt de la cour de Pau, rapporté tome **XXIX**, *Mémorial de Jurisprudence*, par M. Tajan, p. 347.

présente assez souvent dans la pratique, est celle de savoir quels sont les ouvrages nécessaires pour acquérir, par la prescription contre le propriétaire du fonds où naît la source, le droit de se servir des eaux qui en découlent.

L'art. 641 du Code civil autorise celui qui a une source dans son fonds d'en user à sa volonté, sauf les droits des tiers acquis par titre ou par prescription et sauf encore en vertu de l'art. 643. Le cas où les habitants d'une commune, village ou hameau, se servent pour leurs besoins des eaux qu'elle fournit, dans lequel cas le propriétaire peut réclamer une indemnité, si les habitants n'en ont pas acquis ou prescrit l'usage.

147. — Il y aurait entrave, même désordre, dans l'exercice du droit de propriété, si ce droit n'était pas entier : la source qui naît dans un champ en est donc une dépendance nécessaire. Cela tient au principe posé par l'art. 552 du Code civil. La propriété du sol emporte la propriété du dessus et du dessous, et ce serait violer ce principe, si l'on admettait tout autre tempérament que celui posé par l'art. 643, qui constitue une espèce d'expropriation pour une cause que l'on peut appeler d'utilité publique, et qui doit être considérée tellement raisonnable qu'on ne doit pas supposer qu'il y ait jamais personne qui juge la loi trop dure, avec d'autant plus de raison que le propriétaire est dédommagé par une indemnité réglée par experts.

148. — Ainsi, en l'absence de toute modification par vente ou prescription, ou pour les besoins des habitants d'une commune, village ou hameau, le propriétaire d'une source peut en disposer souverainement. Il ne doit compte à personne de ses actions à cet égard. Il en retient les eaux par tels ouvrages que bon lui semble, et il les emploie de même. Il peut les détourner, il peut même en étouffer la source (1).

149. — S'il les détourne, il est entendu qu'il doit avoir le

(1) Voir Toullier, n° 13 de son *Droit civil.* — Pardessus, *Traité des Servitudes.* — Garnier, *Traité du Régime des eaux.* — Daviel, *Traité des Cours d'eau.*

consentement des propriétaires sur le fonds desquels les eaux vont prendre un nouveau cours.

150. — S'il étouffe la source et que les infiltrations portent quelques dommages aux voisins, il est tenu de les réparer et d'en supprimer la cause (art. 1382 du Code civil).

151. — Il en serait de même dans tout autre cas où il serait reconnu que le dommage est le résultat du nouvel état des lieux.

Les ouvrages de main d'homme, quels qu'ils soient, font perdre à la servitude naturelle son caractère essentiel.

152. — Tout ce qui est dans le commerce peut être vendu, lorsque des lois particulières n'en ont pas prohibé l'aliénation (art. 1598 du Code civil).

Or, les tiers peuvent acquérir des droits sur les eaux d'une source. Cet un objet qui est dans le commerce, et aucune prohibition légale n'en entrave l'aliénation.

Le titre ou la convention fait la loi des parties; mais la prescription pour être valable, c'est-à-dire pour remplacer le titre, est soumise à une condition sévère mais juste.

153. — L'art. 642 du Code civil dispose que la prescription, dans ce cas, ne peut s'acquérir que par une jouissance non interrompue, pendant l'espace de trente années, à compter du moment où le propriétaire du fonds inférieur a fait et terminé des ouvrages apparents destinés à faciliter la chute et le cours de l'eau dans sa propriété.

154. — La condition dont j'entends parler, c'est que les ouvrages soient placés sur le fonds supérieur ou appuyés contre. La loi l'a voulu ainsi, afin qu'il y eût par ce moyen une espèce d'interpellation adressée au propriétaire du fonds supérieur, et qu'il restât sans excuse s'il gardait le silence pendant l'espace de trente années.

155. — S'il suffisait d'ouvrages pratiqués sur le fonds inférieur, il serait trop facile d'usurper sur le droit du propriétaire de la source, chacun pouvant sur sa propriété, en observant les dis-

tances légales, faire de son pur mouvement tels ouvrages que bon lui semble, sans crainte d'être querellé par ses voisins.

La volonté du législateur se remarque encore mieux si l'on s'arrête sur les expressions que l'on trouve dans l'article cité, « destinés à faciliter la chute et le cours de l'eau dans sa pro- » priété. »

Ce dernier membre de la phrase fait disparaître le doute qui aurait pu résulter des expressions isolées *ouvrages apparents*; car on ne conçoit pas la chute d'un courant quelconque d'un fonds sur un autre, s'il y a un intermédiaire qui d'abord le reçoit.

Si, pendant quelques années, la question a fourni matière à controverse, il n'a pu en être ainsi depuis l'arrêt de la cour de cassation du 5 juillet 1837, que je rapporterai plus bas; il a établi que, pour prescrire contre le propriétaire de la source, il était indispensable que les ouvrages fussent pratiqués sur son fonds ou appuyés contre.

C'était le sentiment de certains auteurs, et ils en donnaient un bien puissant motif : ils disaient que le propriétaire du fonds inférieur devait avoir fait les travaux *jure servitutis*, puisqu'il s'agissait pour lui d'acquérir un droit de servitude; or les travaux qu'il faisait sur son fonds, il ne les faisait jamais qu'en sa qualité de propriétaire, *jure dominii*.

D'autres auteurs plus nombreux soutenaient que les ouvrages apparents, faits sur le fonds inférieur, suffisaient pour prescrire; ils se fondaient principalement sur cette circonstance, que le conseil d'état, dans la discussion de l'article, avait remplacé le mot *extérieurs* qui se trouvait dans le projet du Code, par cet autre mot *apparents*, pour qu'on ne pût penser que les ouvrages devaient être faits hors du fonds inférieur.

Ces derniers auteurs avaient perdu de vue que le mot *extérieurs,* dans le sens qu'ils lui attribuaient, rendaient inutiles les mots *destinés à faciliter la chute et le cours de l'eau dans sa propriété.* Il fallait, pour être correct, éviter un pléonasme inutile, et laisser exister, ou le mot *extérieurs* en retranchant les autres, ou le projet tel qu'il avait été présenté, sauf à substituer le mot *apparents* au mot *extérieurs*.

La cour suprême a consacré la première opinion, par son arrêt du 25 août 1812, rapporté par M. Dalloz, année 1812, 1, 599.

La même cour a adopté l'opinion contraire, par arrêt du 6 juillet 1825, chambre des requêtes; Dalloz, année 1825, 1, 356. Elle a pensé qu'on ne devait pas exiger qu'il fût prouvé que les ouvrages ont été faits sur le fonds supérieur par le propriétaire du fonds inférieur; qu'il suffisait d'établir que les ouvrages ont été faits dans l'intérêt du fonds inférieur.

Un troisième arrêt conforme au second, sous la date du 12 avril 1830, est rapporté par Sirey, t. XXX, 1, 174.

Mais, par un quatrième arrêt du 5 juillet 1837, rapporté par Dalloz, année 1837, 1, 365, la même cour suprême est revenue à sa première jurisprudence, et l'a consacrée en termes formels :

« Attendu, en droit, que, d'après l'art. 642 du Code civil, la
» prescription du droit de recevoir les eaux du fonds supérieur
» ne court au profit du propriétaire inférieur qu'à compter du
» jour où il a fait et terminé des ouvrages apparents destinés à
» faciliter la chute et le cours de l'eau dans sa propriété; que, si
» cette disposition n'exige pas d'une manière bien explicite que
» les ouvrages apparents dont elle parle soient en tout ou en
» partie pratiqués sur le fonds supérieur, cela résulte de son es-
» prit, et est d'ailleurs pratiqué par la nature même des choses
» et des principes généraux des servitudes; que le simple écou-
» lement des eaux ne peut constituer un droit, puisque, de la
» part du propriétaire supérieur, il n'est que l'usage d'une faculté
» naturelle; que ce propriétaire ne saurait être gêné dans une
» autre disposition des eaux de son fonds par des ouvrages prati-
» qués sur un autre et auxquels il n'aurait pu s'opposer; attendu
» que, si ce principe a pu être contesté lors de l'émission du
» Code civil, il est aujourd'hui consacré par l'opinion unanime

» des auteurs et par une jurisprudence invariable ; attendu, en
» fait, que l'arrêt attaqué constate que, si les demandeurs ont reçu
» des eaux d'arrosage venant de la propriété de Guibert, défen-
» deur éventuel, ils ont pratiqué cet arrosage sans faire aucuns
» travaux sur ladite pièce de Guibert, en prenant l'eau à la sor-
» tie de la propriété d'Hautpoul, et qu'il constate pareillement
» que la servitude, etc., etc. »

156. — Je ne dois pas m'arrêter là. Il est nécessaire que,
m'occupant de la même question, je désigne la nature des ouvrages sur lesquels le propriétaire du fonds inférieur peut fonder
son droit de prescription.

Point de difficulté lorsque les ouvrages sont faits en maçonnerie, dont les fondements se trouvent établis sur les deux fonds
inférieur et supérieur, ou lorsque les fondements n'étant que sur
le fonds inférieur, il y a prise sur le fonds supérieur des eaux de
la source par un avancement d'une forme concave assis sur le fonds
supérieur et faisant corps avec la maçonnerie. De tels ouvrages
signalent leur auteur, et ne laissent à prouver que l'époque de
leur établissement.

157. — Il n'en est pas de même des ouvrages en maçonnerie
placés uniquement sur le fonds supérieur, non plus que des tranchées, rigoles ou fossés dans le même fonds ; ils sont présumés
être l'œuvre du propriétaire (art. 552, 553, 712 et 1350
§ 2, du Code civil).

Le propriétaire du fonds inférieur ne peut en tirer aucun avantage, lors même qu'il existerait sur son propre fonds d'ouvrages
en rapport avec ceux du fonds supérieur, et qui, ensemble, faci-
literaient le cours des eaux de la source jusque dans l'intérieur
du fonds inférieur.

Cela résulte des principes se rattachant à l'assujettissement du
fonds inférieur, de recevoir à titre de servitude naturelle les eaux
qui découlent du fonds supérieur, ce qui écarte tout fait acquisitif
par de pareils ouvrages.

Le propriétaire de la source se débarrasse des eaux qu'elle fournit, et le propriétaire du fonds inférieur les utilise à son gré en les prenant à l'entrée de son fonds.

Il n'y a en cela , surtout de la part du propriétaire du fonds inférieur, aucun acte offensif ; seulement on pourrait reprocher à sa partie adverse d'apporter des entraves au cours naturel des eaux de la source par les ouvrages par elle pratiqués ; reproche qui ne pourrait avoir d'autre résultat que de la forcer à les faire disparaître, leur existence n'ayant rien de commun avec les actes nécessaires au propriétaire du fonds inférieur pour acquérir, par la prescription, droit à l'usage des eaux de la source.

Duparc-Poullain, cité par M. Daviel, n° 772 de son *Traité des Cours d'eau*, professe que l'existence de fossés ou canaux creusés dans le champ du propriétaire de la source, pour conduire l'eau chez le voisin, est un *intersigne très-équivoque* de servitude au profit de ce voisin, parce qu'il est difficile de découvrir si le canal a été fait pour le voisin ou seulement pour l'écoulement des eaux, et qu'on doit présumer le second plutôt que le premier , puisque les servitudes ne se présument pas sans preuves.

Je crois que c'est ce dont tout le monde convient. C'est, du reste, ce que je viens d'établir moi-même en thèse, en supposant des faits plus saillants.

Mais cette présomption en faveur du propriétaire de la source, pour si raisonnable qu'elle puisse être, doit s'évanouir en présence de preuves contraires ; car jusqu'ici je n'ai entendu raisonner que dans la supposition que le propriétaire du fonds inférieur voudrait, dans le second cas comme il en est dans le premier, faire prévaloir ses prétentions à l'usage des eaux de la source, par le seul état matériel des lieux et la preuve de l'existence des ouvrages depuis plus de trente années.

158.— Il me paraît évident qu'aucun des ouvrages qui rentrent dans le second cas ne constitue par lui-même nulle interpellation qui puisse mettre en demeure le propriétaire de la source. J'en ai donné plus haut les motifs.

Le propriétaire du fonds inférieur se trouvera donc dans la

nécessité de prouver qu'il est l'auteur des ouvrages ou qu'il les possède depuis plus de trente années. Cette preuve aura-t-elle toujours l'efficacité de remplacer le titre?

Je me détermine à poser des exemples, j'ai cru que c'était le meilleur moyen pour être net et précis.

1ᵉʳ EXEMPLE.

159. — Il existe sur le fonds supérieur une rigole creusée naturellement par les eaux de la source qui aboutissent ainsi au fonds inférieur, où elles sont reçues par une pareille rigole ou dans des bassins faits tout exprès, le propriétaire les utilisant à son gré, soit pour arrosage, soit autrement.

Nulle difficulté dans ce premier exemple : c'est l'assujettissement du fonds inférieur envers le fonds supérieur de recevoir les eaux qui en découlent naturellement (art. 640 du Code civil), et la circonstance que la rigole ou les bassins, dans le fonds inférieur, ont été pratiqués de main d'homme, ne peut être d'aucune influence. Reste, malgré cela, l'absence d'actes hostiles et interpellatifs contre le propriétaire de la source, qui, n'ayant aucun motif de critiquer les ouvrages, conserve, par cela même, sains et entiers, ses droits aux eaux de la source.

2ᵉ EXEMPLE.

160. — Une rigole, un fossé ou canal est pratiqué et entretenu de main d'homme dans le fonds supérieur, afin de faciliter, sans déperdition, le cours des eaux de la source jusque dans le fonds inférieur, où le propriétaire les utilise, soit pour objet d'agrément, soit pour objet d'intérêt réel.

Dans ce second exemple, l'état des lieux ne prouve par lui-même ni pour ni contre personne.

161. — Mais si, dans la contestation, le propriétaire du fonds supérieur avoue que les ouvrages sur son fonds ont été pratiqués

par sa partie adverse, qui n'a cessé de les entretenir depuis plus de trente ans, ou que celle-ci prouve ces faits, il serait difficile de ne pas se déterminer en sa faveur.

Les conditions de la loi sont remplies :

1° Les ouvrages sont apparents ;

2° Ils sont placés sur le fonds supérieur;

3° Et il est reconnu que le propriétaire du fonds inférieur en est l'auteur.

162. — Il y aurait méprise de penser que les ouvrages dont parle la loi doivent se composer de matériaux proprement dits, placés sur le fonds supérieur et avec lequel ils s'incorporeraient. Par là, on excluerait les rigoles, fossés ou canaux, en n'admettant que des constructions en maçonnerie ou des ouvrages au moyen de pieux et de branchages propres à empêcher l'éboulement des berges, des rigoles, fossés ou canaux, pratiqués sur le fonds supérieur. Il me paraît évident qu'en le décidant ainsi, ce serait multiplier les exigences de la loi et s'ériger en législateur.

Les ouvrages d'art sont peu pratiqués dans les champs pour faciliter l'écoulement des eaux. Les simples tranchées, rigoles, fossés ou canaux ont le double avantage de n'occasionner qu'une très-faible dépense et de suffire aux besoins de l'agriculture.

163. — Je dois encore observer que, lorsque les ouvrages existent depuis un temps immémorial et qu'il en résulte l'impossibilité de découvrir qui en a été l'auteur, dans cette position il y a nécessité d'admettre que le possesseur actuel qui possède réellement, depuis plus de trente ans, par des actes qu'on ne peut attribuer à la simple tolérance, est l'auteur des ouvrages, ou par lui, ou par les précédents propriétaires qu'il représente ; d'ailleurs il est facile de remarquer, qu'en parlant d'ouvrages apparents, le législateur a seulement entendu fixer par là le point de départ de la possession efficace du propriétaire du fonds inférieur sur les eaux de la source. Le fait de l'existence des ouvrages apparents est une condition rigoureuse, seulement quant à cette possession ; mais ce serait aller beaucoup trop loin que de pré-

tendre que la loi exige, en outre et avec la même rigueur, que le propriétaire du fonds inférieur prouve, sous peine de déchéance, qu'il est l'auteur des ouvrages, ou par lui, ou par les précédents propriétaires. Il y aurait souvent impossibilité de fournir cette preuve, et cela n'arriverait que sur le motif de l'existence des ouvrages depuis un temps immémorial.

Quel serait le sens moral d'une pareille loi à côté du principe en droit que, plus la possession est ancienne, plus elle inspire du respect? Il ne faut donc pas argumenter de cette ancienneté contre le possesseur, si l'on ne veut s'exposer au ridicule d'un paradoxe.

La possession est l'image de la propriété, et lorsqu'elle est continuée pendant le temps nécessaire pour prescrire, elle tient lieu de titre (art. 2230 et 2262 du Code civil).

Ainsi le propriétaire du fonds inférieur aura utilisé les eaux de la source pendant plus de trente années, et les ouvrages apparents sur le fonds supérieur n'auront été établis ou ne seront devenus tels que depuis vingt-neuf ans; dans ce cas, il sera sans droit pour se faire maintenir dans cette jouissance, les trente années ne seront point révolues.

Au contraire, les ouvrages apparents existent depuis un temps immémorial, et le propriétaire du fonds inférieur jouit des eaux de la source depuis trente années sans interruption : le point efficace de sa jouissance n'étant pas équivoque, il y sera maintenu, malgré qu'il ne puisse prouver qu'il est l'auteur des ouvrages par lui ou par ceux qu'il représente.

On doit du reste considérer que celui qui a le plus d'intérêt dans l'établissement d'un ouvrage matériel, en est facilement présumé l'auteur ; et il faut convenir qu'entre les deux parties, il y a, dans l'espèce, d'un côté, un intérêt pressant, tandis que, du côté du propriétaire de la source, il est presque imperceptible : celui-ci n'a qu'à chercher à se débarrasser des eaux de la source après s'en être servi à son gré dans l'intérieur de son champ, chose facile ; tandis que l'autre, n'ayant ni plus ni moins que la même charge, acquiert, par les eaux de la source, l'avantage de fertiliser son champ ou de faire des établissements plus ou moins considérables selon le volume plus ou moins fort des eaux qui en découlent.

3ᵉ EXEMPLE.

164. — Il existe sur le fonds supérieur, et par incorporation, des ouvrages d'art ou en maçonnerie, ou en pieux, branchages et planches, au moyen desquels le propriétaire du fonds inférieur utilise les eaux de la source. Il fait des actes de possession en entretenant, soit ces ouvrages, soit les rigoles ou fossés qui en dépendent.

Cet exemple ne peut présenter de difficulté : si le propriétaire du fonds inférieur prouve que les ouvrages existent depuis plus de trente ans, qu'il en est l'auteur, ou qu'il les possède depuis la même époque, afin d'amener dans son fonds les eaux de la source, il doit être maintenu dans sa jouissance.

Je ne m'occupe pas des ouvrages entièrement mobiles que l'on place et déplace à volonté; il serait trop dangereux de leur attribuer la force d'un acte offensif adressé au propriétaire de la source. Son fonds ne reste pas moins libre. Cet attribut ne s'efface que par des ouvrages permanents, ou en totalité ou en partie. L'usage momentané des eaux de la source par des ouvrages mobiles sont le résultat de la tolérance et des vues de bon voisinage, comme cela arrive lorsque le propriétaire d'une fontaine permet accidentellement à ses voisins d'y venir puiser.

4ᵉ EXEMPLE.

165. — Un aqueduc souterrain dans le fonds supérieur prend les eaux de la source et les porte à l'extrémité du même fonds, où elles sont reçues dans le fonds inférieur par des ouvrages d'art ou par de simples rigoles, fossés ou canaux. Il n'y a nulle adhérence entre l'aqueduc et les ouvrages d'art sur le fonds inférieur; mais l'aqueduc, existant depuis plus de trente années, est apparent à son extrémité d'amont ou à son extrémité d'aval. Le propriétaire du fonds inférieur ne peut fournir la preuve qu'il en est l'auteur. Il ne l'a jamais possédé par des actes de pur entretien.

Ce quatrième exemple doit être décidé contre le propriétaire du fonds inférieur, et, pour ne pas me répéter, je renvoie au n° 155, contenant le développement des principes applicables à l'espèce.

5ᵉ EXEMPLE.

166. — Il en serait autrement, si le propriétaire du fonds inférieur prouvait, ou qu'il est l'auteur de l'aqueduc, ou qu'il l'entretient depuis plus de trente ans, ou que, par son assiette, l'aqueduc prouve matériellement par lui-même qu'il n'a été fait que dans l'intérêt du fonds inférieur.

En effet, la réalité d'une de ces trois suppositions, jointe à la jouissance des eaux de la source pendant trente années, ne laisse aucun doute sur l'établissement de la servitude, en conformité des principes posés dans le 2ᵉ exemple.

C'est ainsi, dans le cas où l'aqueduc, au lieu d'être placé directement et sur une ligne en pente tirant vers le fonds inférieur, décrit une courbe ou une diagonale, ou toute autre ligne irrégulière, afin d'arrêter la pente naturelle des eaux pour les conduire à un point élevé du fonds inférieur.

La cour de cassation a adopté cette opinion, par arrêt du 12 avril 1830, rapporté par M. Daviel, n° 772.

Voici les termes de l'arrêt : « La cour, attendu, au fonds, qu'il » résulte de l'arrêt et des procès-verbaux y énoncés : 1° que la » veuve Marty profite des eaux dont il s'agit, pour l'irrigation de » son pré, au moyen d'un canal souterrain fait de main d'homme » dans le champ de Niocel, pour en faciliter la chute et le cours

» dans ledit pré; 2° que ce canal est apparent à l'extérieur, à
» l'entrée de ce pré; 3° qu'il n'a pu être construit que dans
» l'objet de ramener et introduire les eaux dans ce pré pour son
» irrigation; attendu, d'ailleurs, qu'elle a, par elle et par ses au-
» teurs, la possession immémoriale, sans que ce fait ait été con-
» tredit; attendu enfin que, d'après ces faits, en maintenant
» définitivement la veuve Marty dans le droit et la possession de
» la prise d'eau dont il s'agit, l'arrêt, loin de violer les art. 641
» et 642 du Code civil, en a fait une juste application; rejette.»

167. — Jusqu'ici, en me déterminant en faveur du propriétaire
du fonds inférieur, je l'ai laissé isolément entre la difficulté et
les preuves nécessaires pour la vaincre, sans lui opposer la moindre entrave venant du chef de sa partie adverse qui, par les preuves de ses propres faits ou de l'avantage qu'elle-même tirerait
des ouvrages établis, pourrait dans certains cas rendre sans effet
les preuves fournies par le propriétaire du fonds inférieur.

Cela aura lieu toutes les fois que le propriétaire de la source
prouvera qu'il a aussi possédé les ouvrages; or les faits respectifs
de possession étant ainsi croisés, s'élève le doute de savoir par
qui les ouvrages ont été faits. La présomption en faveur du propriétaire du fonds inférieur, lorsqu'il possède exclusivement,
tombe à côté de cette considération; et alors reparaissent, dans
toute leur énergie, les dispositions des art. 553 et 642 du Code
civil (1).

Cela aura encore lieu, si le propriétaire du fonds supérieur
prouve qu'il est l'auteur des ouvrages, malgré qu'il ne puisse
alléguer le moindre acte de possession.

Règle générale : la possession trentenaire est suffisante pour
acquérir toute espèce de droit réel, et il semble au premier
aperçu que la servitude dont je m'occupe devrait y être soumise
sans considérer les faits antérieurs. Elle constitue en effet un

---

(1) Arrêt conforme du 15 décembre 1843, cour de Rouen, rapporté par
M. Daviel, n° 774.

droit réel ; mais attendu qu'une disposition législative spéciale la place, quant à ce, en dehors de la règle commune, il y a obligation de faire subir, au prétendant droit à la servitude, la rigueur de la condition.

168. — Si la possession trentenaire a le double avantage, comme je le prétends, d'être efficace et de remplacer la preuve que le propriétaire du fonds inférieur est l'auteur des ouvrages apparents existants depuis un temps immémorial, cela ne peut avoir lieu que tout autant que le propriétaire du fonds supérieur ne peut prouver qu'il est lui-même l'auteur des ouvrages ; car, s'il le prouve, il n'y a plus de présomption en faveur de sa partie adverse dont la possession, qu'elle qu'ait été sa durée, ne peut être dans ce cas qu'une possession précaire, de tolérance, et conséquemment insuffisante pour servir de moyen propre à acquérir un droit.

La différence entre la règle générale et la règle spéciale repose sur l'obligation à la charge du propriétaire du fonds inférieur de prouver qu'il est l'auteur des ouvrages, ou de remplacer cette preuve par une possession efficace, et il y aurait contradiction manifeste si, en présence du titre ou du fait avéré ou prouvé que le propriétaire du fonds supérieur est l'auteur des ouvrages, on faisait prévaloir la possession du propriétaire du fonds inférieur.

Pour en finir sur cette question, j'ajouterai qu'elle est au nombre de celles livrées en grande partie à l'arbitrage des tribunaux. Il se présentera peu de cas où l'on ne soit obligé de consulter nonseulement l'état des lieux, mais encore les circonstances relatives aux réparations d'entretien des ouvrages, à leur utilité et à l'intérêt plus ou moins grand qu'ils peuvent offrir aux parties respectivement. L'appréciation des faits conduira ordinairement à une solution définitive, et malgré que l'art. 645 du Code civil semble étranger aux eaux d'une source, ses dispositions, pleines de sagesse, ne doivent pas moins exercer quelque influence dans les cas s'y rapportant.

6

CHAPITRE X.

DES EAUX D'UNE SOURCE QUI SE PERDENT DANS TOUT AUTRE COURS D'EAU,
EN AMONT DU BARRAGE.

169. — M. Daviel (1) cite deux arrêts de cours royales desquels il résulte qu'un barrage fait sur un ruisseau ou une rivière n'est point suffisant pour acquérir droit sur les eaux d'une source qui, se perdant en amont du barrage, viennent grossir le volume du cours d'eau principal, volume nécessaire pour faire mouvoir les usines qui s'y trouvent établies.

Avant qu'il fût généralement reconnu que, pour prescrire contre le propriétaire de la source, l'art. 642 du Code civil exigeait que les ouvrages apparents fussent placés sur le fonds où elle avait pris naissance, ou appuyés contre, on pouvait soutenir l'opinion contraire. On a déjà vu que les auteurs étaient divisés, et que la cour de cassation elle-même a embrassé, tantôt un système, tantôt un autre; mais, depuis que la loi a été sainement interprétée, sainement appliquée, il ne serait pas raisonnable d'insister.

Il est une règle générale qui ne comporte aucune exception, que, pour dépouiller quelqu'un, en vertu de la loi, d'une propriété quelconque dont il est en possession, ou l'affecter d'un droit réel de servitude, il faut au moins une attaque directe, une interpellation. Ce n'est qu'alors, s'il n'advient titre formel contradictoire, que l'on peut dire que ce titre est remplacé par le consentement tacite de la part du possesseur, tenu pendant le temps requis pour prescrire contre lui.

(1) Tome III, p. 120.

M. Pardessus, dans son *Traité des Servitudes*, jusqu'à la 8me
édition, que je suppose être la dernière, a constamment émis
l'opinion qu'il suffisait d'ouvrages apparents sur le fonds inférieur pour acquérir, par la prescription, droit aux eaux de la
source. Une telle persistance de la part d'un auteur grave, comme
l'est M. Pardessus, serait capable de faire une forte impression,
si l'on ne considérait que cette dernière édition a été publiée en
1838, et que depuis cette époque la question a été mise au creu-
set de la doctrine et de la jurisprudence, et qu'il a été reconnu
presque unanimement que la prescription ne pouvait être invoquée
que tout autant que les ouvrages apparents seraient placés sur le
fonds supérieur. On doit donc douter que M. Pardessus ne soit
pas disposé à se rétracter si l'occasion s'en présente.

A l'exemple de M. Favard de Langlade, il a appuyé son opinion sur les documents qui préparèrent la loi; mais, comme le dit
M. Daviel, la doctrine s'assied à côté de la loi, et le juge réforme
parfois le législateur (1).

170. — Ordinairement les affluents qui alimentent les cours
d'eau du domaine sont les ruisseaux et les rivières non navigables et non flottables. Il est très-rare que les eaux d'une source
s'y jettent sans intermédiaire et par l'impulsion de leur propre
force. Ce ne serait du reste que dans ce cas que les eaux de la
source seraient considérées comme affluent des cours d'eau du
domaine.

Néanmoins, il ne faudrait pas confondre les règles des uns avec
les règles des autres. Les riverains des affluents, ruisseaux ou
rivières, ont la faculté de se servir des eaux qui les composent,
à la charge par eux de les rendre à leurs cours ordinaires
(art. 644 du Code civil).

171. — Il n'en est pas ainsi des eaux courantes d'une source,
quoique affluent d'un cours d'eau du domaine : le droit du propriétaire est sous la sauvegarde des dispositions précises des

(1) Voir M. Daviel, n° 775. Il cite un grand nombre d'autorités.

art. 641 et 642 du Code civil, et quoi qu'il en soit de leur volume
fort ou faible, ce n'est que dans ces dispositions législatives que
l'on doit puiser les motifs de décider.

Les riverains inférieurs sont tenus de les recevoir, comme
charge naturelle de leurs fonds; et, malgré qu'ils les fassent fructifier dans leur intérêt personnel, soit pour l'irrigation de leurs
champs, soit pour le mouvement de la force motrice d'une usine
quelconque, il n'est pas moins loisible au propriétaire de la source
de les priver d'un pareil avantage par un des moyens indiqués au
n° 148.

172. — Je ne suis pas surpris que ce système paraisse exhor-
bitant aux yeux de plusieurs. Il faut convenir qu'il est sévère :
une possession même immémoriale n'est point suffisante pour
être maintenu dans la jouissance d'un cours d'eau, y compris les
eaux d'une source qui s'y jettent et en augmentent considérablement le volume. Cependant ce cours d'eau, à part les champs
qu'il arrose et dont il augmente la fertilité, est le principal agent
de plusieurs usines qui tout au moins contribuent au bien-être
des habitants des contrées qui les avoisinent.

Mais placez à côté de ces considérations le principe du respect
dû à la propriété (1), fondement de la paix intérieure et du repos des familles, et vous vous apercevrez sans effort que telle
devait être la règle.

L'usinier, dont la position de fortune peut être ainsi renversée
par la volonté du propriétaire de la source, a à se reprocher d'a-
voir agi avec trop de légèreté. Avant d'employer des capitaux
considérables pour l'établissement de l'usine, il aurait dû traiter avec le propriétaire de la source, et s'assurer par là que ses
ouvrages lui seraient toujours profitables. L'ignorance en droit
ne s'excuse pas, et ce principe d'ordre a même force, quelle que
soit la valeur, quelle que soit l'importance de l'objet qui en provoque l'application.

Le 1er arrêt, cité par M. Daviel, a été rendu par la cour de

_____

(1) Art. 8 de la Charte.

Rouen, le 4 février 1824, dans l'espèce suivante (Dalloz, XXIV, 2, 114):

La source des Soudres, naissant dans le domaine de Montville, se jetait sur la rivière de Cailly, au-dessus d'un endroit où cette rivière se divise en deux bras : le bras de Notre-Dame-des-Champs et le bras de Saint-Maurice. Des usines s'étant établies sur ces deux bras, on avait construit, au point de partage des eaux, de seuils et des bajoyers en pierre qui séparaient en deux parts proportionnelles le produit total de la rivière, dans lequel le produit de la source entrait pour au moins un tiers; et ces travaux reposaient, par un côté, sur la rive appartenant à M. de Montville, de sorte qu'on pouvait dire que ses auteurs avaient consenti à la répartition des eaux, qui était déterminée par les hauteurs et les largeurs des seuils. Cependant, en 1820, M. de Montville, pour utiliser sur son fonds la force motrice de la source des Soudres, imagina d'en détourner les eaux et de leur creuser un nouveau canal qui allait se jeter dans le bras de Saint-Maurice, en aval du point de partage, par où les usiniers du bras de Notre-Dame-des-Champs étaient désormais privés de ce volume alimentaire. Réclamation de la part de ces propriétaires; ils argumentaient du barrage appuyé sur la rive de M. de Montville, comme réunissant les caractères exigés par l'art. 642. Mais on leur répondait par les principes ci-dessus exposés, et ils perdirent leur cause. Il est vrai que l'arrêt ne contient aucun motif précis sur l'existence des seuils de partage; mais il est certain que ce fait et les moyens de droit qui s'y rattachent étaient dans la cause, et si l'arrêt n'est pas entré dans cette discussion, il les a rejetés du moins implicitement.

Le second arrêt est plus explicite :

Le sieur Chauvet est propriétaire d'un fonds sur lequel naissent les sources de Germes, dont les eaux se rendent dans le ruisseau du Furon. Les auteurs du marquis de Béranger, pour faire mouvoir les usines, avaient dérivé au travers de leur fonds les eaux du Furon, à l'aide d'un barrage qui, d'un côté, s'appuyait sur le fonds du sieur Chauvet, mais à 150 m. environ au-dessous du point où les eaux des sources de Germes viennent se jeter dans le Furon.

L'existence de ce barrage, consacré par la prescription, constituait-il un droit sur les sources, aux termes de l'art. 642 du Code civil?

Le tribunal de Grenoble avait décidé l'affirmative, en considérant que ces travaux étaient destinés à faciliter le détournement des eaux au profit du fonds inférieur, et qu'ils étaient appuyés sur le fonds ou naît la source. Mais la cour de Grenoble réforma le jugement par le motif que : « la raison indique et la loi exige,
» en principe, que les faits de possession, pour acquérir la pres-
» cription d'un droit à un immeuble, doivent être tels qu'ils s'ap-
» pliquent immédiatement à cet immeuble, et qu'ils ne laissent
» aucune incertitude dans l'esprit du propriétaire sur la nature
» et l'étendue du droit qu'ils tendent à faire acquérir ; — que
» l'existence du barrage du marquis de Béranger constitue bien
» une possession qui, continuée pendant le temps déterminé par
» la loi, pouvait faire perdre à Chauvet le droit qui lui aurait
» appartenu de se servir des eaux du ruisseau comme riverain ;
» mais ce barrage ne pouvait affecter la propriété particulière
» des sources de Germes ; — que, pour que Chauvet fût averti
» que ce n'étaient pas seulement les eaux du ruisseau que le mar-
» quis de Béranger voulait prescrire contre lui, mais aussi le
» droit de l'empêcher de dériver les eaux des sources de Germes,
» il aurait fallu qu'il interpellât ce dernier par des ouvrages qui
» fussent venus appréhender en quelque sorte les eaux des sour-
» ces de Germes dans son fonds, avant qu'elles soient sorties
» du fonds de Chauvet et qu'elles deviennent une propriété pu-
» blique (1). »

Remarquez la différence qui existe entre le cas où il s'agit seu-

(1) Grenoble, 25 novembre 1840. Pourvoi rejeté, 30 novembre 1841, P., tome II, 1842, p. 68.

lement des eaux d'une source sans mélange, c'est-à-dire avant qu'elles se jettent dans un cours d'eau quelconque, et celui où elles s'y jettent au contraire en amont du lieu où est établi le barrage appuyé sur le fonds supérieur.

Dans le premier cas, la question est nue. Il n'en est pas de même dans le second : elle se complique par la circonstance du mélange des eaux de la source avec les eaux du ruisseau ou de la rivière qui les reçoit, avec d'autant plus de raison que, dans le langage naturel, attendu l'existence du barrage, il serait hors de thèse de soutenir que le fonds inférieur ne jouit nullement des eaux de la source, lors surtout qu'elles forment une fraction considérable de l'entier volume du cours d'eau.

173. — Malgré cela, ce serait faire violence aux principes de la loi que d'assimiler le barrage, placé dans le lit du ruisseau, aux ouvrages apparents placés sur le fonds supérieur. Le barrage, plus ou moins rapproché de la ligne que parcourent isolément les eaux de la source, n'est établi que pour arrêter les eaux du ruisseau; c'est là son unique objet. Les ouvrages, reconnus indispensables pour mettre en demeure le propriétaire de la source, doivent être non-seulement apparents, mais encore placés sur le fonds supérieur, et recevoir sans intermédiaire les eaux de la source pour les transmettre aussi sans intermédiaire sur le fonds inférieur. Telles sont les conditions de la loi, et chercher à les remplir par des équipollents, c'est tomber dans la confusion.

174. — Les barrages sur les ruisseaux, les rivières, ne sont pas des ouvrages indifférents; ils le sont seulement à l'égard des eaux des sources qui s'y jettent. Il en est autrement pour les autres eaux : de tels ouvrages sont propres à agrandir le droit primitif du riverain qui les établit. Il peut surtout acquérir par ce moyen droit d'appui sur la berge parallèle à son fonds.

CHAPITRE XI.

DE LA PROPRIÉTÉ DU LIT DES RIVIÈRES NON NAVIGABLES NI FLOTTABLES.

175. — J'entreprends une question qui vient d'être jugée par la cour de cassation et qui, malgré cela, mérite encore le plus sérieux examen, un grand nombre de légistes et de publicistes modernes ayant fourni dans l'espace de plusieurs années des documents pleins d'érudition et de science, les uns pour, les autres contre.

Il s'agit de savoir si un pareil cours d'eau et son lit sont la propriété des riverains.

La cour de cassation a adopté la négative par arrêt du 10 juin 1846, rapporté par Sirey, tome XLVI, 1, p. 433.

A la suite de cet arrêt, M. de Villeneuve pose des observations remarquables, et renvoie le lecteur, pour un plus sérieux examen, aux auteurs qu'il a désignés dans sa nouvelle collection, vol. IX, 2, 339, ajoutant qu'au moment où l'arrêt a été rendu, il apparaît un ouvrage de M. Championnière, savant jurisconsulte, ayant pour objet d'établir la thèse contraire à celle que vient de consacrer la cour suprême.

Malgré toutes les difficultés que présente cette importante question, j'ai cru devoir y apporter mon tribut d'examen, en me bornant à des considérations puisées dans l'ordre primitif de la propriété foncière que j'envisage comme fait historique, à la différence de M. Daviel, qui qualifie de roman ce qu'en a dit M. Proudhon lorsqu'il a voulu prouver la même thèse que la cour suprême.

Il y aurait de la témérité, à moi, d'entrer en lice avec MM. Toullier, Pardessus, Duranton, Troplong, Cormenin, Isambert, Cappeau, Dupin jeune, Hennequin, Garnier et Romagnosi, auteurs cités par M. Daviel, malgré que je pusse m'appuyer sur MM. Merlin, Henrion de Pensey, Dalloz et Proudhon; la cour de cassation pourrait aussi alimenter mon courage.

Mais on a tant dit de part et d'autre en se fondant réciproquement sur le même texte des lois du droit positif, qu'il me serait trop difficile de faire autre chose que de répéter les arguments produits.

176. — La propriété territoriale, dans les premiers temps et dans les différentes parties composant aujourd'hui la France, était généralement abandonnée. Les hommes divisés en peuplades nomades vivaient en barbares, ne connaissant que l'art de la guerre dont ils faisaient leur principale occupation. Sans patrie, sans lois, ils n'avaient pour règle de leur conduite que leurs brutales inspirations et les besoins sans cesse renaissants des premières nécessités de la vie.

C'est ainsi que plusieurs siècles ont devancé l'époque d'une civilisation naissante. Alors les Gaulois et les Francs se sont constitués en corps de nation, et le guerrier est devenu laboureur.

Lors du partage des terres qui s'ensuivit, les cours d'eau sillonnaient, comme aujourd'hui, la surface de la terre. La masse des eaux ne se multiplie pas, elle est maintenant telle qu'elle était dans l'origine. Elle est invariable comme les lois de la nature; et si parfois des fractions effrayantes par leur volume en apparaissent dans certaines contrées, ce n'est que par des phénomènes qui ne peuvent altérer l'ordre primitif. Ce qui est en plus ici accidentellement est en moins ailleurs aussi accidentellement.

Les premiers possesseurs, en nombre insuffisant pour la culture des terres, n'eurent que l'embarras du choix. Plus tard, les conquêtes subirent un partage de convention entre ceux qui les avaient faites. Dans l'un comme dans l'autre cas, il est difficile de supposer que les cours d'eau et le lit des fleuves et des rivières fussent envisagés comme propriétés privées. Il suffisait aux riverains d'avoir droit sur l'eau courante pour leurs besoins de ménage, pour l'irrigation et la pêche.

Parmi les cours d'eau, certains offrirent des moyens de facile transport, de faciles communications. De là, ils furent distingués tout naturellement en cours d'eau navigables et en cours d'eau non navigables.

En avançant dans la civilisation, les populations se rapprochèrent à mesure de leurs besoins respectifs, et le pouvoir dut porter principalement ses soins sur les cours d'eau navigables. Il le fallait ainsi sous peine de voir s'arrêter dans son berceau la prospérité commune. Il resta presque totalement étranger à l'égard des autres : c'est que leur usage, quelle qu'en fût l'extension, pouvait être livré sans inconvénient aux riverains, même aux premiers occupants. Mais s'ensuit-il que, par là, le pouvoir ait abdiqué son droit de propriété ? Non sans doute.

Toutes choses étant entières aujourd'hui, telles qu'elles l'étaient dans l'origine, il s'agit seulement de savoir si ces cours d'eau et leur lit peuvent subir l'empreinte du domaine de la propriété privée ; ou si, au contraire, ils ne peuvent être considérés que comme propriété publique.

177. — En adoptant l'affirmative dans le premier cas, l'usage ordinaire et permanent qu'en ont pu faire les riverains serait pour eux un titre irréfragable, comme s'il s'agissait d'un champ dont l'exploitation annuelle désigne sans nulle difficulté le véritable propriétaire.

178. — En adoptant le système contraire, il est évident que, lors même que l'aliénation résulterait de titres, tels que chartes, lettres patentes, ordonnances et transactions, il faudrait avouer qu'il y aurait vice dans la transmission, et conséquemment nullité du titre ; les choses communes à tous sont inaliénables comme n'étant pas dans le commerce. C'est de tous les temps.

Pour établir que la propriété de ces cours d'eau et leur lit sont propriétés communes, il faut dire sans crainte d'être contredit :

1° Qu'ils sont des voies de communication comme les chemins,

si ce n'est dans toute leur longueur, c'est par distances entre-
coupées : ils le sont surtout par rapport aux deux rives par les
moyens artificiels de la traverse ;

2° Que leur indispensable utilité pour le développement de
l'industrie publique et l'avantage de la mécanique est incontestable ;

3° Que cette utilité embrasse encore le droit qu'a tout citoyen
du flottage à bûches perdues ;

4° Que, si les riverains ont sur ces cours d'eau certains priviléges, pure émanation de la situation de leurs héritages, il ne reste
pas moins constant qu'ils sont à cet égard dans une position précaire, puisque dans le cas où un cours d'eau devient navigable ou
flottable naturellement ou par les soins du gouvernement, il est
classé dans cette catégorie, sans autre indemnité aux riverains
que celle relative au chemin de halage ou au simple marchepied.
Telles sont les dispositions formelles des art. 2 et 3 du décret du
22 janvier 1808. — Les partisans de l'opinion contraire à celle que
j'ai cru devoir embrasser réfuteront difficilement l'argument qui
s'évince de ce décret. De deux choses l'une : ou il faut l'accuser
de contenir des dispositions spoliatrices, ou il faut convenir que
le gouvernement a toujours conservé la propriété du tréfonds et
le droit de reprise sur ces cours d'eau dont les riverains n'ont
jamais eu qu'un usage précaire ;

5° Que l'art. 103 de la loi du 3 frimaire an 7, sur la répartition et l'assiette de la contribution foncière dispose : que les rues,
les places publiques servant aux foires et marchés, les grandes
routes, les chemins publics, vicinaux et les *rivières* ne sont point
cotisables.

179. — Cette loi, qui a précédé le décret cité, en est la justification la plus complète; elle a placé les rivières, sans exception,
hors de la classe des propriétés foncières, en les assimilant aux
rues et grandes routes qui n'appartiennent qu'au domaine public.
Il y aurait donc contradiction entre la loi et le décret, si le domaine avait été déclaré, par le décret, débiteur en faveur des ri-

verains d'une indemnité applicable au cours d'eau et au tréfonds.

180. En plate terre, on reconnaît la propriété immobilière privée à certains signes particuliers qui tombent sous les sens : c'est la culture, l'exploitation des récoltes, l'eau stagnante formant des réservoirs, des bassins; l'exploitation des mines, des carrières. D'autres signes qui ne tombent pas sous les sens résultent des actes de mutation par ventes, échanges, donations et legs; des successions, des stipulations pour cause d'affectation d'hypothèque et de baux à ferme, des matrices cadastrales et de l'assujettissement à l'impôt foncier.

181. — Un cours d'eau formé par une source est aussi une propriété privée jusqu'à l'extrémité du champ où elle naît. Le maître peut en disposer arbitrairement : c'est la disposition expresse de la loi civile.

182. — Il n'en est pas entièrement de même à l'égard des ruisseaux; mais leur tréfonds est foncier et conséquemment assujetti à l'impôt.

Argumenter de la propriété du tréfonds des ruisseaux, pour démontrer que les tréfonds des cours d'eau des rivières non navigables ni flottables est la propriété des riverains, c'est trop forcer les règles de l'analogie. Ce moyen peut être tolérable au barreau, mais je le crois plus qu'inutile dans un ouvrage destiné au développement de la science. Il n'est pas raisonnable d'exiger, dans ces immenses et sérieux travaux du législateur, une corrélation entière, parfaite : les forces humaines n'y tiendraient pas. Il y a tant de nuances respectives dans les choses, même dans celles qui sont liées ensemble par une essence commune, que nous devons souvent admettre dans le raisonnement ces modifications qu'une sage et prudente tolérance inspire à tout homme d'érudition et de goût; d'ailleurs on le sait, la loi pose un principe, et la doctrine qui le développe ne s'arrête pas aux arguties de la dialectique.

183. — Il suffit au riverain de l'usage journalier et perpétuel des cours d'eau (tenant la condition précaire dont j'ai parlé). La

nature ne lui a pas donné assez de puissance pour retenir dans son patrimoine la propriété du cours d'eau d'une rivière quelconque et du lit qui le supporte, les proportions manquent (1).

Du reste, je tiens que la preuve la plus éclatante que les choses à cet égard sont maintenant telles que la nature les a placées, résulte de cette polémique existant encore parmi les plus savants publicistes. Malgré que chacun s'appuie sur le même texte des lois de la matière, l'on ne peut parvenir à s'entendre.

184. — Une considération qu'il n'est pas inutile de rapporter, c'est que l'on ne doit pas tirer avantage contre l'administration publique de ce qu'elle ne s'est nullement occupée des cours d'eau des rivières non navigables ni flottables, ni de leur lit, les ayant laissés, pour ainsi dire, sous l'empire de la volonté des riverains, sauf quelque mesure de police générale.

185. — Il ne faut pas non plus argumenter contre elle de ce que le curage est à la charge des riverains.

D'abord, l'administration, bien loin de multiplier les dépenses, doit au contraire chercher à les diminuer, c'est une partie essentielle de ses fonctions. Sans nécessité employer les fonds publics, c'est encourir le blâme général; et, tant que ces cours d'eau ne recevront pas la destination des cours d'eau navigables ou flottables, la nécessité dort.

D'un autre côté, le riverain qui en tire tous les fruits, si je puis m'exprimer ainsi, trouverait fort étrange que tout autre que lui fût chargé d'entretenir les berges et d'opérer le curage. Il doit, à lui seul, les soins d'un bon père de famille dans l'intérêt de son rivage; et, d'ailleurs, c'est comme un dépôt qui lui a été confié et qu'il doit rendre, s'il y échet, entier dans sa substance, entier dans son état d'entretien.

186. — Au moment de livrer mon ouvrage à l'impression, j'ai visé un arrêt de la cour de Douai, du 18 décembre 1846, re-

(1) L'opinion que je réfute me fait ressouvenir de la fable des géants faisant la guerre aux dieux.

cueil de Sirey, tome XLVII, 2, p. 11, et je me suis empressé de le noter ici. On y trouve des considérants remarquables; il serait trop long de les rapporter tous, je me borne aux plus saillants.

« Attendu que la propriété est le droit de jouir et de disposer » des choses de la manière la plus absolue, pourvu qu'on n'en » fasse pas un usage prohibé par les lois ou par les règlements » (art. 544 du Code civil); que le propriétaire a non seulement » le droit d'user exclusivement, mais encore celui d'abuser de sa » chose, en la dénaturant et même en la détruisant entièrement; » — attendu que l'eau courante, *aqua profluens*, c'est-à-dire » celle qui, surgissant spontanément du sein de la terre, coule » naturellement et d'une manière continue dans le lit qu'elle s'est » creusé, ne peut tomber sous l'application d'un droit aussi ab- » solu; — que, par sa nature, l'eau courante est en dehors de » toute appropriation privée, et qu'il en est de même du lit qui la » contient et qui en est un accessoire nécessaire, indépendant des » fonds qui viennent y aboutir; — que les cours d'eau ainsi for- » més sont, au contraire, sinon une chose commune, dans la » signification la plus étendue de ce mot, du moins une chose du » domaine public et dont l'usage appartient à tous, sauf, en ce » qui touche cet usage, les modifications résultant de la loi ou » des règlements émanés de l'autorité publique compétente; — » que c'est par application de ces principes que les fleuves et les » rivières navigables et flottables sont placés, par l'art. 538 du » Code civil, au rang des choses qui dépendent du domaine pu- » blic, et qu'il n'en peut être autrement des rivières non naviga- » bles dont la nature est la même et qui ne diffèrent de ces grands » cours d'eau que parce que leur volume est moins considérable; » — que ces rivières ne sont donc pas et ne peuvent même pas » être la propriété des riverains; — attendu qu'à supposer qu'il » soit au pouvoir du législateur de distraire du domaine public, » pour les faire passer dans le domaine des particuliers, des cho- » ses que leur propre nature soustrait à l'empire de ce dernier

» domaine, rien ne justifie que la loi française ait jamais attribué
» aux riverains la propriété des rivières non navigables ; — at-
» tendu, etc. »

Cet arrêt est intervenu entre, d'une part, les sieurs Laurette
et Bombart, et d'autre part, le sieur Dupas. Celui-ci prétendait
que ceux-là n'avaient pas le droit de se servir de la rivière pour
faire monter et descendre deux embarcations, au moyen desquelles ils faisaient une espèce de cabotage, le motif pris de ce que
le sieur Dupas avait la propriété de la rivière en face de ses rivages, et qu'il n'avait concédé aucune faculté aux sieurs Laurette et
Bombart.

CHAPITRE XII.

DES DROITS RESPECTIFS DES RIVERAINS SUR LES SIMPLES COURS D'EAU ET
DES DROITS DES RIVERAINS INFÉRIEURS SUR LES AFFLUENTS QUI LES
ALIMENTENT.

187. — Aux termes de l'art. 644 du Code civil , « celui dont
» la propriété borde une eau courante autre que celle qui est
» déclarée dépendance du domaine public par l'art. 538, au titre
» de la destruction des biens, peut s'en servir à son passage pour
» l'irrigation de ses propriétés. »

L'application de cette loi ne peut souffrir de difficulté, lorsqu'il s'agit du partage des eaux entre les deux riverains dont les
propriétés sont l'une en face de l'autre. Leur droit respectif est
incontestable. Résiste-t-il à toute possession exclusive contraire?

C'est une question qui mérite d'être examinée.

Le riverain qui établit un barrage n'a nullement le droit de
l'appuyer sur les deux berges, s'il n'est propriétaire des deux
champs aboutissant au cours d'eau. S'il le fait et que le riverain
opposé tolère pendant trente ans, il s'ensuit du consentement
tacite de celui-ci un abandon irrévocable, tout comme s'il résultait d'une convention légalement formée. Telle est la règle que
tout ce qui est dans le commerce, pouvant être vendu, est conséquemment prescriptible.

J'observe qu'il s'agit ici, non de la transmission d'une propriété
foncière, mais bien seulement d'un droit de servitude et d'un
simple droit de préférence.

188. — 1° D'un droit de servitude, par rapport au droit d'appui sur la berge opposée.

189. — 2° Et d'un droit de préférence sur le cours d'eau, par rapport à l'irrigation du champ du maître du barrage.

190. — Il faut reconnaître que, dans les cas ordinaires, le droit du riverain, résultant de l'art. 644 du Code civil, est imprescriptible. Il y a communauté entre tous les riverains, et chacun d'eux a la faculté d'y venir prendre sa part; ainsi si, pendant trente ans, j'ai négligé d'user de mon droit, ce n'est pas un motif suffisant pour que j'en sois privé à perpétuité. Par sa propre vertu, la loi veille continuellement pour moi, et mon droit de faculté reste entier tant que je n'en ai fait l'abandon, ou par titre conventionnel, ou en acquiesçant, par mon silence, à des actes matériels faisant opposition directe à mon droit d'usage, ou en acquiesçant à ceux qui me seraient légalement notifiés, portant défense d'ouvrir des rigoles et de fermer celles déjà existantes.

Il y a une différence sensible entre les droits de pure faculté en vertu de la loi, et ceux aussi de pure faculté résultant de conventions; les uns ont une existence permanente et les autres sont soumis à la loi commune de la prescription. La prolongation de leur existence tient à la vigilance du créancier.

Voici ce qu'en dit M. Daviel, tome II, page 126 :

« On appelle droit de pure faculté tout droit dérivant essentiellement de la nature ou de la loi, et que celui à qui il appartient est maître d'exercer quand il le juge à propos, parce que, d'une part, il ne résulte d'aucune obligation prise par un tiers, et que, de l'autre, il n'affecte dans son exercice que le droit de celui qui en fait usage et non le droit d'autrui. Une faculté est imprescriptible, parce qu'elle se résout, non pas en une action à exercer contre un tiers, mais en un pur fait, *est facti non juris*. Où il n'y a pas lieu à action il n'y a pas lieu à prescription, car c'est l'action qui est prescriptible, et dont le délaissement, pendant le temps fixé par la loi, entraîne l'anéantissement du droit qui ne peut se réaliser sans elle. »

M. Daviel cite, à l'appui de son opinion, plusieurs autorités :

7

d'Argentré, Chassaneux, Henrys, Dunod, Cœpolla, Boniface,
Pothier, Nouveau, Denisart, M. Merlin et M. Troplong.

Le même auteur, à la page suivante :

« Mon droit, tel qu'il résulte de la nature des choses et du
droit commun, subsiste, par sa seule vertu, avec toutes ses facultés accessoires. Sans cesse, il se renouvelle et se retrempe à la
source immuable d'où il dérive. Il reste entièrement, maintenant et toujours, à ma disposition, pour en user ou n'en pas
user, suivant mes besoins ou mes convenances. Ne pas user de
mon droit est une partie de mon droit (1), et, comme le dit
très-bien Despeisses, il ne serait pas juste que l'effet de ma
liberté m'apportât une servitude.

» La nature ou la loi permettent de faire quelque chose, le
titre en est perpétuel aussi bien que le pouvoir qu'elle en
donne, si ce n'est qu'elle le limite. La source de ce droit subsistant toujours, l'effet en peut toujours procéder, et la nature le
permet aussi bien après quarante ans que le premier jour (2).

» Mais si, pendant plus de trente ans, je me suis abstenu
d'ouvrir des rigoles dans la berge de la rivière qui borde ma propriété, je n'en conserverai pas moins la faculté de dériver, quand
il me plaira, les eaux pour arroser mon héritage, parce que
cette faculté, puisée à la source toujours ouverte du droit commun, n'a pas besoin, pour se produire, du secours d'une action
contre autrui. »

Par un renvoi à l'alinéa précédent, M. Daviel cite un arrêt de
la cour de cassation, du 16 mai 1826, P., tome LXXVI, p. 245,
qui a jugé que le droit de prise d'eau, conféré par un titre, était une
faculté imprescriptible, mais, dans l'espèce de cet arrêt, le droit
était conféré, sans limites ni de temps ni de nombre, à tous les
habitants d'une commune, par le titre même de l'établissement
d'un canal creusé au travers de leurs fonds. Il y avait, dans

(1) Le non faire est faire, suivant l'expression de Montaigne.
(2) Henrys, *Arrêts*, liv. IV, p. 91.

cette concession, un caractère de perpétuité et d'utilité publique qui ne permettait pas aux nouveaux propriétaires du canal d'invoquer la prescription. Le droit de prise d'eau était une pure faculté pour les habitants, puisqu'il était conféré à chacun d'eux à raison de sa qualité; mais la concession faite au profit d'un individu désigné, quand même il serait dit qu'elle serait exécutée quand il lui plaira et *à sa volonté*, serait prescriptible par trente ans, parce qu'il est toujours sous-entendu que la volonté du créancier devra se manifester dans le délai accordé par la loi pour la durée des actions (1).

M. Proudhon, 1er vol., p. 501, cite l'opinion de Dunod, qui s'exprime en ces termes : « Ce qui est de pure faculté n'est pas prescriptible, et cette qualité vient de la chose ou de la personne. La faculté qui vient de la chose tire son origine de la nature ou de la destination. De la nature, lorsque la faculté s'exerce sur ce que la nature a donné à tous les hommes pour en user sans se l'approprier, qui n'est pas susceptible d'occupation et qui est demeuré dans l'usage commun, tels que sont les éléments ; de la destination, lorsque les choses susceptibles, par elles-mêmes, d'occupation, de possession et de propriété, sont néanmoins affectées à l'usage de tous, ou des personnes d'une certaine localité, comme sont les chemins, les rues, les fontaines, les communaux du lieu dont on est habitant. On ne perd pas la liberté de se servir de ces sortes de choses lorsqu'on n'en use pas, et l'on n'acquiert pas le droit d'en user à l'exclusion des autres, quoiqu'on en use seul. On ne l'acquerrait pas même par des actes de contradiction à l'égard de ce qui est de faculté naturelle, mais on pourrait l'acquérir par un temps immémorial, en ce qui est de faculté publique, si les contradictions étaient bien expresses et qu'il constât clairement qu'on a joui dès-lors *à pro suo.* (2). »

(1) M. Troplong, *de la Prescription*, no 128.
(2) *Traité des Prescriptions*, p. 80.

191. — Il résulte de ces autorités que, si la faculté de prise d'eau accordée par la loi est imprescriptible, il n'est pas moins certain que le riverain peut en être dépouillé en totalité ou en partie, par convention, ou par la prescription provenant de faits ayant un caractère de contradiction ou d'opposition à l'exercice de cette faculté ; ainsi le droit d'appui sur la berge opposée assujettit le fonds qui le supporte à une servitude continue et apparente dont l'usage même, en l'absence d'un titre, ne laisse pas d'être acquis après une possession de trente années, en vertu de l'art. 690 du Code civil, malgré que, par ce moyen, le riverain dont le fonds est grevé de la servitude perde tout droit à l'irrigation.

192. — Si l'eau comme élément entre dans la communauté générale, il ne faut pas en conclure que celle dérivée pour l'irrigation et l'avantage de l'agriculture est incessible. L'irrigation et les besoins naturels de l'homme sont deux choses entièrement séparées. Dans celle-ci, l'eau, comme élément, est indispensable pour la conservation de tous les êtres, et, dans l'autre, l'eau n'a d'autre objet que l'intérêt industriel du propriétaire irrigant.

Mais quelle sera la mesure du droit appartenant à celui qui, au moyen du barrage, fait dériver l'entier cours d'eau sur sa propriété?

193. — Il me paraît que l'abandon qu'en a fait un des riverains en faveur de l'autre, profitable au second, ne peut qu'être opposé au premier qui, par cet abandon, s'est nécessairement interdit tout barrage en amont. Un tel barrage détruirait l'effet du consentement, ou formel ou tacite, sur lequel repose le droit du concessionnaire. Il n'est permis à aucune des parties de détruire l'effet d'une convention, ni par des moyens directs, ni par des moyens indirects. Elles sont réciproquement liées jusqu'à convention contraire (art. 1134 du Code civil).

194. — L'obligation du concédant ne doit pas s'appliquer à tous ses immeubles riverains du cours d'eau. La servitude ne grève que l'immeuble qui sert d'appui au barrage. Tous les au-

tres en amont en restent libres, pourvu qu'il n'y ait pas contiguité sur la berge.

Il faut décider aussi, qu'attendu que le concessionnaire a seulement intérêt aux eaux d'amont, il ne peut prohiber les rigoles qui ne lui seraient pas nuisibles en aval du barrage, lors même qu'elles seraient pratiquées sur le fonds grevé. Tout raisonnement à ce sujet serait superflu, la démonstration s'évince d'elle-même par la simple position du fait.

Mais le concessionnaire qui, au moyen du barrage, introduit dans son champ l'entier cours d'eau, n'est pas moins obligé de le rendre à son cours naturel, à la sortie de son fonds (art. 644 du Code civil).

Cette obligation à la charge du concessionnaire exige un développement.

195. — En premier lieu, la propriété riveraine du concédant est en aval du barrage d'une moindre étendue que celle du concessionnaire.

Dans cette hypothèse particulière, le concessionnaire ne sera point tenu d'user de privation dans l'économie de l'irrigation de son champ et de rendre le cours d'eau précisément à tel point que son concédant pût l'utiliser, le motif pris de ce qu'il y aurait dommage au préjudice du concessionnaire, par la raison que la convention, ne fixant point la limite de l'irrigation, est censée embrasser le champ dans toute sa surface, sauf que sa configuration étant irrégulière, il ne fût reconnu que l'irrigation était impossible dans l'extrême partie d'aval, à moins d'ouvrages hors des proportions ordinaires. Le concédant ne peut s'en plaindre : le titre acquis par convention ou prescription doit s'expliquer contre lui, d'autant qu'il est en présomption d'avoir reçu une indemnité dans la proportion de la valeur de l'objet dont il a fait abandon.

196. — En second lieu, d'autres fonds riverains, appartenant à des tiers, seront situés en face de l'extrême partie d'aval du fonds du concessionnaire ; sera-t-il tenu de rendre les eaux à leur

cours ordinaire en amont de la propriété qui joint sans intermédiaire le fonds du concédant?

L'affirmative ne peut éprouver de difficulté, le concédant n'a pu altérer les droits des tiers. S'il s'est privé du sien, là se borne la convention qui le lie.

Ainsi le concessionnaire sera tenu de rendre dans son cours ordinaire une partie des eaux provenant du barrage. Il la portera à l'extrémité d'amont de la propriété riveraine des tiers. L'autre partie, il peut la retenir jusqu'à l'extrémité d'aval de son champ pour son droit personnel dans la communauté (art. 644 du Code civil).

197. — Quant aux droits naturels respectifs des riverains dont les propriétés en face l'une de l'autre sont séparées par les cours d'eau, il me paraît qu'il doit y avoir partage égal, et que chacun d'eux doit prendre ni plus ni moins une moitié des eaux, sans considérer le plus ou moins [d'étendue de leurs champs respectifs, lors surtout que l'un des deux champs, celui de droite, par exemple, est sur la berge d'une plus forte étendue que celui de gauche.

Tout autre procédé porterait atteinte aux droits du riverain ou des riverains inférieurs de gauche dont les propriétés seraient encore en face de la partie inférieure du champ de droite. Ils seraient privés de la totalité ou d'une partie dans leur part naturelle sur le cours des eaux, et cela ne se peut sans leur consentement.

198. — A l'égard des droits des riverains pris en masse, la loi les soumet à l'exécution du règlement général, s'il en existe; lequel règlement ne peut émaner que du pouvoir exécutif qui a seul le droit d'ordonner et de disposer dans l'intérêt de tous, qui prend des mesures générales et règlementaires applicables à l'avenir et à tous les individus sans distinction, qui agit sans être provoqué, sans qu'il existe de contestations et pour les prévenir.

199. — Les tribunaux au contraire ne peuvent prononcer par voie de disposition générale. Leur mandat se borne à l'application de la loi pour régler les intérêts privés en contestation; à recon-

naître l'existence d'un fait, que tel acte renferme telle disposi
tion, que tel droit appartient à celui qui le réclame.

C'est sur ces bases qu'est fondée la séparation des pouvoirs.

200. — Ainsi le pouvoir exécutif ne peut se mêler du différend entre deux ou plusieurs personnes dont les unes prétendent
droit à la chose que les autres détiennent avec la prétention
qu'elle est comprise exclusivement dans leur propre patrimoine ;
et par réciprocité le pouvoir judiciaire ne peut se mêler du règlement des droits généraux ou communs en tant qu'ils se rapportent aux mesures d'ordre et de police.

Ces principes posés, je laisse le pouvoir exécutif pour ne m'occuper que du pouvoir judiciaire.

201. — Mais avant, et comme par préliminaire au développement que je me propose, j'ajoute que tout règlement sur les
cours d'eau non navigables ni flottables ne peut être permanent. Il
est nécessairement variable comme les moyens qui le provoquent.

Une foule de cas que l'on peut prévoir et signaler indique
cette nécessité : avant la culture de la betterave, les fonds, qui en
donnent des masses aujourd'hui pour la fabrication du sucre,
n'avaient avant nul besoin d'irrigation. Tels autres champs sont
convertis en prairies; et puis, cette salutaire ambition, généralement répandue, des propriétaires agricoles, de faire fructifier
leurs champs au décuple des produits antérieurs, au moyen de
l'irrigation dont ils n'avaient jamais profité, quoique riverains
d'un cours d'eau et dont le droit est imprescriptible. Si nous
admettons les usines dans le partage des eaux, telle contrée qui
n'en possède aucune en possèdera peut-être un grand nombre
dans plus ou moins de temps. Tous ces différents cas, auxquels
on pourrait joindre beaucoup d'autres, ne permettent pas de
douter que tout règlement sur les eaux ne soit variable.

Si c'est un règlement général qu'il est nécessaire de remplacer
par un autre aussi général, c'est au préfet qu'il faut s'adresser
par voie de pétition.

S'il s'agit d'un règlement spécial et dans le cercle des intérêts privés, en remplacement de celui existant, et qui conséquemment fût arrêté par le tribunal civil, c'est devant ce même tribunal que la demande d'un riverain contre l'autre doit en être portée par l'emploi des moyens ordinaires de procédure civile.

202. — Il ne faut pas perdre de vue que, lorsqu'il existe un règlement général, l'action de riverain à riverain ne doit pas être portée devant le tribunal, pour faire corriger un prétendu abus de l'un contre l'autre, si cet abus ne peut être attribué à la partie adverse de celle qui se plaint. Il ne serait pas permis au tribunal d'examiner le mérite du fonds de la demande. Il devrait seulement examiner si le riverain défendeur outrepasse la mesure de son droit tel qu'il lui est attribué par le règlement général ; et, dans le cas qu'il fût reconnu qu'il s'y est au contraire conformé, il renverrait les parties à se pourvoir devant l'autorité administrative et condamnerait le demandeur aux dépens. Dans le cas contraire, le défendeur serait ramené par le tribunal à l'exécution du règlement général, et condamné à tels dommages-intérêts qu'il conviendrait.

Ce n'est qu'en agissant ainsi que le tribunal n'empiéterait nullement sur les attributions du pouvoir exécutif.

203. — Venant au partage des eaux, si nous nous en tenions purement aux droits naturels des riverains, la chose serait facile. Ce partage aurait lieu sur toute la ligne toujours en deux portions égales, une pour le côté droit et l'autre pour le côté gauche. Chaque riverain, par l'obligation imposée à tous de rendre à son cours ordinaire, à la sortie des fonds irrigués, le résidu de l'irrigation, trouverait constamment dans le lit du ruisseau ou de la rivière son attribution naturelle, non pas dans le volume tel qu'il est formé au premier point d'amont, mais tel qu'il est réduit par l'irrigation sans fraude des champs riverains supérieurs.

Telle est la marche ordinaire en fait de partage entre communiers. Chacun prend part dans l'objet indivis conformément à son titre qu'il n'est nullement permis de scinder.

Ainsi, s'il s'agit du lit d'un ruisseau, attendu que chaque riverain en a une moitié comme comprise dans la contenance de son champ riverain et dont il paie la contribution foncière, son usage sur les eaux qui le couvrent lui appartient naturellement dans la même proportion comme dépendance de son fonds.

Si, au contraire, il s'agit du lit d'une rivière, qu'il appartienne oui ou non aux riverains, il n'est pas moins vrai de dire qu'ils ont sur les eaux un droit d'usage permanent, et ce droit par rapport aux deux riverains, face à face, se partage aussi naturellement en deux portions égales.

204.— Cependant, il n'en est pas ainsi dans aucun des cas que j'ai signalés. Les eaux comme élément étant chose commune, le législateur a, par l'art. 714 du Code civil, prescrit des règles qui, sans violer le droit de propriété ni être totalement en opposition avec le droit naturel de chaque riverain, s'en éloignent plus ou moins selon les circonstances.

Or, le fonds du droit sur les eaux pour chaque riverain résulte de l'art. 644, et les règles du partage résultent de l'art. 645.

205. — Une preuve incontestable que ce partage ne doit point être fait dans des proportions arithmétiques eu égard à l'étendue de chaque fonds riverain, c'est que le législateur a prescrit aux tribunaux dans l'art. 645 de concilier, en prononçant, l'intérêt de l'agriculture avec le respect dû à la propriété; c'est-à-dire, en d'autres termes, que si la propriété doit être généralement respectée, dans ce cas particulier elle n'est pas seule la règle du partage des eaux.

Il ne faut donc pas que le riverain insiste, pour faire prévaloir exclusivement son droit d'usage ou de propriété sur les eaux, en excipant de son droit foncier à raison du champ à irriguer, ou du tréfonds du lit du ruisseau.

L'agriculture ne doit pas dominer sans doute, mais elle doit tout au moins marcher d'un pas égal avec le respect dû à la propriété (1). Cette dernière expression ne comprendrait-t-elle pas encore les usines établies ?

_____

(1) On comprend que ceci ne s'applique qu'aux cours d'eau qui ne sont pas

206. — La répartition des eaux est réglée sur les besoins respectifs ; notez que ces besoins ne subissent d'abord d'examen que de riverain à riverain, en face l'un de l'autre, sauf qu'un des riverains inférieurs, dont la propriété reste encore en face d'une partie de celle supérieure du côté opposé, n'impose par ce motif un double examen.

A part cette circonstance, le règlement demandé au tribunal doit se borner aux droits des parties au procès ; un règlement général n'est pas dans ses attributions. C'est déjà prouvé.

207. — Or, il résulte de l'ensemble de ce raisonnement, que tout règlement des eaux existant, émanant du pouvoir judiciaire, ne peut être opposé à aucun des riverains, si ce n'est à ceux qui l'ont provoqué, et encore faut-il la circonstance que, par rapport à ces derniers, l'état des lieux soit aujourd'hui tel qu'il était lors de la contestation.

Il résulte encore que le tribunal doit rejeter la fin de non-recevoir tirée de l'existence de ce règlement et ordonner la visite des lieux, sauf ensuite à statuer ainsi que de raison.

Mon opinion quant au partage des eaux, conforme à celle de plusieurs auteurs, l'est aussi à la doctrine d'un arrêt de la cour de cassation du 21 août 1844, recueil de Sirey, tome **XLIV**, p. 737, dont voici les considérants les plus remarquables :

« Vu les art. 644 et 645 du Code civil. Attendu que l'eau cou-
» rante est mise par la loi au nombre des choses communes. —
» Attendu que les propriétaires riverains d'un cours d'eau ont un
» droit égal à l'usage des eaux, quoiqu'ils n'exercent pas ce
» droit simultanément. — Que si, par l'avantage de sa position
» topographique, le propriétaire du fonds supérieur exerce son
» droit avant les propriétaires des fonds inférieurs, il n'en est
» pas moins tenu, après s'être servi des eaux pour son usage,

suffisants pour satisfaire à tous les besoins. Sans cette circonstance, on n'aurait rien à dire. Il ne pourra jamais y avoir la moindre contestation à l'égard des cours d'eau abondants.

» dans l'intérêt de l'agriculture et de son industrie, de les ren-
» dre à leur lit ordinaire, afin que les propriétaires des fonds in-
» férieurs en usent à leur tour. — Que si, lorsque le proprié-
» taire du fonds supérieur possède à la fois les deux rives, son
» droit est plus étendu, s'il peut alors détourner le lit du cours
» d'eau dans l'étendue de son domaine et dériver les eaux pour
» en user, c'est toujours à la charge de rétablir ce lit et de ren-
» dre ces eaux à leur cours ordinaire à la sortie de ses propriétés.
» — Que, si ce propriétaire ne saurait être tenu de rendre la
» même quantité d'eau qu'il a reçue, ou une certaine quantité
» d'eau déterminée, il reste tenu de n'user de son droit que de
» manière à ménager, dans une juste mesure, aux propriétaires
» des fonds inférieurs, l'exercice de leurs droits sur les eaux. —
» Attendu, etc. »

La question que j'avais d'abord envisagée dans le présent chapitre était celle de savoir si le riverain inférieur d'un cours d'eau
avait des droits sur les affluents, malgré qu'ils fussent à une certaine distance de sa propriété.

Cette question est sérieuse, à la différence de celles qui peuvent diviser les riverains du même cours d'eau. A leur égard, la
loi vient en aide directement.

Voyons d'abord de continuer l'examen de ces dernières questions.

208. — En vertu des articles 644 et 645 du Code civil, chaque riverain a droit au cours d'eau qui borde son héritage, et,
en cas de contestation entre les propriétaires auxquels ces eaux
peuvent être utiles, les tribunaux restent chargés de prononcer
en conciliant l'intérêt de l'agriculture avec le respect dû à la propriété; bien entendu que, dans tous les cas, les règlements particuliers et locaux, s'il en existe, sur le cours et l'usage des eaux,
doivent être observés.

Les contestations peuvent intervenir entre les riverains à
l'égard du plus ou moins de prise sur le cours d'eau, du besoin
plus ou moins pressant de l'irrigation, selon la nature du champ

et des fruits qu'il porte ou qu'il est destiné à porter, et à l'égard de la déperdition, dans le fonds irrigué, qu'un ou plusieurs riverains prétendraient être trop forte, soit par rapport à l'étendue de ce fonds, soit par rapport aux besoins des autres riverains.

Le tribunal de la situation est le seul juge en pareille matière, et, si le jugement est sujet à l'appel, il ne faut pas craindre le recours en cassation. L'art. 645 du Code civil lui a conféré le pouvoir de juger tous différends s'y rapportant, et sa décision échappe à la censure de la cour suprême, s'agissant d'un pur fait matériel. Il en serait autrement, si le jugement contenait attribution totale des eaux aux uns et rien aux autres. Cette dernière décision ne serait plus conforme aux prescriptions de l'art. 645 du Code civil, et il ne s'agirait plus alors de critiquer un pur fait matériel, mais bien le jugement comme contenant une fausse application de la loi. Il en serait, dans ce second cas, comme il en est en fait de sentence arbitrale, lorsque les arbitres ont décidé en dehors des termes du compromis.

209. — Le riverain n'a droit sur le cours d'eau que pour l'irrigation de son champ. Tels sont les termes limitatifs de la loi. Il s'ensuit qu'il ne peut se servir des eaux pour objets d'agrément, et encore moins pour mettre en mouvement le moteur d'une usine quelconque. Ce droit ne peut appartenir qu'au propriétaire dont l'héritage est traversé par le cours d'eau. C'est ce que j'expliquerai plus bas.

Cependant le riverain d'un seul côté du cours d'eau n'y prendra que sa part afférente, et au lieu de l'utiliser pour l'irrigation de son champ, il s'en servira pour tout autre usage, prenant d'ailleurs tous les soins d'un bon père de famille pour éviter une déperdition gratuite, et rendant à son cours ordinaire cette même part, ou bien l'excédant d'une déperdition naturelle ou accidentelle, mais dans des bornes dues et raisonnables; il me semble que, dans ce cas, et pourvu d'ailleurs que le volume d'eau rendu à son cours ordinaire soit à peu près le même que celui.

qui aurait été le résultat d'une pure irrigation, les riverains inférieurs n'auraient pas motif de se plaindre.

M. Daviel, n° 626, s'exprime en ces termes.

« L'art. 644 semble limiter à la faculté d'irrigation l'usage des eaux pour celui qui ne possède qu'une seule rive. Ce n'est qu'au propriétaire des deux rives que la loi, par la généralité de ses termes, confère le droit d'user de l'eau de quelque manière que ce soit, à la charge de la rendre, à la sortie de son fonds, à son cours ordinaire, et de ne pas la transmettre aux propriétaires inférieurs d'une manière nuisible.

» Le propriétaire d'une seule rive ne peut donc en général détourner les eaux de son héritage, les employer à former un étang ou à faire tourner une usine.

» Mais il ne faut pas donner à la première partie de l'art. 644 une portée trop absolue, comme ont fait quelques auteurs (1), et l'art. 645 n'a pas limité aux seuls usages de l'agriculture l'utilité qu'il permet aux riverains de faire valoir devant les tribunaux. L'intérêt de l'agriculture, surtout à l'époque où le Code civil a été rédigé, a pu être considéré comme prédominant; mais il suffit qu'il n'ait pas été consacré comme exclusif, pour que la loi ne se trouve pas en arrière des nécessités qu'amènent le progrès social et le développement de la richesse publique.

» Comment pourrait-on prohiber un usage de l'eau qui n'aurait rien d'incompatible avec les droits des riverains opposés ou ceux des propriétaires inférieurs, et qui s'exercerait sans dommages pour autrui. »

Nous disons souvent que l'intérêt est la mesure des actions, et cette maxime, toujours vraie, trouve dans l'espèce une application exacte.

---

(1) Hennequin, *Traité de Législation*, tome I, p. 421. — Romagnosi, commentant dans son *Traité des Eaux*, partie 1, livre I, § 15, les art. 644 et suivants du Code civil, combat comme nous l'interprétation restrictive donnée au premier de ces articles. *(Note de M. Daviel.)*

Le tribunal, chargé de l'examen de la demande et de terminer la contestation, doit examiner le fonds, sans s'arrêter abstractivement aux expressions de loi. On ne doit pas croire que le législateur ait voulu porter obstacle aux moyens industriels qu'offre un cours d'eau quelconque, toutes les fois qu'il est facile de les concilier avec l'intérêt de l'agriculture, c'est au contraire entrer dans ses vues que de les protéger.

On voit trop souvent des hommes qui, par caprice, haine ou jalousie, cherchent à entraver la prospérité d'autrui, et s'il arrive qu'ils s'appuient sur un texte de loi, on peut être convaincu à l'avance que tel n'en est pas l'esprit. La loi ne protége pas les passions.

Or, en pareille circonstance, le tribunal doit porter ses soins uniquement sur le fait de savoir si le riverain qui intervertit ainsi l'usage du cours d'eau, le rend dans son cours ordinaire, à la sortie de son fonds, avec un volume tel et le même qu'il serait résulté d'une pure et loyale irrigation.

On ne doit pas craindre des entraves dans la pratique du règlement fait dans ce sens. Il me paraît plus difficile d'arrêter les tracasseries et les chicanes entre riverains par un règlement d'irrigation.

Par exemple, l'eau qui n'est pas destinée à l'irrigation prend sa direction, à partir de son lit, vers la roue motrice de l'usine, au moyen d'un canal, fossé ou rigole ; de là elle est dirigée vers son cours ordinaire, par le même moyen.

Pour éviter la déperdition gratuite de l'eau, il n'y a qu'à prescrire la mesure de l'ouverture de la profondeur et de la base du canal, fossé ou rigole.

Très-certainement un pareil procédé, bien loin de porter atteinte aux droits des riverains inférieurs, leur est plutôt favorable.

Il n'en est pas ainsi dans le cas d'irrigation ; ce mode d'emploi prête à des turpitudes nombreuses, sans compter qu'il est généralement beaucoup plus dispendieux. Il est facile à l'irrigant de tromper ses voisins, et pour l'en empêcher, ceux-ci sont grevés de l'obligation d'une trop active surveillance. Il les trompe par des saignées multipliées presque imperceptibles pour une irrigation non due; ces saignées sont pratiquées, non pas sur la berge, elles seraient trop à découvert, elles le sont dans l'intérieur du champ irrigué. D'autres moyens de fraude, il les couvrira du prétexte de la rigueur de la saison. Le chaud, le froid, l'atmosphère plus ou moins élevée, plus ou moins attractive, tout sera mis à contribution, hors la vérité; et le règlement d'irrigation existant, il ne s'agira plus de l'application de l'art. 645 du Code, ce sera un procès en dommages-intérêts qui ne pourra subir jugement que sur les règles générales et qu'après des enquêtes et contre-enquêtes occasionnant de gros frais.

210. — M. Proudhon professe une opinion contraire dans le n° 1425 de son ouvrage, et voici en quels termes : *s'en servir à son passage pour l'irrigation de ses propriétés.* Ces expressions ne nous indiquent qu'un simple usage auquel tout changement dans l'état des lieux est interdit par la nature même de son titre; et encore il est à remarquer que la loi n'accorde ici au propriétaire riverain le droit d'usage sur les eaux que pour les faire servir à l'irrigation de ses héritages, et nullement pour leur donner un autre cours, ou pour les employer à faire rouler les usines qu'il pourrait construire sur ses fonds : d'où résulte la confirmation de ce que nous avons dit ailleurs, que la permission de construire des usines n'appartient pas de plein droit aux possesseurs des fonds situés sur les cours d'eau, mais qu'il faut l'obtenir de l'administration publique, dans les formes et d'après les instructions voulues à cet égard par les règlements.

« Dans ce cas, ajoute-t-il, l'autorité publique, disposant en souveraine de l'usage des eaux, imposerait silence aux propriétaires qui en recevraient une moins grande quantité pour l'irrigation de leurs prés. »

Je reviendrai dans le n° suivant, sur l'opinion de M. Proudhon.

211. — L'art. 644 du Code civil porte en outre, que celui dont cette eau traverse l'héritage peut même en user dans l'intervalle qu'elle y parcourt, sous la même condition de la rendre, à la sortie de ses fonds, à son cours ordinaire.

On trouve que, lorsque l'héritage borde d'un côté seulement le cours d'eau, la loi a limité le droit du propriétaire à celui de s'en servir pour l'irrigation, et lorsque l'héritage est traversé par le cours d'eau, elle dit : il peut *même en user*.

La différence de ces expressions est remarquable; malgré cela, je ne rétracte pas ce que je viens de dire par extension de la faculté contenue dans la première partie de l'art. 644. Je la crois souverainement équitable : il serait, en effet, malheureux que les tribunaux, dans la volonté de faire le bien, trouvassent des entraves dans le texte de la loi elle-même.

Dans ce second cas, je crois hors d'une controverse sérieuse le droit du propriétaire dans la faculté de se servir à son plein gré du cours d'eau à l'encontre des autres riverains pour tous usages généralement quelconques, bien entendu toujours à la charge de le rendre, à la sortie de ses fonds, à son cours ordinaire.

Je copie M. Garnier, dans son *Traité du Régime des Eaux*, première édition, p. 208.

« Jusqu'à présent nous avons supposé que les deux rives d'un cours d'eau appartenaient à des propriétaires différents; nous avons expliqué le droit que leur confère l'art. 644 de s'en servir pour l'irrigation de leurs héritages.

» Supposons maintenant que l'héritage soit traversé par le cours d'eau, et qu'ainsi les deux rives appartiennent au même propriétaire; l'art. 644 du Code civil confère dans ce cas à ce propriétaire un droit plus étendu; il peut user de l'eau pendant qu'elle parcourt sa propriété. Il n'a d'autre obligation que de la rendre, à la sortie de ses fonds, à son cours ordinaire.

» Il peut donc en détourner le cours pour son plus grand avantage, par exemple pour la construction d'une usine; car quoique le Code civil ne dise pas un seul mot des moulins et usines et qu'il ne parle que de l'irrigation des héritages, cependant en conférant au propriétaire, dont le fonds est traversé par un cours d'eau, l'usage de cette même eau, il a eu l'intention de lui accorder un droit plus étendu, celui de l'employer à tous ses besoins suivant les mesures prescrites par l'autorité administrative. Le Code, en effet, n'a pas limité le droit de ce propriétaire à l'irrigation de ses héritages, et par l'art. 714, il a laissé à l'autorité administrative le soin de déterminer l'usage auquel les eaux doivent servir.

» Au surplus, en détournant leur cours, le propriétaire dont elles traversent l'héritage ne cause aucun tort aux riverains inférieurs, puisque le cours n'est changé que depuis l'entrée jusqu'à la sortie de son fonds. »

212. — Le propriétaire dont le cours d'eau traverse l'héritage aura donc la faculté de s'en servir pour la marche d'une usine quelconque.

Il est indispensable d'entrer dans quelques explications.

Il s'agira d'établir l'usine, ou en totalité, ou en partie, dans le lit du cours d'eau ou bien en dehors, mais immédiatement après la ligne servant de limite entre ce lit et la propriété riveraine, ou bien encore le riverain la portera dans l'intérieur de son fonds.

Dans tous les cas, les riverains inférieurs n'ont nul intérêt de se plaindre par rapport à l'irrigation à laquelle ils ont droit. Cette faculté reste dans toute son intégrité par l'obligation à la charge de l'usinier de rendre l'eau à son cours ordinaire, à la sortie de son fonds. C'est ce que j'ai prouvé plus haut.

213. — M. Proudhon, dont j'ai transcrit l'opinion, laisse beaucoup à désirer. Il pense que, dans aucun cas, le riverain n'a le droit de construire d'usine sur de pareils cours d'eau.

Cette assertion a-t-elle pour fondement l'intérêt des autres riverains, ou celui du domaine public?

Il ajoute néanmoins que cette prohibition s'évanouit en pré-

8

sence de l'autorisation émanée de l'administration publique à laquelle il reconnaît le pouvoir de disposer en souveraine de l'usage des eaux.

Cette dernière assertion, pour ne pas être une hérésie, serait tout au moins en opposition flagrante avec les dispositions de l'art. 645 du Code civil. L'administration peut avoir la surintendance de pareils cours d'eau, mais elle n'a nullement le droit d'en disposer en souveraine. Si nous les classons parmi les choses qui n'appartiennent à personne et dont l'usage est commun à tous, l'art. 714 du Code civil pose la limite des droits ou mieux des fonctions attribués à l'administration. Des lois de police règlent la manière d'en jouir (même article).

Or, le sens de cet alinéa de l'art. 714 est facile à saisir. Il n'a nullement trait au droit exclusif de propriété : la chose reste toujours commune ; elle l'est par sa nature, et l'administration, pas plus que le simple individu, ne peut faire qu'elle soit autrement. L'administration intervient seulement pour en perpétuer le bon état par sa surveillance, en prohibant tout usage abusif et pour éviter toute collision entre les usagers. Cette surveillance est dans ce cas plutôt une obligation qu'un droit.

On n'avait nul besoin d'avoir recours à l'art. 714, et c'est par exhubérance que je suis tombé sur ses dispositions. Il s'agit ici d'une matière dont l'ensemble a été réglé par les art. 644 et 645 du Code civil. C'est donc là où il faut puiser.

L'art 644 attribue aux riverains l'usage des cours d'eau non navigables ni flottables, et l'art. 645 investit les tribunaux du droit de mettre fin aux différends qui peuvent intervenir entre eux par un règlement sur cet usage. Les tribunaux sont par là seuls et exclusivement chargés du partage de ces eaux entre parties dissidentes.

214. — En tant que les riverains peuvent être mis en jeu les uns contre les autres dans l'exercice de leurs intérêts respectifs, l'administration est de plein droit incompétente pour terminer leurs différends. Ce n'est pas par voie de déclassement que la ma-

tière a été placée dans le domaine des tribunaux ordinaires; le législateur a eu en vue, en désignant les tribunaux civils, non pas d'établir une règle de compétence, mais bien de tracer leur marche dans l'application de l'art. 645, qui est de concilier l'intérêt de l'agriculture avec le respect dû à la propriété.

, L'administration est incompétente de plein droit, par la raison qu'il s'agit d'intérêts purement privés, sans aucun point de contact avec les intérêts généraux.

J'ai intérêt qu'on ne confonde pas l'obligation à la charge de l'administration de veiller, par mesure d'ordre et de police, à l'emploi le plus utile des eaux non navigables ni flottables avec son droit de propriété sur celles navigables ou flottables. Dans la première hypothèse, il est plus qu'impropre de dire qu'elle dispose des eaux. Il n'y a que le maître absolu qui puisse disposer.

Si l'opinion de M. Proudhon était admise, il n'y aurait pas de bornes dans le droit d'accorder ou de refuser l'usage de ces eaux, puisqu'il pense que l'administration peut en disposer souverainement. Cette opinion bouleverserait la matière, se rapportant aux eaux des cours non navigables ni flottables, que la nature a pris le soin de distribuer de distance en distance, ordinairement assez rapprochées pour le bien-être commun des hommes.

M. Proudhon a nécessairement confondu les cours d'eau navigables ou flottables avec ceux qui ne sont ni l'un ni l'autre; ou bien il a confondu le droit de prise d'eau sur ces derniers cours d'eau avec celui qui peut appartenir à l'administration d'autoriser ou de refuser l'établissement d'usines.

215. — S'il s'agit de cours d'eau navigables ou flottables, il est certain qu'alors l'administration est souveraine, personne n'ayant sur ces eaux ni droit de propriété ni droit d'usage pour irrigation ou autrement. L'art. 538 du Code civil les place sans aucune restriction dans le domaine public; et ce n'est que par voie de concession de la part de l'administration que les usines existantes y ont été établies et que celles à venir pourront l'être.

Telles sont les dispositions de l'ordonnance de 1669, art. 42, 43 et 44, tit. 27.

La différence qui existe dans les deux hypothèses est facile à saisir. Les eaux du domaine sont franches de tout droit de prise; et voilà pourquoi un tiers ne peut en user que tout autant qu'il y a concession en sa faveur. Dans le traité les deux parties en présence, sont : l'une le vendeur, traitant de sa chose propre, et l'autre l'acheteur qui, moyennant rétribution, ou sous toute autre condition équivalente, est substitué, quant à ce, au lieu et place du vendeur; tandis qu'à l'égard des autres eaux, il ne peut y avoir ni vendeur ni acheteur entre le riverain et l'administration. Le riverain est de plein droit investi de l'usage permanent des eaux, et l'administration, dans l'intérêt général, a, à sa charge, l'obligation de veiller, par des mesures d'ordre et de police, aux intérêts collectifs des riverains, et de plus lorsqu'il s'agit de l'établissement d'une usine, elle doit fixer la hauteur des eaux du barrage.

Revenons aux usines à construire et à raison desquelles j'ai posé trois suppositions.

216. — Première supposition. Le riverain d'un cours d'eau non navigable ni flottable voudra construire un moulin à blé dans le lit du cours d'eau en totalité ou en partie. Dans ce cas, l'autorisation de l'administration publique est indispensable; mais cette autorisation est étrangère au partage des eaux qui, quant à l'usage, ne cessent de rester dans le domaine privé et sous la sauvegarde des art. 644 et 645 du Code civil.

L'autorisation est indispensable sur les motifs ci-après :

1° En construisant dans le lit du cours d'eau, on attaque la propriété publique.

2° Le droit des riverains étant précaire, quant à l'usage des eaux, ce que j'ai déjà prouvé, et le gouvernement étant grevé de l'obligation d'indemniser les riverains, lorsqu'il déclare navigable un pareil cours d'eau, non-seulement à raison de la valeur du terrain nécessaire pour le chemin de halage et du marchepied, mais encore à raison de la valeur des usines établies, et qu'il serait nécessaire de détruire, il serait dangereux de leur attribuer une faculté sans limites. Ils pourraient en mésuser, en multipliant le nombre des usines, ce qui augmenterait l'indemnité qui est à la charge du gouvernement.

3° L'administration publique a, dans ses attributions, de régler la hauteur des eaux du barrage (1). Cette règle de police est tout à la fois dans l'intérêt non-seulement des riverains, mais encore des habitants de la contrée pour cause des débordements et inondations qui pourraient résulter d'une trop forte retenue des eaux. Il y a aussi un intérêt moral dont l'administration doit être jalouse, c'est celui d'empêcher qu'une première usine, légalement établie en amont du lieu où doit être placée la seconde, ne devienne inutile par l'engorgement, sous ses roues motrices, des eaux retenues par le nouveau barrage à raison de sa trop forte élévation.

217. — Seconde supposition. Le riverain, au lieu d'établir l'usine dans le lit du cours d'eau, la placera en dehors de la ligne sans laisser d'intermédiaire. Un barrage sera conséquemment nécessaire; et alors se reproduisent dans toute leur force, pour admettre que l'autorisation de l'administration est indispensable, le second et le troisième motifs que j'ai fait valoir dans la première supposition et que je ne dois pas répéter.

218. — Troisième supposition. L'usine sera placée dans l'intérieur du fonds riverain. Aucun barrage sur le cours d'eau ne sera nécessaire; il suffira d'une simple tranchée sur la berge, telle et là-même qu'on est habitué à la pratiquer pour une pure irrigation.

Dans ce cas, il est raisonnablement impossible de découvrir un motif qui soumette le riverain à demander aucune espèce d'auto-

---

(1) Il n'est pas inutile d'observer qu'un pareil barrage est totalement étranger à celui que l'art. 24 de la loi sur la pêche fluviale interdit de placer dans les rivières, canaux et ruisseaux. L'un est indispensable pour le service des usines, et l'autre est prohibé en considération des produits de la pêche, toutes les fois que son établissement sera dû à cet unique objet.

risation. La demande d'autorisation se complique nécessairement avec les intérêts communs et sous un certain aspect avec les intérêts privés des tiers que l'administration est chargée de protéger et de défendre. De là enquête *de commodo et incommodo* ; de là, examen du pour et du contre dans la demande et dans l'enquête ; de là enfin, délibération de l'autorité chargée de statuer. Voilà ce qui justifie la nécessité de l'autorisation. Voilà ce qui en constitue le caractère légal ; hors cela, la demande est une formalité vaine, puérile.

Dans cette troisième supposition, la surveillance de l'administration ne repose donc sur aucun objet d'intérêt général, soit matériel, soit par mesure de police. L'intérêt privé des tiers n'est nullement froissé. D'ailleurs, celui qui les compète dans le cours d'eau, en vertu des art. 644 et 645 du Code civil, est en dehors des attributions de l'administration ; en cas d'abus, ils ont pour les faire redresser l'autorité des tribunaux civils.

219. — Je sais qu'il en était autrement sous l'ancienne législation. La liberté du grand nombre parmi les hommes n'était pas entière. La banalité, un des objets frustratoires de la féodalité, étouffait trop souvent le germe de l'industrie, ou tout au moins en empêchait le développement.

220. — Il est toujours sous-entendu que, lorsqu'il s'agit de construire une usine quelconque ou tout autre établissement industriel, soit sur les cours d'eau, soit dans l'intérieur des terres, ou ailleurs, pour si peu qu'il présente quelque danger d'insalubrité ou d'incommodité publique, il y a interdiction de l'édifier sans l'autorisation de l'administration. Cette mesure de police générale est basée sur les motifs que chacun comprend, mais elle est étrangère au partage des eaux.

Je ne dois pas finir sur ce point sans noter ce qui a été dit sur la matière par des auteurs recommandables, non compris MM. Daviel et Proudhon déjà cités.

M. Dumay, annotateur de M. Proudhon, tome III, page 520, à la note :

221. — « Nous ne pensons pas que, même par les considérations d'intérêt général, invoquées par M. Proudhon et adoptées aussi par M. Tarbé de Vauxclairs (v° *Moulin*, au répert. de nouv. législat. de M. Favart de Langlade), l'autorité administrative puisse limiter le nombre des établissements industriels qui, comme les moulins, ne présentent aucun danger d'insalubrité ou d'incommodité publique, parce que, comme il le reconnaît lui-même, ce serait rétablir les anciennes banalités féodales et réorganiser les maîtrises et les corporations dont l'institution était motivée plus encore sur les intérêts généraux du pays que sur l'intérêt privé.

» Ainsi que le démontre M. Sirey, dans une dissertation insérée à la page 92 de la 2ᵉ partie du tome **XXII** de son *Recueil judiciaire*, l'administration ne doit intervenir, en ce qui concerne l'établissement d'une usine, que dans trois cas, auxquels nous en ajoutons cependant deux :

» 1° Lorsque cette usine se trouverait dans la ligne des douanes (lois des 22 août 1791, art. 41, tit. 13 ; 22 ventôse an 11 et 30 avril 1806).

» 2° Lorsqu'elle rentre dans la classe des établissements dangereux ou incommodes, spécialement désignés dans le décret du 15 octobre 1810 et dans les décrets et ordonnances subséquents.

» 3° Lorsqu'ayant pour destination de façonner le bois ou devant en faire une grande consommation, on voudrait l'établir à une certaine distance des forêts soumises au régime forestier (art. 151 et suivants du Code forestier).

» 4° Lorsqu'elle doit être mise en mouvement par l'eau, afin de déterminer la hauteur de la retenue et de régler la force motrice et le régime hydraulique (lois des 12-20 août 1790, Code rural, art. 16, tit. 2).

» 5° Enfin lorsqu'il doit être fait usage d'une rivière navigable ou flottable, ou de l'un de ses affluents, pour empêcher que l'établissement ne nuise au service public ou ne détourne les eaux (ordonnance de 1669, tit. 27, art. 42 et 43. — Arrêt du directoire du 19 ventôse an 6. — Instruction du 9 thermidor suivant).

» A part ces cas, et sous tous les autres rapports, l'administration n'a qu'un pouvoir de *surveillance* et non de *tutelle* ou de domination, son autorisation n'est pas nécessaire. C'est ainsi que les machines à battre le blé, mues par des chevaux, sont chaque jour établies sans autorisation, et qu'il en serait de même d'un moulin à blé marchant au moyen d'un manége.

» Un préfet, après avoir réglé le point de retenue des eaux, s'opposerait à l'établissement d'un moulin, sous le prétexte qu'il y en aurait dans le pays un nombre suffisant et que la création de nouveaux pourrait nuire à l'intérêt public, commettrait un manifeste excès de pouvoir, parce que l'industrie est libre aujourd'hui, et que la concurrence est encouragée, loin d'être défendue ou restreinte.

» Aussi divers arrêts du conseil d'état, notamment des 5 janvier 1813, 14 mai 1817, 22 juillet 1818 et 23 juin 1819, ont-ils décidé que « la question de savoir si une manufacture sera
» autorisée, n'est pas subordonnée à des raisons puisées dans l'in-
» térêt du commerce ; qu'il s'agit uniquement de savoir si l'éta-
» blissement projeté n'est ni insalubre ni dangereux ; et qu'un
» maître de verrerie n'est pas recevable et fondé à former oppo-
» sition à la construction d'une verrerie nouvelle, quelque
» dommage qui puisse résulter pour lui d'une concurrence fu-
» ture. (Jurisprudence du conseil d'état, tome II, page 181,
» et tome IV, page 399.) »

M. Sirey, cité par **M.** Dumay, a en effet inséré dans son *Recueil général* une dissertation ou consultation dans laquelle il a ramené un grand nombre de documents à l'appui de son opinion. Il serait trop long de les rapporter tous ; je me borne à ceux qui me paraissent les plus utiles.

222. — « Est-il nécessaire d'avoir obtenu une autorisation administrative pour qu'un propriétaire puisse construire ou rétablir

un moulin à blé sur un ruisseau ou sur une rivière qui n'est ni navigable ni flottable?

» Sur cette question de droit administratif, la prétention usuelle de MM. les préfets est pour l'affirmative; mais les principes sont pour la négative. Rapprochons les éléments de la discussion.

» Doctrine de l'auteur du *Dictionnaire de police moderne* (M. Alletz), v° *moulin*:

» Article premier. — Nul ne peut construire moulin sur rivière navigable, sans une permission expresse de l'autorité compétente (v° *navigation*, art. 23, police rurale).

» Art. 2. — Chacun peut, en son héritage où passe rivière non navigable ni publique, faire construire moulin *sans permission*, pourvu qu'il y ait eau suffisante et qu'il ne puisse nuire aux passages et repassages. Chacun peut aussi, en son héritage, faire construire moulin à vent *sans permission*.

» Doctrine de l'auteur des *Lois rurales* (M. Fournel), tome I, page 51 :

» Sous le régime de la féodalité, la propriété des fonds ruraux n'emportait pas le droit d'y établir un moulin.

» Dans les endroits où il y avait, etc.

» Le régime actuel a fait disparaître ces entraves, et il est libre aujourd'hui à tout propriétaire d'établir, sur son fonds et sur sa rivière, tant de moulins à vent ou à eau qu'il jugera convenable (loi du 15 mars 1790, art. 23).

» Doutes de l'auteur du *Répertoire de Jurisprudence* (M. Merlin, v° *Moulin*, § 7, art. 4, n° 3) :

» Il ne faut pourtant point conclure de là (de ce que les seigneurs ont perdu le droit exclusif de bâtir des moulins sur les rivières non navigables) que, dans l'état actuel de la législation, il soit indistinctement libre à tout particulier de bâtir des moulins sur son propre fonds.

» D'abord, l'art. 41 du tit. 13 de la loi du 22 août 1791 porte qu'il ne pourra être formé, etc.

» La loi du 21 ventôse an 11 va plus loin :

« Article premier. — Le déplacement des fabriques et des
» manufactures qui se trouveront sur la ligne des douanes, etc.»

» La loi du 30 avril 1806 va plus loin encore :

« Art. 76. — Les moulins situés à l'extrême frontière pourront
» être frappés d'interdiction, etc. »

» En second lieu, un arrêté du directoire exclusif du 19 ventôse an 6, ordonne que les dispositions des art. 42 et 43 du tit.
27 de l'ordonnance des eaux et forêts de 1669 continueront
d'être exécutées ; et en conséquence, enjoint etc.

» Il semblerait au premier aspect résulter de là que du moins
le propriétaire d'un terrain contigu à une rivière non navigable
ni flottable n'a pas besoin de permission du gouvernement pour
y bâtir un moulin à eau.

» Mais, dans l'usage, cette permission est regardée comme nécessaire, et cet usage paraît avoir sa source dans le droit que
l'art. 16 du tit. 2 de la loi du 28 septembre 1791 attribue aux administrations départementales, de fixer la hauteur à laquelle
les propriétaires de moulins doivent tenir leurs eaux, etc.

» D'ailleurs et en général, dit M. Sirey, la construction d'un
moulin à blé est-elle, de sa nature, un objet pouvant compromettre *l'utilité publique* (en supposant le cours d'eau bien dirigé)?
Non.

» Il serait ridicule de soutenir que l'intérêt national, ou même
départemental, puisse être compromis par la construction d'un
moulin.

» D'où vient donc cette erreur tracassière qui engage MM. les
préfets à exiger, des propriétaires, qu'ils se pourvoient d'une
autorisation préalable, avant la construction d'un moulin?

» En voici la source.

» Quelques agents de l'administration ne savent pas assez distinguer le pouvoir de surveillance du pouvoir de tutelle. Partout
où la loi les établit surveillants, et conséquemment leur impose
des soins pénibles, ils trouvent plus simple de se constituer

tuteurs ou dominateurs; sûrs de leur bonne intention , ils ne connaissent rien de mieux que le pouvoir discrétionnaire.

» Relativement aux moulins à blé confiés à leur surveillance, **MM.** les préfets se laissent tromper par l'analogie de ces sortes d'usines avec d'autres usines , sur la construction desquelles le législateur leur a confié un pouvoir de tutelle, parce qu'elles sont funestes de leur nature, telles que les manufactures et les ateliers qui répandent une odeur insalubre et incommode.

» Il est très-vrai que ces sortes d'usines , etc. »

223. — L'opinion des auteurs que je viens de citer n'est pas entièrement propre à mettre un terme à la difficulté. **M.** Dumay est d'avis que l'autorisation est indispensable lorsque l'usine doit être mise en mouvement par l'eau; **M.** Merlin , malgré son hésitation , paraît être du même avis : l'un et l'autre n'ont fait valoir que le motif, à la vérité déterminant, que l'administration était seule compétente pour fixer la hauteur des eaux de retenue. Ils ont laissé les motifs que j'ai avancés à l'appui de mon opinion.

1er motif. Le lit du cours d'eau appartient au domaine.

2me motif. Quoi qu'il en soit de cette assertion, il ne reste pas moins constant que l'usage des eaux par les riverains ne leur est acquis que sous la condition de voir cet usage anéanti dans le cas où le domaine s'emparerait du cours d'eau pour le service de la navigation ou du flottage; auquel cas il est dû indemnité aux riverains, non-seulement pour l'emplacement du chemin de halage , mais encore pour les usines. Ce n'est pas que je veuille accuser l'administration de prohiber certaines usines dans des vues d'économie pécunière. Elle est incapable d'en venir jusque-là au préjudice du développement de l'industrie , mais il pourrait arriver (on en a vu des exemples en fait d'alignement des rues) qu'un riverain , prévoyant le changement de destination du cours d'eau, s'empresserait de faire des établissements , soit purement pour entraver l'administration , soit pour trouver lui-même un gain dans l'évaluation de l'indemnité. Il y aurait encore à craindre que, malgré sa bonne foi, le riverain fît un mauvais emploi de ses capitaux, et qu'il en fût malgré cela remboursé par suite de l'estimation de l'usine.

224. — Je ne suis nullement satisfait des motifs de l'opinion contraire. Il me semble qu'on aurait dû attaquer directement l'argument que l'on oppose à cette opinion et qui s'évince du droit de l'administration de fixer la hauteur des eaux de retenue.

C'est le seul moyen dans une question délicate d'arriver à une solution vraie. Celui que l'on réduit à l'abandon d'un argument qui faisait tout le fonds de son système et qui se trouve dans l'impuissance de le remplacer par tout autre, ayant à peu près même valeur, s'avoue vaincu, et l'on se donne la main.

225. — J'adopte avec empressement l'opinion émise à l'égard des usines qui ne fonctionneraient pas par l'eau. Je reconnais que l'administration n'a pas le droit de les prohiber, sauf qu'elles ne fussent de nature à répandre dans le voisinage de mauvaises odeurs, ou à rendre l'air insalubre.

Je reviendrai sur cette matière au chapitre XIV.

J'arrive enfin à la question de savoir quels sont les droits du riverain d'un cours d'eau sur les affluents qui l'alimentent? Peut-il en demander le règlement?

226. — La question en thèse générale, c'est-à-dire dégagée de la circonstance que c'est le riverain d'un cours d'eau qui prétend droit sur les eaux des affluents, est facile à résoudre. La loi pose des règles simples dans leur application. Elles se rapportent directement à tous les riverains du même cours d'eau (un affluent est un cours d'eau en le considérant isolément), et s'ils ne parviennent à se concilier, ils ont recours à l'administration par un règlement général. Si la contestation n'existe qu'entre un certain nombre de riverains, on peut s'adresser au tribunal civil qui, en vertu de l'art. 645 du Code civil, fait à chaque riverain, partie au procès, l'attribution qu'il croit lui être due.

La nature n'a établi dans sa libéralité aucune attribution de préférence. Il y a pure communauté entre tous les riverains. Si le cours d'eau est abondant il fournit à tous les besoins, et dans ce cas il est difficile de voir s'établir la moindre collision entre eux. Cela peut arriver et même fréquemment dans le cas contraire ; mais le remède est là qui, par sa prompte application, arrête le mal dans sa source, d'autant que l'on peut faire agir tout à la fois et l'administration et le tribunal.

Ce que je viens de dire s'applique non-seulement aux riverains dont les propriétés respectives face à face l'une de l'autre sont séparées par le cours d'eau ; mais encore à tous autres riverains depuis le premier point d'amont jusqu'à l'extrémité d'aval, ce qui est le point où le cours d'eau se perd dans un second et dont il est l'affluent.

227. — La question posée est complexe ; elle se complique de la question déjà traitée applicable aux riverains du même cours d'eau, et de celle qui est à savoir si le riverain d'un second cours d'eau, dans lequel se jette le premier, a des droits et sur l'un et sur l'autre.

Sur cette question, le tribunal, avant d'en venir à la distribution des eaux, examine le fonds de la demande : ce n'est que là qu'est la difficulté.

Cette espèce s'est présentée devant la cour de cassation qui, par son arrêt du 3 décembre 1845, rapportée par Sirey, tome LXVI, 1, p. 211, s'est prononcée en faveur de la demande.

« Le sieur Lefranc de Pompignan est propriétaire d'un moulin, situé sur la rivière de la Gelisse. A 1100 mètres environ au-dessus de ce moulin, le ruisseau de la Lisse vient se jeter dans la Gelisse.

» Le sieur de Montault, propriétaire de prairies situées sur les deux rives de la Lisse, ayant établi un barrage qui retenait les eaux de ce ruisseau, le sieur de Pompignan se plaignit de ce que ces travaux diminuaient le volume d'eau nécessaire *à son moulin de la Gelisse*, et il forma contre le sieur de Montault une demande en règlement d'eau.

» A cette demande, le sieur de Montault répondit que le sieur

Lefranc de Pompignan n'étant pas riverain de la Lisse, se trouvait sans qualité pour demander le règlement de ce cours d'eau.

»Jugement du tribunal de Nérac qui accueille cette fin de non-recevoir, et sur l'appel du sieur de Pompignan, arrêt de la cour royale d'Agen, du 21 juin 1842, qui confirme en ces termes : — «Attendu qu'il résulte des dispositions des art. 641, 642, 643, » 644 et 645 du Code civil, que le droit d'user ou de se servir « des eaux courantes, autres que celles déclarées dépendances du » domaine public, n'appartient qu'à ceux dont la propriété borde » ces mêmes eaux ou dont elles traversent les héritages ; qu'il » suit incontestablement de ces dispositions que tout individu, » dont la propriété n'a nul contact direct avec les eaux, est sans » droit et sans qualité pour contester aux propriétaires riverains » de ces eaux le mode d'en user ou de s'en servir à leur volonté » ou pour leur besoin ; — attendu qu'il est constant et convenu » par toutes les parties que le sieur Lefranc de Pompignan ne » possède qu'un moulin sur la rive droite de la rivière de Gelisse » à 1100 mètres de distance du ruisseau de Lisse, dont les eaux » se dirigent sur la rive gauche de cette rivière ; que c'est unique-» ment dans l'intérêt de ce moulin qu'il conteste au sieur de » Montault le droit d'user à sa volonté des eaux du ruisseau de » Lisse ; qu'il est évident que le sieur Lefranc de Pompignan n'a » ni droit ni qualité pour agiter cette contestation. »

» Pourvoi en cassation par le sieur Lefranc de Pompignan pour violation de l'art. 644 du Code civil, en ce que l'arrêt atta-qué a jugé que le riverain d'un cours d'eau, alimenté par un affluent supérieur, n'a pas le droit de demander le règlement de cet affluent, qui est l'accessoire nécessaire du cours d'eau prin-cipal.

» Arrêt.

» La cour, vu les art. 644 et 645 du Code civil; attendu, en » droit, que l'art. 644 du Code civil consacre, soit en faveur du » propriétaire dont la propriété est traversée par une eau cou-» rante, soit en faveur du propriétaire riverain, le droit à la

» jouissance de cette eau ; — attendu que, lorsque les eaux d'un
» ruisseau se jettent dans une rivière et s'y réunissent pour n'y
» former qu'un seul cours d'eau, il n'en résulte pas que les pro-
» priétaires inférieurs ne puissent pas se prévaloir de leur position
» et ne soient pas habiles à exercer simultanément les droits qu'ils
» tirent de la situation respective de leurs propriétés; — attendu,
» d'un autre côté, que l'art. 645, ainsi qu'il l'énonce dans son
» texte, a pour objet de concilier l'intérêt de l'agriculture avec
» le droit de propriété; que cet article embrasse dans la généra-
» lité de ses expressions tous les propriétaires auxquels les eaux
» courantes et non dépendantes du domaine public peuvent être
» utiles, et qu'il donne aux tribunaux toute l'étendue de pouvoirs
» nécessaire pour les mettre à même d'admettre, relativement
» à la jouissance d'une chose dont la propriété n'appartient à
» personne, tous les tempéraments que l'intérêt légitime peut
» justifier.

» Attendu, en fait, que le comte de Pompignan a fondé sa
» demande en règlement des eaux du ruisseau de Lisse, sur
» l'utilité de ces eaux pour maintenir l'activité du moulin d'Au-
» diron dont il est propriétaire; qu'il a même demandé une
» visite d'experts, à l'effet de constater l'indispensable nécessité
» de ces eaux pour maintenir l'activité dudit moulin pendant les
» chaleurs de l'été ; — attendu, néanmoins que, sans examiner
» si la réclamation du comte de Pompignan était ou non fondée,
» la cour royale l'a déclaré non-recevable dans sa demande, en
» se fondant uniquement sur ce que le moulin d'Audiron étant
» établi à 1100 mètres de l'endroit où le ruisseau de Lisse se
» réunit à la Gélisse, il en résultait que le comte de Pompignan
» n'était pas propriétaire riverain du ruisseau de Lisse, et qu'aux
» termes de l'art. 644 du Code civil, il était sans droit et sans
» qualité pour demander la suppression des barrages existants sur
» la propriété du comte de Montault et le règlement des eaux
» du ruisseau de Lisse ; — attendu qu'en jugeant ainsi, la cour
» royale d'Agen a créé une fin de non-recevoir qui n'est pas

» fondée sur la disposition de la loi, a fait une fausse application
» de l'art. 644 et violé l'art. 645 précités, casse, etc. »

A la suite de cet arrêt, **M.** Devilleneuve a fourni des notes qu'il
est bon de connaître : se borner à en faire l'analyse serait s'exposer
à ne pas reproduire toute sa pensée. Je me détermine à les copier
textuellement :

» Cette décision, dit-il, sans précédent peut-être dans la jurisprudence, soulève plusieurs questions importantes sur lesquelles
nous sommes invités à donner notre opinion.

» 1° Où s'arrêtera, nous dit-on le droit du riverain inférieur
sur les affluents du cours d'eau qui borde ou traverse sa propriété ? pourra-t-il remonter d'affluents en affluents, et demander le règlement de tous ceux situés en amont de sa propriété et
qui composent le bassin du cours d'eau dont il est riverain ?

» D'après l'arrêt, nous serions conduits de décider, qu'en
principe, le droit du riverain inférieur n'a d'autres limites que
celles de son intérêt, sauf à l'administration ou aux tribunaux
à apprécier les circonstances, à arrêter l'émulation des prétentions qui ne reposeraient pas sur un intérêt bien certain, et capable de balancer les inconvénients du règlement pour les riverains
supérieurs. C'est là, du reste, la règle établie par la jurisprudence lorsqu'il s'agit de la répartition des eaux entre les riverains
d'un même cours d'eau ; et nous ne voyons pas de raison pour
qu'il en soit différemment à l'égard des eaux d'affluents supérieurs, si l'on décide qu'ils peuvent être atteints par le règlement. Voir à cet égard nos observations, etc.

» 2° Quelle est la conséquence de ce droit du riverain inférieur ? Faut-il en conclure qu'il n'a que la faculté de faire fixer
l'étendue des besoins des supérieurs et le mode d'après lequel ils
seront satisfaits, de manière à pouvoir disposer à son profit de
l'excédant seulement ? Ou bien, faut-il en conclure que, dans l'opération du règlement, on doit réserver, dans tous les cas, une
portion quelconque d'eau à l'inférieur, alors même qu'elle serait
insuffisante pour les besoins des supérieurs ? Ici encore devraient

s'appliquer, selon nous, les principes ordinaires sur le règlement des eaux d'une même rivière, principes qui, sauf les droits acquis par titre ou possession, veulent que les besoins des riverains supérieurs soient satisfaits de préférence, mais sans abus, à ceux des riverains inférieurs. — Voir *ubi supra*.

» 3° En matière de règlement, ne faut-il pas distinguer celui demandé par l'inférieur au supérieur de celui demandé de riverain à riverain, dans le cas où les propriétés sont séparées par le cours d'eau, dans le cas, en un mot, où les héritages, étant situés en face l'un de l'autre, ont des droits égaux sur le cours d'eau qui les sépare? Ne faut-il pas décider que, dans le premier cas, l'inférieur ne peut demander le règlement que pour connaître l'excédant et se le faire attribuer? et que, dans le second, il y a lieu à partage eu égard aux besoins des deux riverains? Telle nous paraît être en effet la distinction à faire : elle trouve aussi sa justification dans les observations que nous avons indiquées plus haut, et dans les notes ou arrêts auxquels elles renvoient. »

La cour de cassation a établi en principe que le riverain inférieur d'un cours d'eau a des droits sur les eaux des affluents, et par ses notes **M** Devilleneuve soulève principalement la question de savoir si, en thèse générale, le riverain inférieur n'a droit que sur l'excédant des eaux comparativement aux besoins du riverain supérieur, et il se détermine en faveur de celui-ci.

228. — L'opinion de M. Devilleneuve ne peut être admise. Elle détruirait, par l'attribution de tout à l'un et rien à l'autre, la communauté établie par la nature dans sa libéralité, et d'ailleurs consacrée par ces termes impératifs de la loi : « **A** la charge de » la rendre (l'eau) à son cours ordinaire, à la sortie de ses fonds. »

229. — Les contestations en pareille matière n'ont lieu entre riverains qu'à cause de l'insuffisance des eaux pour satisfaire les besoins de chacun d'eux. Dans ce cas, il me semble qu'il serait juste d'en fixer l'usage entre riverains supérieurs et inférieurs, par heure, par jour ou par semaine. C'est le seul moyen de maintenir dans un juste équilibre leurs droits respectifs.

L'opinion la plus accréditée, et l'on peut dire générale, adopte ce mode à l'égard des deux riverains dont les propriétés face à face sont séparées par le cours d'eau, et je conçois que l'on peut, dans ce cas particulier, argumenter de la situation respective des deux héritages, pour soutenir qu'il ne doit pas en être de même dans l'autre espèce.

Cet argument est plutôt spécieux que solide.

Je conçois encore toute préférence en faveur du propriétaire du champ où naît une source; hors ce cas, je ne vois qu'un objet commun dont l'usage doit être réparti entre tous les communiers, quelle que soit sa consistance faible ou forte : tout autre procédé répugne aux idées du vrai et du juste.

230. — Si quelques esprits trouvaient ma proposition bizarre, je chercherais à la justifier, d'abord par l'importance de l'irrigation, importance immense sur certains points, dans certaines localités; et puis, le riverain qui ne peut y atteindre absolument, par la raison que son voisin riverain supérieur absorbe l'entier cours d'eau, ne pourra se familiariser avec une telle préférence. Son champ de même nature, de même bonté et de la même surface que le champ du riverain supérieur, imposé au même taux de la contribution foncière, n'aura néanmoins qu'une valeur capitale égale au dixième de la valeur capitale de l'autre champ; il y aura même disproportion par rapport au revenu.

Ce riverain inférieur ne cessera de se plaindre. Il dira avec vérité que ce n'est pas la nature qui a établi cette préférence. Cela est ainsi par rapport au propriétaire d'une source; mais ici la préférence n'est marquée que par l'action de l'homme, et la loi semble la proscrire par ces termes, que j'ai déjà rapportés et que je crois bon de répéter : « mais à la charge de la rendre » (l'eau) à son cours ordinaire, à la sortie de ses fonds. » Supposons la loi muette, ces observations ne doivent pas moins faire pencher la balance en faveur du riverain inférieur.

Il est des choses qui, au premier aperçu, semblent en effet

bizarres; souvent la réflexion modifie ce premier sentiment, souvent on entre dans la thèse avec intérêt.

231. — S'il s'agit d'un règlement général, l'administration publique, seule compétente pour l'octroyer, peut attribuer l'entier cours d'eau à une seule rive pendant la première année, et à la rive opposée pendant la seconde, et ainsi à l'alternative en faveur des deux rives jusqu'à nouveau règlement général, et dont le besoin se ferait sentir par tout changement naturel sur le même cours d'eau.

Si l'entier cours d'eau est insuffisant pour les besoins des riverains d'un seul côté, on peut diviser l'entière ligne qu'il parcourt en deux parts égales, ou par tiers ou par quart, et poser des limites. La première année, les riverains de la première fraction prendraient toutes les eaux; la troisième année, qui serait la seconde de leur attribution, elles seraient dévolues à la seconde fraction, et ainsi de suite pour les années à venir, en comptant les années pair pour un côté et les années impair pour l'autre côté.

232. — En l'absence d'un règlement général, les contestations entre riverains dont les propriétés sont face à face, ou entre riverains inférieurs et supérieurs, seraient portées devant les tribunaux civils qui jugeraient à peu près sur ces mêmes bases en préservant leur décision du vice d'incompétence.

Du reste, j'estime que les cas qui nécessitent de pareils règlements sont rares et que, toutes les fois qu'il s'en présente, les riverains n'ont rien de mieux à faire que de provoquer un règlement général.

L'opinion de M. Devilleneuve, à part l'injustice qui en résulterait, n'est pas propre à terminer tout différend sérieux entre riverains: il faut encore examiner si le riverain supérieur renferme l'usage des eaux dans des bornes dues et raisonnables. Cette question de fait préjudicielle entraîne des lenteurs et beaucoup de frais; car M. Devilleneuve n'a pas entendu admettre, au détriment de l'agriculture et comme faculté légale, toute déperdition des eaux selon la seule volonté de ce riverain?

L'opinion contraire atteint le double but.

J'ai hasardé ces notes avec la confiance qu'elles sont exactes; je les laisse telles qu'elles, en les soumettant à la méditation de ceux qui, par leur savoir, sont appelés à tracer des règles dans les matières difficiles. J'ajoute néanmoins que je suis d'hors et déjà convaincu qu'en les adoptant tous débats sérieux cesseraient entre riverains.

Dans l'état actuel des choses, la jurisprudence, pas plus que la doctrine des auteurs, n'est nullement assise. Elle est dans un état de fluctuation qui sera vraisemblablement de longue durée; en attendant, le règlement des eaux sera sur plusieurs points de fait livré à l'arbitraire d'une appréciation pénible, difficile, et tel qui comprendra la mesure de ses besoins, comparativement aux besoins des autres riverains, aura sans cesse des motifs de le critiquer. L'application des règles propres à rassurer les riverains serait donc un bien général ; il est toujours sous-entendu qu'elles devraient s'harmoniser avec les dispositions des art. 644 et 645 du Code civil.

233. — Quant à l'arrêt de la cour suprême, il me paraît que la doctrine en est hors de critique. Les affluents d'un certain volume, et qui par là font impression sur les cours d'eau où ils se jettent, à tel point que, si on les détourne, les usines établies sur ces cours d'eau sont frappées de nullité ou réduites à des fonctions qui ne sont pas en rapport avec la destination de leur établissement primitif, doivent en être considérés comme une dépendance nécessaire, et les usiniers qui s'en trouvent frustrés, devront, sur leur recours devant les tribunaux, obtenir gain de cause.

Ce n'est pas précisément sur la longue possession que l'usinier peut fonder sa demande. Il en résulte bien une considération d'un certain poids, mais elle serait insuffisante à côté de la loi. C'est sur la loi elle-même qu'il se fonde.

234. — En considérant comme un seul et même corps les eaux réunies de l'affluent et du cours d'eau qui le reçoit, il serait

difficile de justifier cette prétention : que l'usinier ne peut être assimilé à un riverain de l'affluent. Il l'est de l'un et de l'autre, et c'est une vaine logique que celle qui s'efforce à démontrer le contraire, sur le motif de l'éloignement de l'usine par rapport à l'embouchure de l'affluent. Ce n'est pas la distance plus ou moins forte qui fait le bien ou le mal ; c'est uniquement le besoin ou l'intérêt de l'usinier. Existe-t-il ou n'existe-t-il pas ? voilà sur quoi doit être basée la décision du tribunal.

S'il est naturellement vrai que l'usinier n'est point riverain de l'affluent, borner ainsi l'application de la loi, ce serait abandonner totalement son esprit, et c'est ce qui est impraticable, surtout en matière de droit civil. Je l'ai dit une première fois dans le cours de l'ouvrage. Le législateur n'est pas astreint au développement de toute sa pensée. Il y aurait même du danger de le faire. Il pose le principe, et la doctrine fait le reste.

Combien de moulins à blé et d'autres usines sur les cours d'eau de toute nature qui sont précisément comme abrités immédiatement en aval de l'embouchure d'un affluent dont les eaux sont indispensables au mouvement de leur force motrice : que deviendraient ces sortes d'ateliers, tous d'un intérêt général plus ou moins étendu, si la doctrine de la cour suprême venait à être ébranlée ?

J'ai établi, dans le chapitre IX, que l'usinier n'avait aucun droit sur les eaux venant d'une source née dans l'héritage d'un tiers, quelle que fût la durée de sa possession, au moyen du cours d'eau où se trouve établie l'usine et où se jettent les eaux de la source. La loi a interdit toute entrave à la volonté du propriétaire dont le droit absorbe toute volonté contraire. Il dispose à son gré des eaux en provenant, en change le cours, etc., sauf, moyennant indemnité, l'exception résultant de la loi en faveur des habitants d'une ville, village ou hameau, auxquels ces eaux seraient nécessaires.

Il ne faut pas confondre ce cas avec celui jugé par la cour suprême : ils sont diamétralement opposés, et voilà pourquoi on ne peut leur appliquer la même règle.

CHAPITRE XIII.

235. — Il n'est pas d'agronome qui n'ait professé hautement le grand avantage de l'irrigation, il n'est pas de véritable agriculteur qui ne l'ait mise en pratique toutes les fois que la nature lui en a fourni les moyens ou qu'il n'a pas eu à vaincre de trop forts obstacles.

Ce grand avantage ne peut être révoqué en doute, et les contrées qui en sont naturellement dotées peuvent être considérées comme privilégiées : l'abondance y règne et les habitans y sont heureux.

Voici en quels termes M. Passy, dans son rapport à la chambre des pairs (Séance du 26 mars 1845. — *Moniteur*, page 733), trace l'historique de ce puissant moyen de fertilisation (1) :

« L'usage des irrigations, dit-il, date des temps les plus reculés. C'est au sein des régions torrides que la civilisation commença à fleurir, et à peine y eut-elle pris quelques développements que les travaux d'arrosage, d'une grandeur merveilleuse, vinrent y assurer la fécondité des cultures.

» Sous le ciel moins ardent de l'Europe, l'art n'eut pas à réaliser de si vastes conceptions. On n'y vit ni les lacs immenses, ni les innombrables canaux qui fertilisaient le sol de l'Egypte et des vieux empires de l'Asie; mais les eaux y furent utilisées dans la mesure commandée par l'état des températures, et les contrées les plus méridionales se couvrirent d'ouvrages qui les firent refluer dans les campagnes.

---

(1) Rapporté dans l'ouvrage de M. Proudhon, tome IV, p. 362.

» Le monde romain s'écroula sans entraîner dans sa ruine les vieilles traditions rurales. L'Italie continua à demander aux nombreux cours d'eau qui la baignent leur tribut accoutumé, et les lois qui, à partir du 12e siècle, vinrent y régler les systèmes de dérivation et d'arrosage, ne firent que sanctionner des coutumes établies et respectées.

» L'Espagne non plus ne cessa pas d'emprunter aux eaux une assistance dont une partie de ses champs ne pouvait se passer ; loin de là, des maîtres originaires de contrées brûlantes lui apportèrent tous les secrets de la science *nabathéinne*, et sous la domination arabe, se perfectionnèrent et s'étendirent rapidement les méthodes d'irrigation qui ont fait, du royaume de Valence et de la basse Catalogne, le siége de cultures admirables, de puissance et de richesse.

» Les exemples de l'Italie et de l'Espagne ne furent imités que sur quelques points du midi de la France. Dans le reste de l'Europe, la nature dispense la chaleur et l'humidité dans des proportions dont put se contenter longtemps le travail agricole, et c'est de nos jours seulement qu'elles ont cessé de suffire à toutes ses exigences. »

236. — L'annotateur ajoute : « Ce n'est pas ici le lieu d'exposer les avantages immenses que peut produire une irrigation habilement dirigée. Les livres spéciaux d'agriculture en contiennent la démonstration, et personne ne la conteste. On se bornera à indiquer quelques résultats très-concluants. Dans les plaines de la Lombardie, arrosées par le Pô, on est parvenu à faire produire à l'hectare de mauvaises terres converties en pré un revenu brut annuel de 1,098 fr. ; un domaine composé de terres et prés rapporte par hectare plus de 200 fr. au propriétaire, et 7 pour cent d'intérêt du capital d'exploitation au fermier; aussi la population est-elle la plus dense qui existe en Europe. On compte par kilomètre carré 176 individus, tandis que dans les plaines de la Belgique il n'y en a que 143, en France que 64, et même, en généralisant cette observation, on reconnaît qu'en Lombardie ,

pour une même surface, il y a un tiers d'habitants de plus qu'en Hollande et qu'en Angleterre, deux fois autant qu'en Allemagne, trois fois autant qu'en Portugal et en Danemarck, et quatre fois autant qu'en Espagne. La France offre des preuves non moins certaines. En Provence, sur le Crau, dans ces landes composées de galets, l'hectare arrosée ne vaut pas moins de 4,000 fr. Dans les Vosges, les sables improductifs de la Moselle ont, par les soins et les travaux d'un habile cultivateur, acquis une valeur d'environ 5,000 fr. l'hectare. En Bretagne, le prix de la même contenance de terre s'est, grâce à l'irrigation, promptement élevé de 300 fr. à 2,500 fr. C'est donc avec grande raison que le célèbre agronome anglais, William Tatham, auteur d'un excellent traité sur les irrigations, dit que pas une goutte d'eau ne devrait arriver à la mer sans avoir fertilisé une partie du sol. »

La loi émane de l'initiative de la chambre des députés, et la proposition en fut faite par M. d'Angeville, le 22 avril 1843. Son importance pourrait être sur une plus grande échelle; en attendant mieux, mettons en usage les moyens d'irrigation qu'elle a autorisés et qui peuvent produire un grand bien.

237. — M. Dalloz, député, chargé du rapport de la commission qui fut choisie parmi les membres de la chambre pour l'examen de la proposition, entre autres considérations, fit valoir celles-ci :

« Une loi générale et complète sur les irrigations serait un grand œuvre, elle demanderait un ensemble de dispositions qui en feraient un véritable Code et un Code assez étendu. Elle devrait, en effet, embrasser tout à la fois les grands canaux d'irrigation dérivés des fleuves et rivières dépendant du domaine public, les dérivations des cours d'eau ordinaires, les irrigations produites à l'aide des eaux privées provenant des sources des étangs, des eaux de pluie et de neige recueillies dans des réservoirs, et enfin, au moyen des eaux souterraines ramenées sur le sol par les puits artésiens. Pour les grands canaux entrepris par l'Etat ou délégués à des compagnies, elle aurait à organiser

un système de répartition des eaux et à régler les conditions auxquelles elles seraient livrées à l'agriculture ; relativement aux
cours d'eau ordinaires, elle aurait à résoudre un grave problème,
celui de savoir si ces cours d'eau doivent demeurer le partage
exclusif des riverains immédiatement contigus, ou profiter aussi,
comme de bons esprits le demandent, à toute propriété même
non riveraine, que son niveau rend susceptible d'irrigation. Cette
loi générale aurait enfin à concilier l'intérêt des propriétaires de
prairies avec celui des propriétaires d'usine et à faire prospérer
l'agriculture sans préjudicier à l'industrie. L'élaboration d'une
semblable loi offre donc, on n'en saurait douter, une tâche immense; et, si telle avait été la portée de la proposition de M. d'Angeville, votre commission aurait certainement manqué du temps
nécessaire à son examen.

» Heureusement, cette proposition est beaucoup moins étendue, et quoique, dans les développements pleins de science et
d'intérêt où il est entré, son honorable auteur ait touché presque
tous les points du sujet, il est vrai de dire cependant qu'il n'a
soumis à vos délibérations qu'une partie de la vaste matière des
irrigations. Ainsi la proposition laisse à l'écart les grands canaux
de dérivation entrepris par l'Etat et par les compagnies sur les
fleuves et les rivières, le régime de la distribution de ces eaux et
toutes les questions qui se rattachent à la propriété, à l'usage
et au partage des cours d'eau ordinaires. Elle a seulement pour
objet de réclamer, pour les eaux naturelles ou artificielles dont
un propriétaire peut avoir le droit de disposer, le droit de conduire ces eaux sur sa propriété, en traversant les fonds intermédiaires qui l'en séparent.

» Quoique renfermée dans ces limites, la proposition n'en a
pas paru moins grave; elle a semblée répondre à un besoin
réel. »

Art. 1er de la loi : « Tout propriétaire qui voudra se servir, pour
» l'irrigation de ses propriétés, des eaux naturelles ou artificielles
» dont il a le droit de disposer, pourra obtenir le passage de ces

» eaux sur les fonds intermédiaires, à la charge d'une juste et
» préalable indemnité. »

Une telle disposition n'apporte d'autre changement à la législation précédente que relativement au passage des eaux sur le
fonds intermédiaire. Il en résulte un droit de servitude et pas
autre chose.

Malgré que cette disposition soit évidemment dans l'intérêt
général, comme propre à fournir les moyens de multiplier les
produits agricoles et conséquemment les objets de première nécessité, la proposition a donné lieu à plusieurs objections. On
lui a reproché d'être inconstitutionnelle en ce qu'elle autorisait
une expropriation déguisée sous le nom de servitude, tandis que
la charte n'autorise l'expropriation que pour utilité publique et
non dans l'intérêt d'un simple particulier.

M. le rapporteur a répondu « que la charte ne pouvait être
violée par l'établissement d'une simple servitude légale dont le
Code civil fournit tant d'autres exemples, et il s'est attaché à
démontrer, contrairement à l'opinion d'un autre orateur, Mau-
rat-Ballange, qu'il ne s'agissait bien réellement ici que d'une
simple servitude et non plus d'une expropriation comme dans
la proposition préalable, proposition du reste abandonnée par
son auteur qui s'est réuni au projet de la commission.

» Une servitude, dit M. le rapporteur, est bien un démembrement de la propriété, mais ce n'est pas le dépouillement complet de la propriété; et dès-lors la constitution d'une servitude,
si grave qu'elle soit, ne peut jamais être assimilée à une expropriation pour cause d'utilité publique.

» On vous a dit à cet égard que la servitude dont il s'agissait
ici était la plus grave de toutes celles que le Code civil pouvait
présenter : je crois que c'est encore une erreur.

» Je suppose la servitude de passage en cas d'enclave; en quoi
consiste-t-elle? C'est le droit d'ouvrir un chemin, qu'on peut
ferrer, qu'on peut paver. Je demande si la propriété dans ce cas-
là n'est pas plus profondément atteinte, plus complètement

frappée d'inertie pour le propriétaire, que le passage d'une rigole ou d'un canal qui, lorsqu'il offre une certaine largeur, peut être recouvert d'une terre végétale, et laisse au propriétaire tous les produits du sol avec la bonification qui résultera pour ce même sol de l'infiltration des eaux qui coulent dans le canal?

» Ce n'est là qu'une servitude d'aqueduc, servitude qui a existé de tout temps, qui remonte aux lois romaines, qui s'est perpétuée dans les lois françaises, et il n'y a pas de province, il n'y a pas de département qui ne soit plus ou moins sillonné par des canaux semblables. — C'est une servitude qui peut disparaître si les eaux tarissent, si le canal vient à être abandonné, s'il tombe en désuétude; jamais on n'a considéré l'établissement d'une servitude de ce genre-là comme une expropriation. Il faut donc renoncer au reproche fait à la proposition de violer la loi fondamentale.

» Maintenant, cette servitude (et c'est là toute la question) peut-elle se justifier? Est-il vrai qu'elle heurte les dispositions du Code civil? Je maintiens qu'elle rentre, au contraire, dans l'esprit des dispositions du Code civil, avec lesquelles elle est en parfait accord, et qu'elle vient compléter en donnant satisfaction à un grand intérêt public. J'ai cité, comme exemple, le passage dans le cas d'enclave. On a contesté l'autorité de cet exemple; on a dit que le passage dans le cas d'enclave n'était dû qu'à raison de la nécessité, tandis qu'ici c'est pour donner au sol une grande utilité qu'on réclame le passage des eaux sur le fonds d'autrui.

» La réponse est bien simple. Il y a certainement une grande analogie entre un sol qui ne donne que le tiers ou le quart de ce qu'il pourrait produire avec l'irrigation, et le sol qui ne peut être cultivé à raison de l'enclave; cette analogie, qui est réelle, devient une véritable similitude s'il s'agit d'un terrain tout-à-fait stérile qu'on peut féconder au moyen de l'irrigation.

» A cet exemple tiré de la servitude dans le cas d'enclave, j'en ajouterai un autre peut-être encore plus frappant.

» Vous connaissez tous la loi du 20 avril 1810 sur les mines.

Que fait cette loi? Elle autorise un particulier, en vertu de la permission de l'administration supérieure de ma propriété, à la fouiller, à la bouleverser pour y rechercher une richesse souterraine.

» Ce n'est pas tout : la loi de 1810 concède la mine, soit à l'explorateur qui l'a trouvée, soit à toute autre personne étrangère, à l'exclusion du propriétaire auquel elle ne réserve qu'une simple indemnité. Ainsi, voilà la loi qui, dans un intérêt général, apporte à la propriété la modification la plus grave, et concède à un étranger, qui devient l'agent de l'intérêt général, une partie essentielle d'un domaine qui appartient à autrui. Or si, dans l'intérêt de la richesse industrielle, le législateur n'a pas craint de modifier si profondément la propriété privée, comment pourrait-il craindre de lui imposer une modification infiniment moins grave dans l'intérêt de la production agricole, la première et la plus sure richesse de tout pays!

» Ces exemples suffisent pour démontrer que la disposition qui est proposée n'a rien qui blesse les dispositions de nos lois civiles. »

238. — Voyons quels sont dans le fait les avantages résultant de l'art. 1er de la loi?

Le propriétaire pourra obtenir passage pour les eaux naturelles ou artificielles dont il aura le droit de disposer, sur les fonds intermédiaires.

Quelles sont ces eaux?

1° Celles dont on est propriétaire et qui sont les eaux des sources, les eaux de pluie, les eaux de neige, les eaux des étangs, les eaux recueillies par de moyens artificiels dans des réservoirs et celles qui jaillissent du sol au moyen des puits artésiens.

2° Celles dont on a l'usage provenant des cours d'eau non navigables ni flottables.

3° Celles dont on est simple concessionnaire et qu'on obtient par dérivation des cours d'eau dépendant du domaine public.

Ces eaux sont donc toutes les eaux; et si le législateur a semblé apporter quelque restriction par ces mots : « dont il a le droit de disposer, » il n'a eu en vue que d'écarter les contestations, qui auraient pu être élevées par le propriétaire du fonds intermédiaire, si au lieu de ces mots on trouvait dans la loi : « qui lui appartiennent. » Ce propriétaire aurait prétendu que le passage ne pouvait être demandé que pour les eaux des sources, des eaux de pluie, des eaux de neige, des eaux des étangs privés, des eaux recueillies par des moyens artificiels dans des réservoirs et de celles procurées par les puits artésiens ; car il n'y a en effet que ces différentes eaux que l'on puisse dire appartenir au propriétaire du fonds d'où elles dérivent. Il ne serait pas rigoureusement exact de dire que les eaux dont il a l'usage lui appartiennent, et qu'il en est de même à l'égard des eaux qui lui sont concédées. Le droit d'usage et celui résultant d'une concession indiquent un premier maître, et il n'y a que lui qui soit propriétaire. Voilà ce qui justifie les termes de la loi et qui indique la sage prévoyance du législateur.

Les difficultés ne pourront guère naître que pour les eaux de la première espèce. Il y a déjà pour celles d'usage ou de concession, qui se bornent à celles du domaine et des cours non navigables ni flottables, une jurisprudence qui, quoique vacillante sur certains points, ne laisse pas que d'être utile et même d'arrêter dans l'origine le plus grand nombre des contestations.

239. — Le propriétaire d'une source ne pouvait, avant la nouvelle loi, en utiliser les eaux hors du fonds où elle naît : elles tombaient hors de son domaine immédiatement après. Il conservait néanmoins toujours, comme il le conserve encore, le droit d'en changer le cours et d'en disposer en maître absolu, sauf les droits des tiers acquis par titre ou par prescription, et sauf encore les droits des habitants d'une ville, village ou hameau, etc.

Mais aujourd'hui que ce propriétaire aura la faculté de porter les eaux de la source sur son second champ, séparé du premier par une parcelle de terre appartenant à un tiers, il n'en négligera pas l'exercice aux conditions de la loi.

Cet exercice étant facultatif, l'intérêt personnel de l'irrigant sera seul consulté. S'il trouve l'indemnité trop forte, eu égard aux produits qu'il supposerait être le résultat de la nouvelle irrigation, il y renonce et laisse les choses en l'état.

240. — Art. 2 de la loi : « Les propriétaires des fonds infé-
» rieurs devront recevoir les eaux qui s'écouleront des terrains
» ainsi arrosés, sauf l'indemnité qui pourra leur être due. »

Ce second article établit aussi une servitude qui ne peut être assimilée à la première. Elle n'est pas relative au passage des eaux. Le propriétaire ou les propriétaires des fonds inférieurs sont tenus de les recevoir, sauf à eux à les utiliser ou à s'en débarrasser ainsi et comme ils aviseront, le propriétaire irrigant n'ayant à leur égard d'autre obligation à remplir que celle relative à l'indemnité.

Il y a, quant à ce, un vide dans la loi. Il me semble qu'il était nécessaire de fixer le sort des propriétaires inférieurs, soit dans l'usage respectif de ces eaux, soit dans l'obligation de se les faire tenir de l'un à l'autre.

Le législateur a agi par son silence tout comme si, à leur égard, l'obligation de recevoir ces eaux émanait d'une servitude naturelle, tandis que l'assujettissement à une pareille servitude s'évince seulement de la configuration naturelle des lieux, et qu'il faut considérer la pente, non pas à partir d'un second fonds, mais bien de celui où naît la source; faut-il encore qu'il y ait absence de tout fait de l'homme, seule condition sans laquelle la servitude naturelle perd totalement son principal caractère. A la vérité, le propriétaire du fonds grevé doit recevoir indemnité.

241. — Ce qui me surprend le plus, c'est que, dans la discussion de la loi à la chambre des députés, on n'ait nullement abordé franchement la difficulté, on n'a fait que l'effleurer. En voici la preuve.

» M. Durand (de Romorantin) : Je demande à adresser une question à M le rapporteur.

» L'art 644 du Code continuera, dit-il, à être exécuté; ceux qui ont dérivé des eaux devront, après s'en être servis, les rendre à leur cours naturel; je lui demande comment il conciliera sa réponse avec la disposition de cet article? La loi propose une indemnité aux propriétaires inférieurs qui recevront les eaux provenant des propriétés arrosées.

» S'il y a un canal de dérivation qui retourne au canal principal, ces terrains inférieurs ne seront pas grevés de cette servitude; s'ils en sont grevés, la réponse est inexacte, et le danger que j'ai signalé subsiste. Il y a une innovation des plus graves aux dispositions de l'art. 644. »

M. le rapporteur : « Lorsque les eaux, dans le cas de l'art. 644, auront servi à l'irrigation des terrains, et qu'on sera obligé, pour les rendre au cours d'eau principal, de leur faire traverser les héritages inférieurs, il y aura lieu à indemnité. »

M. Durand (de Romorantin) : « C'est-à-dire, que vous serez obligé d'établir une servitude de passage sur eux comme sur les terrains primitifs. Vous avez d'abord un terrain intermédiaire, vous demandez aux tribunaux une servitude sur ce terrain, pour y faire passer l'eau que vous amenez sur votre propre terrain, pour faire sortir l'eau de ce terrain et la rendre à son cours naturel, il faudra encore établir un canal de dérivation sur ces terrains inférieurs. Je ne me trouve pas satisfait par la disposition de l'article. »

M. d'Angeville : « Que M. Durand (de Romorantin) se rassure; la cause la plus active des procès n'est pas parce qu'on craint cet écoulement des eaux, c'est parce qu'on se les dispute : l'écoulement de ces eaux est toujours un bienfait, au lieu d'être un dommage. »

Voix à gauche : « Ce n'est pas la question. »

M. Durand (de Romorantin) : « Après l'art. 1er, tel qu'il a été voté, et en présence de l'art. 2 qui est proposé, je demande ce que devient l'intérêt des propriétaires des terrains inférieurs, s'ils ont le droit de se servir des eaux à leur passage? Je ne vois pas

qu'il y ait aucune obligation, pour ceux qui ont établi des irrigations, de rendre les eaux à leur cours naturel. »

M. le rapporteur : « Le principe fondamental de l'art. 2, sur
lequel vous délibérez en ce moment, a été de sauvegarder tous
les intérêts. Ainsi que le disait M. d'Angeville, dans le plus grand
nombre des cas, les eaux d'écoulement seront un bienfait qu'on
recherchera. — Mais il pourra arriver aussi que ces eaux d'écoulement causent un dommage au propriétaire inférieur. Eh bien,
nous avons pourvu à ce dommage en posant le principe d'une
indemnité qui sera arbitrée par les tribunaux. Cette indemnité
sera telle que le propriétaire du fonds inférieur n'éprouvera aucune
sorte de dommage. S'il y a nécessité pour ce propriétaire de construire un canal, on lui donnera une indemnité pour le construire.
Ainsi, de deux choses l'une, ou les propriétaires inférieurs utiliseront les eaux d'écoulement, ou ils ne l'utiliseront pas; s'ils ne
les utilisent pas, si elles peuvent leur occasionner un dommage,
l'indemnité qui leur sera allouée sera assez large pour construire
un canal, si le canal est nécessaire.

» Ces observations exigent quelques explications.

» En matière de cours d'eau, on appelle fonds inférieur, celui
vers lequel la pente du sol dirige naturellement les eaux; mais
ce n'est pas ici le sens qui peut être donné au mot fonds inférieur,
puisqu'aux termes de l'art. 3, c'est le tribunal qui détermine le
parcours de l'eau. Le fonds inférieur est donc ici celui auquel
aboutira le canal, et il sera nécessairement entendu, dans le cas
où il y aurait quelque motif de contestations, les juges devant
concilier en tout cas l'intérêt de l'opération avec le respect dû à la
propriété.

» S'il s'agit des cours d'eau d'une source ou d'un étang, cette
servitude s'étendra successivement d'un fonds à l'autre, jusqu'à
entier épuisement.

» Mais que s'il s'agit des eaux d'une rivière que les riverains
doivent rendre à leur cours naturel, après s'en être servis, ici
nécessairement le tribunal devra faire rendre la rivière à son

cours naturel, l'y ramener par le trajet le plus court; et c'est dans ce cas que l'objection de M. Durand (de Romorantin) pourra se présenter. Le propriétaire intermédiaire pourra-t-il se servir des eaux à leur passage? Non; car on ne peut en disposer que dans la proportion du droit du riverain lui-même. La loi n'accorde au propriétaire traversé, soit pour l'aqueduc, soit pour l'écoulement, qu'une indemnité pécuniaire; il y aurait double profit s'il pouvait encore se servir des eaux d'une rivière, et cela nuirait aux riverains inférieurs.

» Tout cela ne s'applique pas au propriétaire inférieur qui recevra l'excédant d'une eau non courante; il aura évidemment le droit de s'en servir, et cette circonstance sera nécessairement prise en considération pour la fixation de l'indemnité. »

242. — Les eaux de la première espèce sont, comme nous l'avons déjà dit, toutes les eaux outre celles qui constituent des cours d'eau proprement dits.

Or, le propriétaire d'une source qui a conservé, sur les eaux qui en découlent, tout son droit primitif, sera en même temps propriétaire d'un second champ séparé du premier par un champ appartenant à autrui. Voulant irriguer ce second champ, il obtiendra, moyennant indemnité, le passage des eaux sur le champ intermédiaire (art. 1er de la loi), et le résidu de l'irrigation sera reçu par les fonds inférieurs, aux propriétaires desquels il sera aussi dû une indemnité (art. 2 de la loi).

Le propriétaire irrigant se trouve par là exposé au paiement de plusieurs indemnités, vu d'ailleurs le morcellement réitéré de la propriété foncière. Ce sera lorsqu'un cours d'eau quelconque se trouvera à une forte distance du second champ irrigué et que la pente naturelle des lieux entraînera les eaux vers cet unique cours.

Il sera cependant facile au propriétaire irrigant de se borner à l'indemnité due au propriétaire du champ intermédiaire.

Si les eaux de la source sont abondantes, il y aura nécessairement d'établi, à la sortie du fonds où elle naît, un lit qui les reçoit

10

jusqu'au cours d'eau où elles se perdent. Cette pratique étant une suite de la servitude naturelle ne donne lieu à aucune indemnité, et le propriétaire n'en conserve pas moins la faculté d'en détourner le cours selon sa propre volonté.

Dans cette supposition, il ne fera traverser le champ intermédiaire que par un filet d'eau nécessaire pour l'irrigation du second champ, sans nulle surabondance. Par ce procédé, les fonds inférieurs n'en recevraient aucune partie. La chose est facile, avec d'autant plus de raison qu'un premier ou un second essai donne la mesure du besoin, et que le propriétaire de la source ayant toute omnipotence sur les eaux qui en découlent, pouvant changer le cours actuellement existant, pour la totalité, peut en retrancher une partie seulement et pour le surplus le laisser couler dans son lit ordinaire. Ce procédé, conforme à la nouvelle loi, ne change rien à la législation précédente.

243. — Y aurait-il quelque difficulté dans le cas où les eaux de la source, n'étant point d'un volume nécessaire pour se former un véritable cours, seraient reçues à titre de servitude naturelle et absorbées sur le fonds immédiatement contigu? Le propriétaire de ce fonds ne serait-il pas fondé à prétendre que, si la loi précédente l'a soumis à une pareille servitude pour cause de pente naturelle, elle n'a pas entendu le priver du bénéfice qu'il pourrait en retirer, d'autant que, dès l'instant que ces eaux arrivaient sur son champ, il en devenait forcément le maître pour en disposer à son gré jusqu'à ce qu'il plût au propriétaire de la source d'en changer le cours, ce qu'il ne peut faire que sur sa propriété, là où naît la source, et du consentement de ceux qui, à l'avenir, en recevraient les eaux?

Telle était la règle. La nouvelle loi y a-t-elle apporté quelque changement?

On est forcé de convenir qu'oui; mais ce changement n'en est pas un aux yeux de la loi.

Malgré que ces eaux soient utiles au fonds immédiatement contigu, attendu que le propriétaire n'a nullement acquis droit

sur elles, qu'il les reçoit sur le seul motif de la servitude naturelle, elles n'ont cessé d'être dans le domaine de leur premier
maître jusqu'à la sortie de son fonds; et tout comme il pouvait
avant la nouvelle loi en fixer le cours du levant au couchant, par
exemple, ou les retenir dans des bassins, même en étouffer la
source, il peut, en les laissant couler sur la pente naturelle, les
réunir à la sortie de son fonds dans une rigole ou canal, pratiqué sur le fonds intermédiaire, pour les amener sur son second
champ à l'effet de son irrigation. Ce procédé, conforme à la nouvelle loi, n'est nullement en opposition avec la précédente. Si
le statu quo devait forcément être maintenu, il y aurait au contraire violation de cette même loi, en ce qu'on l'appliquerait
en sens inverse contre le maître de la source; en sens inverse,
parce que c'est sa volonté qui doit dominer : la servitude naturelle est en faveur du fonds supérieur et à la charge du fonds
inférieur. Enfin et en d'autres termes, ce ne serait plus le fonds
inférieur qui serait assujetti, mais bien le fonds supérieur.

244. — Je conçois la difficulté, lorsque les eaux de la source
sont amenées sur une ligne du fonds où elle naît, autre que celle
de la pente naturelle. Alors il y a violation de la première loi.

Dans ce cas, le propriétaire du fonds intermédiaire pourra se
refuser à concéder le droit du passage des eaux sur son fonds.
Son refus sera légitime.

Nous l'avons déjà dit, la nouvelle loi ajoute seulement à la
première dont les dispositions ne sont nullement changées ni
modifiées. C'est ce qui a été répété jusqu'à satiété, surtout à la
chambre des pairs : eh bien! si nous admettons que le propriétaire de la source peut en arrêter le cours naturel pour le porter
sur toute autre pente, afin d'en amener les eaux vers son second
champ, et que le propriétaire du champ intermédiaire ne puisse
se refuser à donner passage aux eaux, il me paraît que l'on porterait atteinte aux dispositions précises de la première loi, et que
l'on donnerait à la seconde une extension qui n'est, ni dans sa
lettre, ni dans son esprit.

Il ne faut pas, dans l'espèce, raisonner selon les règles du pur bon sens, ni selon celles de l'analogie. La volonté du législateur n'est nullement équivoque, ni dans la première, ni dans la dernière loi. Il faut donc s'y soumettre avec l'espérance qu'une loi générale sur l'intéressante matière de l'irrigation ne tardera pas à entrer dans les vues du législateur. Jusque-là, sa volonté doit être notre seul mobile.

245. — Cette opinion devra-t-elle s'appliquer aux eaux de pluie ou de neige et à celles artificielles?

Quant aux eaux de pluie ou de neige, il faut les considérer comme eaux de source, elles sont naturelles; ainsi tout ce que j'ai dit sur les cours d'eau des sources s'applique exactement, ni plus ni moins, aux eaux de pluie ou de neige, et tout développement particulier à ce sujet serait une répétition (art. 640 du Code civil).

Il faut raisonner différemment à l'égard des eaux artificielles qui sont celles recueillies dans des réservoirs par le fait de l'homme, et celles qui jaillissent du sol au moyen des puits artésiens.

Ces eaux n'étant pas dans la catégorie des eaux naturelles, celui qui en est propriétaire n'a aucun droit pour leur écoulement sur les fonds voisins, si ce n'est à titre de servitude conventionnelle, dont l'existence ne peut résulter que d'un titre et jamais de la possession, quelle que puisse être sa durée (art. 691 du Code civil).

Tel est le principe général.

246. — La nouvelle loi n'a-t-elle pas attaqué ce principe? Il me paraît qu'elle l'a fait; ce qui contredit l'assertion donnée par certains orateurs des deux chambres, et que nous avons rapportée plus haut, que la nouvelle loi ne faisait qu'ajouter à la précédente, dont les dispositions n'étaient ni changées ni modifiées. Serait-il vrai que ces orateurs eussent pensé que les dispositions de l'art. 640 du Code civil fussent étrangères à la matière de l'irrigation?

L'article premier de la nouvelle loi désigne nommément les eaux naturelles et artificielles, et déclare que le propriétaire pourra obtenir passage sur les fonds intermédiaires.

C'est bien par rapport aux eaux naturelles ; mais il en est tout autrement à l'égard des eaux artificielles.

247. Il faut avouer qu'avant la nouvelle loi, il n'existait aucun droit de servitude ni naturelle ni légale pour l'écoulement de ces dernières eaux les fonds inférieurs n'en étaient nullement grevés.

C'est que la servitude naturelle est indépendante de la volonté humaine, tant à l'égard du point d'où partent les eaux qu'à l'égard de la ligne de leur parcours ; tout, en pareil cas, doit être dans l'œuvre de la nature : aussi l'art. 640 du Code civil dispose : « Les fonds inférieurs sont assujettis envers ceux qui » sont plus élevés à recevoir les eaux qui en découlent na- » turellement sans que la main de l'homme y ait contribué. »

Quant à la servitude légale de passage, on ne connaît que celle établie pour l'exploitation des fonds enclavés (art. 682 du Code civil) ; la nécessité dicta cette mesure.

Il aurait été en effet ridicule de frapper de tels champs d'une stérilité permanente. Il ne pouvait y avoir de motif excusable pour en venir jusque-là. La loi de la nécessité et l'intérêt de l'agriculture, ce qui désigne l'intérêt général, parlaient plus haut que le respect dû à la propriété privée, avec d'autant plus de raison que le propriétaire du fonds grevé de la servitude reçoit avant tout une juste indemnité.

Mais il n'existait point de loi pour autoriser le passage des eaux artificielles sur le fonds d'autrui ; au contraire on peut fonder une prohibition tacite sur les dispositions de l'art. 640 du Code civil et argumenter encore de celles contenues dans l'art. 681 du même Code.

La dernière loi a donc interverti l'économie de la précédente ; une servitude légale est substituée à une servitude qui ne pouvait être que conventionnelle.

Cela n'est rien par rapport aux eaux naturelles en faveur desquelles une servitude était déjà établie en vertu de l'art. 640 du Code civil. Elle n'était point à la vérité servitude de passage, elle se bornait à l'obligation, à la charge du propriétaire du fonds immédiatement contigu à celui d'où venaient les eaux naturelles, de les recevoir; mais il n'est pas moins vrai que, quant à ces eaux, la première loi n'a été ni changée ni modifiée. La nouvelle a seulement ajouté le droit de passage des eaux moyennant indemnité pour l'irrigation du second champ.

Il n'en est pas ainsi par rapport aux eaux artificielles : pour ne pas porter atteinte au respect dû à la propriété, leur écoulement, pas plus que le passage, ne pouvaient servir de fondement, ni à l'existence de la servitude naturelle, ni à l'établissement de la servitude légale. La nouvelle loi leur accorde la servitude de passage, et c'est dans ce sens que la précédente loi a été modifiée; car j'admets que tous les articles du Code civil relatifs aux eaux naturelles ou artificielles appartiennent à la matière de l'irrigation.

248. — Il y a une différence sensible entre, d'une part, les eaux dont l'irrigant est propriétaire, et d'autre part, celles dont il n'a que l'usage ou dont il est concessionnaire. Celles-ci présentent moins de difficultés dans la pratique de l'irrigation. Elles s'écoulent dans leur lit jusqu'au cours d'eau principal qui les reçoit, et les riverains qui s'en servent par des prises plus ou moins fortes doivent les rendre dans leur cours ordinaire; tandis qu'à l'égard des eaux ou naturelles ou artificielles, il est très-rare qu'il y ait un lit permanent pour les recevoir, ce qui peut entraîner des difficultés souvent sérieuses entre l'irrigant et les propriétaires des fonds inférieurs au second champ.

Néanmoins, il est nécessaire d'entrer dans quelques explications pour indiquer le mode du retour des eaux d'usage ou de concession, dans leur lit ordinaire.

249. — Les eaux d'usage : ces eaux sont communes et tous les riverains ont sur elles à peu près un droit égal.

La nouvelle loi les autorise à s'en servir pour l'irrigation d'un second champ, et ce n'est que leur retour qui peut engendrer quelque difficulté.

Ce qu'il y a de certain, c'est qu'elles doivent être rendues à leur cours ordinaire à l'extrémité d'aval du premier fonds irrigué, par la raison que le riverain immédiatement inférieur ne peut être privé de son droit à la communauté des eaux, ce qui arriverait si le retour était porté en aval de son champ. Cette injonction, résultant de la première loi, conserve toute sa force, et il n'est pas permis à l'administration ni aux tribunaux de la franchir. Ils sont dans leurs attributions respectives, souverains dans la police et le partage des eaux, sous l'obligation d'y faire participer tous les riverains sans en exclure aucun. Je ne pense pas que ceci ait besoin de démonstration.

Il arrivera souvent que le passage sera double, non-seulement sur le fonds intermédiaire, mais encore sur les fonds inférieurs au second champ irrigué. Cela ne peut affaiblir le droit de l'irrigant; seulement, dans ce cas, il y aurait double indemnité. Le principe est toujours le même, et ce serait une fort mauvaise contestation que celle résultant du refus ayant pour motif ce double passage.

Ce n'est pas la dernière loi qui exige ce retour, c'est la précécédente (art. 644 du Code civil). L'une et l'autre concourent au même but, ainsi que cela résulte de l'art. 5 et dernier de la nouvelle loi conçu en ces termes : « Il n'est aucunement dérogé par » les présentes dispositions aux lois qui règlent la police des » eaux. »

250. — On rencontrera fort peu de cas où, par l'irrigation d'un second champ, le retour des eaux soit impossible; alors cette irrigation n'aura point lieu, ni conséquemment le passage sur le fonds intermédiaire. L'obligation de rendre les eaux d'usage à leur cours ordinaire est indélébile dans l'intérêt des riverains immédiatement inférieurs au premier champ irrigué. Il ne pourrait en être autrement que par leur exprès consentement.

On prévoit d'avance sur quels motifs ce retour serait impossible. Cela ne peut arriver que par la configuration naturelle des lieux. Par exemple, le second champ à irriguer sera, comparativement au lit du cours d'eau, sur une pente qui, malgré la rigole ou le canal de retour à pratiquer, ne permettra pas de ramener le résidu de l'irrigation dans le lit ordinaire. Une autre fois, ce sera le champ riverain contigu au premier champ irrigué, l'un et l'autre formant une éminence, soit sur la berge, soit avant d'y arriver, portant obstacle au retour des eaux, si ce n'est par l'emploi de moyens extraordinaires et au-delà de toute proportion. Dans ces deux cas, et dans d'autres semblables que je ne signale pas, il faudra renoncer à l'irrigation du second champ, car je n'admets point les moyens 'extraordinaires. Je ne pense pas que le législateur les ait autorisés, et que, soit l'administration, soit le tribunal, dût passer outre. Il y a mesure en toutes choses, et la raison désapprouve ce qui n'est pas dans l'ordre des mesures ordinaires. Il n'y a que la nécessité, l'absolue nécessité qui franchit toutes bornes, et nous ne sommes pas dans ce cas en fait d'irrigation.

251. — Du reste, le parti le plus prudent lorsque les propriétaires ne peuvent s'accorder à l'amiable, c'est d'avoir recours à l'administration et de lui demander un règlement général pour la distribution et la police des eaux. L'exécution d'un tel règlement n'expose aucun des propriétaires à une contestation judiciaire; seulement, celui qui a à s'en plaindre, prétendant qu'il y a vice dans la répartition ou dans les moyens du retour des eaux, s'adresse à la même administration, lui demandant un nouveau règlement. Si les griefs avancés sont pris en considération, elle s'empressera de faire étudier les lieux et d'octróyer un nouveau règlement s'il est jugé nécessaire.

252. — Les eaux de concession dérivant des cours d'eau navigables ou flottables ne sont pas assujetties à subir le même régime. Personne n'y a droit en fait d'irrigation, le domaine public en est le maître absolu pour tout ce qui est étranger à la navigation ou au flottage.

Ainsi, la concession n'a d'autres bornes que celles de la convention; bien entendu cependant que l'administration qui concède ne peut affecter la propriété des tiers. Les limites de la concession se renferment dans le plus ou moins de prise sur le cours d'eau, sauf à l'irrigant à en tirer tel avantage qu'il avisera, soit pour l'irrigation de son fonds riverain, soit pour celle de son second champ, en payant au maître de la propriété intermédiaire l'indemnité voulue par la loi. Il faut aussi que le retour du résidu de l'irrigation après son parcours sur les fonds non riverains se termine par le passage sur le fonds riverain du concessionnaire. Il ne peut pour cela se servir de la propriété riveraine d'autrui et contiguë immédiatement en avant de son premier champ irrigué. Ce dernier point n'a pas son fondement sur le motif de la communauté des eaux; nous venons de voir qu'une pareille communauté n'existe que sur les cours d'eau non navigables ni flottables, mais bien sur ce qu'il n'est nullement permis au concessionnaire d'affecter le fonds des tiers, lorsqu'il peut remplir son objet au moyen de son propre fonds.

253. — Quant aux fonds inférieurs et aux difficultés qui peuvent se rencontrer pour le retour des eaux dans leur lit ordinaire, il en sera comme nous avons dit à l'égard de l'irrigation au moyen des eaux d'usage. Car la différence qui existe entre une pareille irrigation et celle avec les eaux du domaine se réduit à la seule considération que le riverain inférieur, ayant aussi droit aux eaux d'usage, celles distraites doivent faire retour en amont de son champ riverain, pour qu'il n'ait pas lieu de se plaindre d'un empiètement sur ses propres droits. Cette considération n'existe pas à l'égard des eaux du domaine qui sont franches de tout droit d'usage, de telle sorte que, si le concessionnaire était propriétaire de deux champs riverains, l'un en amont et l'autre en aval du champ riverain d'un tiers, il pourrait opérer le retour des eaux sur son second champ, et franchir par ce moyen le champ riverain du tiers, sauf toutefois à respecter certaines propriétés inférieures, si la loi ne les affectait pas du retour des eaux pour cause de leur situa-

tion trop éloignée de la véritable ligne où devrait s'effectuer ce retour.

254. — L'esprit qui a présidé à la confection de la nouvelle loi n'est pas difficile à saisir. Avant elle, il n'existait aucune servitude légale se rapportant à l'irrigation, le droit de servitude naturelle était seul reconnu, et c'était uniquement pour l'écoulement des eaux de source, de pluie ou de neige sur le fonds inférieur. Celles des ruisseaux et des rivières non navigables ni flottables pouvaient servir à l'irrigation du fonds riverain et nullement à celles du second champ séparé du premier par le champ d'un tiers. Il n'était rien statué pour les eaux artificielles.

C'était évidemment une lacune dans la législation que de ne pas autoriser l'irrigation d'un second champ. Il y en a sans doute bien d'autres sur la même matière, mais celle-ci était saillante.

Lors de la proposition de M. d'Angeville, le législateur dut comprendre que ce cas devrait être réglé dans une loi générale sur la matière de l'irrigation; il comprit aussi qu'une telle loi entraînerait de sérieuses dificultés et qu'il faudrait beaucoup de temps pour arriver à une heureuse fin.

Dans cette alternative, ou de temporiser pour parvenir à un meilleur résultat, ou de saisir le moment présent qui offre une partie du bienfait atttendu sans perdre l'espérance de le saisir plus tard tout entier, le législateur ne balança point, et cette détermination nous a donné la loi que je commente, qui, quoique isolée dans ses dispositions de l'ensemble de la matière, ne laisse pas que d'être d'une très-grande utilité.

255. — Malgré que jusqu'ici je n'aie parlé que d'un second champ, il est bien entendu que tout ce que j'ai dit à cet égard se rapporte aussi à l'irrigation de tous autres champs inférieurs appartenant au même maître. La loi ne borne pas le droit de passage sur le fonds qui est entre le premier et le second champ; elle porte : « pour l'irrigation de ses propriétés pourra obtenir » passage de ces eaux sur les fonds intermédiaires. »

Il n'y a donc point de restriction dans la loi, et le principe une fois admis, son influence ne doit avoir d'autres bornes que celles résultant de la configuration des lieux par rapport au retour, dans leur lit ordinaire, des eaux d'usage et de concession; les eaux naturelles ou artificielles étant propriété privée, franche et libre, leur écoulement ne cesse qu'après déperdition entière dans les terres, sauf qu'elles ne rencontrent dans leur parcours un cours d'eau qui les reçoit accidentellement.

256. — J'ai pensé qu'il était inutile d'entrer dans quelque détail relativement à la servitude d'aqueduc. Dans l'espèce, ce mot est synonyme de rigole ou canal. Ainsi celui qui a droit de servitude pour le passage des eaux, sur les fonds qui entourent sa propriété, l'utilise par un de ces trois modes; ce n'est pas son intérêt seul qui doit être envisagé pour le choix du mode : l'intérêt du propriétaire du fonds servant doit prévaloir, il est juste que cela soit ainsi. Tel est le principe en droit que, si le propriétaire du fonds dominant doit trouver son avantage dans l'emploi d'un tel mode plutôt que de tel autre, il n'est pas souverain dans le choix; le propriétaire du fonds servant doit à son tour empêcher le mode qui serait pour lui le plus préjudiciable.

257. — Il résulte de là que, si les eaux par leur passage dans une rigole ou canal en dégradent les berges, ou parviennent par des infiltrations à ramollir les accotements jusqu'à une certaine largeur sur une partie ou sur la totalité de la ligne du passage, rendant ainsi la terre stérile jusqu'au point où s'arrêtent les infiltrations, le propriétaire du fonds dominant est tenu d'établir un aqueduc en bonne maçonnerie, c'est-à-dire propre à arrêter toute infiltration.

258. — Pourrait-il se rédimer de cette obligation au moyen d'une indemnité qui comprendrait et le dommage à raison du simple passage par cours, et le dommage à raison des infiltrations?

Il me paraît que l'affirmative doit être adoptée, pourvu toutefois qu'il apparaisse sans aucun doute que les infiltrations ne rendent pas les lieux malsains. Quand cette considération peut être avancée avec quelque vraisemblance il n'y a pas à balancer.

259. — Il y a lieu de présumer que les tribunaux seront bien rarement appelés à interposer leur autorité pour faire respecter la ligne et le mode du passage des eaux ; les propriétaires sauront s'en entendre. Comme le disait M. d'Angeville, « la cause la plus active des procès n'est pas parce qu'on craint cet écoulement des eaux, c'est parce qu'on se les dispute : l'écoulement des eaux est toujours un bienfait, au lieu d'être un dommage. »

La compétence des tribunaux civils pourra, dans plusieurs cas, être contestée. Sans entrer dans un long détail, voici comme je l'entends, en me renfermant dans ce qui se rapporte à la ligne et au mode du passage des eaux ainsi qu'à leur parcours et à l'indemnité.

L'administration est seule compétente pour fournir un règlement pour tout objet d'intérêt général : elle dispose pour l'avenir, établit des mesures d'ordre et de police qui obligent tous les citoyens sans exception. Elle agit sans être provoquée; mais elle doit agir toutes les fois qu'elle est provoquée par la demande d'un simple individu, se rapportant à l'intérêt général dont elle est seule dépositaire et seule protectrice. Son inaction serait un vice incurable, si au-dessus d'elle il n'y avait un pouvoir régulateur auquel on peut se faire entendre et se plaindre.

Les tribunaux, au contraire, n'ont d'autre mission que celle de s'occuper des intérêts privés actuellement en contestation entre les parties, d'apprécier les circonstances, les aveux, les preuves, les faits, les actes, les titres, et par ce moyen de terminer la contestation par un jugement qui a force de loi entre les parties, et nullement vis-à-vis de ceux qui n'ont pris aucune part dans la contestation. Il n'est pas permis aux tribunaux de prononcer par voie de disposition générale et réglementaire (art. 5 du Code civil).

Après ce court exposé sur les principes généraux relatifs à la compétence respective de l'administration et des tribunaux, je pose quelques exemples :

260. — En premier lieu, s'agit-il d'un cours d'eau du domaine? l'administration n'a nul règlement général à faire ; un pareil règlement ne peut avoir lieu que sur le motif de la communauté des eaux, telles que celles des ruisseaux et des rivières non navigables ni flottables. S'il y a concession d'une prise d'eau sur celles du domaine, soit pour l'irrigation, soit pour le mouvement d'une usine à établir dans l'intérieur des terres, le concessionnaire en devient maître exclusif et il en dispose comme de sa chose propre sans que les tiers puissent s'en mêler, si ce n'est par rapport à la servitude et à l'indemnité ; le retour des eaux dans leur lit naturel n'intéresse ni les riverains, ni les propriétaires des fonds traversés ou inférieurs. C'est un point à régler dans le titre de la concession, au gré de l'administration et du concessionnaire, comme y ayant seuls intérêt.

Le titre de la concession établira d'abord les obligations du concessionnaire vis-à-vis l'administration ; au nombre de ces obligations, on trouvera souvent celle du retour des eaux dans leur lit naturel, et puis il y sera établi aussi des règles particulières propres à éviter toute collision entre le concessionnaire et les propriétaires des champs inférieurs ; quoi qu'il en soit, ceux-ci trouveront toujours dans la nouvelle loi leurs droits comme les obligations à leur charge. Elle doit dominer les clauses de la concession pour n'y laisser comme obligatoires que celles en harmonie avec elle, et qui doivent se borner au tracé de la ligne du passage des eaux, à la nature du lit qui doit les recevoir et au paiement de l'indemnité.

L'art. 4 de la nouvelle loi a désigné les tribunaux civils comme seuls compétents pour juger les contestations auxquelles pourront donner lieu l'établissement de la servitude, la fixation du parcours de la conduite d'eau, de ses dimensions et de sa forme, et les indemnités dues, soit au propriétaire du fonds traversé, soit à celui du fonds qui recevra l'écoulement des eaux.

Cet article a provoqué des objections. On a dit, lors de la discussion du projet de loi : « L'administration va se trouver privée de la part d'action qui, dans l'intérêt de tous, devrait lui être réservée. Seule, elle est à même de répartir convenablement les eaux entre les ayant-droit, de déterminer le volume des prises, et c'est réduire ses attributions que de ne pas la charger du soin de régler tout ce qui peut résulter de l'usage de ces mêmes eaux. »

« Ces assertions, a dit M. le rapporteur de la commission de la chambre des pairs, sont le résultat d'une méprise. Ainsi que le porte expressément l'art. 5 de la loi, il n'est dérogé en rien aux lois qui règlent la police des eaux, et l'administration n'est menacée de perdre aucun des pouvoirs qu'elle a exercés jusqu'ici. La tutelle dont elle est investie, le droit d'imposer des règlements particuliers et locaux que les tribunaux ont à observer dans les jugements qu'ils prononcent, tout cela subsiste, et nous ne voyons pas qu'il y soit porté la moindre atteinte. C'est l'administration supérieure qui, à l'avenir comme dans le passé, surveillera l'usage des eaux dont la propriété est collective; c'est elle qui les répartira entre les riverains, qui fera la part des usines aussi bien que celle des irrigations, qui ordonne l'entretien des berges, et exigera les curages; seulement, s'il arrive que les eaux, devenues plus précieuses, soient plus recherchées, elle aura à multiplier ses soins, et son action, bien loin d'en être amoindrie, y gagnera en étendue et en utilité.

» Ajouter aux prérogatives de l'administration, l'appeler à juger les contestations mentionnées dans l'art 4, ce serait au contraire confondre et bouleverser tous les principes de la législation. Aujourd'hui, l'administration, en imposant des règlements locaux dans l'intérêt collectif des riverains, assigne à chacun sa part à la propriété commune et distribue en réalité les titres en vertu desquels a lieu l'usage des eaux. Quant aux tribunaux, ils n'ont pas à discuter les règlements; ils en maintiennent l'exécution, et n'ont ainsi à statuer au fonds que sur des plaintes pour dommages causés à la propriété par les empiètements que se permettent sur les droits d'autrui ceux qui tentent d'abuser de titres définis et limités par l'autorité légale. Voilà la règle posée par l'art. 645 du Code civil. Or, dans les cas prévus par l'art. 4 de la proposition de loi, il est essentiel de faire attention. Il ne s'agit pas même de contestations sur le volume et le mode de dérivation fixés par les actes administratifs, il s'agit simplement de contestations provenant des circonstances du passage des eaux sur les fonds intermédiaires, c'est-à-dire des lésions à la propriété privée dont la justice civile a seule droit de connaître et dont, seule aussi, elle a le droit de stipuler et d'exiger la réparation. Redouter de nombreux conflits de juridiction, etc. »

Ce raisonnement du rapporteur de la commission, signalant toutes les eaux, et plus particulièrement celles dont l'usage est commun, fait disparaître les difficultés qui paraissent résulter de la contexture de l'art. 4 de la loi.

210. — Ainsi les tribunaux seront seuls compétents pour l'évaluation de la première indemnité, et pendant l'exercice de la concession, pour juger toutes les demandes en dommages-intérêts que le propriétaire du fonds servant prétendra lui être dus pour des causes qui n'ont pu être ou n'ont pas été envisagées lors de l'établissement de la servitude.

Ils seront encore seuls compétents pour ramener à exécution le règlement particulier contenu dans le titre de la concession, ou octroyé séparément. Un pareil règlement tient lieu de loi. Les tribunaux ne peuvent enfreindre ses dispositions sans violer les règles de la séparation des pouvoirs.

Tout le surplus sera donc dans les attributions règlementaires de l'administration. C'est la matière du fonds qui lui est confiée, et s'il en résulte parfois des inconvénients, on doit convenir que ceux qui émaneraient de la règle opposée seraient encore plus dangereux.

262. — Le propriétaire du fonds servant, par exemple, prétendra que les infiltrations des eaux de passage dans la rigole ou canal lui portent préjudice, intentera une action en dommages-intérêts contre le propriétaire du fonds dominant, et concluera

en outre à ce qu'il soit mis un terme à ces infiltrations, au moyen de la construction d'un aqueduc sur le lit de la rigole ou canal. Le tribunal sera-t-il compétent même pour ce second chef?

D'une part, la construction d'un aqueduc semble toucher le fonds du droit, et nous venons de voir que l'administration en était seule l'arbitre; cet objet particulier rentre en effet dans les mesures règlementaires préventives.

D'autre part, il implique que l'autorité, qui est compétente pour prononcer sur les dommages, ne le soit pas sur l'objet d'où proviennent ces dommages. Il y a une telle corrélation entre ces deux choses que la même règle devrait leur être applicable.

Le tribunal ne s'occupera pas de toute la ligne sur l'étendue de la propriété du demandeur, ou mieux sur l'étendue de l'infiltration; et au lieu d'ordonner nommément la construction d'un aqueduc, il se bornera à ordonner l'emploi des mesures les plus propres à arrêter le mal, autorisant d'hors et déjà le demandeur, en cas de négligence de la part de sa partie adverse et après qu'elle aura été mise en demeure, d'opérer lui-même, à ses frais avancés et sous la direction de l'ingénieur que le tribunal désigne dans le jugement.

Ce procédé s'éloigne du vice d'incompétence; il se renferme dans une discussion d'intérêts purement privés sans blesser les vues d'intérêt général qui doivent sans cesse dominer dans les actes de l'administration publique. Le fonds du droit se rattache uniquement au tracé de la ligne pour le passage des eaux, et celui qui en use doit les renfermer dans un lit tel que la condition du propriétaire du fonds servant n'en soit point aggravée (art. 702 du Code civil). Violer cette condition, c'est se soumettre à la compétence du tribunal civil.

263. — Il faudrait raisonner différemment si, au lieu d'un aqueduc sur la ligne de la rigole ou canal, la demande portait sur le déplacement de cette ligne dont le tracé tient essentiellement aux mesures d'ordre et de police qui sont exclusivement dans les attributions de l'administration.

Dans la première espèce, il n'y a point opposition de volonté entre les deux pouvoirs. Le tribunal reste fidèle à celle de l'administration, malgré qu'il prescrive la consolidation de la berge pour la partie afférente au demandeur ; car cette prescription est présumée au contraire conforme à la volonté de l'administration dont les règlements ne peuvent jamais affecter les droits des tiers. Ce cas doit être assimilé à celui où il s'agirait d'une infraction directe au règlement, et que le tiers qui en éprouverait une lésion quelconque porterait sa demande devant le tribunal, non-seulement à raison des dommages soufferts, mais encore pour faire condamner sa partie adverse à faire telle ou telle autre chose conformément au règlement, afin de faire disparaître la cause du dommage.

Dans la seconde espèce, il y aurait au contraire conflit de volontés : le tribunal ordonnerait, en remplacement de celle existante, une mesure préventive qui serait conséquemment dans la catégorie de celles purement administratives. Le changement de la ligne du passage des eaux intéresse tous ceux de droite et de gauche qui en sont riverains. Ce seul motif indique l'action du pouvoir administratif à l'exclusion de tout autre.

264. — En second lieu, s'agit-il des eaux d'usage qui sont celles des ruisseaux et des rivières non navigables ni flottables ?

Ici se présente tout naturellement le besoin d'un règlement général. Chaque riverain ayant un droit d'usage sur ces eaux, il y aurait des difficultés sans fin si l'administration ne les prévenait. Tantôt ce serait le riverain de droite qui prétendrait que le riverain de gauche en face de sa propriété abuse du droit d'usage par une prise d'eau d'un trop fort volume ; tantôt ce serait le riverain inférieur qui demanderait que le résidu de l'irrigation fût rendu par le riverain immédiatement supérieur en amont du champ riverain inférieur, sur tel point plutôt que sur tel autre ; tantôt ce serait le parcours et la déperdition des eaux qui seraient blâmés; et enfin les prises d'eau pour les usines, les barrages et autres faits qu'il n'est pas nécessaire de signaler, tout servirait ou de

11

fondement ou de prétexte aux réclamations des uns et des autres.

Un règlement bien précis, sans toucher aux attributions du pouvoir judiciaire, est un titre de paix parmi tous les riverains, et si malgré cela il s'élève quelques contestations, elles ne se rapporteront ordinairement qu'aux dommages qu'un riverain pourrait souffrir de la violation du règlement par un ou plusieurs riverains. Le tribunal saisi de la contestation, en vertu de l'art. 645 du Code civil, n'aura qu'à considérer le règlement et le fait dont on se plaint, pour asseoir son jugement ; est-il toujours entendu que tout riverain insoumis sera ramené par le même tribunal à l'exécution rigoureuse du règlement comme loi particulière, obligatoire à l'égard de tous les riverains.

Le règlement devra aussi envisager les facultés accordées par la nouvelle loi. Elles sont de la même nature que celles de l'art. 644 du Code civil, et doivent subir les mêmes règles.

265. — En troisième lieu, s'agit-il des eaux naturelles ou artificielles ?

L'administration n'a aucun droit sur elles tant qu'elles restent propriété privée, attribut qu'elles conservent jusqu'à la sortie du dernier champ du maître : d'où il suit que les propriétaires des fonds intermédiaires sont privés de la faculté d'en user ; il leur suffit du paiement de l'indemnité.

266. — Ces eaux ne devant pas faire retour, à la différence des eaux d'usage qui y sont soumises, tombent dans la communauté des propriétaires des champs inférieurs, seulement à la sortie du dernier champ du maître, et c'est à partir de là que le règlement est nécessaire. Il émane de l'autorité administrative.

267. — Quant à eux, il sont soumis aux règles de compétence ci-dessus expliquées pour les eaux d'usage ; tandis que les contestations entre le maître et les propriétaires des fonds intermédiaires, quelles qu'elles soient, sont exclusivement soumises au droit commun et dans les attributions du pouvoir judiciaire. C'est donc ce dernier pouvoir qui fixera la ligne du passage, les dimensions

de la rigole ou canal, et le montant de l'indemnité. C'est lui aussi
qui jugera les contestations qui pourront à l'avenir s'élever entre
les mêmes parties et à raison des mêmes objets.

268. — Cette différence dans la compétence des deux pouvoirs
s'évince de ce qu'il y a communauté d'un côté, et que de l'autre,
il n'y a que propriété privée.

269. — J'ai dit que les eaux naturelles ou artificielles tombent
dans la communauté des propriétaires inférieurs, seulement à la
sortie du dernier champ du maître. Ne faudrait-il pas aussi porter
son attention sur la question de savoir, si ce maître n'a pas le
droit d'empêcher cette communauté en cédant ces eaux au propriétaire du premier champ inférieur ?

D'abord elles sont propriété privée, c'est incontestable, et l'obligation de les recevoir est une charge imposée aux propriétaires
inférieurs, moyennant indemnité. Cependant il arrivera souvent
que cette servitude tournera en bien, et qu'au lieu de la considérer comme un préjudice, les propriétaires inférieurs la considè-
reront comme un précieux avantage.

D'un autre côté, l'administration n'a aucun droit sur ces eaux,
tant qu'elles restent dans le domaine privé. On conçoit son action
de surveillance et de police, seulement en tant que leur écoulement ou leur situation stagnante pourrait être contraire à la salubrité locale.

Les eaux procurées au moyen des puits artésiens, par exemple,
occasionnent des frais considérables, et il sera rare que le maître
y trouve un avantage réel au moyen de l'irrigation de ses fonds.
Il ne se sera déterminé à un pareil établissement que dans l'espoir
de vendre le superflu des eaux, ou bien qu'après convention avec
les propriétaires inférieurs, et si l'administration avait le droit
d'interposer son autorité pour la distribution, le passage et l'écoulement des eaux, ne serait-il pas vrai de dire qu'il y aurait empiètement sur des droits privés ?

Ceci me conduit à répéter que, tant que ces eaux restent propriété privée, toutes les difficultés et les contestations entre le

maître ou son concessionnaire, et toute personne qui y prétendrait droit ou qui se croirait fondée à demander des dommages
sur tel ou tel autre motif, sont de la compétence exclusive du
tribunal civil.

Sur quel motif faire intervenir l'autorité administrative ? a-t-
elle jamais droit de tutelle sur les propriétés privées ? quelle
serait la base d'un droit si exorbitant ?

La réponse est dans la charte et dans les art. 544 et 545 du
Code civil.

Il doit en être dans l'espèce comme il en est en fait d'eaux
réunies dans un bassin placé dans un parc ou dans toute autre étendue de champ clos.

Il m'en coûte de ne pas ajouter à cette démonstration, au risque de me répéter, que l'action de l'administration n'est nécessaire qu'à l'égard des eaux des fleuves et rivières navigables ou
flottables qui sont entièrement dans le domaine public, qu'à l'é-
gard de celles des ruisseaux et des rivières non navigables ni
flottables qui tombent dans la communauté des riverains et sur
ce motif sous la tutelle de l'administration, et enfin à l'égard de
celles naturelles ou artificielles, qu'à partir seulement du point
où le maître en abandonne l'écoulement, abandon qui ne peut
être que le résultat de sa propre volonté en vertu de la faculté
qui lui en est donnée par la nouvelle loi.

270. — L'alinéa de l'art. 1er et celui de l'art. 2 de la nouvelle
loi exceptent, de la servitude de passage et de celle de l'écoulement des eaux, les maisons, cours, jardins, parcs et enclos attenant aux habitations.

Le mot *maison*, dans sa véritable acception, désigne un bâtiment d'habitation ; le mot bâtiment employé isolément est au
contraire un mot générique comprenant toute propriété bâtie.

Il n'est pas cependant raisonnable de croire que le législateur
ait entendu grever de la servitude un atelier, une grange, une
écurie. Ces divers bâtiments sont ordinairement une dépendance
des maisons, et il n'est pas indifférent de les préserver de tous

accidents d'insalubrité qui résultent facilement des vapeurs émanant des eaux lorsqu'elles ne circulent pas en plein air. Ces vapeurs se concentrent naturellement dans les cavités, dans les lieux abrités et y engendrent des miasmes plus ou moins dangereux.

Il faut convenir qu'il était facile au législateur d'éviter toute difficulté. Il suffisait de l'emploi du mot générique, bâtiments ou propriétés bâties, au lieu du mot maisons. Il y a lieu d'être surpris encore que, dans la discussion du projet de loi, on n'ait nullement abordé cette difficulté, considération qui pourrait paraître suffisante à plusieurs pour décider que, sauf les maisons d'habitation, toutes autres propriétés bâties sont grevées de la servitude.

Néanmoins, j'estime qu'il y a lieu d'adopter le parti contraire. C'est l'opinion de M. Garnier, *Commentaire de la loi*, p. 23, ainsi que celle des rédacteurs du *Journal des Notaires et des Avocats*, recueil général des lois et ordonnances, tome XV, p. 119.

271. — Cours, jardins, parcs et enclos attenant aux habitations : cette nomenclature dans la loi ne peut présenter de difficulté qu'au sujet des parcs et enclos ; encore faut-il établir une différence entre parcs et enclos. Les parcs sont ordinairement destinés à l'agrément des bâtiments d'habitation, promenades, chasses, lieux de repos : c'est en cela que consiste leur principale destination ; ils sont généralement objet de luxe, aussi on n'en trouve guère qu'attenant les grands manoirs, les châteaux. Ce n'est pas seulement les murs, les fossés de clôture qui les distinguent des autres propriétés foncières : on doit plutôt s'attacher à leur destination qui ne peut être équivoque, on la connaît dans la localité ; elle résulte même des titres de propriété et de ceux de famille. Or, ce serait une opinion mesquine que celle de refuser à un tel immeuble l'affranchissement de la servitude, sur le motif qu'il n'est pas entièrement clos dans toute la rigueur de l'expression. Il arrive qu'une face du parc, joignant une voie publique, est élevée de quelques mètres au-dessus de

cette voie publique, ce qui rend inutile toute clôture par fossé, mur ou haie; telle autre face sera joignant un champ mis en culture ou complanté en vigne, appartenant au même maître qui, par cette contiguité, a jugé son parc exempt de toute introduction importune de la part des tiers.

272.— Les propriétés foncières, appelées enclos, ne sont pas, dans toutes les parties qui composent la France, soumises au même régime. La différence tient au système respectif de culture et d'emménagement agricole.

Dans le midi de la France où le système de la mise en ferme à prix d'argent ou de denrées n'est presque nullement pratiqué, et où la culture des terres est abandonnée à la marche routinière des colons ou maîtres-valets, rien attenant les bâtiments agricoles, y compris ceux d'habitation, n'atteste une intelligence progressive; l'état des choses est aujourd'hui tel et le même qu'il existait il y a des siècles, et si l'on voulait découvrir un enclos, en exigeant les conditions prescrites, soit dans la loi du 30 avril 1790, sur la police de la chasse, soit dans le Code pénal, art. 391 et 392, toutes recherches seraient vaines.

Dans le midi de la France, on appelle enclos, le terrain contigu aux bâtiments, là où l'on place les gerbiers, les meules de paille, de fourrage, le bois de chauffage, les débris de toute espèce, les fumiers, les charrettes et tous outils aratoires, là où l'on bat les grains, là où l'on passe et repasse; mais ce terrain n'est nullement entouré d'une véritable clôture, et si parfois on en trouve où il y ait quelques fossés, c'est uniquement pour se débarrasser des eaux de pluie qu'ils ont été pratiqués. Si l'on trouve des haies ou des murs à hauteur de clôture, ce n'est que dans les hameaux, dans les villages pour se libérer des incommodités du voisinage. Ce même terrain est toujours inculte, et les·parties libres dans le carré qui le compose sont employées, dans les plus beaux jours du printemps, à la dépaissance des agneaux qui n'ont pas encore acquis assez de force pour être livrés au parcours.

Je suppose que, dans le nord de la France, que je connais très-imparfaitement, il en est à peu près de même dans un grand nombre de localités. La clôture impose toujours une certaine gêne, même à celui qui l'a pratiquée, et la liberté offre partout les mêmes douceurs.

Je suis d'avis que, dans l'application de la règle, les tribunaux, qui sont seuls compétents pour juger les contestations à ce relatives entre le propriétaire irrigant et le propriétaire d'un parc ou enclos, ne doivent pas s'en tenir à une explication rigoureuse des termes ; qu'il faut au contraire ne leur donner d'autre portée que celle qui s'évince des usages locaux. Le bon sens doit aussi y entrer pour beaucoup.

273. — L'article 3 de la loi dispose : « La même faculté de pas-» sage sur le fonds intermédiaire pourra être accordée au proprié-» taire d'un terrain submergé en tout ou en partie, à l'effet de » procurer aux eaux nuisibles leur écoulement. »

Le mot intermédiaire est ici une expression insuffisante. Il ne rend pas la pensée qui a présidé à la discussion et à l'adoption de l'article, et l'on doit croire que c'est par oubli que le mot inférieur n'a pas été ajouté. Intermédiaire par rapport à l'irrigation d'autres champs s'il y en avait appartenant au même maître, et inférieur par rapport à l'écoulement à partir du point où les eaux sont abandonnées par le maître du champ submergé. Il faut donc lire l'article tout comme si l'on y trouvait ce mot inférieur joint à l'autre par la conjonction copulative *et ;* alors la théorie de l'article est complète et ne présente aucune difficulté dans la pratique.

La loi du 16 septembre 1807, relative au dessèchement des marais, sans établir des mesures coërcitives, autorise le gouvernement d'ordonner les dessèchements qu'il jugera utiles ou nécessaires (art. 1er).

Par l'art. 2, les dessèchements doivent être exécutés par l'Etat ou par des concessionnaires.

Néanmoins, l'art. 3 dispose que, lorsqu'un marais appartiendra à un seul propriétaire, ou lorsque tous les propriétaires seront réunis, la concession du dessèchement leur sera toujours accordée, s'ils se soumettent à l'exécuter dans les délais fixés et conformément aux plans adoptés par le gouvernement.

Malgré cette loi et l'attitude imposante de l'administration de l'époque, le dessèchement des marais fut généralement négligé ; c'est que la France a fait trop longtemps la guerre.

La nouvelle loi ne paraît pas avoir embrassé directement les marais. Elle a eu en vue principalement les champs ordinaires submergés, ou continuellement ou par saisons, et dont le dessèchement est dans l'ordre des opérations simples et faciles.

Les deux lois concourent à rendre à l'agriculture des terrains qui seront ou pourront devenir précieux. Toujours est-il certain qu'ils procureront un supplément de ressources, et pour un grand nombre de propriétaires, un heureux changement de position.

Il faut ajouter que, dans les pays marécageux et dans ceux qui, sans être marécageux, renferment de distance en distance des nappes d'eau stagnantes, d'une faible ou forte étendue, les habitants sont sujets à de fréquentes maladies, notamment aux fièvres intermittentes, et que donner aux eaux un écoulement tel qu'elles ne séjournent plus, c'est en enlever la cause et procurer aux habitants des campagnes la jouissance entière de leur robuste constitution et les laisser toujours aptes à se livrer à leurs pénibles travaux.

274. — La loi de 1807 reste en vigueur dans toutes ses dispositions. Elle était suffisante avant la nouvelle pour tout ce qui se rapporte au dessèchement des marais, et elle l'est encore, sans autre secours ; car, malgré qu'elle ne contienne aucune disposition expresse pour le passage des eaux sur les fonds inférieurs, il suffit qu'elle ait prescrit le dessèchement des marais, pour que ce passage soit dû ; car, sans passage, que faire des eaux ? la loi ne peut être un hors d'œuvre, un être de raison.

275. — Le propriétaire qui donne passage aux eaux a droit

à une indemnité. Avant la nouvelle loi, il fondait sa demande sur les principes généraux d'équité ; il pouvait encore argumenter du principe résultant de l'art. 682 du Code civil qui, en cas d'enclave, autorise le passage pour l'exploitation du fonds enclavé, moyennant indemnité. La loi nouvelle a sanctionné cette règle en termes exprès pour les eaux stagnantes.

Quoique cette dernière loi puisse quelquefois être invoquée en fait de dessèchement de marais, il faut convenir que, dans son ensemble et pour le fonds, elle en diffère sur des points essentiels et qu'elle était nécessaire pour remplir les lacunes de la première loi. Celle-ci n'était point suffisante pour autoriser le dessèchement de ces parcelles de terre d'une faible étendue. On ne pouvait contraindre les voisins à donner passage aux eaux, ni à recevoir leur écoulement : tout n'est pas marais dans les champs submergés.

276. — Il n'y a point de distinction à faire depuis la nouvelle loi, si ce n'est à l'égard de la compétence. Le pouvoir exécutif est seul désigné dans la première, ce qui n'est pas dans la dernière.

Il sera donc facile à l'agriculteur de faire fructifier tous ses champs, il lui sera permis de surmonter tous les obstacles autres que ceux imposés par la nature.

Cette faculté manquait dans notre législation. Elle est sans nul doute au nombre de celles d'intérêt général ; et l'on a lieu d'être surpris que le législateur du Code civil, s'occupant du passage pour l'exploitation du fonds enclavé, ne prévît point l'indispensable besoin d'une pareille faculté à l'égard des eaux stagnantes.

277. — Un projet de loi sur l'irrigation vient d'être voté par la chambre des députés, dans sa séance du 24 avril 1847. Il est tout entier dans l'intérêt de l'agriculture, et l'on ne doit pas douter qu'il soit converti en loi par le vote de la chambre des pairs et la sanction du roi.

L'art. 1er fut proposé en ces termes : « Tout propriétaire qui

» voudra se servir, pour l'irrigation de ses propriétés, des eaux
» naturelles ou artificielles (1) dont il a le droit de disposer,
» pourra obtenir la faculté d'appuyer sur la propriété du riverain
» opposé, les ouvrages d'art nécessaires à sa prise d'eau, à la
» charge d'une juste et préalable indemnité.

» Sont exceptés de cette servitude, les maisons, cours et [jar-
» dins attenant aux habitations. »

Cet article fut adopté dans son entier, sauf que, par un amendement, le mot maisons a été remplacé par le mot bâtiments (2).

Art. 2. « Le riverain sur le fonds duquel l'appui sera réclamé,
» pourra toujours demander l'usage commun du barrage, en
» contribuant pour moitié aux frais d'établissement et d'entre-
» tien; aucune indemnité ne sera respectivement due dans ce
» cas, et celle qui aurait été payée devra être rendue.

» Lorsque cet usage commun ne sera réclamé qu'après le
» commencement ou la confection des travaux, celui qui le
» demandera devra supporter seul l'excédant de dépenses auquel
» donneront lieu les changements à faire au barrage pour le
» rendre propre à l'irrigation des deux rives. »

Art. 3. « Les contestations auxquelles pourra donner lieu
» l'application des deux articles ci-dessus, seront portées devant
» les tribunaux. Il sera procédé comme en matière sommaire, et
» s'il y a lieu à expertise, le tribunal pourra ne nommer qu'un
» expert. »

Art. 4 et dernier. « Il n'est aucunement dérogé par les présentes
» dispositions aux lois qui règlent la police des eaux. »

Cette loi ne présentera des difficultés que dans l'application du
premier article; mais elles seront parfois sérieuses.

278. — Un riverain irriguera son champ au moyen d'une
simple tranchée dans la berge, procédé suffisant pour cause de
l'abaissement de la ligne sur certains points de cette berge. Le

(1) Voir n° 238.
(2) Voir n° 270.

riverain opposé dont la berge se trouve plus élevée, ne pouvant que très-difficilement se livrer à l'irrigation de son champ par le même procédé, voudra mettre en pratique la faculté qui lui est accordée par l'art. 1er de la loi, d'appuyer un barrage sur le champ de l'autre côté.

Ce barrage portera les eaux à une trop forte élévation comparativement à la tranchée dont s'agit, et même à la berge où elle est pratiquée, par où les eaux retenues par le barrage dériveront trop abondamment sur le champ riverain qu'elles frapperont d'une certaine stérilité.

Dans ce cas et dans tous autres semblables, le barrage doit-il être prohibé ?

Il me paraît que l'affirmative ne doit souffrir aucune difficulté. Les lois protègent tous les intérêts, et la faculté d'appuyer le barrage sur la berge opposée ne doit être accordée que tout autant que les champs supérieurs, à droite et à gauche du cours d'eau, ne peuvent en souffrir.

279. — Le réclamant ne doit pas être admis, en offrant une indemnité, à repousser l'opposition des propriétaires qui souffriraient du barrage; l'indemnité dont parle la loi n'est relative qu'à la servitude d'appui. Les produits agricoles sont d'intérêt général, et il ne sera jamais permis à personne de forcer un propriétaire à l'abandon de la culture de son champ, quelle que soit l'indemnité offerte : la faculté d'appui a pour unique objet d'augmenter ces produits; il y aurait donc contradiction si l'appui était autorisé dans tous les cas.

280. — Autre difficulté : celui qui aura acquis la servitude d'appui, n'aura pas pour cela droit à l'entier cours d'eau; il reste, quant à ce, dans la même position que ci-devant; mais que faire des eaux arrêtées par le barrage, si le riverain opposé ne veut pas en profiter? Il faut nécessairement qu'elles s'échappent en totalité sur le terrain de celui qui a pratiqué le barrage, à la charge par lui de les rendre dans leur cours ordinaire à la sortie de son fonds; et si ce fonds se prolonge du côté d'aval plus que les fonds oppo-

sés, non compris celui assujetti à la servitude, il est tenu d'en rendre une moitié au premier point d'amont des fonds opposés. L'autre moitié, il la retient pour sa part dans la communauté, sauf à la rendre, dans l'intérêt des riverains du même côté, à l'extrémité d'aval de son même fonds.

281. — Autre difficulté : le propriétaire du fonds grevé de la servitude ne conserve pas moins son droit à l'usage des eaux, soit en amont, soit en aval du barrage. L'indemnité qu'il reçoit n'a trait qu'à cette servitude. S'il n'utilise pas les eaux d'amont, ce droit ne reste pas moins entier. Il est imprescriptible comme pure faculté légale (1). Quant à la partie de son champ en aval du barrage, il n'est pas juste non plus qu'il soit privé de l'irriguer pour cause du barrage.

Mais comment procéder en pareil cas?

Ici les difficultés peuvent se multiplier.

Si l'auteur du barrage est tenu de rendre une moitié des eaux immédiatement en aval du barrage, il éprouvera une forte gêne par leur retour que l'on doit croire être toujours difficile, souvent très-difficile.

282. — Ne pourrait-on pas obliger le propriétaire du fonds grevé à prendre ces eaux en amont du barrage, ce qui serait sans entraves pour chacun d'eux?

Ce parti serait le plus raisonnable, si l'on ne considérait qu'en l'adoptant on met à contribution le propriétaire du fonds grevé, contribution qui serait du plus pur arbitraire. La faculté de rendre commun le barrage doit conserver son caractère jusqu'à volonté contraire du propriétaire du fonds assujetti. C'est cette volonté seule qui doit servir de règle.

Ainsi, il faut se déterminer contre l'auteur du barrage. C'est lui qui demande, et cette demande sera souvent considérée comme vexatoire par le propriétaire du fonds assujetti. Forcé de

---

(1) Voir le nº 190, où les principes s'y rapportant sont amplement développés.

s'y soumettre, il doit conserver la plénitude de ses droits tels qu'ils étaient avant le barrage, sauf à souffrir la servitude.

283. — Toutes les contestations qui pourront s'élever dans l'application des art. 1 et 2 de la loi, seront soumises au pouvoir judiciaire en vertu de l'art. 3.

284. — Il est bien entendu que tout ce qui tient aux règles de la police des eaux reste dans le domaine du pouvoir exécutif. Telle est la disposition expresse de l'art. 4.

285. — J'observe que cette attribution de compétence au pouvoir judiciaire n'indique aucun déclassement. Elle est conforme aux principes généraux sur la division des pouvoirs; de telle sorte qu'elle serait la même, malgré que la loi fût restée muette à ce sujet.

Je reviendrai sur ce même point avant de finir.

286. — Je ne m'occupe pas d'usines : j'en ai dit assez dans le cours de l'ouvrage pour qu'à l'aide des principes que j'ai développés, on puisse résoudre la question de savoir si, en vertu de la présente loi, qui ne parle que d'irrigation, il est néanmoins permis d'utiliser le barrage pour les faire fonctionner.

287. — L'art. 24 de la loi sur la pêche fluviale défend de placer dans les rivières navigables ou flottables, canaux et ruisseaux, aucun barrage ou établissement quelconque de pêcherie, ayant pour objet d'empêcher entièrement le passage du poisson, sous peine, les délinquants, d'être condamnés à une amende de cinquante francs à cinq cents francs, et les appareils ou établissement de pêche saisis et détruits, sans préjudice de tous dommages-intérêts soufferts par les tiers (1).

La loi dont je fais ici un très-court commentaire a-t-elle abrogé cet art. 24, en autorisant l'appui d'un barrage sur le champ opposé?

L'affirmative constituerait une étrange méprise.

Avant la nouvelle loi, et antérieurement à celle sur la pêche

(1) Voir le n° 479 et suivants.

fluviale, les barrages pour l'irrigation étaient permis au propriétaire des deux rives. La nouvelle loi n'a nullement touché au
fonds du droit quant à ce ; elle s'est bornée à permettre au propriétaire d'une seule rive l'appui du barrage sur la berge opposée,
malgré la volonté du propriétaire, dans l'unique intention de
multiplier les irrigations ; ainsi, sauf cette nouvelle disposition,
la position des riverains est aujourd'hui telle et la même qu'elle
était ci-devant.

Néanmoins, cherchons à concilier ces diverses dispositions
législatives, qui d'abord semblent en opposition, mais qui ne
peuvent l'être en réalité.

288. — L'irrigation au moyen de barrages se pratique communément sur les ruisseaux et les plus petites rivières. Pour plus
de précision, occupons-nous seulement des ruisseaux.

Un barrage sera établi sur un ruisseau. S'il est permanent et
sans vanne, c'est une preuve qu'il a été pratiqué sans autorisation
et qu'il a pour principal objet d'arrêter le passage du poisson, car
l'irrigation n'a lieu que dans le temps de la sécheresse, au moyen
de barrages mobiles lorsqu'ils sont nécessaires, et des eaux de
pluie : il n'y a qu'un très-petit nombre de ruisseaux dont le cours
soit continu.

289. — Les barrages permanents sont nuisibles à l'agriculture
par les débordements qui s'ensuivent ; ils rendent même l'air insalubre dans le temps de la sécheresse, parce qu'alors l'irrigation
n'étant praticable que par les jours de pluie, les eaux croupissent.

L'art. 2 de la nouvelle loi semble se rapporter à un barrage
permanent par ces termes : « En contribuant pour moitié aux
» frais d'établissement et d'entretien. » Néanmoins, comme ces
expressions ne font pas obstacle à une explication conforme aux
principes qui régissent les cours d'eau, il ne faut pas trop s'y arrêter, si ce n'est pour les mettre en harmonie avec ces mêmes
principes.

290. — Il est hors de toute difficulté qu'il n'est nullement
permis aux riverains d'apporter la moindre entrave, de leur

propre autorité, au libre cours des eaux. Cette règle, si salutaire dans l'intérêt général, doit être considérée permanente et exempte de toute modification.

En effet, si chacun avait à cet égard pleine et entière liberté, on verrait bientôt le désordre se propager, surtout dans les campagnes, par rapport aux ruisseaux où les barrages permanents se multiplieraient sans besoin et souvent par pur caprice. Les débordements deviendraient un véritable fléau, pire que celui du météore destructeur dont les grelons portent quelquefois la désolation dans certaines contrées.

291. — Ainsi celui qui sera autorisé à faire un barrage pour l'irrigation établira deux piliers, un sur chaque berge, évitant de les rendre saillants, ni en totalité ni en partie, dans le lit du ruisseau. S'il établit un seuil liant ces deux piliers, sa face horizontale supérieure ne devra pas s'élever au-dessus du niveau de la base du ruisseau. Par une rainure ou coulisse pratiquée sur toute la longueur de la face verticale intérieure des deux piliers, on formera le barrage au moyen de poutrelles transversales placées l'une sur l'autre jusques au point d'élévation indiqué par le nivellement du point d'arrosage. Si la largeur du ruisseau et la pesanteur des eaux retenues par le barrage nécessitaient un point d'appui au milieu du ruisseau, on pourrait l'établir en y pratiquant immédiatement, en aval du seuil, un carré en maçonnerie ou béton, enfoncé dans la base du ruisseau et dont la face horizontale supérieure ne pourrait s'élever au-dessus du niveau de la même base. Dans le milieu de ce carré serait ménagé un enfoncement propre à placer verticalement et à volonté une pièce de bois d'une force requise. Ce serait cette pièce de bois qui servirait de point d'appui aux poutrelles.

Le barrage exécuté sur cette description n'est pas rejeté par l'art. 2 de la nouvelle loi. Il s'y raccorde au contraire. C'est un *établissement* qui demande un *entretien*, ou annuel, ou à des termes périodiques plus ou moins longs. De plus, il est conforme aux principes de la matière : les seuls matériaux qui arrêtent les eaux, étant mobiles, seront enlevés annuellement après la saison de l'irrigation, et le cours des eaux sera rendu à toute sa liberté jusqu'au renouvellement de la même saison annuelle.

292. — Il résulte de ces motifs que le barrage pour l'irrigation ne peut être autorisé que pendant la saison de la sécheresse. L'autorisation dans ce sens produira son effet annuellement jusqu'à révocation expresse.

293. — Il en résulte aussi que l'art. 24 de la loi sur la pêche fluviale n'est nullement abrogé, tandis qu'il resterait sans effet si le barrage pour l'irrigation pouvait être permanent.

La nouvelle loi, imaginée dans l'intérêt de l'agriculture, ne peut autoriser les barrages permanents. Ce même intérêt s'y oppose : il lui suffit d'un barrage momentané ou pendant la saison de la sécheresse. La loi sur la pêche fluviale les défend absolument dans l'intérêt des riverains afin que chacun d'eux puisse se livrer à l'exercice de la pêche en face de sa propriété ; plus dans l'intérêt du domaine ou quoi que soit de ses ayant-cause qui sont les fermiers du droit de pêche ; les ruisseaux contribuant puissamment à multiplier, non pas les espèces de poissons, mais bien le nombre des poissons des espèces qui peuplent les fleuves et les rivières navigables ou flottables où débouchent les ruisseaux. La plus grande multiplication des poissons est aussi d'intérêt général.

294. — Les barrages pendant la saison de la sécheresse seront bien un obstacle au passage des poissons ; mais cet obstacle n'existera que pendant la même saison. Je dois même ajouter que, lors des crues, il sera prudent à l'irrigant de donner passage aux eaux dans leur lit ordinaire, pour ne pas s'exposer aux actions des riverains afin d'obtenir contre lui les dommages-intérêts qui seraient une suite inévitable des inondations procurées par le barrage. Cette pratique aura encore pour résultat de laisser le passage libre aux poissons et au frai.

295. — On ne peut cependant se refuser de convenir que la nouvelle loi entrave en partie l'exécution de l'art. 24 de la loi sur

la pêche fluviale. C'est une nécessité; l'un doit l'emporter sur l'autre, avec cette condition néanmoins que le pouvoir doit user de cette préférence avec toute la discrétion indiquée par le fonds des choses et le besoin dont elles sont respectivement dans l'intérêt de tous. La loi lui laisse toute liberté à cet égard.

296. La nouvelle loi étant encore aux termes d'un simple projet, il est à désirer que, par un amendement à la chambre des pairs, il soit ajouté à la suite de l'art. 4 ces mots : « Notamment à l'art. 24 de la loi sur la pêche fluviale, sauf au pouvoir exécutif à faire concourir les deux lois au bien général, autant que faire se peut. »

297. — L'administration est souvent pouvoir discrétionnaire. C'est ainsi en fait de barrages; et si l'on ne peut, comme cela est prouvé dans le chapitre des prises d'eau, barrages et usines, en établir sans son autorisation, en vertu de l'art. 16, tit. 2 de la loi du 6 octobre 1791, en cas de refus on ne peut se pourvoir que par demande gracieuse, soit devant la même autorité d'où émane le refus, soit devant l'autorité administrative supérieure.

298. — Ce n'est donc que sur l'exécution de l'acte d'autorisation que les tribunaux sont compétents; ils jugent les contestations qui en résultent. Ils empièteraient sur les attributions du pouvoir exécutif s'ils se mêlaient d'autoriser ou de prohiber les barrages. Ils sont compétents pour examiner si l'appui du barrage est exactement au point désigné dans l'autorisation; pour fixer l'indemnité à raison de la servitude; pour contraindre l'irrigant à faire rentrer les eaux dans leur cours ordinaire sur tel point plutôt que sur tel autre; pour faire le partage des mêmes eaux, et enfin pour fixer les dommages résultant du barrage ou de la négligence de l'irrigant, y compris ceux qui n'auraient d'autre cause que la trop forte élévation des eaux, quoique cette élévation fût exactement conforme à la limite fixée dans l'autorisation.

12

CHAPITRE XIV.

DES PRISES D'EAU, BARRAGES ET USINES, ET DES DROITS DU RIVERAIN
IMMÉDIATEMENT INFÉRIEUR EN OPPOSITION AVEC CEUX DES RIVERAINS
SUPÉRIEURS.

Il n'y a ici que deux espèces à considérer.

1re espèce : les fleuves et les rivières navigables ou flottables.

2me espèce : les rivières non navigables ni flottables et les
ruisseaux.

299. — Il ne peut y avoir aucune difficulté dans la première
espèce. Le domaine étant, dans l'intérêt commun, propriétaire
et des eaux et de leur lit, nul n'a le droit de toucher ni à l'un ni
à l'autre; ainsi, tout barrage, toute prise d'eau et toute construction d'usines ne peuvent avoir lieu sans l'autorisation expresse de
l'administration. C'est un point sur lequel il est inutile d'insister.

Les difficultés se présentent seulement dans la seconde espèce.

300. — J'ai prouvé, dans le chapitre II, que les riverains n'a-
vaient qu'un usage précaire sur de pareils cours d'eau; il n'est
permanent que sous cette condition, et, dans le chapitre XII, à
partir du n° 210, qu'une usine, qui ne peut fonctionner que par
la chute des eaux élevées au moyen d'un barrage, ne pouvait être établie qu'en vertu de l'autorisation de l'administration.

Des prises d'eau.

301. — M. Daviel pense que l'autorisation n'est pas nécessaire. Il dit au n° 581 : « Le droit qui appartient à un propriétaire, dont les fonds sont bordés ou traversés par une rivière non
navigable, de se servir des eaux pour l'irrigation de son fonds

ou de les appliquer à tout autre usage industriel, agricole, ou
de pur agrément, est un droit de pure faculté et comme, etc.

» On appelle droit de *pure faculté* tout droit dérivant essentiellement de la nature et de la loi, et que celui à qui il appartient est maître d'exercer, quand il le juge à propos, parce que,
d'une part, il ne résulte d'aucune obligation prise par un tiers,
et que, de l'autre, il n'affecte dans son exercice que le droit de
celui qui en fait usage et non le droit d'autrui. »

302. — L'annotateur de M. Proudhon, n° 1187, rapporte l'o-
pinion de M. Dubreuil et de son annotateur, M. Estrangin, dans
l'édition de 1842 de *l'Analyse raisonnée de la Législation sur les
eaux*, tome II, page 34 et suiv. Ils démontrent qu'il est impossible d'admettre que l'administration reste étrangère à l'exercice de ce droit de prise d'eau dont les riverains feraient promptement abus; que l'autorité doit avoir la faculté d'intervenir pour
régler entre eux, dans le plus grand intérêt commun, dans celui
de l'agriculture et de l'industrie, dans celui aussi de la sûreté et
de l'utilité publique, les prises d'eau que comporte la rivière
pour chacun des propriétaires qui bordent son cours, à la condition toutefois de respecter les titres ou droits acquis que peuvent
avoir quelques-uns d'entre eux à un volume d'eau, à un certain
mode de jouissance déjà établi.

Tel paraît être aussi l'avis de Merlin (*Répertoire*, v° *moulin*,
§ 13, page 408) et de Henrion de Pansey (*Compétence des Juges
de paix*, chapitre XXVII, page 301); c'est enfin ce qu'a déclaré
très-positivement la cour de cassation par un arrêt du 9 mai 1843
(Sirey, XLIII, 1, 769) dont voici le motif: « Attendu qu'il faut
» distinguer entre le droit de juger et celui de règlementer; que
» l'administration a seule le droit de juger les questions relati-
» ves aux rivières navigables; que les tribunaux ont seuls le droit
» de juger les questions relatives aux rivières non navigables;
» mais que les unes et les autres intéressant essentiellement
» la police et l'ordre public, il appartient à l'administration de
» régler tout ce qui peut les concerner; que ces règlements sont

» obligatoires pour les tribunaux, car le pouvoir de les faire est
» conféré par la loi du 24 août 1790 et par toutes les lois qui
» régissent la matière; que, par conséquent, l'arrêté du 15 mes-
» sidor an 8 et celui du 18 thermidor an 9, pris par le préfet
» d'Eure-et-Loir (lesquels, portant règlement sur les cours
» d'eau du département, défendaient, soit de détourner les eaux
» à volonté, soit de faire des saignées sans autorisation préala-
» ble), l'ont été dans les termes de sa compétence. »

M. Daviel n'a pas entendu sans doute prouver qu'il était interdit à l'administration de faire un règlement sur les eaux non
navigables ni flottables, car voici son raisonnement au n° 559 de
son ouvrage : « Il n'y a pas de ruisseau, si faible qu'il soit, qui ne
puisse devenir l'objet d'un règlement administratif, du moment
qu'il est sorti du fonds d'où surgit sa source, et que ses eaux deviennent, entre les divers propriétaires, dont il traverse les
héritages, ou un bien commun, ou une cause d'inconvénients.
Pour règlementer les plus maigres cours d'eau, l'administration
peut invoquer le vieux proverbe que : *Ce sont les petits ruisseaux
qui font les grandes rivières.*

Il a donc pensé, et je partage son opinion, que les riverains
en l'absence de règlement, avaient la faculté d'établir des prises
d'eau par tranchées ou rigoles, sans s'exposer à aucune poursuite
de la part de l'administration.

J'admets aussi l'opinion de M. Dubreuil et de M. Estrangin.
L'administration en effet ne doit pas rester étrangère à l'exercice
du droit de prise d'eau, elle est au contraire tenue d'y apporter
tous ses soins pour éviter des abus et des différends entre les riverains.

Ainsi ces deux opinions, qui peuvent d'abord paraître opposées, ne le sont pas en réalité.

L'arrêt de la cour de cassation, que je viens de citer, confirme
cette manière de penser.

Or, tant qu'il n'existe pas de règlement, les contestations ne
peuvent intervenir qu'entre riverains pour fait de dommages.

L'application des lois pénales n'est provoquée que lorsqu'il y a violation de la loi ou d'un règlement administratif qui en tient lieu, et dans l'espèce il n'y a pas de loi pénale.

303. — Les riverains portent leur contestation devant le tribunal qui prononce sur les dommages que l'un prétend lui être dus par l'autre, pour cause d'abus des eaux. Rien n'empêche que le plaignant ne s'adresse à l'administration pour en faire règlementer l'usage. C'est ce parti que j'ai déjà conseillé par préférence. Je dois observer que l'un n'exclut pas l'autre, et qu'on peut en user simultanément.

Des barrages.

304. — Il y a une grande différence entre une tranchée pratiquée sur une des berges pour une prise d'eau, et un barrage quelconque. La première opération est facultative et de plein droit en vertu des dispositions de l'art. 644 du Code civil; tandis qu'un barrage ne peut être établi sans autorisation.

Cette différence vient de ce qu'un barrage peut facilement compromettre les droits des tiers, soit riverains, soit tels autres. C'est pour ainsi dire un moyen infaillible de contestations nombreuses. Il en résulte ordinairement des dommages vis-à-vis des tiers, et ils sont quelquefois graves. C'est sur ce motif que l'administration est seule compétente pour fixer la hauteur des eaux de retenue et que tout barrage est prohibé sans son autorisation.

Voilà pourquoi il y a contravention ou délit de la part de celui qui, de sa propre autorité, pratique un barrage; et, outre l'action civile en dommages de la part du propriétaire qui les a soufferts, l'administration provoque la destruction du barrage, et sur les poursuites du ministère public la condamnation à la peine selon la gravité de l'infraction.

L'annotateur de M. Proudhon, au n° 1187 à la note, rapporte un arrêt du conseil d'état du 20 mai 1843, Sirey, XLIII, 2, 428, qui a décidé d'une manière absolue, et quoique dans l'espèce il

n'y eût point de règlement exigeant l'autorisation préalable qu'aux
« termes des lois des 12 et 20 octobre 1790 , et 6 octobre 1791,
» l'administration a le droit et le devoir d'assurer la conservation
» et le libre cours des eaux, et qu'aucun barrage ne peut être
» construit sur une rivière non navigable, sans une autorisation
» préalable ; — que dès-lors le préfet de la Vendée est resté dans
» les limites de sa compétence et de ses pouvoirs, en prescri-
» vant, par son arrêté du 26 octobre 1840 , la suppression des
» barrages établis sans autorisation par le sieur Bonneau, sauf à
» lui à se pourvoir devant l'administration , pour obtenir, s'il y
» a lieu, la conservation de tout ou partie de ses ouvrages (1). »

305. — Sous le rapport de la compétence, le ministre des
travaux publics présentait les observations suivantes en réponse
au pourvoi du sieur Bonneau : « Nul doute que les tribunaux
ordinaires ne soient aptes à connaître des difficultés élevées entre
deux particuliers, au sujet des dommages résultant d'un abus des
eaux ; mais si la voie judiciaire est ouverte aux parties, elles peuvent également suivre la voie administrative, et demander à l'administration d'exercer le droit de police et de règlement qu'elle
tient de la loi. La différence entre les deux juridictions, c'est que
la première peut statuer sur les dommages et accorder des réparations civiles , tandis que la seconde se borne à régler l'avenir ,
à faire la part de chacun, d'après les principes d'équité. Le sieur
Pacheteau pouvait donc actionner le sieur Bonneau devant le
tribunal civil, mais il a pu, non moins valablement, s'adresser à
l'administration. »

Ces observations du ministre des travaux publics sont entièrement exactes et applicables à tous les cas en matière de cours
d'eau non navigables ni flottables, y compris ceux se rapportant
aux eaux naturelles et artificielles, à partir du point où le maître

(1) Voyez les art. 2 et 3 de la loi du 23 pluviôse an 8, qui chargent spécialement les préfets de rechercher et d'indiquer les moyens de procurer le libre
cours des eaux, d'empêcher que les prairies ne soient submergées, etc.

en abandonne l'écoulement sur les fonds inférieurs , lors surtout que son parcours est sur une étendue de terrain considérable, avant d'arriver à un autre cours d'eau qui le reçoit accidentellement.

Le riverain qui fait une prise d'eau est tenu de rendre l'excédant d'une juste déperdition dans son cours ordinaire ; au moyen de quoi, le riverain inférieur trouve constamment la part lui revenant dans la communauté des eaux. C'est ce qui a été amplement expliqué dans le chapitre XII.

306. — Mais dans le cas de l'existence d'une usine fonctionnant au moyen de la chute des eaux résultant d'un barrage, quels seront les droits du riverain immédiatement inférieur ?

En considérant les cours d'eau non navigables ni flottables , dans leur état purement naturel, les riverains auraient tous un droit égal à leur usage, soit pour l'irrigation, soit pour la marche du moteur d'usines quelconques.

Cette communauté de droits serait une source intarissable de débats en tout genre, si au-dessus des volontés individuelles on ne trouvait placé un pouvoir suprême qui, comme une seconde providence, combine les nécessités de chacun avec la masse à partager et fait des attributions analogues, veillant aussi, comme compris dans sa plus haute mission, à l'agrandissement de la prospérité générale.

Si l'établissement des usines était livré à la merci des riverains, une seconde usine en aval paralyserait la première, une troisième paralyserait la seconde, et ainsi de suite jusqu'à la dernière qui, seule, conserverait sa primitive destination. La chute des eaux disparaîtrait par les différents barrages, et il n'y aurait plus que des eaux presque dormantes en amont , à partir du dernier barrage.

Serait-il raisonnable de penser que, dans une nation policée , il est permis de frapper ainsi de nullité de pareils cours d'eau dans un des moyens les plus propres au développement de l'industrie et de la richesse publique ?

Non sans doute; il est trop évident qu'une telle pratique serait absurde.

Je ne conçois pas trop l'opinion de M. Daviel, émise au n° 538, 2e volume, page 47, 3e édition; en voici les propres termes : « Ainsi l'eau courante est seule d'un usage commun; la force motrice, accessoire inhérent aux fonds riverains, est une dépendance de la propriété qui subsiste indépendamment des concessions de l'administration, indépendamment de toute réalisation d'usine. On possède une chute d'eau par cela seul qu'on possède le terrain sur lequel elle se trouve. L'administration, en permettant de construire une usine, ne concède pas un droit nouveau; elle règle, par voie de police, un droit préexistant. Elle doit veiller à ce que le propriétaire, qui veut mettre ainsi en valeur les avantages naturels de son fonds, ne donne pas aux eaux une hauteur ou une direction qui pourrait nuire à ses voisins ou au public. Voilà l'unique objet de sa surveillance. Mais quel titre pourrait légitimer son intervention, si jamais elle s'avisait d'interdire à un propriétaire de profiter de la pente existant sur son fonds, ou si elle transportait cette pente à un de ses voisins?

» Impossible encore une fois d'admettre que la disposition des pentes soit dans le domaine des concessions administratives : la pente de l'eau est un accessoire inhérent à la propriété du lit. »

Au n° 565 il ajoute : « Ce qu'on a dit dans le chapitre précédent, des droits qui appartiennent aux riverains sur la pente des cours d'eau, peut très-bien se concilier avec l'exercice du pouvoir règlementaire.

» La pente de l'eau est à la fois une qualité du cours d'eau et un effet du lit du cours d'eau même. Elle dépend à la fois de l'eau considérée comme chose commune à tous, du cours d'eau considéré comme une masse fluide contenue et renfermée dans certaitaines limites et du lit du cours d'eau considéré comme propriété exclusive des riverains. La pente d'eau est donc d'une nature mixte; et, si l'on ne peut pas dire d'une manière absolue qu'elle appartient en toute propriété aux riverains, on ne peut pas dire non plus qu'elle ne leur appartient pour rien du tout. La propriété du cours d'eau, en tant qu'elle s'identifie avec celle du lit, forme ainsi un objet complexe, et est grevée, dans celles de ses parties que l'on distingue particulièrement sous les noms de l'eau, du cours et de la pente, des servitudes légales qui ont une nature particulière.

» Un pouvoir providentiel est conféré à l'administration sur les rivières pour diriger leurs eaux dans des vues d'utilité générale, et pour prévenir tous les inconvénients qui pourraient résulter de leur cours. Pour l'exercice de ce pouvoir, qui plane sur toutes les propriétés, il peut être indispensable de modifier les droits particuliers. La fixation de la hauteur superficielle des eaux appartient à l'administration, d'après la loi du 6 octobre 1791. La fixation du fonds de leur lit lui appartient également, puisque c'est elle qui dirige les curages, conformément à la loi du 14 floréal an 11. Par suite, la pente de l'eau pourra être parfois modifiée dans l'étendue de tel ou tel héritage. Mais, encore une fois, autre chose est le règlement du droit, la subordination du droit à l'intérêt général, autre chose est la négation, la destruction absolue du droit. »

Au n° 566 : « Le pouvoir règlementaire sur les eaux courantes, disposant au nom de l'utilité générale d'un bien commun à tous, n'est pas arrêté dans sa marche par les droits particuliers. Sans doute, son exercice doit être conduit avec la plus grande réserve et de manière à ménager, à concilier tous les intérêts; mais, à ne considérer que les facultés qui lui appartiennent essentiellement, il est vrai de dire que, dans son action, il fait table rase de tous les titres et de toutes les anciennes possessions. »

Qu'il me soit permis de dire que M. Daviel, dont la sagacité se justifie presque dans toutes les pages de son ouvrage, a mis de la confusion dans les numéros que je viens de transcrire. Le n° 538 ne laisse presque aucune issue à l'action de l'administration, et les n°s 565 et 566 lui restituent plus que tous ses droits en lui laissant toutes ses fonctions.

M. Daviel a été d'abord influencé dans son raisonnement par l'opinion qu'il professe, que le lit des cours d'eau non navigables ni flottables appartient aux rivèrains (opinion que j'ai réfutée dans le chapitre II).

Quoi qu'il en soit, il s'est mépris sur la force des expressions, en déclarant que, dans son action, l'administration fait table rase de tous les titres et de toutes les anciennes possessions. Il n'y a que le maître absolu qui ait un tel pouvoir. Ces expressions sont beaucoup trop significatives, même dans mon système; que doit-il en être dans celui professé par M. Daviel ?

307. — M. Proudhon, à la page 26, IVe volume, n° 1237 : « La première, c'est que l'établissement des usines à eau, devant emporter l'acquisition sur le cours de la rivière d'un droit d'usage exclusivement possédé par leurs propriétaires ou exploitants, il faut que ceux-ci en obtiennent la concession du gouvernement, puisqu'il s'agit d'acquérir une chose qui est placée dans le domaine de la loi de police générale dont la haute administration est l'organe.

308. — Au n° 1238 : « La seconde, que le gouvernement est pleinement le maître d'accorder aux propriétaires riverains d'une rivière, et en cas de concurrence à ceux d'entre eux qu'il juge à propos de préférer, la faculté d'établir des usines sur leurs fonds, sans qu'à raison du cours d'eau concédé à l'un, les autres puissent se plaindre d'aucune lésion, ni réclamer aucune indemnité, soit contre l'Etat, soit contre le concessionnaire, puisque le droit de force motrice concédé au premier ne leur appartient pas propriétairement. »

L'annotateur de M. Proudhon, *loco citato* : « Quant aux tribunaux civils, ils ont en général admis l'opinion ci-dessus de M. Proudhon, et ne trouvant aucun texte de loi qui attribue aux riverains d'une petite rivière la pente existant le long de leurs fonds, à titre d'accessoire ou de partie de leur propriété, ils ne voient dans la fixation de la hauteur des retenues pour le service des usines qu'un règlement de l'usage des eaux, essentiellement dans le domaine de l'administration chargée de déterminer cette hauteur. Telle est la base de diverses décisions rendues en cette matière, et notamment de celles ci-après, les plus explicites que nous offrent les recueils.

» Un sieur Martin, propriétaire d'un héritage sur les bords de la petite rivière de Notre-Dame-des-Champs, s'étant pourvu contre le sieur Adeline, qui avait été autorisé à disposer, pour l'établissement d'une usine, de la pente existant devant la propriété du demandeur, il intervint, le 16 janvier 1830, un jugement du tribunal de Rouen, confirmé le 15 mars 1831 par la cour royale de cette ville, et qui est ainsi conçu : « Attendu que » le volume et la pente des eaux d'une rivière ne paraissent » susceptibles d'aucune propriété ou co-propriété privée ; que » d'abord cette attribution ne pourrait résulter que de la loi » qui ne le consacre dans aucun texte ; que ce qui se conçoit » seulement, c'est l'usage de ces eaux, le droit acquis à cet » usage dans ses rapports avec un service, une utilité quel- » conque, positive ou spéciale, tels qu'une usine ou l'intérêt » de l'irrigation. — Attendu que les tribunaux apprécieront » bien ce droit, réprimeront, comme doit le faire particuliè- » rement le juge de paix, l'entreprise nouvelle dont se plain- » drait un riverain, parce qu'il s'agit évidemment du préju- » dice porté par ce nouvel œuvre à un objet d'intérêt privé, » et encore, ainsi que s'en explique l'art. 645 du Code civil, » sous la condition de respecter les règlements s'il en existe, » toutes choses inconciliables avec l'idée d'une propriété vague » et abstraite de telle ou telle pente de ces eaux. — Attendu » que ce qui démontre de plus en plus l'inadmissibilité de la » prétention du sieur Martin, c'est la législation sur les pou- » voirs de l'autorité administrative en matière de jouissance de » cours d'eau, puisque à cette autorité seule appartient for- » mellement la haute police de ces eaux, leur direction, la » fixation de leur hauteur, l'autorisation des usines nouvelles » avec concession de tout ce qui est nécessaire à la mise en

» activité; que, s'il en était ainsi, aucun propriétaire ne peut
» donc se dire maître de la hauteur des eaux; les eaux ne
» sont donc, sous quelque rapport que ce soit, dans le do-
» maine privé; s'il en était autrement, l'administration serait
» affranchie de toute surveillance étrangère, de tout pouvoir
» de s'immiscer dans la conduite des eaux et de faire des rè-
» glements dont parle l'art. 645, parce que tel est le caractère
» invariable essentiel du droit de propriété. — Attendu que les
» attributions données à l'autorité administrative le sont par
» des motifs faciles à saisir et déduits nettement par le légis-
» lateur lui-même, c'est-à-dire l'importance dont il est pour
» l'utilité générale de favoriser les établissements industriels
» pour le plus grand développement des richesses territoriales,
» d'où résulte que rien ne peut neutraliser ces considérations,
» et c'est ce qui arriverait, et toute l'économie de la loi devien-
» drait illusoire dans l'hypothèse d'une reconnaissance de vraie
» propriété ou de la propriété privée de la hauteur actuelle
» d'une rivière. — Attendu qu'aucune législation n'a jamais
» établi deux juridictions distinctes, indépendantes l'une de l'au-
» tre, avec le moyen cependant de faire annuler par celle-ci la
» décision rendue par celle-là; qu'en supposant, pour un mo-
» ment, définitive, exempte de tout pourvoi, la mesure adminis-
» trativement prise, le sieur Martin, si son action actuelle était
» fondée, ferait infirmer tous ses arrêtés, puisqu'elle deviendrait
» la conséquence de la déclaration de co-propriété qui rendrait
» le tribunal juge suprême de l'administration placée dans son
» plus haut degré; que ce serait là un véritable chaos d'où sor-
» tirait le défaut absolu de stabilité dans les actes d'un pouvoir
» régulier, stabilité nécessaire aux citoyens et à l'ordre public. »

Le pourvoi formé contre l'arrêt confirmatif de ce jugement a
été rejeté par la cour de cassation, le 14 février 1833, en ces
termes : « Attendu que la pente des eaux non navigables ni flot·
» tables doit être rangée dans la classe des choses qui, suivant
» l'art. 714 du Code civil, n'appartiennent privativement à per-

» sonne, dont l'usage est commun à tous et réglé par les lois de
» police. — Attendu que la prétention du demandeur d'une pro-
» priété absolue sur la pente des cours d'eau dont il s'agit n'est
» appuyée sur aucune concession spéciale ou possession an-
» cienne, ce qui pourrait modifier l'application de l'art. 714. —
» Attendu d'ailleurs qu'aux termes des lois de 1790 et 1791 sur
» la matière, l'administration a droit d'autoriser les établisse-
» ments d'usines sur les rivières navigables ou non navigables et
» de fixer la hauteur des eaux ; que si, par suite des mesures
» autorisées par l'administration, les riverains éprouvent quel-
» ques dommages, ils peuvent même, sans attaquer cet acte,
» réclamer des dommages-intérêts et les réclamer devant les
» tribunaux ; mais que, s'ils se plaignent que les établissements
» autorisés par l'administration ont diminué la hauteur des eaux
» qui traversent leurs propriétés, ou en ont rendu la pente plus
» ou moins rapide, cette réclamation qui tend à faire révoquer
» ou modifier l'acte administratif doit être portée devant l'auto-
» rité administrative (Sirey, XXXIII, 1, 418). »

Malgré toutes les preuves que je viens de fournir, je n'ai pas
la prétention de croire que j'entraînerai tous les suffrages ; ce
serait trop flatteur pour moi. La question d'attribution de propriété, à l'égard du lit des rivières non navigables ni flottables,
sera longtemps controversée. C'est que chacun peut apporter
dans la controverse de très-bonnes raisons. Comme on l'a vu
dans le chapitre II, je donne la préférence à celles qui militent
en faveur du domaine, et sans trop m'étendre ici, je déclare que
j'y ai été entraîné principalement sur le motif de l'impuissance
du riverain, de disposer en maître absolu d'une pareille propriété
couverte continuellement par un élément qui ne connaît de bornes que celles de la nature, et qui pour le présent ni pour l'avenir, n'offrant aucun caractère d'une véritable propriété privée, ne
peut recevoir d'impression que de la volonté générale. De cette
question de propriété découlent des conséquences pour ainsi dire
forcées ; et tant qu'elle restera indivise, les questions secondaires

ne cesseront de diviser les opinions. L'usage des eaux attribué aux riverains, soit pour l'irrigation, soit pour le mouvement d'usines, m'a semblé n'être que le résultat de la position naturelle de leur propriété riveraine. L'élément, en tant qu'il est commun, ne perd rien de ce caractère par cette espèce de préférence qui, en réalité, n'est autre chose que le résultat d'un régime naturel, à tel point que, s'il était prohibé au riverain d'en faire ainsi usage, on pourrait dire qu'une telle prohibition est absolument contraire au vœu de la nature, dont les dons ne sont pas livrés aux hommes pour qu'ils s'en servent aveuglément, mais bien pour qu'au moyen de leur propre intelligence ils les fassent fructifier dans l'intérêt individuel comme dans l'intérêt général.

Telle est la mission de l'administration publique. L'art. 714 du Code civil la consacre en termes exprès, et l'on retrouve les mêmes principes dans les cas attribués aux tribunaux ordinaires en vertu de l'art. 645 du Code civil, ainsi qu'en vertu de l'art. 4 de la même loi.

309. — Or, c'est l'administration qui dispose des pentes ; c'est elle seule qui autorise ou refuse l'établissement d'une usine, après toutefois avoir apprécié les oppositions des tiers, provoquées par la publicité donnée au projet de l'établissement.

La chose est assez facile dans tous les cas où il ne s'agit que d'empêcher la détérioration des fonds riverains par l'action des eaux de retenue ou par le courant trop rapide d'aval, résultat du barrage ; car il est certain que tout barrage apporte un changement de régime dans la rivière, surtout en aval du barrage, et ce changement est quelquefois considérable.

310. — Les seuls moyens dont dispose l'administration sont relatifs au choix de l'emplacement de l'usine et au plus ou moins d'élévation du barrage. Avant de prendre une détermination définitive, elle les combine avec le plus ou moins de chances de détérioration des fonds riverains.

311. — Les droits des tiers sont de plein droit réservés, et s'il arrive quelques dommages à leurs propriétés après l'établisse-

ment de l'usine et du barrage, ils ont action contre l'usinier qui ne peut être dispensé du paiement de ces dommages, pourvu qu'il soit reconnu qu'ils n'ont eu lieu que par l'établissement de l'usine et du barrage. Cette action est dans le domaine des attributions du tribunal civil (1).

312. — Lorsqu'il s'agit de joindre à ces premières difficultés, celle du concours d'un second riverain qui veut aussi établir une pareille usine ou telle autre, mais qui ne peut être mise en mouvement que par la chute des eaux, quelle sera la marche de l'administration?

Si, par leur voisinage, il est reconnu que les deux usines ne peuvent fonctionner en même temps, le second barrage portant les eaux sous les roues motrices de la première usine, et neutralisant par là la chute des eaux du premier barrage, faudra-t-il refuser à l'un et accorder à l'autre? Ou bien et en supposant que les deux usines pussent fonctionner alternativement, ne serait-il pas préférable de les autoriser toutes les deux, sauf à leur répartir le temps par heures, jours ou semaines?

313. — Dans le premier cas, il est évident que l'administration ne doit autoriser qu'une usine, et que la préférence qu'elle accorde à l'un plutôt qu'à l'autre ne peut provoquer aucun blâme : c'est le résultat de l'impérieuse nécessité : faut-il du moins que cette préférence soit justifiée par l'intérêt général, le meilleur régime du cours d'eau, l'intérêt des autres propriétaires riverains et le plus grand intérêt de la localité; en un mot, cette préférence doit être franche de tout motif d'intérêt personnel à l'usinier.

314. — Dans le second cas, j'estime que les deux usines doivent être autorisées; en effet, sur quel motif accorder à l'un

(1) Telle est la doctrine professée généralement depuis l'ordonnance royale, en conseil d'état, du 18 juin 1838. (Sirey, tome XLIV, 2, p. 88.)

Voir l'arrêt du 24 mai 1844 de la cour de Rouen, professant la même doctrine, même tome, 2, p. 360.

plutôt qu'à l'autre? Tant que l'intérêt général ne peut en souffrir, c'est l'affaire des usiniers si la concurrence qu'ils établissent sur le même point et le chaumage alternatif des deux usines diminuent leurs bénéfices ou leur imposent des pertes. Leur volonté seule est en défaut et nullement celle de l'administration. La concurrence dans la vente des produits industriels, comme de toute autre matière, est un avantage pour les acheteurs. C'est un premier motif d'autorisation.

315. — Si cependant les deux usines n'étaient pas de même nature, l'administration devrait consulter l'intérêt général avant tout, et donner la préférence à celle qui s'y rapporterait le plus directement.

La banalité bien ou mal établie en faveur des ci-devant seigneurs ne put se justifier devant une civilisation croissante. Il fallait que les hommes fussent en communauté de droits, et malgré la répartition inégale de certains dons de la nature, en communauté de force et d'intelligence. Ce n'est pas l'état d'origine, c'est celui où nous vivons. Par malheur, cette règle d'une heureuse théorie est souvent violée dans la pratique (c'est la part des faiblesses humaines); il nous reste toujours l'arche sainte de cette théorie où nous nous réfugions en jetant le cri d'alarme.

L'administration ne fait point revivre les droits de la banalité en autorisant l'établissement d'une usine par préférence sur une autre. Ce terme n'a plus de sens dans notre langue, ni dans notre législation, si ce n'est pour nous faire ressouvenir de ses abus; non, l'administration fait en cela un acte de famille ou d'autorité paternelle.

316. — Il ne peut être dû d'indemnité pour privation de l'usage de la pente des eaux. Le riverain n'éprouve aucune perte, et une indemnité n'est pas une faveur. Elle tient la place de la chose dont le propriétaire se trouve dépouillé par le fait d'autrui.

CHAPITRE XV.

DES RUISSEAUX ET DE LEURS EAUX.

317. — Pour si peu que l'homme se livre à l'agriculture, il sent le grand avantage du voisinage de pareils cours d'eau. Il sent aussi combien il est facile qu'un tel voisinage dégénère en moyens pernicieux.

Généralement et par de simples travaux, on maîtrise les eaux d'un ruisseau. Elles obéissent à la main de l'homme, à la différence de celles qui se renouvellent sans cesse dans le lit des rivières non navigables ni flottables, qui ordonnent en souveraines, surmontant toute résistance que l'homme leur oppose. Elles sont parfois des torrents dévastateurs.

318. — Les ruisseaux se forment des eaux de source et de pluie. Leur trajet est ordinairement court, leurs eaux se perdent dans les fleuves ou rivières.

Leur cours est le plus souvent intermittent, c'est ainsi dans toutes les localités. Les sources ont bien un cours continu, mais comme leur volume est généralement de peu de consistance, en temps de sécheresse, n'importe la saison, leurs eaux sont insuffisantes pour fournir tout à la fois aux besoins personnels des habitants des localités qui avoisinent leur lit, à ceux des bestiaux, à leur propre déperdition naturelle et à un cours continu.

319. — M. Henrion de Pansey, en son *Traité de la Compétence des Juges de paix*, chapitre XXVI, § 3, appelle ruisseau, les cours d'eau qui, formés par la réunion des eaux pluviales ou de quelques sources intermittentes, coulent et se dessèchent alternativement en tout ou en partie.

M. Proudhon, tome III, page 282, n'approuve pas les motifs

13

de cette dénomination ; « mais ce savant magistrat, dit-il, n'a pas assez fait attention que ce n'est point à l'intermittence ou au dessèchement alternatif d'un cours d'eau qu'on doit s'attacher pour le ranger dans la classe des simples ruisseaux ; car les mots *ruisseau* ou *ruisseler*, signifient tellement une eau courante, qu'autrement ils n'auraient plus de sens. Il faut donc s'en tenir sur ce point à l'explication donnée par le jurisconsulte romain, lorsqu'il dit que la rivière se distingue du ruisseau par sa grandeur et l'abondance de ses eaux, ou par le jugement qu'en ont porté les habitants du pays. »

M. Proudhon aurait pu se dispenser de faire remarquer cette contradiction ; le cas n'en valait pas la peine.

Malgré cela, je ne reste pas que d'adopter la dénomination de M. Henrion de Pansey. Elle est naturelle en tout point, et l'on ne s'y méprend pas.

Il résulte de ce qu'avance M. Proudhon, au n° 1415, que la différence qui existe entre les rivières du second ordre et les ruisseaux provient, d'abord de la plus grande abondance des eaux qui composent la rivière, et ensuite de la dénomination que le cours d'eau a reçue de la part des habitants de la contrée dans les actes publics ou privés où il se trouve rappelé ; attendu que, dans toute chose soumise à la décision des hommes, l'opinion ou le jugement du public doit être du plus grand poids.

Cette dernière assertion est la plus concluante, d'autant que, dans l'espèce, elle se justifie toujours par les mentions contenues dans les actes publics de mutation, et dans les titres aussi publics, tels que les livres terriers servant de base à l'imposition foncière. On doit aussi compter au nombre des titres publics tout arrêté du préfet sur le curage d'un ruisseau.

320. — Il résulte, de plus, d'un autre alinéa du même n° 1415, que, s'il y a quelques sources qui, par l'abondance de leurs eaux, forment rivière tout en sortant de la terre, elles sont rares comparativement aux autres dont le nombre est au contraire infini. Il cite, à la note, la fameuse fontaine de Vaucluse qui

forme immédiatement la rivière de Sorgues ; la source de la
Bèze, canton de Mirebeau, à 27 kilomètres à l'est de Dijon,
dont l'énorme volume d'eau met en mouvement de nombreuses
usines ; celle de l'Orbe en Suisse, qui verse avec rapidité un volume d'eau de 6 mètres de largeur sur un mètre 30 centimètres
de profondeur.

Le géographe Robert, dit-il (*Voyage dans les treize Cantons
suisses*, tome II, page 78, 1789, 2 vol. in-8), ajoute aux précédentes une quatrième, la fontaine le Duc, à Chatillon, et les
signale comme les plus considérables qu'il connaisse. « Les unes
et les autres, dit le géographe, ont sans doute un cours an-
térieur de fort grande étendue pour se montrer ainsi tout-à-
coup avec le volume d'eau qui convient aux rivières. »

Ce trait de géographie n'ajoute rien aux caractères qui signalent les ruisseaux en les distinguant des rivières. Les eaux de ces
quatre fameuses sources ne constituent pas des fontaines ni des
ruisseaux ; elles sont d'un trop fort volume et coulent continuellement. Elles forment des courants souterrains, et sont rivières
avant de se montrer.

321. — Ce n'est pas sans motifs que l'on doit chercher à fournir des preuves propres à distinguer les rivières des ruisseaux.
On a vu, et c'est sans difficulté, que le lit des ruisseaux est propriété des riverains, et qu'ils en paient l'impôt foncier ; tandis
que le lit des rivières non navigables ni flottables est propriété
du domaine selon les uns (je suis de ce nombre), et propriété
des riverains selon les autres. Toujours est-il vrai de dire qu'il
n'est pas assujetti à l'impôt foncier à l'exemple des chemins publics, et que dans la question de savoir si, pour l'établissement
d'une usine sur le rivage, il est nécessaire d'obtenir la permission du gouvernenement, on peut pour la négative faire valoir
ce grave motif : qu'en plaçant l'usine sur partie du lit du ruisseau, on opère sur son propre fonds.

Pour qu'on ne pense pas que je tombe en contradiction, j'observe que mon opinion, émise sous le n° 216, est que toutes les

fois que l'usine est destinée à fonctionner au moyen d'un barrage, l'autorisation du gouvernement est toujours nécessaire par mesure de haute police.

322. — Sous le rapport de l'avantage des produits agricoles, il y a une négligence coupable de la part des riverains dans l'entretien en bon état des ruisseaux, eux qui, plus que personne, y ont un intérêt pressant.

Il est rare que l'administration s'en mêle d'office. Cela n'arrive ordinairement que lorsque les routes ou royales ou départementales sont couvertes par les eaux de retenue ou d'engorgement. Alors, étant prévenus par ses agents, cantonniers ou autres employés, elle provoque l'emploi des mesures les plus efficaces pour l'écoulement des eaux.

Nous verrons plus bas qu'elle est la marche à suivre par les riverains, pour obtenir un pareil résultat, malgré la mauvaise volonté de certains d'entre eux.

Pour concevoir la négligence des habitants des campagnes à l'égard du curage des ruisseaux, il faut savoir, qu'en général ils sont bénévolement disposés à ajourner toute dépense dont l'objet n'est pas au nombre des travaux ordinaires ou annuels. Ils sentent bien que telle opération bien et dûment faite leur donnerait un résultat satisfaisant, si ce n'est la première année, ce serait les suivantes. Le temps leur manque, disent-ils, dans la belle saison. Ils s'y livreront en temps d'hiver ou après les semences. Les pluies arrivent, le curage est impossible. L'hiver passe, et il faut alors revenir aux travaux ordinaires.

Le citadin qui vient faire sa récolte trouve un mécompte dans les produits, et le métayer questionné à ce sujet rapporte que le ruisseau a débordé une ou plusieurs fois ; que les eaux ont couvert tel champ et tel autre, et que ce déficit n'est autre chose que le résultat du débordement provenant du défaut de curage du ruisseau. Le citadin trépigne de dépit. — Comment, se dit-il, nous perdons les récoltes par le débordement des eaux, nous riverains du ruisseau qu'il nous serait si facile de maintenir constamment dans un bon état. Il voit l'un, il voit l'autre. Il les sermonne, les catéchise. On l'écoute, on approuve tout ce qu'il dit. L'on se fait réciproquement des promesses, et tout se borne là.

323. — Dans une bonne administration communale, on devrait trouver assez de zèle dans la personne du premier magistrat, qui est le maire, pour dénoncer au préfet tous les cas de cette nature, et provoquer de sa part des mesures coërcitives. Elles font partie des attributions de ce magistrat supérieur, et les employer d'office est une preuve incontestable de la bonne administration de son département.

Les maires sont plus que tout autre magistrat dans leurs communes respectives à portée de savoir quels sont les lieux qui souffrent du défaut d'entretien des ruisseaux. Les gardes champêtres les leur signalent avec précision, d'autant que ce n'est pas toujours les champs qui sont seuls submergés, cela arrive souvent à l'égard des chemins vicinaux. Ce second motif ne laisse pas d'excuse aux maires, et c'est à bon droit qu'on les accusera d'incurie et de violer une partie essentielle du mandat qui leur a été confié, toutes les fois que les eaux des ruisseaux, destinées par la nature à la richesse de l'agriculture, en deviendront au contraire un des principaux fléaux.

Règle générale : les ruisseaux n'ont besoin d'être entretenus que dans la partie qui parcourt les plaines. Les pentes se nétoyent d'elles-mêmes par le courant des eaux; tandis que les eaux plates, qui n'ont de véritable courant que dans la partie supérieure de la profondeur de leur volume, déposent nécessairement les vases, les sables, les débris de broussailles et toute autre matière mêlée au liquide qui l'entraîne.

Joignez à cela les arbustes, les ronces, les joncs et autres plantes aquatiques, toutes choses naissant et croissant naturellement, et il vous sera facile de comprendre que le lit d'un ruisseau s'élève insensiblement, et que sur plusieurs points il se forme comme des barrages.

324. — Dans cet état d'un ruisseau, les eaux débordent aux moindres pluies et couvrent plus ou moins d'étendue; mais lorsque les pluies sont abondantes, ce qui arrive très-fréquemment dans plusieurs contrées du midi de la France, c'est alors que les eaux se répandent au loin, et détruisent jusqu'à plus de moitié les espérances du laboureur. Les pertes sont moins fortes par les pluies d'hiver. Les pluies du printemps sont désastreuses.

325. — A part ce grave inconvénient, il en résulte un autre non moins à craindre. Ce sont d'abord les fièvres intermittentes qui attaquent la généralité des habitants de la contrée, les maladies des bêtes à laine auxquelles les pâturages humides sont si contraires, les maladies de l'espèce bovine; et puis, n'a-t-on pas aussi à craindre les maladies épidémiques et celles épizootiques?

Si l'on me faisait le reproche de pousser trop loin mes prévisions de danger, attendu que les eaux de débordement ne doivent pas être plus pernicieuses que les eaux de pluie, je répondrais que les eaux de pluie sont franches de tout mélange, elles sont purement naturelles, et leur écoulement est subit par les précautions que les laboureurs prennent dans toutes les localités. L'établissement des nombreux égoûts dans l'intérieur des champs, les fossés ordinaires et les fossés-mères, généralement répandus, témoignent de ces vérités sans équivoque. Au contraire, les eaux de débordement sont des eaux toujours sales et bourbeuses, entraînant avec elles toutes les immondices, les cadavres de chiens et de bêtes à laine qu'on néglige d'enfouir, et toutes autres ordures dont le dépôt se fait trop facilement sur les berges des ruisseaux, et trop souvent même dans leur lit. Ces eaux restent plus ou moins de temps sur les champs; elles y sont stagnantes et s'y purifient en quelque sorte avant de se retirer, en y déposant tout ce qui est étranger à leur propre nature. Par là ces champs sont imprégnés jusqu'à une certaine profondeur d'un liquide infect dont l'évaporation insensible rend l'air méphitique et conséquemment très-dangereux.

Ce serait une bien mauvaise philanthropie que celle qui prétendrait que les dangers signalés sont compensés par les avantages résultant des dépôts sur les champs, d'engrais provenant des débordements.

D'abord, le plus précieux bien, c'est la santé. Sans elle, la vie est pénible; et si parfois on voit des aventuriers tenter fortune, en se transplantant dans des régions lointaines presque désertes, au risque d'y périr par les maladies contagieuses qui font plus que décimer les habitants annuellement ou à des termes périodiques plus ou moins rapprochés, le nombre se compose toujours de gens qui ont perdu toute ressource dans leur propre pays, ou qui sont possédés par une ambition sans bornes; mais est-il vrai de dire que les uns et les autres n'abandonnent jamais l'espoir du plus prochain retour.

Et puis, quels sont ces dépôts? Ils se réduisent à peu près à rien, en les considérant comme engrais. D'ailleurs, tout débordement des eaux ne peut être utile qu'autant qu'il est soumis à la volonté de l'homme : à part le débordement régulier du Nil, l'Egypte n'est abondante en produits agricoles que par ce moyen.

326. — Le débordement des ruisseaux n'est pas la seule chose à signaler : tous les fossés-mères et ceux ordinaires qui y débouchent s'engorgent avant le débordement, et si l'on voit parfois, même à une forte distance du ruisseau, des champs couverts par l'eau en totalité ou en partie, cela vient du reflux des eaux pluviales occasionné par le mauvais état du ruisseau qui oppose par là une résistance invincible au libre écoulement de ces eaux.

Dans les contrées où il existe de pareils abus, quel est le tourment de l'homme sensé (et c'est le général des hommes en donnant au mot une signification commune), lorsque, vers la fin du printemps, se sentant plein de joie en présence d'une récolte qui lui donne les plus belles espérances, il se rappelle d'avoir vu avec la même joie la récolte précédente qui périt néanmoins en grande partie par le débordement du ruisseau ?

Si le remède était dans ses mains, il en ferait bien vite usage; mais il ne lui est pas permis d'opérer sur les fonds d'autrui. Il se livre donc à la Providence et attend son sort dans une dure perplexité.

327. — Il est facile de confondre certains fossés-mères avec les ruisseaux proprement dits : les fossés-mères en sont un diminutif; ils sont destinés à recevoir les eaux pluviales venant des routes, des chemins, des fossés ordinaires, et quelquefois les eaux de sources; ils sont fossés de décharge. On les appelle aussi fossés *mayrals*, c'est le terme vulgaire : je l'ai trouvé consigné dans un règlement du commissaire du roi et des états de la sénéchaussée de Toulouse, en date du 18 décembre 1744. Ils se déchargent en débouchant dans les ruisseaux. Leur trajet est ordinairement court, et c'est principalement à cette qualité qu'on doit les reconnaître.

En cas de difficulté entre riverains ou entre l'un d'eux avec l'administration locale, on doit s'en tenir à la dénomination résultant des livres terriers et autres titres publics, tels que ceux que l'on trouve dans l'étude des notaires et dans les bureaux de mairie.

328. — Le curage des fossés-mères dans les plaines n'est pas chose indifférente : deux motifs d'intérêt général doivent le provoquer. Le premier, c'est la salubrité dans les campagnes; le second, c'est l'intérêt de l'agriculture.

Ces fossés profonds et larges retiennent les eaux jusqu'à une certaine élévation. Elles sont là comme dans des cloaques fermés de distance en distance par l'éboulement des berges ou par l'amas d'objets de différente nature formant barrage. Leur écoulement, ainsi intercepté, ne s'aperçoit qu'en temps de pluie, et c'est seulement par les eaux qui viennent grossir celles qui y étaient dormantes.

329. — Il est hors de tout doute que les eaux dormantes, quels que soient les lieux où elles sont placées, procurent des émanations plus ou moins nuisibles. Ces émanations sont bien plus

pernicieuses lorsque, comme dans l'espèce, elles partent d'un lieu qui est le réceptacle des immondices et des ordures des localités environnantes.

L'agriculture souffre aussi du défaut d'entretien des fossés-mères : en temps de pluie les eaux gonflent par les barrages que j'ai signalés, et les propriétés riveraines sont facilement submergées.

330. — Mais est-ce le maire, est-ce le préfet qui a la police des fossés-mères ?

J'avoue que je n'ai trouvé dans les auteurs, que j'ai à ma disposition, aucune mention qui se rapportât spécialement aux fossés-mères. On dirait que leur existence n'est due qu'aux besoins de ma contrée.

Cependant, s'ils sont nécessaires en un lieu, ils doivent l'être dans d'autres. Partout on cherche à se débarrasser des eaux pluviales, et pour y parvenir, les fossés-mères sont indispensables, surtout dans les grandes plaines; car ce n'est qu'avec leur secours que les eaux qui tombent dans les champs, dans les routes, les chemins, et qui se réunissent dans les simples fossés, sont portées dans les ruisseaux.

Je dois donc croire que les auteurs qui se sont occupés des cours d'eau, des fossés des grandes routes, de ceux des chemins vicinaux, de ceux faisant clôture et des simples fossés, ont dédaigné de s'occuper en même temps des fossés-mères. Ils ont pensé que cela n'en valait pas la peine. Ne pourrait-on pas croire plutôt que c'est une lacune dans leurs ouvrages, provenant de ce qu'aucune loi n'a, en effet, disposé nommément sur de pareils fossés ?

331. — Quoi qu'il en soit, j'ai cru remplir un devoir en m'en occupant moi-même.

L'art. 50 de la loi du 14 décembre 1789, dispose : « Les fonc- » tions propres au pouvoir municipal, sous la surveillance des » assemblées administratives, sont... de faire jouir les habitants » des avantages d'une bonne police, notamment de la propreté,

» de la salubrité et de la tranquillité dans les rues, lieux et édifices
» publics. »

L'art. 9, tit. 2, du Code rural, des 28 septembre, 6 octobre
1791, porte : « Les officiers municipaux veilleront généralement
» à la tranquillité, à la salubrité et à la sureté des campagnes ;
» ils seront tenus particulièrement de faire, au moins une fois
» par an, la visite des fours et cheminées de toutes maisons et
» de tous bâtiments éloignés de moins de cent toises d'autres
» habitations. Ces visites seront préalablement annoncées huit
» jours d'avance. »

L'art. 10 de la nouvelle loi sur l'administration municipale, du
18 juillet 1837, dispose : « Le maire est chargé, sous la surveil-
» lance de l'administration supérieure : 1° de la police municipale,
» de la police rurale et de la voirie municipale, et de pourvoir
» à l'exécution des actes de l'autorité supérieure qui y sont
» relatifs. »

On n'avait nul besoin de citer ces lois pour sentir combien il
serait ridicule que toute autre autorité que le pouvoir municipal
fût chargée de la police intérieure d'une commune.

Voici les propres expressions du respectable M. Henrion de
Pansey, dans son *Traité du Pouvoir municipal*, page 140 :

« Les habitants des villes, bourgs et villages, envisagés collectivement, forment autant de familles particulières dont chacune a
des chefs, des droits, des besoins, des charges et des intérêts qui
lui sont propres. Considérées dans leurs relations avec la société
dont elles font partie, ces mêmes communes ne sont que des
fractions de la grande famille, que des individus politiques ; et
cette modification, en leur donnant une existence et des ga-
ranties nouvelles, leur donne de nouveaux liens et leur impose de nouveaux devoirs ; ce sont ces devoirs qui, sans les
soustraire au pouvoir municipal, les assujettissent au pouvoir administratif. Cette double subordination jette quelque confusion
dans les idées ; mais cela s'éclaircit aisément.

» De ces deux pouvoirs l'un n'est autre chose que l'autorité du père de famille, l'autre est une branche du pouvoir exécutif; l'un n'établit que des rapports domestiques, l'autre n'agit que dans l'intérêt de l'ordre public. Le pouvoir municipal diffère encore de l'administration, en ce qu'il se concentre sur une seule commune, et que les mesures qui en embrassent plusieurs appartiennent aux corps administratifs. Autre différence : le droit de faire les règlements de police donne aux officiers municipaux une action immédiate sur les personnes ; et il ne doit y avoir dans les attributions du pouvoir administratif que le règlement des choses. »

Le principe est donc évident, et s'il y a quelque difficulté dans l'application, cela tient à la nature du cas qui, se rapprochant de ceux du ressort du pouvoir exécutif, partage par là les opinions sur la question d'attribution.

C'est ainsi que le préfet de la Haute-Garonne a rendu un arrêté, en 1844 ou en 1845, ordonnant le curage des fossés-mères dans la commune que j'habite. Cet arrêté a été mis à exécution par les soins du commissaire de police (1).

Au fait, il n'y a nul inconvénient lorsque les propriétaires des fossés-mères exécutent de bonne foi l'arrêté du préfet, et lorsque les retardataires condamnés par le tribunal de simple police, en vertu du n° 5 de l'art. 471 du Code pénal, exécutent aussi de bonne foi la sentence qui les frappe.

Mais, supposons que cette sentence soit attaquée par un pourvoi devant la cour de cassation, sur le motif que l'arrêté du préfet étant incompétemment rendu, c'est tout comme si le juge de paix avait appliqué une peine arbitraire.

332. Lorsque le pouvoir exécutif empiète sur le pouvoir judiciaire, et *vice versa*, l'arrêté ou le jugement est cassé sans nulle difficulté. La division des pouvoirs est une règle d'ordre public,

(1) Par des renseignements postérieurs, j'ai appris que l'arrêté ordonnant le curage avait été rendu par le maire, qui le soumit, avant son exécution, à l'approbation du préfet.

et c'est un acte d'une haute importance que celui de l'autorité suprême qui y ramène l'autorité qui l'a méconnue. Citons encore M. Henrion de Pansey, page 142 : « Il est impossible, dit-il, que le même acte soit simultanément soumis à l'action immédiate de deux autorités distinctes, et surtout de nature différente : autrement les rouages de la machine politique, dans un choc continuel, finiraient par se briser, et la désorganisation du corps social en serait la suite inévitable. »

Je ne me dissimule pas que le cas posé présente quelque difficulté. Ce n'est point ici de la compétence, ou du pouvoir judiciaire, ou du pouvoir exécutif qu'il s'agit. On attaque la sentence comme basée dans la condamnation y contenue, sur un titre nul, puisqu'il émane d'une autorité incompétente.

Or, s'il est reconnu, comme je le pense, que le curage des fossés-mères est exclusivement dans les attributions du maire, comme chef de la communauté, sans aucun mélange avec les fonctions qu'il tient d'ailleurs et qui sont une émanation de celles du pouvoir exécutif, il me paraît que ce serait apporter le trouble dans la commune en y introduisant l'autorité préfectorale en remplacement de celle du maire. Il y aurait quelquefois conflit, ce qui troublerait tôt ou tard la paix intérieure de la commune ; toujours la considération dont doit être entouré le maire en recevrait de bien graves atteintes.

L'autorité du maire, dégagée de celle dont il est aussi investi et qui peut être considérée comme une branche du pouvoir exécutif, est une autorité à part. Elle est libre, indépendante. Elle n'est ni du pouvoir exécutif, ni du pouvoir judiciaire. Elle ne ressemble qu'à l'autorité du père de famille qui, à son gré, règle son ménage, veille à la bonne éducation, à la bonne conduite de ses enfants et à leur bien-être sous toute espèce de rapport.

Elle est pour ainsi dire le résultat de la nécessité (1). Le pou-

_____

(1) Il faut bien en convenir, dans notre organisation actuelle, les limites de

voir exécutif ne pouvait être chargé de ce menu détail; ç'aurait
été une tâche au-dessus de ses forces. Il ne pouvait non plus y
pourvoir par délégation sans franchir la ligne de séparation des
deux autorités, établie dans des vues d'ordre et d'harmonie; il
lui suffit de considérer les habitants de la communauté comme
un seul être soumis à la loi générale.

333. — Le maire doit être censé tenir cette qualité par le
choix libre de la communauté. Cette théorie, quoi qu'il en soit
dans la pratique, doit l'investir de toute la confiance de ses administrés, et lui donner l'énergie nécessaire de faire exécuter ses
ordres, qui tous doivent être puisés dans la meilleure source.

334. — Ce n'est pas que, lorsqu'il est notoire qu'un maire
remplit ses fonctions au détriment de la communauté, il ne
soit permis au pouvoir exécutif d'intervenir; il le doit même,
pour faire cesser un tel état de choses, en provoquant le remplacement du maire.

Ce droit comme cette tâche du pouvoir exécutif sont incon-
testables. La haute tutelle du gouvernement doit être présente
en tous lieux; et si jamais on a à se plaindre, ce n'est point parce
qu'elle agit, c'est parce qu'elle n'agit pas.

Cet exemple se rapporte encore à ce qui se pratique dans les
familles particulières. Le chef, qui est dans un état habituel
d'imbécillité, de démence ou de fureur, même lorsque cet état
présente des intervalles lucides, peut être interdit (art. 489 du
Code civil). Celui qui n'est que prodigue, on peut lui défendre
de plaider, de transiger, d'emprunter, de recevoir un capital
mobilier, et d'en donner décharge, d'aliéner ni de grever ses
biens d'hypothèques, sans l'assistance d'un conseil qui lui est
nommé par le tribunal (art. 513 du Code civil).

l'administration publique mal posées et continuellement déplacées, tantôt par
des décisions contradictoires, échappent souvent aux regards les plus attentifs;
mais il n'en est pas de même du pouvoir municipal, sa sphère d'activité est
invariable, parce que sa circonscription est déterminée par la nature des choses.
(M. Henrion de Pansey, *Du Pouvoir municipal*, p. 140).

De tout ce que j'ai dit avant et après avoir posé la question, je tiens que le curage des fossés-mères est dans les attributions exclusives des maires, et que les sentences des juges de paix portant condamnation à l'amende contre les retardataires, manquent dans la base la plus essentielle, toutes les fois que ces magistrats se détermineront sur l'existence d'un arrêté préfectoral portant injonction du curage.

335. — L'art. 163 du Code d'instruction criminelle ordonne aux juges de paix de motiver tout jugement définitif de condamnation, et d'y insérer les termes de la loi appliquée à peine de nullité.

Or, si l'arrêté du préfet a été rendu incompétemment, il est nul; et, ne pouvant par ce vice produire aucun effet, il est vrai de dire que la sentence porte condamnation à une peine arbitraire, malgré que les termes de l'arrêté y aient été insérés.

C'est un principe général que l'effet des nullités; suivant le sens naturel de ce mot, doit être de vicier tellement les actes, qu'on les regarde comme non avenus, et qu'il n'en puisse rien résulter. C'est d'après cela que s'est introduite la maxime : *Quod nullum est, nullum producit effectum.*

336. — Il en serait autrement si l'autorité préfectorale, portant ses vues sur les fossés-mères de son département et sur le bon état des campagnes sous le rapport de la salubrité et de l'intérêt de l'agriculture, ordonnait par mesure générale le curage des fossés-mères et l'emploi de tous moyens qu'elle jugerait utiles et nécessaires pour prévenir les maladies épidémiques sur les hommes et sur les bestiaux, et pour les meilleurs produits agricoles. On sent qu'une mesure de cette espèce, embrassant toutes les communes du département, ne pourrait être prise que par le préfet; mais dans ce cas il agirait, non en vertu du pouvoir municipal qu'il ne peut jamais exercer, puisqu'il n'en est pas investi, mais en sa qualité d'administrateur et comme agent du pouvoir exécutif, auquel seul il appartient de faire les règlements qui concernent l'ordre et la sûreté générale.

Un arrêté dans ce sens serait obligatoire comme émanant d'une autorité compétente; mais rien n'empêcherait le pouvoir municipal (il le devrait même) de faire en vertu de cet arrêté un règlement pour sa commune, posant des mesures précises appropriées à la localité, et dont l'exécution serait ordonnée sous les peines de droit. Ce serait ce second titre qui, plus particulièrement, servirait de base aux condamnations que le juge de police serait à même de prononcer.

337. — A part cela, ce serait une erreur que de confondre, dans la même catégorie, les fossés-mères et les ruisseaux, pour déterminer à quelle autorité la police en appartient. Les eaux des ruisseaux comme celles des rivières constituent de véritables cours d'eau et sont du domaine de la grande voirie. Les eaux des fossés-mères ne sont rien moins que cela; elles sont des eaux d'écoulement des terres pour tout ce qu'elles rejettent sur la masse des eaux pluviales; elles sont du domaine de la petite voirie. Les fossés-mères font seulement fonction de décharge.

338. — M. Henrion de Pansey (1) a porté son attention sur un fait qui le choque : « Il arrive souvent, dit-il, que les officiers municipaux, avant de faire publier leurs délibérations, les soumettent à l'approbation du préfet. Quel peut être l'effet de cette approbation? ajoute-t-elle à l'autorité de l'acte municipal? Je ne le crois pas, et même j'y vois un inconvénient assez grave.

» Je dis que l'approbation du préfet n'ajoute rien à l'autorité de l'acte municipal; en effet, toutes les fois que les officiers municipaux disposent dans la sphère de leurs attributions, ils usent d'un droit qui leur est propre et agissent en vertu d'un pouvoir qui leur est conféré par la loi; or, il est de l'essence de tout pouvoir légalement institué d'avoir en lui-même le degré d'énergie nécessaire pour commander l'obéissance; autrement, ce pouvoir n'en serait pas un; il y aurait contradiction dans les mots comme dans les choses. »

(1) *Du Pouvoir municipal*, p. 146 et 147.

Ce raisonnement de M. Henrion de Pansey est sans réplique ; car, demander l'approbation d'un acte quelconque à l'autorité supérieure, c'est reconnaître en elle le droit de la refuser ; c'est reconnaître encore de la part de l'autorité qui demande l'approbation, qu'elle est elle-même sans caractère pour imprimer à un tel acte aucun degré de force et d'énergie nécessaire pour son exécution.

On aime à citer M. Henrion de Pansey. Du reste, il me serait impossible de faire aussi bien que lui : « Je n'ignore pas, dit-il, que, dans plus d'un département, les préfets, par un zèle louable sans doute, mais peu éclairé, se permettent quelquefois de régler eux-mêmes la police intérieure des communes : c'est substituer le pouvoir administratif au pouvoir municipal ; et cette invasion dans le domaine des municipalités, outre les inconvénients qu'elle partage avec toutes les usurpations de cette espèce, en a qui lui sont particuliers (1). »

Ainsi, supposons qu'un maire règle par une ordonnance la police des lieux publics, tels que cabarets, auberges, cafés et autres. S'il juge l'approbation du préfet indispensable, avant qu'elle soit ramenée à exécution, il y aura désordre dans ces lieux publics, sans que la police locale puisse y mettre un terme, jusqu'à ce que cette approbation soit donnée. Et si le préfet la refuse ?

D'un autre côté, le juge de police impressionné d'une erreur qu'il croit une vérité par l'usage constamment suivi jusque-là, et en supposant que le maire, qui présumera de la bonne volonté du préfet, veuille mettre, en attendant l'approbation, son ordonnance à exécution, que fera ce juge de police sur la citation contre le délinquant ? S'il est fidèle à son principe, il renverra le délinquant absous de la plainte et annulera la citation. Il fera violence à ce même principe, s'il prononce une condamnation.

Voilà l'effet d'une erreur : incertitude dans la marche des

(1) *Du Pouvoir municipal*, p. 145.

autorités, prévention pénible de la part des administrés et des justiciables, et enfin désordre.

Il faut donc tenir pour constant que, pour tout ce qui se rapporte à la police intérieure d'une commune, les ordonnances du maire sont exécutoires dès l'instant qu'elles ont été publiées et affichées, en observant que ces deux genres de publicité doivent être certifiés par le maire sur un registre tenu tout exprès, afin d'éviter toute contestation à ce sujet entre le ministère public et le prévenu.

Il est des cas où les délibérations du corps municipal ne peuvent être exécutées qu'avec l'approbation du préfet, et quelquefois même qu'avec l'approbation du chef du gouvernement.

Ce sont ceux qui se rapportent :

Aux acquisitions ou aliénations d'immeubles ;

Aux impositions extraordinaires pour des dépenses locales;

Aux emprunts;

Aux travaux à entreprendre ;

A l'emploi du prix des ventes, des remboursements ou des recouvrements;

Aux procès à intenter et même à soutenir.

339. — Lorsque M. Henrion de Pansey a publié son ouvrage sur le pouvoir municipal, la dernière loi sur l'administration municipale n'existait point ; et ce que j'ai transcrit de cet ouvrage et ce que j'ai ajouté moi-même, touchant l'inutilité de l'approbation du préfet, ne doit pas compter.

L'art. 11 de cette dernière loi, déjà citée au n° 331, porte : « Le maire prend des arrêtés à l'effet : 1° d'ordonner les mesures » locales sur les objets confiés par les lois à sa vigilance et à son » autorité; 2° de publier de nouveau les lois et règlements de » police et de rappeler les citoyens à leur observation. Les » arrêtés pris par le maire sont immédiatement adressés au » sous-préfet. Le préfet peut les annuler ou en suspendre » l'exécution. Ceux de ces arrêtés qui portent règlement per- » manent ne seront exécutoires qu'un mois après la remise de

14

» l'ampliation constatée par les récépissés donnés par le sous-
» préfet. »

340. — Cette loi heurte de front les principes de la matière ;
elle proclame l'invasion du pouvoir exécutif dans un pouvoir qui
n'est autre chose qu'un pouvoir domestique ou d'autorité paternelle. Elle serait intolérable, si elle ne se justifiait par l'intention
qu'a eu le législateur d'étendre cette tutelle de protection, qui
déjà embrassait certains actes de l'autorité municipale, sur tous
ceux généralement quelconques, émanant de la même autorité.

341. — Je ne puis cependant m'arrêter là, sans faire observer
que cette innovation peut, dans certaines circonstances, produire de graves inconvénients. C'est lorsque, dans les temps de
trouble par l'effervescence des passions politiques, deux partis
opposés se trouvent facilement en présence. Si le maire, dans
les petites villes surtout, ne peut à l'instant même faire exécuter
un arrêté qu'il s'empresse de rendre et de faire publier, ordonnant telle ou telle mesure d'ordre public, prohibant les réunions
sur les places, les carrefours, etc., etc., le mal peut s'aggraver
et devenir irréparable. Le législateur aurait dû, ce me semble,
prévoir les cas d'urgence et faire exception à la règle générale. Je
parle de conviction ; j'ai rempli les fonctions de maire à Villemur,
depuis 1812 jusqu'en 1817, et si j'avais été obligé de recourir à
l'autorité du préfet avant de faire exécuter les arrêtés que des
circonstances pressantes m'obligeaient de rendre, le désordre
serait devenu général dans la ville dont la population *intra muros*
est de 3,000 âmes.

Il est entendu qu'à part l'approbation du préfet, tout ce qui
a été dit relativement aux attributions des maires doit tenir
comme conforme aux vrais principes et en parfaite harmonie
avec la nouvelle loi.

On me pardonnera cette longue disgression ; je la crois utile.

Je reviens à la matière des ruisseaux.

342. — Si jusqu'ici j'ai tâché de frapper fort pour faire sentir
les graves inconvénients qui résultent du défaut de curage des

ruisseaux, c'est que j'ai raisonné aussi, dans cette circonstance, avec ma propre conviction, fruit d'une longue expérience. J'ai été souvent à même d'entendre gémir certains laboureurs sur les pertes qu'ils venaient d'éprouver par le débordement du ruisseau longeant leurs propriétés. Ces pertes sont quelquefois ruineuses.

Il est hors de tout doute que la police des ruisseaux appartient à l'administration. Aux preuves déjà fournies, j'en désignerai quelqu'autre.

343. — Les cours d'eau non navigables ni flottables comprennent généralement et sans exception les rivières et les ruisseaux, quel que soit leur cours fort ou faible, continu ou intermittent.

» Aux termes du chapitre VI de la loi du 20 août 1790 (1), dit M. Proudhon, tome I, p. 132, les administrations centrales furent chargées de procurer le libre cours des eaux, pour prévenir les inondations, et de les diriger vers un but d'utilité publique pour l'agriculture.

» Nous trouvons encore là l'origine du pouvoir règlementaire qu'avec l'aide des ingénieurs des ponts-et-chaussées, les préfets exercent sur les cours d'eau. »

Même auteur, tome III, page 407, n° 1060 :

« Aussi nous voyons qu'aux termes de l'art. 16, tit. 2, de la loi du 6 octobre 1791, sur la police rurale, la hauteur des barrages des usines doit être fixée par l'administration, sans distinction des usines construites sur des rivières et sur des ruisseaux, et qu'en cas de contravention à ce qu'elle aura déterminé à ce sujet, cette loi veut que le contrevenant soit condamné à une amende qui ne pourra excéder la somme du dédommagement des tiers qui en auraient souffert.

» Que, par arrêté des consuls du 30 frimaire an 11, un sieur Hank, qui avait commencé la construction d'une usine sur un cours d'eau détourné d'une rivière, sans en avoir obtenu la permission, fut condamné à démolir dans la quinzaine.

(1) C'est une instruction et non une loi.

» Qu'un décret du 12 novembre 1811, tout en accordant, sous certaines conditions, à un sieur Loison, la permission d'établir un moulin sur un ruisseau traversant ses propriétés et dérivé de la rivière de Therain, ordonne néanmoins qu'attendu la contravention par lui commise en faisant d'abord construire son usine, sans autorisation légale, il serait renvoyé par devant le procureur général près la cour d'Amiens, pour être poursuivi conformément aux lois et règlements.

» Qu'enfin l'on trouve dans le bulletin des lois une foule de décrets et d'ordonnances rendus pour des concessions de cette nature.

» 1061. Nous observons ici en passant, que, quoique l'acte de concession, émané du gouvernement pour l'établissement d'une usine, puisse froisser divers intérêts individuels et entraîner des réclamations, néanmoins il n'a rien de commun avec les décisions du conseil rendues en matière contentieuse ; car, quand il s'agit, comme ici, d'une concession faite par ordonnance dans la forme des règlements d'administration publique, l'on ne pourrait imposer au gouvernement la loi d'aucun jugement contraire à sa volonté ; il ne serait donc pas permis, en ce cas, de se pourvoir au contentieux, par tierce-opposition, contre l'ordonnance de concession ; et tout ce que les personnes qui se croiraient lésées pourraient faire, ce serait de recourir, par voie de supplique, au ministre et au comité de l'intérieur.

» 1062. Ce n'est pas seulement par rapport à la surveillance que le gouvernement exerce sur le libre cours des eaux qu'on ne peut pas construire d'usine sans autorisation ; ce point de notre droit public est aussi fondé sur les principes d'une police de prévoyance d'un ordre encore plus étendu, qui consiste, soit à prévenir les accidents qui pourraient résulter de l'établissement de manufactures insalubres, soit à s'assurer si, pour alimenter la nouvelle usine dans telle ou telle localité, on ne soustraira pas aux besoins des habitants une quantité de combustible telle qu'ils puissent se voir exposés à manquer du nécessaire.

344. — Je pourrais citer d'autres passages dans l'ouvrage de M. Proudhon tous dans le même sens; mais je me borne à transcrire littéralement l'instruction de la convention nationale du 20 août 1790 qu'il a citée lui-même : « L'administration est chargée de rechercher et indiquer les moyens de procurer le libre
» cours des eaux, d'empêcher que les prairies ne soient submer-
» gées par la trop grande élévation des écluses des moulins et
» autres ouvrages d'art établis sur les rivières, de diriger enfin,
» autant que possible, toutes les eaux du territoire vers un but
» d'utilité générale. »

345. — Tout cela est plus que suffisant pour prouver que la police des ruisseaux est exclusivement dans le domaine de l'administration, à la différence des fossés-mères qui n'ont cessé d'être dans les attributions de l'autorité municipale.

Je n'ai nul besoin de répéter combien il est essentiel de surveiller le curage et le bon entretien des berges d'un ruisseau. Si l'autorité locale perd de vue cet objet intéressant, les riverains doivent eux-mêmes provoquer l'action de l'autorité supérieure. Il vaudrait sans doute beaucoup mieux que tous les riverains se réunissent, et que par un concordat rédigé, soit devant le maire, soit devant un notaire, il fût arrêté et convenu que le ruisseau serait curé, les berges rétablies, sous la direction d'un d'entre eux qui serait déclaré syndic, avec pouvoir d'opérer par des ouvriers de son choix, en toute saison; que les frais seraient répartis de telle ou telle manière.

Ce concordat serait ou permanent ou à terme, et contiendrait toutes les autres clauses qui seraient jugées nécessaires et arrêtées par les intéressés.

Je conseillerais d'employer le ministère d'un notaire plutôt que celui du maire, lors même que ce magistrat aurait caractère suffisant pour imprimer à ce titre la force d'un titre obligatoire.

Un notaire, journellement occupé à rédiger des conventions souvent importantes, serait plus apte à remplir le cadre qui doit contenir les nombreuses clauses d'un pareil traité.

Il y aurait d'ailleurs cet autre avantage, que les riverains pourraient faire du traité comme d'un traité ordinaire en matière purement civile, exécutoire directement et sans aucune entrave.

Le syndic serait déclaré mandataire salarié ou non salarié, mais investi par là du droit de se faire rembourser, sur ses propres états, de toutes ses avances individuellement par chaque riverain sur le mode arrêté dans le concordat.

346. — Il y a plusieurs localités où la dépense doit être supportée non-seulement par les riverains, mais encore par les propriétaires des fonds qui se trouvent dans l'intérieur des terres : c'est lorsque ces derniers fonds sont aussi submergés par les débordements du ruisseau. Il est de toute justice que ceux qui ont intérêt au libre écoulement des eaux contribuent à la dépense de la mise en bon état du ruisseau. La répartition ne se fait point eu égard à la contenance respective, elle doit être faite selon le plus ou moins d'avantage que chaque intéressé retire du non débordement (1).

(1) Il faut remarquer ici que la répartition de la dépense du curage ne doit pas être faite suivant l'étendue de la propriété, le développement qu'elle offre le long de la rivière, ou l'importance des travaux dans la partie qui la joint. Les frais de l'opération, en général, doivent être mis en masse et répartis dans la proportion de l'avantage qu'en doit retirer chaque propriété ; de telle sorte qu'un fonds, même non riverain, peut y contribuer, et que celui dans l'étendue ou le long duquel ont été exécutés les travaux les plus difficiles et les plus dispendieux peut n'en supporter que la plus faible part, s'il n'en retire pas le plus de profit. Le projet de loi sur les cours d'eau non navigables, dont la chambre des députés a été saisie dans la session de 1835, portait, art. 26 : « Les propriétaires rive- » rains sont obligés de faire enlever en tout temps, chacun en droit soi, tous les » éboulements de terre ou autres obstacles au libre cours des eaux qui pourraient » se former accidentellement. » Cette base, approuvée par la commission « comme conforme à la fois au droit naturel et à l'intérêt des riverains eux mêmes, » n'est pas celle de l'an 11. Elle ne serait aujourd'hui applicable que dans deux cas : le premier où l'encombrement ne serait pas simplement l'effet d'un événement fortuit, mais aurait été déterminé par un fait du riverain, par exemple l'éboulement d'une digue par lui construite quoique occasionné par un orvalle (arrêt de la cour de cassation du 29 novembre 1827 ; Sirey, XXVIII, 1, 379) ; et le

347- — Je crois qu'il est hors de toute difficulté que les rive-rains ont le droit de régler de leur propre autorité le mode d'en-tretien du ruisseau, et même le droit d'en redresser le lit ; ils disposent en cela sur leur propriété, et pourvu qu'ils soient tous d'accord et que les innovations n'aient d'autre but que de facili-ter le cours des eaux, personne ne peut aller contre.

M. Proudhon, tome IV, page 348 : « Lorsqu'il s'agit de ri-vières, même de petites rivières, nous avons vu qu'il faut un acte de l'administration supérieure pour en ordonner et régler le curage, l'élargissement ou la rectification, attendu que leur cours d'eau est toujours d'une importance majeure, et que le lit comme le corps d'une rivière quelconque, restant dans le do-maine public, ne peuvent être à la disposition des particuliers.

» Nous venons de voir au contraire, dans la première section du présent chapitre, qu'en fait de simples ruisseaux d'irrigation, tout ce qui touche à la propriété foncière reste dans le domaine privé des riverains, sauf la servitude de l'écoulement des eaux. De là on doit conclure qu'ici les propriétaires agissent de leur propre autorité et sont pleinement les maîtres de curer, répa-rer et rectifier leur cours d'eau, comme ils le jugent à propos, tant qu'ils n'y opèrent pas de changements qui puissent être préjudiciables à quelques-uns d'entre eux, parce qu'on ne peut leur refuser le droit de régir et d'administrer leur propriété lors-qu'ils ne nuisent point à celle d'autrui. »

348. — Si le concordat ne peut avoir lieu par le refus d'un ou de plusieurs intéressés, les autres s'adressent à l'administration pour en provoquer l'intervention.

349. — Nous avons dit ci-devant que les pentes se nettoyaient d'elles-mêmes, cela se conçoit facilement. Aussi on ne voit pas les propriétaires des fonds qui les avoisinent faire entendre

second où il s'agit non du curage du lit même, mais de l'entretien des berges destinées à maintenir l'eau. Chaque riverain, en effet, doit réparer les bords de la rivière, de manière à prévenir toute déperdition de l'eau au préjudice des usines inférieures, etc. (*Note de M. Proudhon*, tome III, p. 381.)

des plaintes, des réclamations. Ce ne sont que ceux dont les propriétés avoisinent les ruisseaux sur les fractions plates, là où les eaux ne circulent qu'en temps de pluie et très-lentement.

350. — La ligne que parcourent les ruisseaux est ordinairement entrecoupée de distance en distance par des pentes et des lieux plats. Dans les contrées où cela est ainsi, il n'est pas nécessaire de demander le curage de l'entier ruisseau. Les riverains se divisent en quartiers ou sections; et lorsque l'administration n'agit pas d'office, il suffit à une section de réclamer pour la partie qui l'intéresse, en observant que le niveau légal du lit du ruisseau, renfermé entre les deux pentes, ne soit pas au-dessous du niveau de la pente d'aval; car, dans le cas que ce dernier niveau fût trop élevé, pour que l'opération procurât tout l'avantage qu'on a droit d'en attendre, faudrait-il raccorder les deux niveaux pour n'en faire qu'un seul : sans quoi il y aurait engorgement aux premières pluies, et conséquemment dépôt de vase, sable et autres matières. Bientôt le ruisseau, pour être dans un bon état, exigerait une nouvelle réparation.

351. — M. Barennes, alors préfet du département de la Haute-Garonne et actuellement conseiller à la cour de cassation, a, le 15 novembre 1832, rendu un arrêté pour les cours d'eau non navigables ni flottables.

Cet arrêté plein de sagesse, et d'ailleurs fondé en loi, applicable seulement au département de la Haute-Garonne, mérite néanmoins d'être généralement connu. Si l'on ne peut s'en servir dans les autres départements comme moyen coërcitif, il peut servir de guide dans plusieurs circonstances. Je me bornerai à ne transcrire ici que ce qui se rapporte le plus directement aux ruisseaux.

» Vu la loi du 4 mai 1803 (14 floréal an 11), portant :

» Art. 1er. Il sera pourvu au curage des canaux et rivières non » navigables, et à l'entretien des digues et ouvrages d'art qui y » correspondent, de la manière prescrite par les anciens règle- » ments, ou d'après les usages locaux, etc. »

» Vu le règlement du 7 décembre 1791, relatif au curage des cours d'eau du département de la Haute-Garonne , approuvé par le directoire de ce département, le 25 février 1792, et portant ce qui suit :

« Art. 1er. Le lit principal des rivières non navigables ou des
» ruisseaux, sera entretenu aux frais communs des municipalités
» riveraines, au prorata du nombre des toises du lit que chacune
» aura dans son territoire.

» Art. 4. Les autres fossés ou nauses, qui ne sont creusés que
» pour l'utilité des propriétaires qui y aboutissent, seront réparés
» et entretenus par les propriétaires riverains, etc. »

» Adoptant les propositions de la commission spéciale sus-mentionnée :

» Nous ordonnons que les lois et règlements dont le texte est ci-dessus transcrit seront exécutés suivant leur forme et teneur ; et en conséquence pour diriger et faciliter cette exécution ,

» Nous arrêtons ce qui suit :

» Chapitre IV.

» Du curage et de l'entretien du lit.

» § 1er. Des travaux de curage et d'entretien en général.

» Art. 45. — Il ne sera fait aucun redressement du lit des cours d'eau , à moins que ces redressements ne soient ordonnés par l'administration supérieure , ainsi que cela a déjà lieu pour plusieurs rivières , ou que les propriétaires riverains ayant un intérêt personnel à la suppression d'une ou plusieurs sinuosités n'aient préalablement offert de fournir le terrain nécessaire au nouveau cours , moyennant l'abandon de celui dont on retirerait les eaux , et en outre, de supporter tous les frais du travail ex-traordinaire et toutes les indemnités quelconques que ce redres-sement pourrait rendre nécessaires.

» Les offres des propriétaires riverains devront être approuvées par nous, et chaque redressement sera l'objet d'une décision particulière.

» Art. 46. — Les élargissements nécessaires pour rendre aux

cours d'eau leur largeur légale, se feront des deux bords, par parties égales, à compter du milieu du courant, excepté dans les trois cas ci-après :

» 1° Si les propriétaires riverains des deux côtés s'accordent pour que l'élargissement ait lieu d'une manière inégale, cet élargissement pourra être fait suivant leurs conventions.

» § 6. — Des travaux à la charge des propriétaires riverains.

»Art. 104. — Les travaux de creusement, curage, réparation et entretien du lit des ruisseaux, nauses, fossés et rigoles à la charge des propriétaires riverains, seront exécutés par lesdits riverains, ou à leurs frais par des ouvriers à la journée.

» Ils ne seront pas mis en adjudication publique.

» Art. 105. — Toutes les fois que nous le jugerons nécessaire, il sera procédé aux travaux indiqués à l'article précédent. L'arrêté qui en ordonnera l'exécution rappellera la largeur et la profondeur légale du cours d'eau, ainsi que le niveau légal du fond, conformément aux art. 1, 2 et 3 ci-dessus.

» Art. 106. — Immédiatement après la publication de l'arrêté dans chaque commune, le maire désignera, parmi les membres du conseil municipal, un commissaire qui parcourra le cours d'eau, accompagné d'un conducteur des ponts-et-chaussées ou du géomètre de la commune et des indicateurs qui seront nécessaires.

» Le maire désignera ces indicateurs sur la demande écrite qui lui en sera faite, et les fera payer sur les fonds communaux, à titre d'avance, dont le remboursement sera effectué ultérieurement. Cette visite aura pour objet de reconnaître les travaux à faire pour donner aux eaux l'écoulement nécessaire.

» Art. 107. — Le conducteur ou géomètre lèvera le plan du cours d'eau, en fera le nivellement en long et en travers. Un nivellement en travers sera pris à la limite de chaque propriété particulière sur les deux bords. Il en sera pris d'autres aux points intermédiaires, suivant les instructions qui seront données par les ingénieurs.

» Art. 108. — Il sera établi dans chaque propriété, ou au

moins à la limite commune de deux propriétés contiguës sur la même rive, un repaire de la profondeur à laquelle devra être le niveau légal du cours d'eau.

» S'il existe dans la propriété, à peu de distance du bord de l'eau, une construction solide, elle servira de repaire ; sinon, il sera planté, pour en tenir lieu, une ou plusieurs bornes en pierre, d'un mètre de longueur, solidement scellées et encastrées suivant les circonstances et d'après les instructions qui seront données par les ingénieurs. Le dessus de ces pierres sera taillé horizontalement.

» Tous les repaires seront rattachés l'un à l'autre par un nivellement commun, et leur niveau sera indiqué sur le plan général.

» Art. 109. — Les plans et nivellements seront remis à l'ingénieur ordinaire qui les transmettra à l'ingénieur en chef, pour être par lui soumis à notre approbation.

» Art. 110. — Lorsque ces opérations préliminaires seront terminées, le conducteur ou géomètre, muni des instructions qui lui auront été données par les ingénieurs en chef et ordinaire, se rendra de nouveau dans la commune pour y dresser les bulletins et avertissements à remettre aux propriétaires riverains.

» Art. 111. — Les bulletins et avertissements seront remis sans frais par les gardes champêtres à la diligence de MM. les maires qui s'en feront certifier la remise.

» Art. 112. — Chaque bulletin indiquera la nature et l'étendue des travaux à faire par le propriétaire riverain auquel il sera remis. Il sera conforme au modèle approuvé par nous, et rappellera les dimensions à donner au cours d'eau en longueur et en profondeur. Il mentionnera les repaires existants sur la propriété, et indiquera à quelle profondeur au-dessous du niveau de ces repaires, devra être établi le niveau du fond du lit du cours d'eau en ses divers points. Il sera rédigé et signé par le conducteur ou géomètre et visé par l'ingénieur ordinaire.

» Art. 113. — Toutes les fois que l'ingénieur le jugera nécessaire, il sera planté à la limite de chaque propriété, sur chaque rive, un pieu ou fort piquet, dont la tête sera enfoncée jusqu'à la profondeur à laquelle devra être établi le fond du lit. Ce pieu sera établi dans l'alignement convenable pour indiquer la largeur légale du lit ; en sorte que sa tête, enfoncée comme il vient d'être dit, se trouvera au point d'intersection du plan du fond du lit avec le talus qui devra former la berge. Si les déblais à faire pour enfoncer le pieu à la profondeur indiquée étaient trop considérables, on se bornerait à receper la tête de ce pieu à un mètre au-dessus du niveau légal du fond, et il en serait fait mention au bulletin.

» Art. 114. — Les avertissements seront signés par le maire. Ils contiendront : 1° l'injonction d'exécuter les travaux mentionnés au bulletin ; 2° l'indication des frais à payer par les propriétaires.

» Art. 115. — Ces frais comprendront : 1° les indemnités et honoraires dus aux ingénieurs et aux conducteurs ou géomètres pour les plans, nivellements, mémoires et projets généraux et particuliers des ouvrages, ainsi que les salaires des indicateurs ; 2° les dépenses faites pour le tracé, l'établissement des repaires et le battage des pieux dans chaque propriété ; 3° le transport des bulletins et avertissements à domicile ; 4° les frais de papier, impression et rédaction desdits bulletins et avertissements ; 5° les remises des percepteurs.

» Art. 116. — Les honoraires des ingénieurs seront réglés par nous conformément à l'art. 75 du décret du 25 août 1804. On portera sur les avertissements les sommes dues, non-seulement pour la préparation et la rédaction des projets, mais encore celles à payer ultérieurement pour la direction, surveillance et vérification des travaux.

» Art. 117. — Les sommes revenant aux conducteurs et géomètres sont fixées à 6 fr. par jour passé dans la localité, et dont le nombre sera constaté par un certificat du maire, et à 2 fr. par myriamètre pour les frais de voyages faits par ordre des ingénieurs ; indépendamment des sommes dues au moment de la rédaction des avertissements, il sera compté une somme à valoir, fixée par nous pour la surveillance ultérieure.

» Art. 118. — Le salaire des indicateurs est fixé à 1 fr. 50 cent. par jour.

» Art. 119. — Les honoraires des ingénieurs, les sommes allouées pour les conducteurs ou géomètres, et le salaire des indicateurs, seront réunis en une somme totale, qui sera répartie entre tous les propriétaires riverains, d'après la longueur des rives appartenant à chacun d'eux, mesurée par mètre ; ceux qui possèdent sur les deux bords devront payer en conséquence.

» Art. 120. — Les frais d'établissement des repaires, de fourniture et battage des pieux et de tracé, varieront suivant les dépenses effectivement faites pour chaque propriété. Le règlement en sera soumis à notre approbation par l'ingénieur en chef, sur le rapport de l'ingénieur ordinaire.

» Art. 121. — Les frais de transport à domicile du bulletin et des avertissements sont fixés à 5 cent. par article. Ces sommes seront payées au garde champêtre par le percepteur.

» Art. 122. — Les frais de papier, impression et rédaction des états, bulletins et avertissements, sont réglés à 45 cent. aussi par article.

» Art. 123. — Les remises allouées aux percepteurs, eu égard au peu d'importance des sommes, sont fixées à 5 p. 100 du montant des recettes.

» Art. 124. — L'état général dressé par le conducteur et visé par le maire sera arrêté par nous sur le rapport du sous-préfet, et mis en recouvrement par le percepteur, suivant les dispositions de la loi du 4 mai 1803.

» Art. 125. — Les réclamations concernant les travaux et les cotes seront jugées par le conseil de préfecture, sauf le recours au conseil d'état. A cet effet, les réclamants devront présenter une pétition en double expédition, dont une sur papier timbré, pour les réclamations relatives aux cotes au-dessus de 30 fr. appuyée du bulletin et de l'avertissement, dans la quinzaine de la remise qui en aura été faite.

» Art. 126. — Dans la huitaine, à compter du jour de la remise des bulletins et avertissements, les propriétaires riverains sont tenus de travailler ou de faire travailler aux travaux qui leur seront prescrits. Ils sont tenus d'avoir achevé lesdits travaux, dans le délai de deux mois, à partir du même jour.

» Art. 127. — MM. les maires et les commissaires spéciaux, qui seront désignés à cet effet, visiteront le plus souvent possible les travaux, et ils feront connaître leur avancement, à la fin de chaque semaine, par un rapport qu'ils adresseront régulièrement au sous-préfet. Si pendant l'exécution ils jugent la présence du conducteur ou géomètre nécessaire, ils en feront la demande à l'ingénieur en chef, et dans ce cas, il sera fait compte auxdits conducteur ou géomètre de leurs frais de voyage et de séjour, aux frais de qui il appartiendra.

» Art. 128. — A l'expiration du délai de deux mois fixé par l'art. 126, et sans qu'il soit besoin d'aucune autre sommation qu'un avis du maire, donné trois jours à l'avance, des ouvriers seront placés par ce fonctionnaire pour faire opérer le curage, d'après le détail du bulletin de chaque renitent. L'opération terminée, il dressera l'état de la dépense, d'après le nombre de journées employées et le prix courant de la localité, et cet état rendu exécutoire par le sous-préfet sera mis en recouvrement, toujours en suivant les formalités prescrites par la loi, pour le produit en être mandaté par le maire, au profit de qui de droit.

» Art. 129. — Pour tenir les états de journées d'ouvriers mis au travail aux frais et dépens des propriétaires riverains, les maires pourront commettre un chef d'atelier ou commis, à qui il sera alloué un vingtième de la dépense pour ses peines et soins. Ce vingtième sera compris dans le décompte des sommes à payer par le retardataire.

» Art. 130. — Toutes les fois que la situation de la caisse municipale le permettra, le maire est autorisé à faire payer les ouvriers sur les fonds de la commune à titre d'avance, sauf remboursement après recouvrement des états.

» Art. 131. — Si la caisse municipale n'est pas en situation de faire des avances, le maire fixera le prix des journées un peu au-dessus du prix courant, afin d'avoir égard aux retards que les ouvriers pourraient éprouver dans le paiement de leur salaire.

» Art. 132. — Les contestations qui surviendraient entre les particuliers propriétaires riverains, à l'occasion du curage ou des travaux prescrits au présent paragraphe, seront jugées sommairement par lui, ou renvoyées aux tribunaux compétents.

» § 7. — De l'entretien du lit des cours d'eau après le curage.

» Art. 139. — Les cours d'eau dont l'entretien est à la charge des propriétaires riverains, ne seront mis en adjudication qu'autant que lesdits propriétaires le demanderaient.

» Chapitre V.

» Des plaintes relatives au mauvais état des cours d'eau et des moyens d'y faire droit.

» Art. 142. — Lorsqu'une plainte sur le mauvais état d'un cours d'eau nous sera adressée par un particulier, alléguant des dommages par lui éprouvés ou imminents, il sera examiné si ce cours d'eau est l'un de ceux compris dans l'état approuvé par M. le directeur général des ponts-et-chaussées du 9 avril 1819, comme étant, en tout ou en partie, à la charge de la compagnie du Canal du Midi, ou si, n'étant pas compris dans cet état, il est d'après les dispositions du § 2 du chapitre précédent, en entier, soit à la charge des propriétaires riverains ou des propriétaires de prairies, soit à la charge de la commune.

» Art. 144. — Si le cours d'eau n'est pas à la charge de la compagnie du Canal du Midi, la plainte sera renvoyée au maire de la commune, qui examinera si le cours d'eau est à la charge des propriétaires riverains, ou à la charge des propriétaires de prairies, ou à la charge de la commune.

» Art. 145. — Si le maire reconnaît que le cours d'eau est à la charge des propriétaires de prairies ou des propriétaires riverains, et s'il reconnaît en même temps que la plainte est fondée, il enjoindra de suite, auxdits propriétaires, de prendre toutes les mesures nécessaires pour faire cesser les motifs de ladite plainte, et réparer les dommages qui auront pu être causés : il fixera un délai, qui ne pourra être de moins de dix jours ni excéder deux mois, pendant lequel les propriétaires pourront à leur gré, par des moyens et agents de leur choix, exécuter les travaux jugés nécessaires. Il notifiera sa décision à la partie plaignante. Si, à l'expiration du délai fixé par le maire, les travaux prescrits n'ont pas été exécutés, et s'il reste encore de justes motifs de plainte, le maire nous adressera un rapport motivé, et nous proposera, s'il y a lieu, de prescrire l'exécution des mesures indiquées aux §§ 5 et 6 du chapitre précédent. Ce rapport nous sera transmis par l'intermédiaire de M. le sous-préfet, qui y joindra son avis motivé.

» Les réclamations particulières relatives aux travaux seront portées par-devant le conseil de préfecture, conformément à l'art. 4 de la loi du 4 mai 1803.

» Art. 146. — S'il est reconnu ou jugé que le cours d'eau est à la charge de la commune, il sera, sur la demande motivée du maire et sur l'avis du sous-préfet, fixé par nous un délai, dans lequel la commune pourra, par des moyens et des agents de son choix, mais toujours sous la surveillance de l'administration, exécuter les travaux de curage nécessaires pour rendre libre le cours des eaux et faire cesser les plaintes des particuliers. Si, à l'expiration de ce délai, il subsiste encore de justes motifs de plainte légitime, les pétitions qui nous parviendront à ce sujet seront renvoyées à l'ingénieur en chef, qui nous proposera, s'il y a lieu, d'ordonner qu'il soit procédé, conformément aux dispositions du § 3 du chapitre précédent, à l'exécution des lois et règlements, sauf le cas où les cours d'eau ayant été mis à l'entretien, l'entrepreneur serait responsable des dommages éprouvés par les particuliers, ainsi qu'il est dit à l'art. 137, auquel cas les plaignants seront renvoyés à se pourvoir devant les tribunaux, ainsi qu'ils aviseront.

» Chapitre VI.

» Mesures de police et dispositions générales.

» Art. 151. — Seront responsables de tous les accidents qui pourraient être la suite de leur contravention, et seront poursuivis et punis conformément aux lois, les propriétaires riverains ou autres individus qui mettraient obstacle au libre cours des eaux.

» Art. 152. — Sont déclarés obstacles au libre cours des eaux toutes constructions ou plantations d'arbres ou de pieux ou piquets, et tous dépôts permanents ou momentanés ou accidentels de terres, sables, cailloux, fumiers, immondices ou choses quelconques, faits ou existants dans le lit, sur les accotements ou francs-bords, et entre les deux levées des rivières ou autres cours d'eau, et même sur les alluvions contestées, soit par la commune, soit par les propriétaires riverains. S'il n'y a pas de levée le long des bords du cours d'eau, ou si ces levées ne sont pas aux distances prescrites par les arrêtés fixant la largeur du cours d'eau, il sera réservé, entre les constructions, plantations ou dépôts, un espace, de chaque côté du milieu du cours d'eau, au moins égal à la moitié de la largeur légale, fixée pour les déversoirs, en vertu de l'art. 16 ci-dessus.

» Art. 153. — Si le cours d'eau change de lit et se rapproche des ouvrages, plantations ou dépôts anciennement faits, à quelque époque que ce soit, les propriétaires de ces ouvrages ou dépôts seront tenus de les faire disparaître dans le délai d'un mois, ou de se faire autoriser, dans le même délai, à remettre le cours d'eau dans son lit. Faute par eux de se conformer à cette disposition, ils seront poursuivis conformément aux lois, pour avoir obstrué le passage, en laissant ces constructions ou dépôts dans le lit naturel du cours d'eau.

» Art. 154. — Il sera fait, à la diligence des maires, injonction aux propriétaires dont les possessions bordent les rivières, ruisseaux et autres cours d'eau non navigables, d'avoir à arracher et enlever, dans le délai de deux mois, tous arbres, arbustes,

15

broussailles et généralement toutes excroissances de cette nature qui se trouvent actuellement implantés, soit dans le lit des cours d'eau, soit sur leurs talus intérieurs ou sur les francs-bords, dans les limites fixées aux articles précédents. Il est fait inhibition et défense à tous propriétaires d'effectuer de nouvelles plantations ou de construire aucun ouvrage en dedans desdites limites, sans une autorisation et un alignement donnés par le maire, sur le rapport du conducteur des ponts-et-chaussées, visé par l'ingénieur.

» Art. 155. — Dans le cas où, après l'expiration du délai de deux mois accordé par l'article précédent, les propriétaires riverains n'auront pas obtempéré à l'injonction qui leur sera faite conformément audit article, MM. les maires dresseront procès-verbal contre eux et les traduiront devant les tribunaux compétents pour les contraindre à l'exécution des dispositions prescrites.

» Art. 156. — Nul ne pourra pratiquer de prises d'eau dans les berges ou francs-bords des rivières et canaux qui sont à la charge des communes, sans y avoir été autorisé par nous, sur la demande du maire et l'avis des ingénieurs, conformément aux art. 11 et 12 de l'arrêté du gouvernement du 19 ventôse an 6. Les autorisations ne seront données que sous la condition d'établir un ponceau pour la continuité du marchepied sur le franc-bord.

» Art. 157. — Toutes coupures et ouvertures quelconques pratiquées dans les berges et pour lesquelles les propriétaires ne justifieraient pas d'un titre légitime, seront fermées et bouchées solidement, sans délai, de manière à intercepter toute filtration.

« » Art. 158. — Sur chacune des rives des nauses, fossés et cours d'eau qui seront déclarés servir aux irrigations publiques ou aux dessèchements généraux, l'administration est autorisée à faire établir, réserver et conserver un chemin public, ou franc-bord, d'un mètre de largeur qui sera assimilé aux chemins communaux, mais qui ne sera pratiqué que par les piétons. Ces

francs-bords ne pourront être labourés, endommagés ni inter-
ceptés par aucune clôture, coupure ni autre obstacle; ils res-
teront toujours libres au-delà des largeurs légales des cours
d'eau.

» Art. 159 . — Les indemnités qui pourront être dues à raison
de ces chemins de servitude sur les cours d'eau , le long desquels
ils ne seraient pas obligatoires, en vertu des anciens règlements,
seront payées aux riverains, d'après la fixation qui en sera faite par
les tribunaux, et les dépenses seront payées comme frais accessoires des travaux de curage des cours d'eau , ainsi qu'il est dit au
chapitre IV.

» Art 160. — Les autorisations ou concessions accordées par
l'administration sont toujours révocables à la volonté de l'administration. Elles ne pourront jamais devenir, en faveur de ceux
qui les auront obtenues, un motif valable pour réclamer des
indemnités de la part du gouvernement, dans les cas où il serait
reconnu que les établissements, créés en vertu de ces autorisations
ou concessions, sont nuisibles et doivent être détruits. Les indemnités , dans ce cas, ne peuvent avoir lieu que de particulier à
particulier, les établissements sur les cours d'eau n'ayant jamais
pu être tolérés ou autorisés qu'aux risques et périls des concessionnaires.

» Art. 161. — Les indemnités qui pourraient être dues par
des particuliers, à raison de l'exécution des mesures prescrites
ou autorisées par l'administration, seront réglées par les tribunaux sur la demande des parties.

» Art. 162. — Les contraventions au présent règlement général et aux règlements spéciaux à intervenir en exécution des dispositions prescrites par le chapitre II, seront constatées par
tous agents appelés à verbaliser en matière de grande voirie par
la loi du 19 mai 1802 et par les décrets des 16 décembre 1811
et 10 avril 1812, et poursuivies devant les tribunaux compétents,
soit à la diligence de MM. les sous-préfets et maires, soit à la
diligence de toute personne qui aurait intérêt à la répression de

ladite contravention, conformément au décret du 12 avril 1812 et à l'ordonnance royale du 9 mars 1831. »

352. — M. Curasson, dans son *Traité de la Compétence des Juges de paix*, 2me édition, tome 1er, page 499, dit : « Que, de tous les temps, ces petits cours d'eau (les ruisseaux) furent l'objet de la sollicitude de l'administration. Il cite entre autres coutumes, l'art. 479, de celle du comté de Bourgogne, en vertu duquel il était ordonné à tous échevins, prud'hommes, jurés et habitants des communautés de ce pays, de, dans six mois, faire nettoyer les ruisseaux et biez, et après les avoir mis en état, les y entre-tenir, sous réserve de se faire rembourser par les particuliers qui ont des héritages au voisinage desdits ruisseaux et des autres qui profiteront de telles réparations, selon les marchés que les-dites communautés en auront faits, et les répartiments auxquels les officiers des lieux procèderont, parties à qui le fait touche appelées ; à défaut de quoi et le susdit terme passé au regard de la première réquision, et quant à l'entretien ou secondes répara-tions à l'avenir, six mois après les réquisitions et interpellations des parties intéressées ou aucunes d'icelles, il sera procédé aux dits nettoyements et repurges, aux frais desdites communautés, sans espoir de recouvrement, et encore à peine d'amende arbitraire. »

Par note, M. Curasson ajoute qu'un arrêté du préfet du Doubs, du 24 juin 1831, *Recueil administratif*, no 22, recom-mande aux maires de faire procéder au curage des ruisseaux, en vertu de cet ancien règlement toujours exécutoire d'après le texte de la loi du 14 floréal an 11.

353. — « La loi, dit-il, du 12-20 août 1790, chapitre VI, § 4, ayant chargé les administrations « de rechercher et indiquer » les moyens de procurer le libre cours des eaux, d'empêcher » que les prairies ne soient submergées par la trop grande élé-» vation des écluses, des moulins et par les autres ouvrages d'art, » établis sur les rivières, de diriger enfin, autant qu'il est possi-» ble, toutes les eaux de leur territoire vers un but d'utilité » générale, d'après les principes de l'irrigation, » ces dispo-

sitions s'appliquent à tous les cours d'eau ; les ruisseaux ont
même un besoin plus fréquent de curage que les rivières formant
une masse d'eau qui s'écoule rapidement et dont l'influence est
beaucoup moins pernicieuse.

354. — Aussi le curage de ces différents cours d'eau est-il
recommandé dans diverses instructions ministérielles. « Les
» préfets, dit le ministre dans une circulaire du 10 décembre 1837,
» qui, depuis la loi du 28 pluviôse an 8, sont substitués aux
» administrations départementales et qui sont spécialement
» chargés de l'exécution de la loi du 14 floréal an 11, ont donc
» le droit d'ordonner d'office le curage des petites rivières et
» ruisseaux. Il y a plus, c'est un devoir pour eux ; car, ainsi que
» vous venez de le voir, la loi leur prescrit de rechercher et
» d'indiquer les moyens de procurer le libre cours des eaux et
» d'empêcher que les prairies soient submergées. »

Une autre circulaire, du 22 juillet 1838, invite encore les
préfets à pourvoir au curage des rivières non navigables et des
petits cours d'eau ; et, le 18 mars 1839, le ministre leur enjoint
de lui faire connaître quel a été le résultat des mesures prises à
cet égard, en les invitant à faire délibérer les conseils municipaux, quoique l'avis de ces conseils, sur ce point, ne soit pas
indispensable, l'administration pouvant ordonner d'office, sur la
demande des parties intéressées, le curage, dans un intérêt
général. Le ministre observe aussi que le redressement des petits
cours d'eau est un des meilleurs moyens d'en améliorer le régime ;
mais, dit-il, « l'administration n'a droit d'ordonner d'y procéder
» qu'autant qu'elle y est autorisée par les règlements et usages
» constatés ; dans l'absence de l'un et de l'autre de ces éléments,
» elle n'a d'autres moyens que la persuasion. »

355. — M. Curasson ajoute : « Enfin, tous les jours, on
voit des conseils municipaux délibérer sur la nécessité du curage
d'un ruisseau qui traverse le territoire, en exécution de la loi du
14 floréal an 11 ; une délibération semblable ayant été prise, dans
le département de la Haute-Saône, fut autorisée par le préfet

qui ordonna que le curage serait opéré par chacun des propriétaires riverains ou à leurs frais. Un riche propriétaire, refusant
d'obtempérer à cet arrêté, épuisa tous les degrés de la juridiction
administrative et judiciaire, mais en vain ; il a été forcé de payer
les frais de curage auquel la commune avait fait procéder, à son
refus, le long de ses propriétés. Se plaignant également de l'anticipation qui aurait été commise par le curage sur ses propriétés,
en donnant au ruisseau une largeur plus considérable que celle
de l'ancien lit, le conseil d'état renvoya cette question au pouvoir
judiciaire, parce qu'elle tenait à la propriété, et il succomba également devant les tribunaux, ayant été reconnu qu'il n'y avait
pas d'anticipation ; on n'avait fait que déblayer le ruisseau des
terres et graviers que la suite des temps y avait amoncelés. »

356. — J'ai rapporté littéralement tout ce que j'ai cru nécessaire pour asseoir une opinion franche sur la question de savoir
quelle était l'autorité qui avait dans ses attributions le fonds du
droit relativement au cours d'eau des ruisseaux. J'ai fait remarquer aussi combien le pouvoir municipal devrait être jaloux de
prendre l'initiative toutes les fois qu'il serait utile, sans attendre
l'urgence, de provoquer le curage des ruisseaux ou l'enlèvement
de certains barrages qui s'y forment naturellement sur certains
points, par la négligence des riverains.

357. — Je dois maintenant m'occuper des droits et des actions
appartenant aux riverains respectivement les uns contre les autres, ne comptant pas trop sur le zèle de l'autorité municipale
qui, en général, fort avide de ce pouvoir, n'en remplit bien ou
mal les fonctions que pour ce qui se rattache aux besoins jour-
naliers et aux opérations dont il faut rendre compte annuellement.
C'est la partie brute de ces fonctions, et ce n'est pas la plus utile ;
c'est ordinairement par les soins des bureaux des mairies qu'elles
commencent et qu'elles se terminent ; mais, veiller aux intérêts des
communes en dehors de ces obligations faciles à remplir, user de
prévoyance pour attirer sur elles tout le bien qu'elles ont droit
d'attendre d'une sollicitude paternelle, il y a un bien petit nombre

de maires qui en soient capables. C'est uniquement leur volonté qui est en défaut et non leur intelligence ni leur savoir. Il faudrait faire trêve à certaines affaires qui leur sont personnelles. Il faudrait sortir de l'ornière d'indifférence, quelquefois d'oisiveté, d'autres fois de certains plaisirs, permis si vous voulez, mais qui entraînent perte de temps au détriment de leurs intéressantes fonctions municipales.

Il n'est que trop vrai que cela existe. J'en ai eu la preuve maintes et maintes fois; en voici une saillante :

Lorsque le gouvernement, dans sa sagesse, comprit qu'un cadastre parcellaire était indispensable pour niveler l'impôt eu égard aux possessions respectives des citoyens, sachant bien que la répartition faite en 1792 ou 1793 avait eu trop souvent pour base l'opinion politique du propriétaire, comme aussi qu'il y avait beaucoup de parcelles omises volontairement ou par inadvertance, alors le gouvernement ordonna par préliminaire que les chemins vicinaux seraient rétablis dans leur largeur légale, les maires chargés expressément de surveiller et d'activer l'opération.

Les instances du gouvernement furent sans effet dans le plus grand nombre de communes, et le cadastre parcellaire fut terminé dans l'état où se trouvaient les chemins vicinaux.

Les usurpations commises sur ces chemins firent dès-lors, et par le fait, partie des parcelles riveraines; ce qui, dans les procès, en plantations de bornes entre riverains, est un moyen infaillible, en faveur de celui dont le champ a été agrandi au dépens du champ contigu qui, par la fraction ci-devant usurpée sur la largeur du chemin vicinal, n'a pas moins la contenance portée dans les titres de propriétés ou dans les livres terriers précédents; et puis, autre inconvénient : lorsque la commune demandera le rétablissement du chemin vicinal dans sa largeur légale, le riverain ne pourra opposer sa possession quelque longue qu'elle puisse être; et après avoir retranché sur son champ l'objet de l'ancienne usurpation sur le chemin vicinal, il sera grevé d'un déficit de contenance qu'il ne sera pas toujours en droit de demander à son voisin, quoique convaincu de le posséder sans autre titre que le fait de sa propre volonté.

Tous ces différents inconvénients n'auraient jamais existé, si les maires avaient exécuté ponctuellement les instructions réitérées, même les ordres qui leur étaient adressés par l'administration supérieure, pour le rétablissement, dans leur largeur légale, des chemins vicinaux.

358. — Lorsqu'un ou plusieurs riverains d'un ruisseau auront à souffrir de l'incurie des autres riverains, un seul moyen se présente : c'est le recours à l'autorité administrative pour un règlement général.

359. — Si, au contraire, un seul riverain a à se plaindre d'un autre riverain qui aura intercepté le libre cours des eaux, soit par son fait, soit par sa négligence, c'est au pouvoir judiciaire que l'on doit s'adresser pour obtenir des dommages et l'enlèvement des obstacles qui les ont occasionnés.

360. — Dans le premier cas, on s'adressera d'abord au maire par une demande écrite où l'on signalera, avec précision, la partie du ruisseau dont le curage est nécessaire, ainsi que les barrages formés naturellement ou de main d'homme qui arrêtent le libre cours des eaux. On y inscrira les noms et prénoms des possesseurs. On y fera mention des règlements anciens et nouveaux s'il en existe, se rapportant ou généralement ou spécialement à ce ruisseau; on invoquera notamment l'art. 50 de la loi du 14 décembre 1789, l'instruction en forme de loi de 1790, l'art. 9, titre 2, du Code rural, des 28 septembre, 6 octobre 1791, et la loi du 14 floréal an 11. On déclarera les dommages déjà soufferts et le danger imminent de laisser le ruisseau en l'état. Si quelque grande route ou quelque chemin vicinal souffre du mauvais état du ruisseau, il faudra aussi le déclarer. Après cela, on conclura à ce que M. le maire veuille bien mettre en usage les moyens qui lui sont attribués par la loi, par les instructions ministérielles et par celles de M. le préfet, afin de maintenir la salubrité dans la localité et de mettre un terme aux dommages

occasionnés par les fréquents débordements du ruisseau, sur les récoltes en céréales et sur celles des prairies naturelles ou artificielles. On ajoutera que si, malgré son intervention, M. le maire ne peut parvenir à faire mettre en bon état la partie du ruisseau signalée, on le prie d'adresser la présente plainte, avec ses observations, à M. le préfet, et de demander à ce magistrat d'y faire droit par les moyens les plus prompts, conformément aux lois.

Il n'est pas raisonnable de supposer qu'un maire, quel qu'il soit, à qui une pareille plainte sera adressée, use de négligence. Il sentira combien il est urgent d'y faire droit, sous peine d'encourir le blâme des administrés et même d'être admonesté par l'autorité supérieure.

361. — En supposant le contraire, les plaignants s'adresseront directement à M. le préfet par une pétition rédigée sur les mêmes bases de la plainte. Telle est la marche légale devant l'autorité municipale et administrative. Elle vient à bonnes fins, quel que soit l'intérêt réel ou factice des maires dans l'exercice de leurs fonctions; car les préfets sont en général des hommes recommandables, tenant à cœur de prouver à leurs administrés qu'ils sont dignes de la confiance du gouvernement. Leur pouvoir tutélaire, ils l'emploient avec empressement, lors surtout qu'on leur signale des abus en opposition avec l'intérêt de masses d'habitants, et protéger les campagnes sous le rapport de la salubrité et des produits agricoles, en maintenant dans un bon état les lits des cours d'eau quelconques, est au nombre de leurs plus sérieuses fonctions.

362.— Dans le second cas, il faut avant tout reconnaître qu'il n'y a aucun rapport entre la plainte portée devant l'autorité administrative pour un curage général et l'action portée devant les tribunaux pour un cas particulier. Elles peuvent exister simultanément sans que l'une puisse nuire à l'autre; ce sont deux choses de différente nature : l'une n'a rapport qu'au temps à venir et l'autre qu'au temps passé; l'une est pour un règlement général et l'autre pour un droit contesté d'invidu à individu.

363. — Pour savoir si l'action en dommages doit être accueillie, il est nécessaire de sonder la matière des délits et quasi-délits.

L'art. 1382 du Code civil dispose : « Tout fait de l'homme qui » cause à autrui un dommage oblige celui par la faute duquel il » est arrivé à le réparer. »

Art. 1383. « Chacun est responsable du dommage qu'il a » causé, non-seulement par son fait, mais encore par sa négli- » gence ou par son imprudence. »

Domat (1) développe le principe consacré dans ces deux arti- cles du Code civil : « Toutes les pertes, tous les dommages qui peuvent arriver par le fait de quelque personne, soit imprudence, légèreté, ignorance de ce qu'on doit savoir, ou autres fautes semblables, si légères qu'elles puissent être, doivent être répa- rées par celui dont l'imprudence ou autre faute y a donné lieu. C'est un tort qu'il a fait, quand même il n'aurait pas eu inten- tion de nuire. »

Ce serait en effet une injustice évidente que de rendre victime de la faute d'autrui celui qui n'a pu y prendre aucune part direc- tement ni indirectement.

364. — En fait de quasi-délit, celui qui est tenu des domma- ges qui en ont été le résultat n'est jamais exempt de blâme ; malgré que le fait constituant le quasi-délit ne puisse être un fait de sa propre volonté, il n'est pas moins vrai qu'il aurait pu l'empêcher. Si sa maison tombe en ruines, c'est par défaut d'entretien ou par le vice de sa construction ; si son cheval mené au pâturage s'égare ou échappe à celui qui était préposé à sa garde, c'est parce qu'il l'a confié à un gardien incapable, ou c'est parce que, connaissant son cheval indocile, vicieux, il aurait dû ne pas permettre qu'il fût mené au pâturage : ainsi il y a faute de sa part, et il est juste qu'il soit tenu des dommages qui ont

(1) Liv. II, tit. 8, sect. 4. *Des autres espèces de dommages causés par des fautes, sans crime ni délit.*

été occasionnés sur les propriétés d'autrui par la chute de sa maison, ou par l'état de liberté naturelle dans lequel son cheval s'est trouvé placé pendant plus ou moins de temps.

365. — Il n'y a entre délit et quasi-délit qu'une seule diffé-rence. Le fait constituant le délit est le résultat d'une volonté libre ; au contraire, le fait de quasi-délit est le résultat d'un événe-nement qu'on n'a pas prévu, mais qu'on aurait pu cependant prévoir.

Il résulte de cette différence que l'auteur du délit est coupa-ble, non-seulement à l'égard de la personne qui en a souffert individuellement, mais encore à l'égard de la vindicte publique qui souffre de tout mauvais exemple. Il doit donc une double ré-paration : dommages à la personne qui a souffert du délit ; peine corporelle ou amende pour le tort porté à la vindicte publique.

366. — Règle générale : le quasi-délit n'oblige que vis-à-vis de la personne qui a souffert le dommage ; la vindicte publique n'a action que toutes les fois qu'il y a volonté de nuire et fait matériel qui démontre cette volonté. C'est là le caractère du délit.

Ainsi la position de celui qui a souffert un quasi-délit n'est ni plus ni moins favorable que s'il s'agissait d'un délit bien caracté-risé. Les dommages ne sont jamais dus que dans l'exacte propor-tion de la perte éprouvée.

367. — L'auteur du dommage n'est pas toujours tenu de le réparer. C'est ainsi toutes les fois que le dommage ne résulte que de l'exercice d'un droit légal. L'art. 1382 exige qu'il y ait faute de la part de l'auteur du dommage ; le quasi-délit n'existe qu'à cette condition. Or, monté sur mon cheval, je circule au pas ordinaire dans une rue publique, lorsqu'une personne sor-tant à toute hâte d'une maison, se jette involontairement parmi les jambes de mon cheval qui lui écrase la tête, je ne suis tenu à aucun dommage ; j'exerçais un droit qui appartient à chaque individu ; mon cheval allait au pas, et ce n'est pas ma faute s'il est arrivé du mal à quelqu'un.

368. — Avant de faire l'application de ces principes à la question posée, il est encore indispensable de reconnaître si les riverains ont à leur charge le curage et l'entretien en bon état des ruisseaux. Après cet examen, la solution de la question coulera de source.

J'ai dit, au n° 347, que les riverains d'un ruisseau avaient le droit de le curer et de l'entretenir de leur propre autorité; j'ajoute qu'à l'égard de certains ruisseaux, ils y sont tenus, à la charge toutefois par eux de protéger, par là, le libre écoulement des eaux, tout en respectant les droits acquis.

Cette opinion exige un développement.

369. — Je distingue parmi les ruisseaux ceux dont le curage et l'entretien sont à la charge des communes ou des riverains, conjointement avec les propriétaires des fonds non riverains, mais qui sont ordinairement submergés par les débordements, et ceux dont le curage et l'entretien sont seulement à la charge des riverains.

Je tiens que tout riverain a la faculté du curage du ruisseau quel qu'il soit, en se conformant au règlement s'il en existe, ou en faisant, par ce curage, le bien commun. La loi ne punit que les méfaits et nullement les actions qui tournent à bien.

Il y a une grande différence entre faculté et obligation : l'exercice d'une faculté est soumis au libéral arbitre de l'individu ; une obligation forme un lien, le créancier est là qui en attend l'acquittement, en défaut il contraint le débiteur.

370. — Si le curage et l'entretien d'un ruisseau doivent être faits aux frais de la commune ou des riverains et autres propriétaires non riverains, mais qui y ont également intérêt, l'action dirigée contre le riverain, sur le motif qu'en face de sa propriété il a laissé s'accumuler des matières qui obstruent le cours des eaux, devra être rejetée par le tribunal.

L'obligation n'est pas ici personnelle au riverain attaqué, et s'il doit supporter une portion de frais dans la masse de ceux de curage et d'entretien, il n'est pas juste de lui imposer en outre la charge du curage vis-à-vis sa propriété riveraine. Sa contribution serait alors double. Le quasi-délit n'existe point ; il s'efface devant l'obligation commune de tous les intéressés au libre écoulement des eaux , et c'est à eux seulement, pris collectivement, que le reproche de négligence pourrait être adressé , et le riverain demandeur est de ce nombre : d'où il suit qu'étant tenu lui-même à contribuer aux frais de curage, il se trouve dans telle position que l'on peut rétorquer contre lui les arguments qu'il voudrait faire prévaloir contre son adversaire.

371. — Il est bien entendu, et je n'aurais nul besoin d'en parler, que si l'engorgement du ruisseau provenait d'une œuvre du riverain , d'un fait de main d'homme, il y aurait alors délit de sa part et conséquemment action fondée contre lui.

372. — Si le curage et l'entretien du ruisseau est seulement à la charge des riverains, chacun en face de son champ, tout le long de la berge de ce même champ, il me paraît évident que, dans ce cas , le riverain est tenu d'enlever d'office les obstacles qui , en face de son champ, obstruent le libre écoulement des eaux. Ce n'est plus ici une faculté, c'est une obligation imposée par la nécessité , et d'ailleurs résultant ordinairement de l'usage suivi dans la localité.

L'administration ne perd rien de ses prérogatives dans un pareil procédé. Si elle n'agit point, c'est que son intervention n'est nullement nécessaire , c'est qu'elle n'est nullement provoquée.

373. — Elle n'agit jamais d'office, si ce n'est à l'égard des cours d'eau d'un plus grand intérêt ; et puis, à quoi aboutirait son intervention sur la plainte portée contre un seul riverain ? Qu'il y eût ou non un règlement existant, elle serait forcée de se déclarer incompétente. Elle a, dans ses attributions, les règlements généraux et le partage des eaux entre tous les riverains. Le surplus rentre dans la compétence des tribunaux (art. 645 du Code civil). On retrouve les mêmes principes dans la loi sur les irrigations, du 29 avril 1845.

Or, l'administration étant incompétente, s'il était décidé que les tribunaux le sont aussi, quel serait donc le parti à prendre de la part du riverain dont les intérêts seraient violemment froissés par la négligence d'un autre riverain?

L'administration étant sans nulle difficulté incompétente, on est forcé de convenir que le cas rentre dans le domaine du pouvoir judiciaire; et, comme il est prouvé par le développement ci-dessus que, dans l'espèce, il y a quasi-délit, le riverain, à qui on a le droit de l'attribuer, doit être condamné par le tribunal à une somme de... à titre de dommages en faveur de celui qui les a soufferts, plus à l'enlèvement des immondices qui empêchent le libre cours des eaux du ruisseau.

On a vu que le point le plus essentiel pour arriver à une solution exacte était de savoir si le riverain défendeur était tenu, de plein droit ou par l'usage établi, d'entretenir constamment le ruisseau tout le long de sa propriété, dans un tel état que le cours des eaux ne fût aucunement intercepté; en effet, sans cette obligation, il n'y aurait point de quasi-délit, ni par voie de suite aucune action à exercer contre lui.

374. — M. Pardessus, dans son *Traité des Servitudes*, n° 89 de la seconde édition, page 167 : « Si, dit-il, la succession des temps ou quelque accident imprévu avait comblé le lit des eaux, les propriétaires des fonds inférieurs pourraient être contraints d'en faire le curage chacun dans l'étendue de son domaine. Nul ne serait fondé à s'y refuser, soit en prétendant que ce lit a été comblé par un événement naturel dont il ne veut pas se mêler de changer les effets, soit en invoquant la règle générale, qui ne permet pas que les servitudes consistent de la part du propriétaire du fonds assujetti à rien faire pour aider l'exercice de la servitude lorsqu'il ne s'y est pas particulièrement obligé. »

L'opinion de M. Pardessus, pour être exacte, devrait se borner au cas où le curage et l'entretien d'un ruisseau sont à la charge de chaque riverain, tout le long de son champ. Elle doit être rejetée dans tous les autres cas.

375. — M. Curasson, *Traité de la Compétence des Juges de paix*, 2ᵐᵉ édition, tome 1ᵉʳ, n'adopte pas l'opinion de M. Pardessus.

A la page 503 : « En ce qui concerne, dit-il, les juges de paix, la compétence qui leur est attribuée par notre article (art. 5 de la loi du 25 mai 1838) ne peut être appliquée que dans le cas où, en l'absence de mesures prescrites par l'administration, des intérêts purement privés sont mis en jeu : par exemple, un propriétaire d'usine pourrait se plaindre de l'encombrement du cours d'eau provenant de la faute des propriétaires supérieurs, et, dans ce cas, forcer ceux-ci à opérer le curage ; il en serait de même de l'entreprise du propriétaire inférieur qui occasionnerait l'encombrement, au moyen de reflux sur les héritages supérieurs. Mais si cet encombrement n'a été causé que par des accidents naturels, tel qu'éboulement des rives, accumulation des vases et graviers, atterrissement subit et insensible, croissance et multiplication des végétaux aquatiques, les propriétaires riverains ne pourraient être condamnés par la justice à effectuer le curage, parce qu'il n'y aurait ni faute à leur imputer, ni dommage à réparer. »

A la page suivante, il ajoute: « Cette opinion (celle de M. Pardessus) ne nous paraît point devoir être suivie. La loi du 14 floréal an 11 n'est ici d'aucune considération. Lorsque le curage d'un cours d'eau quelconque est ordonné par l'autorité administrative, cette mesure étant prescrite dans l'intérêt de la localité, les frais sont payés par contribution, et il est naturel d'en faire la répartition, non sur la généralité des contribuables, mais sur ceux qui en profitent, et suivant le degré d'avantage que chacun d'eux en retire. S'agit-il, au contraire, du curage opéré dans un intérêt privé? alors c'est une action ordinaire et personnelle, dont le fondement doit reposer sur l'une des causes d'où dérivent les obligations, le contrat, le délit ou le quasi-délit. Si c'est par la faute du propriétaire supérieur ou inférieur que le lit du ruisseau a été comblé, alors il est hors de doute que le dommage doit être réparé, l'art. 1382 du Code est applicable. Mais, dans le cas où le comblement ne provient que d'accidents naturels, quelle est la disposition législative qui pourrait être invoquée, pour contraindre ce propriétaire d'opérer le curage? L'art. 640 du Code n'impose d'autre obligation que celle de ne rien faire qui puisse empêcher l'écoulement naturel des eaux ou aggraver cette servitude. On vient de voir, n° 37, que le, etc. »

Encore je me permettrai de dire que l'opinion de M. Curasson laisse beaucoup à désirer. En opposition à celle de M. Pardessus, il aurait dû, ce me semble, y mettre plus de précision, quand il dit : « S'agit-il, au contraire, du curage opéré dans un intérêt privé, alors c'est une action ordinaire et personnelle. »

Je demanderai, moi, ce que c'est qu'un curage dans un intérêt privé, si ce n'est un curage en vertu d'un règlement existant, ou remplacé par l'usage constamment suivi dans la localité, soumettant chaque riverain à tenir toujours en bon état la partie du lit du ruisseau tout le long de son champ ?

Ici, en effet, l'intérêt privé se manifeste par la demande d'un riverain, contre un autre riverain, afin d'obtenir le curage et tels dommages provenant du débordement du ruisseau, résultat d'un dépôt de matières accumulées dans le lit, en face du champ riverain de ce dernier.

Mais M. Curasson ne l'a pas entendu ainsi, puisqu'il a dit à la page précédente: «Mais, dans le cas où le comblement ne provient que d'accidents naturels, quelle est la disposition législative qui pourrait être invoquée pour contraindre, etc. »

Il ajoute, même page, en parlant d'un ruisseau qui fait mouvoir un moulin, et dont le curage est devenu nécessaire pour faire fonctionner cette usine : « Au surplus, s'il s'élevait, devant le juge de paix, des débats sur ce point, comme il s'agirait d'une question de servitude, il ne pourrait en connaître, sa compétence se bornant à ordonner le curage, quand le droit n'est pas contesté, et à statuer sur les dommages-intérêts s'il y a lieu. La seule contestation dont pourrait connaître ce magistrat, serait celle qui s'élèverait sur le point de savoir si c'est par accident ou par le fait du riverain que le cours d'eau a été comblé; ce serait à ce magistrat à vérifier ce fait, ainsi que le dommage en résultant, et à statuer en conséquence. »

Il paraît donc que M. Curasson pense que le juge de paix ne peut ordonner le curage ni accorder des dommages que lorsque l'engorgement des eaux provient de l'œuvre du riverain. Que fera ce magistrat dans le cas contraire, c'est-à-dire lorsque le demandeur attaquera le riverain, non pas parce qu'il aura agi, mais seulement parce qu'il aura négligé de curer le ruisseau en face de son champ ?

Se déclarera-t-il incompétent pour ordonner le curage, et retenant la cause au sujet des dommages, déclarera-t-il qu'il y a ou qu'il n'y a pas lieu ?

Ou bien, retenant en entier la cause, ordonnera-t-il un curage collectif, sans dommages ou avec dommages ?

Voilà où nous entraîne le raisonnement de M. Curasson. C'est un véritable imbroglio.

En nous renfermant dans la question, il a été prouvé plus haut que l'administration était incompétente pour un règlement de riverain à riverain.

Il a été aussi prouvé que le pouvoir judiciaire était incompétent toutes les fois qu'il s'agit d'un règlement général ou entre tous les riverains.

Ces deux opinions, celle de M. Pardessus et celle de M. Curasson, se contredisent : le premier admet l'action contre le riverain négligent, le second la refuse.

376. — Cependant, je crois m'apercevoir que ces deux opinions, pour être trop absolues, ne restent pas moins que de se rapprocher. L'apparence est ici trompeuse, et cela vient de ce que ces deux auteurs n'ont pas assez sondé la matière.

L'opinion de M. Pardessus est exacte, c'est ce que j'ai déjà dit. Elle est exacte en en renfermant l'application au cas où chaque riverain est tenu, soit en vertu d'un règlement existant, soit en

16

vertu de l'usage constamment suivi qui le remplace, au curage du ruisseau tout le long de son champ. Elle est nécessairement erronée dans le cas où le curage est aux frais de la commune, ou aux frais d'une section de commune, ou encore aux frais des riverains et des propriétaires des champs non riverains, mais qui ne souffrent pas moins des débordements, et qui, pris collectivement, contribuent aux frais du curage eu égard à leur intérêt respectif, sans s'arrêter au plus ou moins d'étendue des champs. Dans l'un de ces trois cas, il ne peut y avoir de quasi-délit, puisque l'obligation du curage n'est point personnelle.

377. — L'opinion de M. Curasson est aussi exacte en la renfermant dans tous les cas autres que celui où chaque riverain est personnellement tenu du curage tout le long de son champ.

378. — Supposons qu'un règlement de l'administration publique ait réglé le curage de l'entier ruisseau ou de l'entière partie qui intéresse la commune, ou une section de commune, ou bien les riverains et autres propriétaires, et que les frais de curage aient été aussi réglés dans des proportions établies dans ce règlement. Dans ce cas, l'opinion de M. Pardessus est inadmissible.

Supposons encore qu'au lieu d'un règlement administratif, les intéressés au curage l'aient remplacé par un concordat, soit devant le maire, soit devant un notaire, portant en outre nomination d'un syndic pour agir dans leur intérêt collectif, l'opinion de M. Pardessus n'est pas plus applicable dans ce second cas que dans le premier.

379. — Je dois de plus supposer l'intervention de l'administration qui, par un règlement général, impose aux seuls riverains l'obligation du curage, chacun en face et tout le long de son champ, ou bien supposons un concordat contenant les mêmes dispositions, ou, en l'absence de l'un et de l'autre, un usage, dans ce même sens, constamment suivi sans plainte ni refus : dans aucune de ces trois suppositions, l'opinion de M. Curasson ne peut être admise.

380. — Or, la doctrine des deux auteurs n'est vicieuse qu'en ce qu'ils n'ont pas porté leurs vues sur les différents cas qui peuvent se présenter, et l'on ne peut pas dire qu'ils aient erré. L'un et l'autre ont raisonné sur des faits différents, existant réellement, et voilà pourquoi leur doctrine paraît différente.

Je ne fais pas difficulté de croire que M. Curasson n'eût adopté la doctrine de M. Pardessus, si on lui avait proposé la question de savoir si le riverain négligent n'était pas tenu de dommages-intérêts dans le cas où le curage du ruisseau était à sa charge personnelle en face de son champ.

Comme aussi que M. Pardessus n'eût adopté celle de M. Curasson dans le cas contraire.

Si je ne me trompe, ce n'est pas une surcharge que de distinguer ici les différents cas de curage et d'appliquer en conséquence des règles différentes; car il me serait difficile de comprendre qu'un riverain, qui n'est tenu qu'à fournir une part contributive dans la masse des frais de curage, fût en même temps assimilé à celui qui est tenu personnellement au curage de la fraction de ruisseau contiguë à son champ. Il serait considéré comme tenant deux positions : l'une émanant de la réunion collective de tous les intéressés, l'autre étant purement personnelle, il fournirait une contribution plus que double, et ce serait une injustice; le riverain qui figure dans cette espèce d'association représentée par un chef, qui agit pour tous et au nom de tous les intéressés, ne peut être attaqué individuellement, si ce n'est à raison d'un fait qui lui fût personnel, et par voie de suite en dehors des obligations résultant d'un quasi-délit. Cette décision indique une décision contraire dans l'autre espèce.

381. — M. Garnier, dans son *Traité du Régime des Eaux*, 1re édition, page 91, enseigne : « Les fonds inférieurs, dit l'arti- » cle 640 du Code civil, sont assujettis envers ceux qui sont plus » élevés à recevoir les eaux qui en découlent naturellement sans » que la main de l'homme y ait contribué. »

» **Par** une conséquence nécessaire de cette obligation, le même article ajoute que le propriétaire inférieur ne peut point élever de digue qui empêche cet écoulement, ce qui est conforme au principe consacré par l'art. 701 du même Code, que le propriétaire du fonds débiteur de la servitude ne peut rien faire qui tende à en diminuer l'usage ou à le rendre plus incommode.

» Tels sont les premiers principes qui dominent toute la matière des eaux, qu'il ne faut jamais perdre de vue dans toutes les questions qui s'y rattachent.

» De là nous pouvons sur-le-champ tirer la conséquence contraire à l'opinion de **M.** Merlin (*Répertoire*, **Eaux** pluviales) et à la loi romaine sur laquelle il l'appuie, que si le lit du cours d'eau se trouve comblé, ou par la négligence du propriétaire inférieur à le curer, ou même par un événement quelconque indépendant de sa volonté, le propriétaire supérieur peut le contraindre à remettre à ses frais, les choses dans leur état ordinaire, et en cas de refus, se faire autoriser à faire les travaux nécessaires, au dépens du propriétaire inférieur : celui-ci ne pourrait opposer que l'obligation de servitude se réduit à souffrir et ne s'étend pas à faire ; on lui répondrait avec raison que, d'après les principes de notre nouvelle législation, cette règle ne peut en général s'appliquer qu'aux servitudes conventionnelles ; mais qu'en matière de servitudes imposées par la disposition du lieu, *ex natura loci*, en matière de cours d'eaux, nos lois assujettissent formellement, ainsi qu'on le verra plus bas, les propriétaires inférieurs à faire le curage le long de leurs héritages. Chacun d'eux ayant la jouissance des eaux, pouvant les employer à faire mouvoir ses usines ou à fertiliser ses terres, suivant ce que nous expliquerons ailleurs, doit, par une conséquence nécessaire, entretenir en bon état les bords et le fond de leur lit. »

382. — En rapportant l'opinion des auteurs pour ou contre, et en émettant la mienne sur la question de savoir si le riverain négligent ne devait pas être condamné au curage du ruisseau pour la partie tout le long de son champ, et à payer le dommage déjà souffert, lorsque l'obligation d'un tel mode de curage résul-

tait, ou d'un règlement administratif, ou de l'usage constamment suivi, je n'ai su apercevoir qu'une difficulté de fait, c'est celle relative à la preuve que ces dommages sont le résultat de l'encombrement signalé.

383. — Le défendeur ne manquera pas d'invoquer l'art. 640 du Code civil qui, dans son premier alinéa, dispose que le propriétaire inférieur ne peut point élever de digue qui empêche l'écoulement des eaux. Il conclura de là que, n'étant pas tenu de faire le curage et n'étant l'auteur d'aucun fait personnel qui ait empêché ledit écoulement, la demande qui lui est adressée est sans fondement. Il prétendra subsidiairement que l'encombrement naturel du ruisseau, en face de sa propriété, n'a occasionné aucun dommage au demandeur; que le débordement du ruisseau provient de toute autre cause, notamment du défaut de pente ou du défaut de curage par les autres riverains inférieurs; ou, enfin, de ce que, du côté d'aval, à une distance plus ou moins rapprochée, le lit du ruisseau ainsi que son ouverture sont établis sur des dimensions insuffisantes, étant moindres que du côté d'amont.

384. — Le juge, qui décidera la question de droit en faveur du demandeur, devra examiner scrupuleusement les conclusions subsidiaires du défendeur : il y aura des cas où les débordements ne seront pas seulement le résultat de l'encombrement du ruisseau en face de sa propriété, d'autres circonstances pourront y avoir contribué. La visite des lieux, les preuves fournies de part et d'autre, les renseignements que le juge pourra facilement se procurer avec les autres riverains et certains habitants de la contrée, les experts qu'il lui est libre d'appeler, tout cela doit être suffisant pour asseoir une opinion exacte sur la quotité des dommages soufferts.

385. — Toujours est-il certain que le riverain défendeur doit être condamné à enlever vis-à-vis de sa propriété tous obstacles au libre écoulement des eaux, ainsi qu'au paiement pour dommages d'une somme plus ou moins forte, selon l'appréciation du juge, par les moyens que je viens d'indiquer.

Le riverain le plus répréhensible est sans doute celui qui, de l'autre côté du ruisseau, exactement en face de sa propriété, voyant tous les ans opérer par son voisin le curage jusqu'à la ligne séparative des deux propriétés dans le lit du ruisseau, se permet de s'endormir sur une indolence coupable, à tel point que, du côté du riverain vigilant, la moitié lui appartenant sur le lit du ruisseau forme un fossé profond dont les deux berges sont une des deux appartenant au ruisseau et celle formée par l'amas de vase, de sable et autres matières sur l'autre moitié dudit lit.

Celui-là qui se permet de sacrifier ainsi ses propres intérêts, en faisant en même temps un mépris complet des intérêts d'autrui, ne peut trouver d'excuse; il est trop évident que les débordements du ruisseau sont le résultat de sa négligence; car, dans quel motif son voisin fait-il tous les ans l'opération du curage, si ce n'est pour les empêcher? Le moyen n'est pas suffisant; il le serait si l'autre riverain suivait son exemple.

386. — Malgré que, dans le cours de la discussion, l'occasion se soit présentée plus d'une fois de désigner le juge de paix comme compétent, non-seulement pour ordonner le curage d'un ruisseau vis-à-vis la propriété du riverain, là où ce riverain a laissé amonceler des matières formant un quasi-barrage, mais encore pour les dommages prétendus, il est nécessaire que j'entre ici dans quelque détail pour fixer cette compétence.

La loi du 25 mai 1838, sur les justices de paix, en proroge les attributions. Il n'entre pas dans mon plan d'en faire le commentaire, il me suffit de me renfermer dans ce qui a trait au curage des ruisseaux et aux dommages qui ont pu être occasionnés par les débordements; ce sera donc des quasi-délits que je m'occuperai seulement, laissant les dommages provenant des crimes, délits et contraventions. Cette matière n'ayant aucun rapport avec la question traitée au sujet des ruisseaux, serait déplacée dans mon ouvrage, tout aussi bien que la matière des actions possessoires; et je prie ceux qui me feront l'honneur de me lire de tenir compte de cet avis qui, pour ne pas me répéter, sera censé écrit en tête de chacune des pages suivantes, jusqu'à la page où je passerai à d'autres questions.

L'art. 5 de cette loi dispose : « Les juges de paix connaissent » également sans appel, jusqu'à la valeur de 100 francs, et à » la charge d'appel, à quelque valeur que la demande puisse » s'élever :

» 1° Des actions pour dommages faits aux champs, fruits et » récoltes, soit par l'homme, soit par les animaux, et de celles » relatives à l'élagage des arbres ou haies, et au curage, soit des » fossés, soit des canaux servant à l'irrigation des propriétés ou » au mouvement des usines, lorsque les droits de propriété ou » de servitude ne sont pas contestés. »

La première partie de cette disposition est exactement conforme à la loi de 1790. Mais, en vertu de cette loi, le juge de paix n'était souverain que lorsque la demande en dommages était bornée à 50 francs. Il connaissait aussi de la demande à la charge d'appel, à quelque valeur qu'elle pût s'élever.

Placé dans les attributions de la justice de paix, le droit de juger, à quelque valeur que la demande puisse s'élever, semble d'abord une attribution exorbitante; mais elle se justifie par le contact facile du juge de paix avec ses justiciables et par les moyens économiques de se procurer les preuves et les renseignements nécessaires pour l'appréciation de la demande ; plus, par l'intérêt de l'agriculture vis-à-vis de laquelle les formes et délais d'une procédure devant le tribunal d'arrondissement seraient un préjudice réel, sans compter les frais qui, en pareil cas, seraient presque toujours hors de toute proportion avec les dommages soufferts; d'ailleurs, le droit d'appeler de la sentence est une garantie suffisante.

387. — Dommages faits aux champs, fruits et récoltes.

Pour les fruits et récoltes, il y a action en dommages toutes les fois que, par négligence ou inadvertance, un tiers empêche un arbre de porter son fruit, ou le détruit en totalité ou en partie, ou en arrête le développement. Toutes les fois qu'il foulera les récoltes, les prairies naturelles ou artificielles, ou les laissera submerger, détruira les clôtures, les semis, les plantations, les bois taillis, les futaies, et en un mot tous autres objets qui entrent en ligne de compte dans les produits agricoles, y compris même ceux d'agrément qui, faisant corps avec le champ agricole, ne s'alimentent et ne prospèrent que par le suc qu'ils en retirent.

388. — La chose n'est pas aussi facile lorsqu'il s'agit de la submersion d'un champ dépouillé de récolte. Quoi qu'il en soit, il me paraît évident que le législateur n'a pas exigé, pour que l'action en dommages fût recevable, que le champ fût ensemencé ou couvert d'une récolte près ou éloignée de sa maturité; il a voulu autoriser l'action en dommages toutes les fois qu'on pourrait présumer de leur existence : ainsi, c'est le fait seul qui doit justifier l'action.

Les demandes les plus ordinaires en fait de dommages provenant du débordement d'un ruisseau s'appliqueront aux champs qui ont reçu semences ou sur lesquels la récolte est excroissante, plus aux champs labourés ou non labourés.

Dans l'un comme dans l'autre cas, l'évaluation des dommages sera le résultat de l'opinion d'experts pris dans la classe des cultivateurs, parmi les habitants de la contrée.

Dans le premier cas, ils auront, pour point de départ, le produit commun des années précédentes. Ils évalueront ensuite par quote la perte occasionnée par le débordement; ainsi, par exemple, le produit d'une année commune serait à dix, la perte présumée fixée à une moitié; la somme des dommages équivaudra dans ce cas à la valeur de cinq déterminée suivant la nature des grains et le prix commun des trois dernières années, d'après les fourleaux de la localité.

Dans le second cas, où il ne s'agit pas de semences ni de récoltes excroissantes, si le champ n'est point labouré, les dommages seront d'une bien faible valeur; il y aura cependant à considérer la privation de mener paître les bestiaux sur le champ qui a été submergé, le retard dans le labourage et le danger des eaux croupissantes avec celui de l'humidité existant plus ou moins de temps, après qu'elles sont rentrées dans leur lit ordinaire. ·

Si le champ est labouré, il faut joindre aux inconvénients que je viens de signaler, que les eaux stagnantes imbibent le labour dans toute sa profondeur et enlèvent par là au champ les sels qui le fécondent. Les dommages doivent être alors moins faibles que ceux à l'égard d'un champ non labouré.

389. — Il est de principe que, malgré l'appréciation donnée par les experts, le juge ne reste pas moins libre de faire lui-même une appréciation; il a ce droit en vertu de l'art. 323 du Code de procédure civile, portant : « Les juges ne sont point as- » treints à suivre l'avis des experts, si leur conviction s'y op- » pose. »

390. — « La compétence du juge de paix, dit M. Curasson, tome 1er, page 463, n'est pas bornée aux réparations civiles des crimes, délits ou contraventions qui détruisent ou endommagent les propriétés rurales ; il connaît également des dommages occasionnés par des quasi-délits; si, par exemple, des fruits et récoltes sont détériorés par la négligence ou l'imprudence du voisin ; que, de cette manière, des plaies ou autres dégâts aient été faits à des arbres, haies ou arbustes. Il en serait de même des entreprises, travaux ou constructions qui causeraient préjudice au terrain contigu; des fouilles de sable, marne, etc., qui, pratiquées trop près de l'héritage d'autrui, en auraient causé l'éboulement; de l'abattage d'un arbre qui aurait endommagé la propriété voisine d'une manière quelconque et même la chute d'un édifice qui, jusqu'à preuve contraire, doit être attribuée à la négligence du propriétaire, au défaut de réparations plutôt qu'à l'effet de la force majeure.

» Les dégradations ou dommages commis par les entrepreneurs de travaux publics seraient aussi de la compétence du juge de paix, à moins que les dépôts ou enlèvement de terres n'aient eu lieu sur des terrains désignés par l'autorité administrative, en vertu des lois des 16 septembre 1807 et 21 mai 1836, cas auquel c'est au conseil de préfecture à régler l'indemnité due au propriétaire.

» Il serait difficile de prévoir tous les cas qui peuvent donner lieu à l'action pour dommages causés aux champs, fruits et récoltes ; il suffit de rappeler la disposition des art. 1382 et 1383 du Code civil : « Tout fait quelconque de l'homme qui cause à autrui » un dommage, oblige celui par la faute duquel il est arrivé à le » réparer. — Chacun est responsable du dommage qu'il a causé, » non-seulement par son fait, mais encore par sa négligence ou » par son imprudence. »

» C'est l'application de ces articles que la loi confère aux juges de paix en ce qui concerne les dégâts ruraux. »

391. — J'observe que, toutes les fois qu'il s'agira d'un dommage autre que celui fait aux champs, fruits et récoltes et autres compris dans l'art 5 de la loi, le juge de paix sera compétent, non pas en vertu de cet article, mais bien en vertu de l'art. 1er, qui borne son pouvoir jusqu'à la valeur de 100 fr. en dernier ressort, et de 200 fr. à charge d'appel. L'art. 5 contient une disposition spéciale, et celle de l'art. 1er est générale.

392. — J'observe aussi qu'un dégât, occasionné par un tiers volontairement ou involontairement à une propriété bâtie dans les champs, n'est point au nombre de ceux prévus par l'art 5. Il en résulte une action ordinaire qui sera portée devant le juge de paix ou le tribunal d'arrondissement, selon que la demande n'excèdera pas ou excèdera 200 fr. Les propriétés bâties ne sont pas des champs, et toute exception à une règle générale doit être appliquée strictement selon ses termes.

393. — L'action résultant de l'art. 5 est une action personnelle, et ce serait une erreur que de la confondre avec l'action possessoire pour prétendre que le juge de paix n'est dans ce cas jamais compétent en dernier ressort.

Il est bien vrai que cela est ainsi par rapport aux actions possessoires. Elles appartiennent à la classe des actions immobilières ;

la valeur des dommages n'est que l'accessoire de la demande tendant à être réintégré dans la possession de l'immeuble, et cette possession est toujours d'une valeur indéterminée.

L'art. 5 de la loi ne laisse aucun moyen de contestér. Il déclare que le juge de paix est souverain jusqu'à 100 fr., et que pour une plus forte demande, à quelque somme qu'elle puisse s'élever, il jugera à charge d'appel.

394. — A la vérité, l'art. 10 de la loi de 1790, s'occupant des actions possessoires, contenait les mêmes expressions, sauf qu'au lieu de 100 fr. le juge de paix n'était souverain que jusqu'à 50 fr. Le législateur de 1790 n'avait pas prévu la difficulté. C'est une lacune dans la loi, et il a fallu la doctrine et la jurisprudence pour mettre un terme aux débats qui en étaient la suite ; aussi, avant la nouvelle loi, ce point ne faisait plus question depuis quelques années ; et, pour éviter à l'avenir toute espèce de difficulté, cette loi porte :

Art. 6. — « Les juges de paix connaissent en outre à charge
» d'appel : 1° des entreprises commises dans l'année sur les
» cours d'eau servant à l'irrigation des propriétés et au mouve-
» ment des usines et moulins, sans préjudice des attributions
» de l'autorité administrative, dans les cas déterminés par les
» lois; des dénonciations de nouvel œuvre, complaintes, actions
» en réintégrande et autres actions possessoires fondées sur des
» faits également commis dans l'année; 2° des actions en bor-
» nage, etc. »

395. — J'ai dit que l'action résultant de l'art 5 de la nouvelle loi était une action personnelle : cela me paraît évident, à la différence de l'action possessoire ; ici les dommages constituent la demande principale, les parties n'ayant nullement à contester sur la possession de l'immeuble ou de l'objet qui y est incorporé, et à raison duquel il a été intenté l'action en dommages ; car, lorsqu'il arrivera que le défendeur élèvera une question de propriété ou de servitude, le juge de paix se déclarera incompétent ou tout au moins déclarera qu'il sera sursis au jugement de la

demande jusqu'à ce que les parties auront fait vider la question de propriété par le tribunal d'arrondissement.

396. — Il ne faut pas perdre de vue qu'il ne suffit pas au défendeur d'alléguer un droit de propriété, ou tout autre droit immobilier, pour décliner la compétence du juge de paix. Ce serait trop de facilité pour l'homme chicaneur, capricieux ou injuste; non, le juge de paix a nécessairement le droit d'apprécier l'exception par rapport à sa compétence.

Cette exception ne mériterait aucun examen, si elle n'était appuyée sur un titre présenté (1). Un droit réel ou immobilier repose toujours sur un titre écrit, sauf le cas d'une possession suffisante pour autoriser la complainte; mais dans ce dernier cas il n'y aurait point de déclinatoire à proposer : le juge de paix resterait nanti de l'affaire comme compétent tant pour l'exception que pour la demande. L'exception constituerait une question préjudicielle qui, après instruction convenable, subirait jugement conjointement avec la demande par un seul et même prononcé.

397. — Il suit de là, laissant à part l'exception dont je viens de parler, que l'action en dommages contre le riverain qui aura négligé le curage du ruisseau en face de sa propriété sera une action personnelle; le curage, qu'il soit ou non l'accessoire de la demande, ne peut soulever une question de propriété ni toute autre appartenant aux actions immobilières.

398. — Quant au sursis dont s'agit au n° 395, M. Curasson, page 455, tome Iᵉʳ, enseigne qu'il ne doit pas être prononcé ; que la cause doit être renvoyée devant le tribunal d'arrondissement qui jugera, non-seulement la question de propriété, mais encore celle relative aux dommages.

« Plusieurs auteurs, dit-il, adoptent l'opinion contraire. C'est la demande, disent-ils, qui fixe la compétence; il ne peut dépendre du caprice du défendeur de l'éluder par des exceptions de mauvaise foi. Si dans ce cas le juge de paix était entièrement

(1) M. Curasson, tome Iᵉʳ, p. 454 et 455.

dépouillé de la connaissance de la cause, il serait donc obligé de condamner aux dépens un demandeur, qui, loin d'avoir à s'imputer aucune faute, n'aurait fait que remplir le vœu de la loi, en formulant une demande qui rentrait exclusivement dans les attributions du juge auquel il l'a soumise. Ces auteurs conviennent que le texte de la loi présente une objection contraire à leur système ; mais, ajoutent-ils, ce serait en interpréter judaïquement les termes, que de prétendre enlever au juge de paix toute juridiction dans le cas où la propriété est contestée ; cette interprétation ne reposerait que sur l'argument *à contrario*, dont chacun connaît le danger (1). »

M. Curasson appuie sa doctrine sur de très-bonnes raisons. « D'abord, dit-il, le texte de la loi est on ne peut pas plus clair. S'il eût été dans l'intention du législateur de ne renvoyer aux tribunaux ordinaires que la question de propriété, la loi aurait dit, qu'en ce cas le juge de paix sursoierait de prononcer jusqu'à ce qu'il eût été statué sur cette question préjudicielle, ainsi que cela est prescrit en matière correctionnelle ou de police. Au contraire, la loi n'attribuant aux juges de paix la connaissance des actions pour dommages faits aux biens ruraux, ainsi que celles relatives à l'élagage des arbres et au curage des fossés, que lorsque les droits de propriété ou de servitude ne sont pas contestés, il est bien évident que la compétence cesse en cas de contestation sur ce point, etc.

» Quant aux dépens, si le défendeur succombe dans son exception de propriété, il est vrai qu'il serait injuste d'y condamner le demandeur qui n'a fait que suivre la marche de la loi, en saisissant le juge de paix d'une demande qui rentrait dans ses attributions ; mais, comme il a été observé plus haut, il est facile d'éviter cet inconvénient, en réservant les dépens pour y être statué par le juge auquel la cause est renvoyée ; ce qui se pratique dans tous les cas de renvoi pour cause de connexité. »

(1) *Commentaire de M. Masson*, p. 111 ; Bénech, p. 176.

399. — J'embrasse l'opinion de M. Curasson, je l'envisage comme la plus saine. En effet, les justices de paix sont des tribunaux d'exception, leurs attributions sont un démembrement de celles appartenant naturellement aux tribunaux d'arrondissement; ainsi, lorsqu'en matière civile, il se présentera des difficultés sur le point de savoir à laquelle de ces deux autorités appartient l'action, il faudra se déterminer pour l'incompétence des justices de paix, toutes les fois qu'il ne se rencontrera pas de loi portant nommément l'attribution exceptionnelle.

Or, dans l'espèce, les demandes pour cause de dommages aux champs, fruits et récoltes, par les hommes ou les animaux, ne sont attribuées aux justices de paix que sous la condition que les droits de propriété et de servitude ne soient pas contestés. Ces termes de la loi sont clairs et précis, et je ne sais apercevoir qu'il soit nécessaire d'une explication judaïque pour en faire ressortir l'incompétence des justices de paix, même pour les dommages; embrasser la doctrine contraire serait plutôt faire violence à la lettre du texte dont l'expression est d'ailleurs conforme aux vrais principes. La condition manque, l'attribution manque aussi, celle-ci dépend de l'autre et dès-lors le droit commun reste dans son entier.

400. — Ceci me conduit à examiner si, par la raison que l'art. 5 de la loi dispose que les juges de paix connaissent des actions relatives au curage, soit des fossés, soit des canaux servant à l'irrigation des propriétés ou au mouvement des usines, il ne faudrait pás décider qu'ils sont incompétents pour connaître des actions relatives au curage des ruisseaux, desquels la loi ne dit absolument rien.

Une simple explication suffira pour faire disparaître toute difficulté à ce sujet.

On a vu que le principe généralement reconnu désigne l'administration publique comme seule compétente pour ordonner le curage des rivières et ruisseaux, et que ce n'est que lorsqu'il y a une contestation particulière entre certains riverains, soit pour le partage des eaux, soit à l'occasion des barrages ou des quasi-barrages, provenant du fait de l'homme ou simplement de sa négligence, que les tribunaux étaient seuls compétents pour prononcer sur les dommages prétendus et sur la cause qui peut les occasionner.

L'art. 5 de la loi porte, dans la compétence des justices de paix, entre autres actions, et lorsque les droits de propriété ou de servitude ne sont pas contestés : 1° celles pour dommages faits aux champs, fruits et récoltes, soit par l'homme, soit par les animaux; 2° celles relatives à l'élagage des arbres ou haies; 3° celles relatives au curage, soit des fossés, soit des canaux servant à l'irrigation des propriétés ou au mouvement des usines.

Les fossés et canaux dont parle la loi ne sont nullement d'intérêt public ; aussi ne sont-ils pas compris dans le domaine de l'administration ; et dès que le législateur entendait les comprendre dans le domaine des justices de paix, par préférence aux tribunaux d'arrondissement, il était indispensable que la loi en portât une disposition expresse.

Sans cela, il y aurait eu débats, d'abord sur la compétence ; et puis, en se déterminant pour la compétence des justices de paix, sur la question de savoir si les dommages devaient être demandés en vertu de l'art. 1er ou de l'art. 5.

En retranchant de l'art. 5 la mention du curage des fossés et canaux, il y aurait eu une lacune dans la loi.

Je conçois très-bien que, par rapport aux dommages occasionnés aux champs, fruits et récoltes, par le défaut de curage des fossés ou canaux, le demandeur aurait été fondé d'invoquer l'art. 5. Mais il n'en serait pas ainsi par rapport aux dommages soufferts par les propriétaires d'usines. La demande serait en dehors de la compétence des justices de paix, toutes les fois que les dommages seraient portés à une somme excédant 200 fr., par la raison que, n'existant point dans la loi de règle exceptionnelle à l'égard des usines, on ne pourrait agir devant les justices de paix qu'en vertu de la disposition générale de l'art. 1er.

Les cours d'eau proprement dits et leurs lits devant être règlementés par l'administration, il est bien évident que le curage, considéré dans l'intérêt général, ne peut donner lieu à des actions de la compétence des justices de paix, ni même des tribunaux d'arrondissement, et que la loi dont s'agit n'a pu ni dû s'en occuper.

Mais, conclure de là que les justices de paix sont incompétentes pour ordonner l'enlèvement d'un barrage ou d'un quasi-barrage dans l'action en dommages dirigée par un riverain contre un autre riverain, c'est confondre les espèces et renverser une théorie simple et facile.

401. — L'action pour dommages aux champs, fruits et récoltes, dévolue aux justices de paix, résulte explicitement de l'art. 5 de la loi qui, en désignant les hommes et les animaux qui les ont faits ou occasionnés, a entendu faire, quant à ce, une disposition générale, embrassant absolument tous les cas dommageables autres que ceux de force majeure.

Cette disposition législative, s'agissant d'intérêts purement privés, n'a pas été imaginée pour exclure l'administration, elle l'est de plein droit par la nature de ses fonctions ; elle a été imaginée seulement pour exclure les tribunaux d'arrondissement dans tous les cas, sauf leur intervention en cas d'appel.

La demande des dommages est ici principale, aussi elle constitue une action personnelle. Elle repose sur un fait ou une négligence imputée à un riverain ; et il serait par trop extraordinaire qu'en prononçant condamnation à l'égard des dommages, la même autorité ne pût prononcer sur l'objet qui les a occasionnés. En procédant ainsi, il s'ensuivrait une multiplication d'actions en dommages, et les mêmes parties seraient exposées à revenir presque journellement, pour la même cause, devant la même autorité.

Ce n'est pas de cette manière que les affaires se traitent parmi les hommes civilisés. Le plus simple bon sens indique que l'autorité appelée par la loi à prononcer sur les dommages est nécessairement appelée à prononcer en même temps sur l'objet qui les a occasionnés, comme pur accessoire de la demande en dommages. La loi ne protége jamais le caprice, elle veille au contraire au maintien de la paix et du bon ordre (1).

402. — M. Curasson, tome Ier, page 470 : « Mais une fois que le dommage a été causé, le juge de paix, saisi de la demande en répression, peut ordonner la destruction des ouvrages, si elle est demandée et qu'elle soit jugée indispensable, afin de prévenir tous dégâts ultérieurs. En investissant ce magistrat de la connaissance des actions pour dommages causés aux champs, fruits et récoltes, le but de la loi, à ce qu'il me paraît, a été de prévenir le dommage futur, aussi bien que de réparer le dommage présent. La réparation serait incomplète, si le demandeur se trouvait exposé à subir demain le même inconvénient que ceux dont il se plaint aujourd'hui, et que le juge fût dans l'impuissance d'y mettre ordre ; sa décision alors ne mènerait qu'à de nouveaux combats sur la même question et pour le même objet.

403. — » C'est à l'administration, il est vrai, qu'appartient la police des eaux : néanmoins, lorsqu'elle n'a encore pris aucune mesure relative à leur cours, le pouvoir judiciaire, saisi d'une contestation concernant les intérêts privés, est compétent pour faire reconnaître et ordonner les travaux nécessaires, afin de prévenir les débordements ; ainsi décidé par un décret impérial du 23 mai 1810, qui a cassé un arrêté de conflit qu'avait pris le préfet du département du Cantal.

» Ainsi, les tribunaux et le juge de paix, soit en matière possessoire, soit en ce qui concerne les dommages faits aux champs, fruits et récoltes, sont non-seulement appelés à statuer sur les dommages-intérêts résultant de l'inondation ; ils doivent, en même temps, faire lever les obstacles qui s'opposent au libre écoulement des eaux, sans pouvoir toutefois modifier les mesures

(1) Cette décision n'est pas applicable au barrage autorisé administrativement, malgré que les dommages occasionnés par la trop grande élévation des eaux soient dus.

17

prises à cet égard par l'administration, ni faire détruire les établissements qu'elle a autorisés. »

On peut encore consulter M. Curasson, tome Ier, depuis p. 448 jusqu'à p. 475. On y puiserait, si cela était nécessaire, la conviction que la compétence des justices de paix est incontestable toutes les fois qu'il s'agira de dommages aux champs, fruits et récoltes, n'importe le moyen qui les aura occasionnés, pourvu qu'on puisse l'attribuer aux hommes ou aux animaux.

404. — Je crois cependant utile de citer ici un arrêt de la cour de cassation, rapporté par le même auteur, tome Ier, page 453 :

« Comme on le verra bientôt, dit-il, l'arrêté administratif, qui fixe la hauteur des eaux, ne saurait dispenser le propriétaire de l'usine de réparer le préjudice qui peut résulter de leur élévation ; ainsi, lors même que le défendeur n'eût pas dépassé cette fixation, il n'était pas moins responsable du dommage si son écluse en avait occasionné. Dès l'instant donc qu'il ne s'élevait aucune question de propriété ou de servitude, l'affaire restait dans les limites de la compétence qu'attribuait aux juges de paix la loi de 1790, dont notre article n'a fait que reproduire la disposition.

» C'est ainsi que la cour de cassation appliquait cette disposition. Les sieurs Vignat et consorts ayant le droit de prendre les eaux dans une rivière pour l'irrigation de leurs prés avaient construit, à cet effet, une écluse qui faisait parvenir les eaux à la hauteur d'un canal d'irrigation ; et dans une nuit, pendant laquelle ils avaient fait baisser, comme de coutume, l'empellement de leur écluse, il survint une pluie abondante qui fit refluer les eaux sur l'autre rive, à tel point que les secondes herbes de trois prés affermés aux sieurs Délorme et consorts furent entièrement avariées. Cités en réparation du dommage, les sieurs Vignat déclinèrent la compétence du juge de paix, lequel rejetant le déclinatoire, condamna les défendeurs à 575 fr. de dommages-intérêts, et sur l'appel le tribunal de Trevoux infirma

la sentence : « 1° parce que le dommage dont on demandait la
» réparation n'avait pas été fait ni par les hommes ni par les
» animaux, puisqu'il provenait d'une crue d'eau extraordinaire,
» et de ce que les sieurs Vignat avaient tenu leur écluse fermée
» dans un temps de pluie ; 2° qu'on ne pouvait statuer sur la ré-
» clamation du sieur Délorme, sans examiner quels étaient les
» droits des sieurs Vignat, relativement à leur écluse, ce qui
» engageait une contestation au pétitoire , dont le juge de paix
» ne pouvait connaître. »

Ce jugement a été cassé par arrêt de la cour de cassation du
18 novembre 1817, D., page 561 : « Attendu 1° que le juge de
» paix est compétent pour connaître des dommages causés dans
» les champs, lorsqu'ils proviennent du fait de l'homme ; que le
» jugement attaqué reconnaît lui-même que le dommage commis
» dans les champs de Délorme provient du fait des Vignat, puis-
» qu'il en attribue la cause à ce que ceux-ci ont baissé leur
» écluse dans un temps d'orage; d'où la conséquence que le juge
» de paix pouvait prononcer sur l'action qui lui était soumise ;
» 2° que cette affaire, ne donnant lieu à aucune contestation sur
» le pétitoire, puisqu'on ne contestait aux Vignat aucun des
» droits qu'ils prétendaient avoir sur leur écluse, puisqu'on
» n'excipait de part ni d'autre, d'aucun titre de propriété, puis-
» que les parties en cause agissaient non en qualité de proprié-
» taires, mais en celle de fermiers. »

405. On s'est aperçu que, dans cette affaire, c'est seulement la
négligence ou l'imprudence des Vignat sur laquelle a été basée
la condamnation aux dommages.

Il y a plus, lors-même que le barrage, sur un cours d'eau quelconque, est rigoureusement conforme à l'autorisation donnée
par l'administration , celui qui l'a demandée n'est pas moins tenu
de payer les dommages occasionnés par les inondations qui sont
le résultat de la trop grande élévation du barrage ; car il n'est
nullement permis à l'administration de favoriser les intérêts d'un
particulier au préjudice d'un autre; et c'est sur ce motif que les

concessions qu'elle fait, se rapportant aux usines et aux barrages, le sont toujours avec cette condition, sauf les droits des tiers.

406. — Les justices de paix, compétentes pour prononcer sur les dommages, sont dans ce cas incompétentes pour ordonner la destruction du barrage, ni en totalité, ni en partie. On en connaît la raison. L'administration ayant fixé la hauteur des eaux, c'est à elle seule qu'il faudrait s'adresser pour ce second objet.

Il n'est pas inutile de rapporter l'art. 15 de la loi du 6 octobre 1791, sur la police rurale ; il porte : «Personne ne pourra inon- » der l'héritage de son voisin, ni lui transmettre volontairement » les eaux d'une manière nuisible, sous peine de payer les dom- » mages et une amende qui ne pourra excéder la somme du dé- » dommagement. »

On pourrait y ajouter l'art. 16 de la même loi et l'art. 457 du Code pénal.

Si ces différentes lois ne peuvent s'appliquer dans leur condition pénale aux quasi-délits, il n'en résulte pas moins cette conviction, que le législateur a toujours considéré le bon régime des cours d'eau, comme étant d'un pressant intérêt général.

407. — Il y a délit, seulement, lorsqu'on se permettra de construire un barrage sans autorisation, ou lorsqu'ayant obtenu l'autorisation, on se permettra d'élever les eaux au-dessus de la hauteur déterminée par l'administration. Alors, à part les dommages en faveur de la partie lésée, il y a lieu à prononcer une peine ou corporelle ou pécuniaire pour satisfaire la vindicte publique.

408. — Il y a quasi-délit, lorsque les dommages résultent de la trop grande élévation des eaux, telle qu'elle a été fixée par l'administration ; ou bien lorsque, par négligence ou imprudence, on en a intercepté le libre cours. Dans ce second cas, il n'y a que la partie lésée qui ait droit de demander des dommages. La vindicte publique n'a pas à se plaindre, la loi pénale ne pouvant être appliquée que tout autant qu'il y a action ou fait personnel indiquant la volonté de nuire.

409. — « Ce que l'on vient de dire du dommage causé par l'écluse d'une usine (1) s'applique également au barrage construit pour faciliter l'irrigation d'une prairie ; il existe, dans ces sortes de construction, des vannes destinées à retenir les eaux pour remplir le canal du moulin ou le fossé d'irrigation, et les rendre à leur cours ordinaire en levant l'empellement lorsqu'elles sont trop abondantes. Le propriétaire du barrage ou le fermier est donc responsable du dégât occasionné par les eaux, faute d'avoir levé la pale, et cela, quelque fondé que puisse être le droit de tenir les eaux à telle ou telle élévation, vu qu'en ce cas l'accident eût été prévenu, *sans la négligence* dont il a été la suite. »

La cour de cassation a jugé une espèce qui se rapporte à la matière des quasi-délits. L'arrêt est dans le recueil de Sirey, tome XXVIII, page 379. J'en extrais ce qui suit :

Le sieur Ferrière est propriétaire d'une digue, dont les deux côtés s'appuient sur des fonds appartenant au sieur Rochard. — En 1823, Rochard assigne Ferrière, pour le faire condamner à réparer la digue que des pluies extraordinaires ont considérablement dégradée à l'une de ses extrémités, sinon à déblayer le lit de la rivière et à rendre les eaux à leur cours, et dans tous les cas à payer 1200 fr. de dommages-intérêts. — Ferrière répond que la crue extraordinaire des eaux qui a occasionné le dommage est un fait de force majeure qui lui est étranger et à raison duquel il ne peut être tenu à aucune réparation ; qu'au surplus, Rochard, obligé à titre de servitude de laisser reposer sur son propre fonds les deux côtés de la digue dont il s'agit, doit être tenu par suite de supporter tous les inconvénients auxquels l'existence de cette digue peut donner lieu.

16 mars 1825, après divers jugements interlocutoires, dont l'un avait ordonné un rapport d'experts, jugement définitif, lequel, « considérant que, si le sieur Ferrière veut conserver la digue,

_____

(1) M. Curasson, tome I, p. 469.

» il ne peut se refuser à la réparer, puisque les dégradations
» que les eaux y ont faites nuisent à Rochard, qui ne peut
» être assujetti qu'à souffrir l'appui de cette digue et les incon-
» vénients de cet appui ; que, pour se soustraire aux frais du pro-
» cès, le sieur Ferrière devait réparer ou détruire sa digue,
» parce qu'il était en demeure de le faire ; qu'au surplus il est
» passible de ces frais à titre de dommages, parce que, depuis la
» demande, les dégradations ont dû nécessairement continuer;
» ordonne que le sieur Ferrière sera tenu de faire à ses frais les
» réparations et rendre libre le cours des eaux ; et, à défaut par
» lui de le faire dans le délai prescrit, autorise le sieur Rochard
» à détruire la digue et enlever les matériaux aux frais du sieur
» Ferrière, qui est condamné aux dépens pour tous dommages-
» intérêts. »

Appel par Ferrière ; 24 avril 1826, arrêt de la cour royale de
Lyon qui confirme.

Pourvoi en cassation par Ferrière.

« La cour ; — attendu que le demandeur était tenu d'entrete-
» nir sa digue, quelle que fût la cause qui l'avait détruite, ou,
» s'il n'en voulait pas faire usage, d'en enlever les débris et de
» rendre libre le cours des eaux ; que l'arrêt dénoncé n'a rien
» jugé que ce seul point ; qu'une telle décision, non-seulement
» ne contient aucune violation des lois, mais est une juste ap-
» plication des principes sur les servitudes, puisque le deman-
» deur ne justifiait point que l'entretien de la digue eût été mis,
» par une convention, à la charge de son adversaire ; — rejette.
» Du 29 novembre 1827. »

410. — Les actions pour dommages aux champs, fruits et
récoltes, doivent être portées devant le juge de paix de la situation de l'objet litigieux. Telle est la disposition expresse de l'art. 3,
n° 1, du Code de procédure civile.

Nous avons déjà dit qu'une pareille action était personnelle,
comme toutes celles en dommages-intérêts provenant des délits
ou quasi-délits, et si le mérite doit en être apprécié exclusivement

par le juge de paix de la situation du champ endommagé , ce n'a été que pour faciliter l'instruction, attendu les visites et rapports d'experts, qu'exigent les demandes de cette nature, et auxquels le juge des lieux est plus à portée de procéder.

M. Curasson, qui professe cette doctrine à la page 459, t. Ier, blâme l'opinion contraire de M. Carré, qui a prétendu que ces actions n'étaient pas purement personnelles, parce qu'elles prenaient leur source dans la jouissance d'un immeuble. C'est là , ajoute M. Curasson, une erreur évidente.

Je suis parfaitement de l'avis de M. Curasson, lorsqu'il dit que M. Carré a avancé une erreur évidente; car M. Carré a pris pour base de son opinion l'immeuble dont la récolte a été endommagée, ou dont la configuration ou la superficie a été altérée de telle ou telle autre manière; tandis que, dans aucun de ces deux cas, n'y ayant nullement contestation sur droits immobiliers, l'action reste dans les limites d'une action purement personnelle, et le transport sur cet immeuble, soit du juge de paix, soit des experts nommés, ne peut la dénaturer et la transformer en action mixte et encore moins en action réelle, puisque ce transport a pour unique objet l'évaluation des dommages prétendus.

411. — Il faut cependant convenir que la question n'est pas toujours dégagée de difficultés, en l'envisageant, non pas comme l'a fait M. Carré, mais bien par rapport à l'objet immobilier qui a occasionné le dommage et à l'égard duquel on est forcé de prendre des conclusions.

Je m'explique : le riverain d'un ruisseau aura fait une prise d'eau par tranchée sur la berge, et aura pratiqué des fossés ou canaux pour une plus facile irrigation, ou pour porter les eaux sur la roue motrice de son usine; ou bien, il se sera permis de faire un barrage dans le lit du ruisseau; ou bien encore, il en aura négligé le curage tout le long de son champ, ce qui aura occasionné un barrage ou un quasi-barrage formé par l'accumulation insensible de matières quelconques. Par l'un de ces moyens, le fonds voisin aura été submergé.

Dans cette position, le propriétaire lésé attaque le riverain en dommages-intérêts; mais est-il raisonnable de supposer, qu'à part les dépens, il ne conclura pas à la destruction de l'objet matériel d'où seront provenus les dommages?

Cette supposition serait absurde : les conclusions, à fin de destruction de l'objet matériel, sont si naturelles, qu'elles se placeraient d'elles-mêmes et comme un fin larron, dans le libellé de la citation, malgré la volonté du praticien rédacteur. Elles se placeraient aussi d'elles-mêmes dans le prononcé de la sentence, et pour ainsi dire à l'insu du magistrat qui prononce, et je ne pense pas que, lors même que le rédacteur de la citation, faisant violence aux saines règles, en eût écarté ces conclusions, la sentence pût être infirmée sur le motif du vice de l'*ultra petita*.

Ainsi les conclusions embrassent et les dommages et l'objet matériel qui les a occasionnés. Règle générale : la demande des dommages constitue une action personnelle. La demande, se rapportant uniquement à un immeuble où elle se confond, constitue une action réelle immobilière. Les deux chefs se trouvant réunis dans le même ajournement et étant l'un dépendant de l'autre, il en résulterait une action mixte : tels sont les principes généraux.

Il semblerait donc que, dans l'espèce, la demande en dommages et celle en destruction de l'objet matériel qui les a occasionnés, constituent ensemble une action mixte.

Néanmoins, je tiens que cette double demande n'est pas plus d'une action mixte ou réelle, que la demande portant sur une somme de 100 fr., par exemple, prêtée de la main à la main par le demandeur au défendeur.

L'objet matériel qui a occasionné les dommages n'entre dans la contestation pour aucun droit immobilier pas plus que le champ endommagé. Le transport sur les lieux par le juge de paix et les experts n'a d'autre but que l'appréciation des dommages s'il en existe, et de découvrir d'où ils procèdent.

412. — Pour assigner une dénomination à une action à inten-

ter, il faut s'attacher à l'objet principal. C'est là où elle puise son caractère. Les demandes accessoires peuvent dans certains cas déplacer la compétence, mais jamais la nature de l'action.

Ainsi, j'assigne Paul au pétitoire en délaissement d'un immeuble m'appartenant et qu'il détient sans titre ou avec un titre nul. L'action sera réelle immobilière, malgré la restitution des fruits, à laquelle je conclus aussi. La restitution des fruits, de même que les dépens sont uniquement l'accessoire de la demande principale et s'y incorporent, si je puis m'exprimer ainsi.

413. — Pour qu'il en fût autrement, il faudrait, ce me semble, qu'un chef de demande à la suite d'un premier chef de toute autre nature pût se soutenir isolément par son propre caractère, malgré une certaine connexité entre les deux chefs. Alors seulement, le second chef est pris en considération pour assigner à l'action sa véritable place.

414. — Une difficulté, que je crois plus sérieuse que la précédente, est celle de savoir si le juge de paix est compétent pour ordonner le transport sur le lieu du barrage, quoique en dehors de la limite de son canton et pour en ordonner la destruction. Ce cas peut se présenter fréquemment.

Les principes que je viens de développer sont déjà un acheminement à la solution de cette question. Cependant, il reste encore beaucoup à faire.

L'action en dommages est personnelle, malgré les conclusions tendant à la destruction du barrage. Elle doit rester telle, quel que soit le lieu de l'assiette du barrage; car il s'agit ici, non pas de la classification de l'action, mais seulement de la compétente par rapport à ce barrage.

Le juge de la situation de l'immeuble endommagé est évidemment compétent pour prononcer sur les dommages qui ont été le résultat de la submersion; et, quelle que soit l'assiette de l'objet matériel qui les a provoqués, cette compétence reste la même.

Mais le magistrat qui doit prononcer ne le peut sans examiner ou faire examiner la cause qui a occasionné l'action en dommages.

Aura-t-il le droit d'ordonner son transport sur un terrain qui n'est pas dans le cercle de sa juridiction territoriale ?

Dans le cas de la négative, aura-t-il le droit d'ordonner une enquête ou un rapport d'experts ?

Enfin, aura-t-il le droit d'ordonner la destruction du barrage ?

Il me paraît qu'un juge qui ordonne son transport fait en cela un acte de juridiction territoriale ; or, il n'a ce droit que dans les limites de son canton.

La procédure devant les justices de paix est établie sur des principes autres que ceux de la procédure devant les tribunaux supérieurs. Ces principes ont pour fondement des motifs d'urgence et d'économie. Il serait en effet abusif de soumettre les plaideurs devant les justices de paix, où les affaires sont ordinairement urgentes et de peu de valeur, à des formes et délais dont le double objet, sans aucune utilité pour eux, leur serait parfois très-nuisible.

C'est sans doute à cause de cela que l'art. 42 du Code de procédure civile n'autorise le juge de paix qu'à ordonner son transport sur les lieux, et que ce n'est que lorsque la visite ou l'appréciation exige des connaissances qui lui sont étrangères, qu'il peut aussi ordonner que les gens de l'art, qu'il nommera dans le même jugement, feront la visite avec lui et donneront leur avis.

415. — Il suit de là que le juge de paix, étant dans l'espèce incompétent pour ordonner son transport, ne peut ordonner la visite des lieux par des experts, puisqu'il serait contre la loi qu'ils procédassent sans lui.

Cette solution me dispense d'examiner si le transport des experts ordonné par jugement est ou non un acte de juridiction territoriale.

416. — Reste l'enquête. Généralement, le demandeur justifie sa demande, ou par titres ou par l'aveu du défendeur, ou par la preuve testimoniale dans le cas où elle est admise.

C'est toujours la demande qui fixe la compétence. Il n'en est pas de même des moyens propres à la justifier. Le demandeur les prend partout où il les trouve, sans que la compétence ainsi fixée puisse en souffrir.

Or, rien n'empêche que le juge de paix n'ordonne la preuve. S'il fait en cela un acte de juridiction, il le fait sur son propre territoire : c'est dans le lieu ordinaire de ses audiences ou sur le champ endommagé.

Il résulte de la déposition des témoins que le barrage existe. C'est alors à ce magistrat à apprécier lui-même quelle est l'influence du barrage sur le débordement des eaux. Ce sera la base de son jugement.

417. — S'il condamne le défendeur à des dommages-intérêts , il le condamnera aussi à l'enlèvement du barrage, autorisant le demandeur à le faire enlever lui-même à ses frais avancés, en cas de négligence de la part de sa partie adverse.

M. Curasson, s'occupant des dégradations et pertes dans les cas prévus par les articles 1732 et 1735 du Code civil, dit à la page 409, tome Ier : « Si les terres du domaine sont situées dans des communes appartenant à plusieurs cantons, on croit qu'en ce cas la demande doit être formée devant le juge de paix du chef-lieu de l'exploitation , de celui où se trouve située la maison d'habitation de la ferme , ou , à défaut de maison , devant le juge de paix du lieu où la partie des biens affermés est la plus importante. » — Il ajoute, par note, « argument de l'art. 2210 du Code civil. »

Cette opinion se rapporte assez à l'espèce présente. Si elle est exacte, il en résulterait que le juge de paix de la situation du champ endommagé aurait non-seulement le droit de se transporter sur le champ du barrage , mais encore celui d'ordonner la destruction de ce barrage.

Il me semble qu'il est plus facile d'arriver dans ce cas à une solution satisfaisante, en laissant l'art. 2210 du Code civil, pour n'argumenter que de l'art. 3, n° 1, du Code de procédure civile, dont les dispositions sont précises. C'est devant le juge de paix de la situation de l'objet litigieux que doit être portée l'action pour dommages aux champs, fruits et récoltes. Cet objet litigieux est nécessairement le champ endommagé.

L'axiome : *qui veut la fin veut les moyens*, trouve ici sa parfaite application; s'il n'était pas permis à ce magistrat de franchir les limites de son canton pour une vérification presque indispensable, faudrait-il du moins reconnaître qu'il a le droit d'ordonner la destruction du barrage, s'il la croit nécessaire d'après la déposition des témoins entendus.

En fait de compétence, lorsque la loi est muette sur un point accessoire à la demande, il faut restreindre les moyens de procéder à ceux dont l'emploi est absolument nécessaire pour évacuer la cause, dont le principal ne présentant aucune difficulté sous le rapport de la compétence doit entraîner l'accessoire sous la même règle, autant que faire se peut.

S'il en était autrement, on tomberait souvent dans la confusion la plus étrange. Dans l'espèce, par exemple, le juge de paix pourrait ne prononcer que sur les dommages dont l'origine resterait par là permanente, engendrant la même action presque journellement et à l'infini.

418. — Pour mettre un terme à cette position pénible, on se déterminerait à diriger une action contre l'auteur du barrage devant le juge de paix de la situation. Les conclusions tendraient seulement à la destruction de ce barrage, sans qu'il fût permis de conclure à aucuns dommages, le champ du demandeur étant situé dans un autre canton.

Que ferait le juge de paix nanti de l'action ? sur quel motif ordonnerait-il la destruction du barrage ? Sans intérêt point d'action; et le demandeur, ne pouvant faire valoir l'intérêt présent ni futur à raison de son champ sans déplacer la compétence, serait débouté de sa demande, et les choses resteraient en l'état. L'art. 645 du Code civil est étranger à l'espèce.

Il est des cas, rares sans doute, où l'on ne trouve pas de loi s'y rapportant directement; cela n'empêche pas le juge de prononcer toutes les fois qu'il s'agit d'une matière purement civile.

La raison est la suprême loi, et l'on trouve toujours moyen d'y adapter un texte. C'est ainsi que l'a entendu le législateur, lorsque, dans l'art. 4 du Code civil, il dispose : « Le juge qui re- » fusera de juger, sous prétexte du silence, de l'obscurité ou » de l'insuffisance de la loi, pourra être poursuivi comme cou- » pable de déni de justice. »

419. — Lorsqu'il s'agit de prescription, il faut distinguer les actions en dommages provenant de crimes, délits ou contraven- tions, de celles provenant seulement des quasi-délits.

Dans le premier cas, l'action civile doit être généralement sou- mise à la prescription de l'action publique, sur ce motif qu'il impliquerait contradiction que le même fait pût servir de fonde- ment à l'une de ces deux actions, et nullement à l'égard de l'autre, vis-à-vis de laquelle il serait au contraire considéré comme s'étant entièrement évanoui et n'ayant jamais eu une existence réelle. C'est pour preuve de ce principe que certaines lois ont fixé un délai pour la durée de l'action publique et un autre délai pour l'action civile. Les règles générales ne sont ja- mais mieux confirmées que par les exceptions.

M. Curasson, page 192, tome Ier. « Quel a été le but de la prescription établie en matière criminelle? Celui d'assoupir en- tièrement le crime ou le délit; d'empêcher qu'il ne soit réveillé di- rectement ou indirectement par une action civile ou criminelle après le délai fixé par la loi, comme le disait M. Merlin, dans des conclusions consacrées par un arrêt du 22 avril 1813 : « En » fait de prescription, l'action civile et l'action publique marchent » toujours du même pas; et de même que l'action civile ne peut » jamais survivre à la prescription de l'action publique, de » même aussi l'action publique ne peut jamais survivre à la pres- » cription de l'action civile. »

Il n'entre pas dans mon plan de trop m'éloigner du but que j'ai envisagé dans cet ouvrage que j'ai voulu faire précis, et la précision, qui n'est pas purement le laconisme, perd beaucoup de sa valeur en trop multipliant les cas. Mon ouvrage sera court;

mais on me fera la justice de croire qu'il m'était facile de l'agrandir. Je l'aurais fait si, par là, j'avais cru agrandir aussi le bien que je me suis proposé.

420. — Je passe immédiatement aux actions nées des quasidélits.

A l'égard de ces actions, le temps nécessaire pour prescrire contre est celui de la règle commune. Les quasi-délits n'ont aucun rapport avec les délits si ce n'est au sujet des dommages. Il n'y a point de pénalité qui leur soit applicable ; et voilà pourquoi celui qui a souffert le dommage ne peut exercer qu'une action civile.

Le délai de la prescription est fixé par l'art. 2262 du Code civil, portant : « Toutes les actions tant réelles que personnelles » sont prescrites par trente ans, sans que celui qui allègue cette » prescription soit obligé d'en rapporter un titre, ou qu'on » puisse lui opposer l'exception déduite de la mauvaise foi. »

421. — Il peut se présenter parfois des difficultés sérieuses pour découvrir si le fait sur lequel doit reposer l'action provient purement d'un délit ou bien d'un quasi-délit. Les faits de ces deux sources d'actions civiles se rapprochent souvent de si près qu'il n'est pas toujours facile de distinguer. C'est cependant un point très-essentiel, puisque l'action a péri ou n'a pas péri, selon qu'elle est ou non fondée sur l'existence d'un délit.

M. Curasson rapporte plusieurs arrêts sur cette matière. Je me borne à ceux des pages 193 et 194, tome Ier : « Cependant le juge civil, saisi de la demande en dommages-intérêts, ne doit appliquer la prescription pénale que dans le cas où le fait qui donne lieu à l'action civile était réellement un délit ou une contravention, et ne saurait être considéré sous un autre rapport. Condamné par la cour de Pau à des dommages-intérêts pour réparation du préjudice causé à la demoiselle Dubois, créancière hypothécaire, par le désistement frauduleux d'une surenchère de la part de Cavaré, celui-ci prétendait que, s'agissant d'un délit prévu par l'art. 412 du Code pénal, l'action civile était prescrite; mais la cour de Pau décida que cet article n'était point applicable au fait, lequel contenait un simple dol; et le pourvoi contre l'arrêt de cette cour a été rejeté par arrêt du 26 mars 1829. « Attendu que l'action formée par la demoiselle » Dubois, contre les demandeurs, avait pour objet et pour but » unique, de la part de ladite demoiselle Dubois, d'obtenir la » réparation d'un dommage qu'elle soutenait lui avoir été causé » par les demandeurs en cassation, et par des faits qui leur » étaient personnels, sans rattacher ces mêmes faits à aucun » délit qualifié par la loi et dont elle leur adressât le reproche: » que c'est ainsi et dans ce sens que la cour de Pau a entendu et » caractérisé l'action en dol et fraude, dont l'avait saisie, par » voie civile ordinaire, la demoiselle Dubois; qu'il était dans » le domaine et dans les attributions de cette cour d'apprécier » les faits et les circonstances qui avaient causé le dommage, » et d'en ordonner la réparation, par application de l'art. 1382 » du Code civil; — qu'il ne saurait appartenir au demandeur » en s'imputant une turpitude, d'aggraver ces faits et ces cir- » constances, et de leur donner le caractère d'un délit correc- » tionnel, que la cour de Pau ne leur a point reconnu, que la » demoiselle Dubois ne leur a point attribué, et de ne chercher » à leur imprimer ce caractère que pour échapper à une con- » damnation purement civile, au moyen d'une prescription pré- » vue par les art. 2, 637 et 638 du Code d'instruction crimi- » nelle; que la prescription prononcée par ces trois articles, ne » pouvant atteindre l'action civile en réparation de dommage, » telle qu'elle a été jugée par la cour de Pau, l'arrêt de cette » cour n'a ni violé ni pu violer les susdits articles du Code » d'instruction criminelle, ni l'art. 412 du Code pénal. »

» Un autre arrêt du 6 juillet 1829 a jugé de même. Il s'agis- sait dans l'espèce d'un receveur municipal, poursuivi criminelle- ment et condamné par contumace. Sur la demande formée par un particulier, en répétition d'une somme qu'il avait payée de trop, sur le prix d'un bien communal, le curateur du condamné opposa la prescription. Le tribunal de Béziers avait admis cette exception; mais la cour de Montpellier réforma le jugement; et le pourvoi contre l'arrêt de cette cour a été rejeté. « Attendu » qu'en qualifiant, en fait, la nature, de l'action formée par » Raymond Anglade, le but et l'objet de sa demande, et en dé- » cidant que ni l'une ni l'autre ne tendaient à dénoncer un crime » de concussion, que tout se réduisait à la répétition d'une » somme payée au-delà de celle qui était due, sans aucun mé- » lange avec des poursuites tendant à obtenir le dommage qu'au- » rait causé un fait qui était ou qui pouvait être qualifié crime, » la cour de Montpellier a pu, comme elle l'a fait, écarter la » prescription de dix ans, qui était opposée par le demandeur, » sans violer les art. 2 et 637 du Code d'instruction criminelle, » articles qui, au moyen de la sage et juste distinction faite par » cette cour, étaient sans application à la cause. »

Il résulte évidemment de ces principes qu'il importe peu que l'action en dommages, lorsqu'elle a pour base un crime, un délit ou une contravention, soit poursuivie en vertu de la loi pénale ou de la loi civile; quoi qu'il en soit, l'action publique et l'action civile sont assujetties à la même prescription toutes les fois que la loi ne distingue pas. Inutile de démontrer ce point de droit par des exemples; il est sans nulle difficulté.

422. — Or, les actions pour quasi-délits étant étrangères à la loi pénale, il est également évident qu'elles conservent toute leur force pendant trente ans qui est le délai de la plus longue prescription en matière civile.

Ainsi le débordement d'un ruisseau provenant d'un quasi-délit autorise le riverain ou le propriétaire du champ submergé à agir contre l'auteur du quasi-délit pendant le délai de trente ans.

Quoique un pareil terme paraisse extraordinaire à côté de cette considération, que les dommages aux champs, fruits et récoltes, s'effacent généralement dans un court délai, il n'est pas moins vrai que l'action dans sa durée ne doit pas subir d'autres règles. Celles du Code rural ne sont applicables, quant à ce, que lorsque l'action émane d'un crime, délit ou contravention, et c'est ce qu'il ne faut pas perdre de vue.

423. — Nous avons vu jusqu'ici que les ruisseaux ne présentaient d'utilité qu'en faveur des riverains, soit pour l'irrigation, soit pour le mouvement d'usines, et qu'ils étaient censés affranchis de toute servitude profitable à des tiers. Il n'en est pas néanmoins rigoureusement ainsi : ils sont grevés d'une servitude qui est de la nature de celles établies pour cause d'utilité publique. Cette servitude consiste à permettre, dans l'intérêt des villes surtout, le flottage à bûches perdues pour l'approvisionnement d'une denrée qui est au nombre de celles de première nécessité.

Mais cette première servitude en entraîne nécessairement une seconde, c'est celle du passage sur les berges du ruisseau par les ouvriers employés à surveiller le bon flottage, c'est-à-dire, à remettre à flot les bûches d'arrêt ou bûches canards.

J'appelle servitude, le droit isolé des tiers pour un pareil flottage. Il me paraît, en effet, que telle doit en être la dénomination, sur le motif que, si l'eau courante est une propriété commune, il n'est pas moins vrai que le lit du ruisseau appartenant aux riverains, il y a, de leur part, souffrance et assujettissement de leur propre fonds par ce flottage. Quant au passage ou marchepied, il est évident qu'il est le résultat d'une servitude bien caractérisée.

424. — M. Proudhon, tome III, page 195, à la note, fait connaître l'origine de ce moyen de transport du bois à brûler : « Avant le 16ᵉ siècle, dit-il, le bois nécessaire à la consommation de Paris n'y était point amené par le flottage; il y était conduit par voitures ou par bateaux que l'on chargeait sur les ports de Clamecy, Collange et Château-Censoy; une ordonnance rendue en parlement de Paris, le 31 juillet 1521, prouve que ce mode de transport était seul usité. Ce fut un bourgeois de Paris, nommé Jean Rouvet, qui imagina, en 1549, de rassembler les eaux de plusieurs ruisseaux et rivières non navigables du Mor-

van, d'y jeter les bois coupés dans les forêts les plus éloignées, de les faire descendre ainsi jusqu'aux grandes rivières ; là, d'en former des trains et de les amener à flot et sans bateaux jusqu'aux chantiers de la capitale. Son invention, regardée comme impraticable avant l'exécution, ne reçut tout le perfectionnement dont elle était susceptible qu'en 1566, par Réné Arnoul. Pour reconnaître ce service, la ville de Clamecy a fait placer, il y a quelques années, le buste de Rouvet sur un de ses ponts. M. Frédéric Moreau, syndic de commerce des bois de Paris, vient de publier en un volume in-8°, orné de lithographies, une histoire du flottage en trains, comprenant celle de Jean Rouvet et des principaux flotteurs anciens et modernes. »

Ce court épisode ne m'a pas paru inutile. On aime assez généralement à connaître l'origine des choses, surtout de celles qui font honneur à l'inventeur.

425. — Les ruisseaux dans lesquels on pratique le flottage à bûches perdues ne restent pas moins la propriété des riverains. L'art. 4 du décret du 13 nivôse an 5, qui les déclarait propriété nationale, n'a pu renverser l'ancienne législation qui ne leur a jamais conféré un caractère domanial. Ce décret, qui n'a pas été inséré au *Bulletin des Lois*, ne pouvait être considéré que comme règlementaire, tirant uniquement sa force des lois dont il prescrivait l'exécution ; aussi, un avis du conseil d'état du 21 février 1822, rapporté dans le recueil de Sirey (XXV, 2, 251), décide-t-il que les droits de l'Etat ne portent que sur les cours d'eau flottables avec trains et radeaux.

Néanmoins, la question de domanialité de pareils cours d'eau fut jugée en faveur de l'administration contre le sieur Thollois, par le tribunal de Troyes, dans un jugement en dernier ressort, du 24 décembre 1822 ; mais, par un second jugement, le même tribunal, qui avait changé d'avis, condamna l'administration. Le pourvoi contre ce second jugement fut rejeté par arrêt du 22 août 1823 (Sirey, XXIV, 1, 1) sur le motif « qu'en jugeant que » l'art. 538 du Code civil ne s'étend pas aux rivières et ruisseaux

» simplement flottables à bûches perdues, le tribunal n'a pas
» violé cet article. »

426. — Ce simple flottage assujettit les flotteurs à plusieurs
obligations. Celles qui sont sans difficultés se rapportent aux
dommages accidentels par les flottes, par les ouvriers employés
au flottage, par les barrages d'arrêt lorsqu'il s'ensuit des débordements, et par tant d'autres cas qu'il est inutile de signaler. Ces
dommages sont ceux qu'embrassent les sages dispositions des
articles 1382 et 1383 du Code civil.

427. — Il est dû aussi, sans difficulté, une indemnité à raison
de l'emplacement où les bûches sont empilées, soit avant d'être
jetées à flot, soit après. Telle est la disposition expresse de
l'art. 15, chapitre 27, de l'ordonnance de 1672, portant :
« Et afin que lesdits propriétaires puissent être payés par
» chacun des marchands qui auront des bois dans un flot,
» seront tenus, lesdits marchands, de faire marquer leurs
» bois de leur marque particulière, de les faire triquer et em-
» piler séparément sur lesdits ports flottables, et de faire faire
» les piles de huit pieds (2 m. 60 c.) de haut, sur la longueur
» de 15 toises (36 m. 54 c.), ne laissant entre les piles que deux
» pieds (65 c.) de distance, et ne pourront, lesdits marchands,
» faire travailler à la confection de leurs trains, qu'après avoir
» payé ladite occupation, à l'effet de quoi seront tenus de faire
» compter et mesurer lesdites piles par les compteurs des ports,
» en présence des propriétaires desdits héritages et prés, ou eux
» dûment appelés. »

428. Quant à l'indemnité à raison du marchepied, M. Prou-
don, tome III, page 660, enseigne qu'elle n'est point due. Il va
même plus loin : il prétend que la faculté de flotter à bûches
perdues existe de plein droit sur toutes les rivières, torrents et
gros ruisseaux dont les cours d'eau sont suffisants pour cet usage,
et que, pour l'exercer, on n'a point à rechercher si elle y a déjà
été ou non pratiquée, ou s'il y a eu quelque acte de l'administration publique qui l'ait établie. En un mot, ajoute-t-il, on doit

tenir pour constant que le flottage est de droit public partout où il peut être exercé et où l'administration n'aurait pas prohibé de le mettre en usage.

A la page suivante : « Mais le droit de flottage ne peut pas exister par l'emploi unique du cours d'eau. De quelque manière qu'il s'exerce, il faut aussi sur les bords de la rivière un chemin ou marchepied pour l'usage des surveillants de la flotte; il en faut un surtout pour le passage des ouvriers qui doivent diriger l'arrivage des bois lancés en rivière, parce qu'il est nécessaire de rejeter sans cesse à flots les bûches qui s'arrêtent sur ou vers les bords. Le droit de flottage emporte donc aussi la servitude de ce chemin, puisque l'un ne pourrait être pratiqué sans l'autre ; ils sont par conséquent dûs l'un et l'autre au même titre. Mais quelle doit être la largeur de ce chemin ? »

429. — L'opinion de M. Proudhon est réfutée par M. Daviel, tome I, p. 320 et suivantes. Il est d'avis que le flottage à bûches perdues n'existe pas de plein droit, et que partout où il n'y a pas de règlements administratifs ou conventionnels qui l'établissent, il ne peut être pratiqué, non plus que le marchepied, qu'en vertu d'une déclaration d'utilité publique et moyennant indemnité préalable. Il cite un arrêt de la cour de Colmar, du 6 février 1839 (D., **XXXIX**, 2, 245.)

M. Dumay, annotateur de M. Proudhon, tome III, page 693, art. 10 : « La servitude de passage gratuit sur le bord des rivières flottables à bûches perdues ne peut être réclamée que pour les cours d'eau où cette espèce de flottage a été établie sous l'empire de l'art. 52, tit. 15, de l'ordonnance de 1669. Quànt aux autres, où elle n'était point anciennement pratiquée, elle ne peut être créée qu'à charge d'indemnité. »

J'embrasse l'opinion de M. Daviel et celle de M. Dumay: celle de M. Proudhon est trop absolue. Il s'ensuivrait dans la pratique des inconvénients nombreux.

430. — Je conçois très-bien qu'à l'égard des cours d'eau, le flotteur ne doit point être tenu à aucune indemnité, malgré que

le lit sur lequel il coule soit la propriété des riverains. L'eau courante est essentiellement commune, et l'assujettissement du lit qui la reçoit doit être classé au nombre des servitudes naturelles, et conséquemment ne pouvant donner lieu à indemnité. D'ailleurs le riverain n'en retire aucuns fruits.

431. — Il n'en est pas ainsi à l'égard du marchepied ; il y a, quant à ce, un véritable dommage. Il n'est point dû à titre de servitude naturelle, et il faut retrancher sur les champs riverains la largeur du marchepied, et vouer l'objet de ce retranchement, pour ainsi dire, à une stérilité permanente. L'opinion de M. Proudhon consacrerait une injustice.

432. — Il faut respecter les choses établies de longue main, et croire néanmoins que, dans l'origine, il a été payé une indemnité pour le marchepied.

Quoi qu'il en soit, nous vivons dans un temps où les règles du droit public ont pour base l'équité. Le pouvoir législatif n'entend jamais fournir des moyens d'injustice ; du reste les cent mille bouches de la publicité font toujours sentinelle.

Or, quelle serait la surprise du paisible habitant des campagnes, lorsque, pour la première fois et sans avoir reçu aucun avis, et sans qu'à son égard on eût usé d'aucune précaution, même de convenance, il verrait le lit du ruisseau couvert de bûches entraînées par le courant, ses engins de pêche détruits, ses prés, ses champs labourés et en récolte, foulés par des hommes qu'il supposerait naturellement être des maraudeurs ?

Ce serait une sérieuse occasion de désordre, et c'est ce qui justifie parfaitement l'opinion de M. Daviel, lorsqu'il dit que le flottage à bûches perdues ne peut être pratiqué qu'en vertu d'une déclaration d'utilité publique et moyennant indemnité préalable.

433. — Combien de petits cours d'eau qui sont consacrés au mouvement d'usines placées de distance en distance sur une pente assez forte pour établir des barrages à 10, 15, 20 mètres l'un de l'autre.

J'ai visité, en 1837, la vallée de Durfort, entre Sorèze et Saint-

Féréol. Là, j'ai vu un filet d'eau tombant de la montagne, ayant un volume d'environ cinquante centimètres en carré, faisant mouvoir en même temps un moulin à blé et plusieurs fabriques de cuivre.

Si le flottage à bûches perdues existait de plein droit et qu'on voulût le pratiquer dans ce lieu, il y aurait conflit entre les flotteurs et les usiniers, par la raison que le cours d'eau, quoique suffisant, ne peut, à cause des barrages, être utile aux flotteurs et aux usiniers.

Ceux-ci, à la tête d'établissements d'utilité publique, sont pourvus sans doute d'autorisations administratives. Sur quels motifs mettre en concurrence sans examen les flotteurs et les usiniers dont les établissements sont bien souvent consacrés par des siècles d'existence ?

434. — A part l'indemnité, ceci encore signale l'indispensable nécessité d'un règlement administratif; car, si nous admettions comme M. Proudhon que le flottage à bûches perdues existe de plein droit, il faudrait aussi convenir qu'il n'est pas permis à l'administration d'autoriser des établissements qui seraient en opposition avec ce même droit.

Tout rentre dans l'ordre par un règlement administratif : il est précédé d'une enquête de *commodo et incommodo* et de la visite des lieux par les agents de l'administration qui, respectant les établissements qui ont une existence légale, accorde sans leur nuire ce que l'intérêt public demande.

435. — Après avoir terminé le présent chapitre, où je traite des ruisseaux que je considère comme matière très-sérieuse par rapport à l'agriculture, dont ils sont tantôt le fléau, tantôt un précieux élément de prospérité, j'étais bien loin de penser que l'opinion que j'ai émise, en attribuant aux préfets, par préférence à l'autorité royale, le droit exclusif d'en ordonner le curage, soit d'office, soit sur la demande d'un ou de plusieurs riverains, pût être erronée, même contestable.

J'étais d'autant plus confiant dans ma manière de voir que les

auteurs et la jurisprudence que j'ai consultés, même les instructions ministérielles et les arrêtés des préfets qu'elles ont
provoqués, ne me fournissaient aucun moyen de douter.

C'est une occasion toute particulière qui m'oblige à revenir
sur mes pas pour réviser mon travail. Un publiciste, dont la
science en matière administrative ne peut être révoquée en doute,
a décidé, en ma présence, que le curage des ruisseaux était dans
le domaine de l'autorité royale, et je dois croire que son opinion,
contraire à la mienne, est fondée en principe.

Voyons néanmoins, avant de prendre un parti définitif, d'a-
border franchement la difficulté, et de parvenir par ce moyen à
une application nette de la loi ou à prouver son insuffisance
pour en conclure que le curage des simples ruisseaux est dans le
domaine de la haute administration.

J'avoue que j'ai le plus grand désir de faire prévaloir mon opinion, non pas parce que je l'ai émise, mais parce qu'elle se rattache à l'intérêt des riverains et de tous autres dont les champs
peuvent être submergés par les débordements. Il me semble que,
si les préfets ne sont nullement compétents pour ordonner le
curage des ruisseaux, l'ordonnance royale, sans paralyser la demande, est un moyen de découragement pour plusieurs, par
les difficultés et les délais qui s'ensuivent avant d'arriver à un
résultat satisfaisant; et j'estime qu'il y a alors surcroît de souffrance pour les intéressés, sans qu'il en résulte aucun avantage
pour personne.

436. — Je sais que, dans la théorie, on ne connaît que deux
natures de cours d'eau: premièrement, cours d'eau des fleuves et
rivières navigables ou flottables; secondement, cours d'eau des
rivières non navigables et non flottables, et que les ruisseaux
sont nécessairement compris dans cette seconde espèce.

437. — Dans la pratique, au contraire, on distingue les ruisseaux des simples rivières; on les distingue, par la raison qu'à la
différence du lit des rivières qui appartient au domaine, le lit des
ruisseaux appartient aux riverains. On les distingue, par la raison

que le cours d'eau d'un ruisseau obéit généralement à la main de l'homme, tandis que celui d'une simple rivière ne connaît, aussi généralement, que les bornes qui lui sont assignées par la nature. On les distingue enfin, par la raison que les alluvions, profitables aux riverains des rivières, ne profitent nullement aux riverains des ruisseaux.

438. — Je dois observer que si, en thèse, la théorie domine la pratique, ce n'est que parce que les moyens de contrainte sont fournis par la théorie; car la pratique est la mère de la théorie, à tel point que, sans les leçons de la pratique, on n'aurait jamais que des théories vaines. Ainsi, toutes les fois qu'une règle écrite ne sera pas en opposition directe avec les faits dont la pratique démontre l'avantage, et porte dans tous les esprits la plus parfaite conviction que, par là, on aboutit plus directement au bien commun, on doit donner la préférence à la pratique. Si la théorie ferme tout passage pour aboutir à une telle amélioration, en attendant que le législateur mette à profit les leçons de l'expérience, on doit se résigner, et se borner au désir que cela arrive dans le plus court délai.

439. — L'instruction en forme de loi de la convention nationale, citée au n° 343, présente des difficultés d'interprétation, non pas par rapport à l'autorité qui doit agir, car elle désigne nommément les administrations centrales remplacées par les préfets, mais par rapport à la matière et à l'étendue des fonctions administratives s'y rapportant.

Il est difficile de se persuader que la convention nationale ait pris en considération les simples ruisseaux, lorsqu'elle semble n'établir les administrations centrales que simples surveillants. Son instruction se rapporte plus particulièrement aux cours d'eau navigables ou flottables ; car, après ces termes: « de diriger enfin, » autant qu'il sera possible, toutes les eaux de leur territoire » vers un but d'utilité générale, d'après les principes de l'irriga- » tion ; » on trouve : « sans débouchés pour le transport des pro- » ductions, point de commerce. Un des premiers besoins du

» commerce, un des premiers objets de la surveillance des ad-
» ministrations, est donc l'entretien et la construction des che-
» mins et des canaux navigables. »

Si, malgré cela, les deux premiers membres de la phrase peuvent embrasser les cours d'eau non navigables, il ne faut pas
moins convenir qu'il y a , dans l'ensemble, de l'ambiguité, de la
confusion; et que surtout, par rapport aux ruisseaux, l'instruction, si elle ne peut être invoquée pour reconnaître les préfets
compétents à raison du simple curage, ne peut l'être dans un
sens contraire ; d'où il suit que le cas reste tout entier dans le
droit commun , sauf, qu'à l'exemple de M. Garnier, on ne veuille,
pour reconnaître la compétence des préfets, s'emparer de ces
mots : « de diriger enfin, autant qu'il sera possible, toutes les
» eaux de leur territoire, vers un but d'utilité générale; » termes indiquant plutôt une action prépondérante qu'une simple
action de surveillance.

440. — La loi du 14 floréal an 11 est la seule qui s'applique
au libre cours des eaux des canaux et rivières non navigables.
Elle dispose :

» Art. 1er. — Il sera pourvu au curage des canaux et rivières
» non navigables et à l'entretien des digues et ouvrages d'art
» qui y correspondent, de la manière prescrite par les anciens
» règlements, ou d'après les usages locaux.

» Art. 2. — Lorsque l'application des règlements ou l'exécu-
» tion du mode consacré par l'usage éprouveront des difficultés,
» ou lorsque les changements survenus exigeront des disposi-
» tions nouvelles, il y sera pourvu par le gouvernement, dans
» un règlement d'administration publique rendu sur la proposi-
» tion du préfet du département, de manière que la quotité de
» la contribution de chaque imposé soit toujours relative au
» degré d'intérêt qu'il aura aux travaux qui devront s'effectuer.

» Art. 3. — Les rôles de répartition des sommes nécessaires
» au paiement des travaux d'entretien, réparation ou reconstruc-
» tion, seront dressés sous la surveillance des préfets, rendus

» exécutoires par lui, et le recouvrement s'en opèrera de la
» même manière que celui des contributions publiques.

» Art. 4. — Toutes les contestations relatives au recouvre-
» ment de ces rôles, aux réclamations des individus imposés à la
» confection des travaux, seront portées devant le conseil de
» préfecture, sauf le recours au gouvernement qui décidera en
» conseil d'état. »

L'art. 1er de cette loi ne désigne pas nommément l'autorité qui
doit ordonner le curage; mais il est hors de doute que c'est le
préfet du département qui, en sa qualité d'agent du pouvoir exécutif, trouve dans ses fonctions l'obligation d'y pourvoir. La
même autorité est désignée dans l'instruction de 1790.

441. — Le curage doit s'effectuer en conformité des anciens
règlements ou d'après les usages locaux (art. 1er), et ce n'est
qu'en cas de difficulté dans l'exécution qu'il faut se pourvoir d'un
règlement d'administration publique (art. 2).

Nous trouvons, dans ces deux articles de la loi, la limite des
deux pouvoirs administratifs. Le préfet ordonne le curage et
l'application des règlements anciens ou l'exécution du mode consacré par l'usage; et, s'il y a opposition de la part d'un ou de plusieurs intéressés, il devient incompétent pour vider la difficulté.
C'est comme en matière purement civile, l'incompétence du premier tribunal pour prononcer sur l'appel du jugement par lui
rendu.

Jusque-là l'application de la loi est chose facile.

442. — Mais que doit-il en être lorsqu'il n'y a ni règlement
ancien ni preuve d'usages locaux ?

La lettre de la loi ne dit rien à ce sujet : faut-il en conclure
que le préfet est incompétent?

Pour parvenir à une solution exacte, il est indispensable de
sonder la nature des fonctions préfectorales.

Sans entrer dans un long détail, il faut reconnaître que les
principes généraux du droit privé, tant qu'il n'y a pas de règle
contraire dans le droit public, sont aussi applicables en matière

administrative; si ce n'est comme loi obligatoire, c'est comme raison écrite.

443. — Or, dans l'espèce, le cas n'ayant pas été prévu par la loi spéciale, et étant incontestable que le curage d'un ruisseau constitue seulement un acte du plus pur entretien, à l'exemple du tuteur ordinaire, l'administrateur du département a nécessairement qualité pour y faire procéder de sa propre autorité. C'est même un devoir qui lui est imposé par la nature de sa charge; la loi du 28 pluviôse an 8, qui a substitué les préfets au lieu et place des administrations centrales, disposant, dans son art. 3, que le préfet est chargé seul de l'administration. D'ailleurs, à quoi bon faire intervenir de prime-abord l'autorité royale, et surcharger ses hautes fonctions d'un détail qui ne peut soulever aucune difficulté touchant la propriété; il s'agit seulement d'enlever un corps étranger (1) sans toucher au sol destiné à supporter le cours des eaux ni aux berges qui le contiennent.

(1) Ce corps étranger, qui ne se compose ordinairement que de broussailles, gravier, vase et limon, ne peut être considéré tout autrement. Il ne serait pas exact de dire qu'il s'est incorporé avec le lit du ruisseau, et qu'il appartient, par droit d'accession, aux riverains propriétaires du lit. Le droit d'accession est un moyen acquisitif, et il répugne aux plus simples notions du bon sens de s'en prévaloir dans ce cas, puisqu'il y aurait flagrante contradiction entre ce droit et celui résultant de la primitive convention, celle au moyen de laquelle la construction du ruisseau fut arrêtée, entre tous les intéressés, dans l'unique but de se débarrasser réciproquement de l'incommodité des eaux de source et de pluie, en leur procurant un libre cours, un unique cours jusqu'aux fleuves ou rivières destinés naturellement à les recevoir. On sait d'ailleurs que le droit d'alluvion ne peut être invoqué que par les riverains des fleuves ou rivières proprement dites.

Ce serait une erreur de croire qu'un ruisseau, quel qu'il soit actuellement existant, fût dans tous les lieux, ou l'effet du pur hasard, ou le résultat unique de l'action des eaux. Le hasard produit un trait, mais il est incapable d'organisation. L'action des eaux creuse un lit dans les fortes pentes. Elle le forme avec moins de violence dans les pentes ordinaires, et on y voit souvent des irrégularités qui font craindre des débordements pendant les grosses pluies; mais l'action des eaux ne peut rien dans les lieux plats. Là l'existence de ruisseaux signale la main de l'homme, et conséquemment cette primitive convention dont j'ai parlé.

444. — L'intervention de l'autorité royale n'est exigée par la loi qu'en cas de difficulté ; c'est-à-dire, en cas d'opposition de la part d'un ou de plusieurs intéressés, soit au curage, soit à la répartition des frais. L'absence d'un règlement ancien, ou le défaut de preuve de l'existence d'usage, n'est pas une difficulté.

445. — Plus la même intervention est exigée par la loi, lorsqu'il s'agit, ou du redressement du ruisseau, ou de son élargissement, ou de son déplacement.

Dans chacun de ces trois cas, le préfet est incompétent de plein droit, sur le motif que l'œuvre provoquée excède les bornes d'un simple acte de pur entretien. Le roi seul en règle les conditions, sauf toutefois les indemnités de riverain à riverain qu'ils fixent entre eux à l'amiable, sinon devant le pouvoir judiciaire, sans que le pouvoir administratif s'en mêle.

446. — Sur tous ces principes, le préfet qui devra ordonner le curage d'un ruisseau, soit d'office, soit sur la demande d'un ou de plusieurs riverains, ou du conseil municipal de la localité, demandera au maire, avant toute autre œuvre, copie du règlement ancien ou note précise et complète des usages locaux. Si l'on ne peut lui fournir ni l'un ni l'autre, il fera procéder, par les moyens qui sont à sa disposition, à la vérification des lieux, pour une exacte répartition de l'entier montant de la dépense.

447. — Après cela, il rendra un arrêté fixant le jour où les travaux devront être commencés. Il y joindra copie du règlement ancien ou copie de la note complète des usages locaux, ou enfin le règlement qu'il aura dressé lui-même. Il y sera dit que les réclamations des intéressés seront reçues pendant tel délai, à l'expiration duquel ils ne seront plus à temps de provoquer un règlement d'administration publique.

448. — L'arrêté sera affiché et publié dans les formes usitées,

C'est là aussi où les débordements sont fréquents si l'on néglige l'intéressante opération du curage. Cette même convention vaut un règlement ancien, et on doit la respecter tant que l'état des lieux n'indique aucune amélioration par le redressement ou le déplacement du ruisseau.

et un bulletin de la quote-part à supporter sur l'entière dépense, par chaque intéressé dans le curage, lui sera notifié sans frais, avec déclaration qu'il sera placé des ouvriers aux frais des retardataires qui seront contraints au remboursement comme en matière de contribution publique, sur un rôle dressé par la même autorité et rendu exécutoire par elle.

449. — Il faut observer qu'il n'est pas possible de fixer, avant la fin des travaux, la somme de l'entière dépense, et que les bulletins doivent se borner, quant à ce, à fixer la contribution individuelle, par quote, par exemple : 1/20, 1/50, 1/100 de la somme totale à employer.

450. — Je remarque que, lorsque l'opération matérielle se borne au simple curage, le règlement ne peut avoir trait qu'au mode de la répartition de la dépense. Il est évidemment sans objet quant au fonds de l'opération; car, en ordonnant le curage, ce serait une pure surabondance d'ajouter qu'on se bornera à enlever les atterrissements, les barrages ou quasi-barrages, les ronces et toutes plantes excrues, soit dans le lit, soit dans les berges, afin de procurer aux eaux leur libre cours, sans toucher aux dimensions du ruisseau qui doit rester dans l'état primitif de sa construction.

Tout cela est renfermé dans le mot *curage*. Ce ne serait plus un curage, l'opération au moyen de laquelle on donnerait au ruisseau, ou une plus large ouverture, ou une nouvelle profondeur ; en un mot, le curage indique l'enlèvement des corps étrangers au lit et aux berges, et pas autre chose.

551. — Je remarque encore que tout règlement est inutile, quant au mode de répartition, si par l'usage et la configuration des lieux, chaque riverain est tenu de faire le curage à ses frais, tout le long de son champ. Il n'est pas nécessaire que j'en donne les motifs, ils se montrent d'eux-mêmes.

452. — Reste à discuter les motifs de mon opinion sur la compétence des préfets, pour dresser les règlements dans les cas où ils sont nécessaires.

En embrassant l'affirmative, toutes les fois qu'il s'agit du simple curage, je me suis fondé sur l'art. 2 de la loi de l'an 11, dont le sens ne peut être que celui-ci :

« Si une partie intéressée au curage forme opposition au mode
» de répartition, elle élève une difficulté qui doit être portée
» devant l'autorité royale, où il est procédé à un règlement d'ad-
» ministration publique, rendu sur la proposition du préfet. »

453. — Un principe constant, consacré par la loi organique, ne permet point au pouvoir exécutif d'établir aucune espèce de contribution publique : c'est exclusivement dans le domaine du pouvoir législatif. Il le faut ainsi sous un régime constitutionnel.

Mais tout n'est pas contribution publique, impôt proprement dit : il y a une ligne de démarcation saillante entre contribution publique et contribution dans les frais du curage d'un ruisseau.

La contribution publique est un besoin national, une dette nationale dont la répartition frappe conséquemment tous les membres de la grande famille.

La contribution dans les frais du curage d'un ruisseau est, au contraire, une dette ordinaire, une dette particulière ; et chaque débiteur doit y satisfaire comme en fait de dette de citoyen à citoyen, sauf l'emploi des règles administratives s'il y a nécessité de contraindre, le pouvoir judiciaire étant écarté à cause seulement de la nature de la matière. Le pouvoir administratif est à son tour écarté lorsqu'il s'agit d'une action en curage de riverain à riverain.

454. — L'art. 2 de la loi déclare, en termes assez équivoques, que la base de la contribution, dans les frais de curage, sera établie dans un règlement d'administration publique, sur la proposition du préfet du département ; mais il ne faut pas perdre de vue la condition de cette attribution résultant du même article, attribution qui n'existe qu'en cas de difficulté par l'opposition au mode de répartition. Ainsi, si la condition manque, l'attribution manque aussi, et le cas reste tout entier dans les règles ordinaires.

455. — Le préfet, ayant capacité d'ordonner le curage, a nécessairement celle de faire le règlement pour établir les bases de la répartition des entiers frais. L'une est la conséquence de l'autre : *Qui veut la fin veut les moyens.*

L'objet principal, c'est le curage ; les frais n'en sont que l'accessoire, et, quelle que soit la forme de procéder pour en établir les bases de répartition, l'accessoire conserve toujours sa nature et subit la loi du principal.

456. — On est frappé de la marche incertaine des préfets sur cette matière. Par les renseignements que je me suis procurés dans les bureaux de plusieurs préfectures, je reste convaincu que, généralement, les préfets se croyaient incompétents pour tout règlement relatif aux frais de curage.

Cette incertitude est le résultat du défaut d'un examen sérieux de la loi du 14 floréal an 11 et d'une fausse appréciation des fonctions préfectorales. Cependant, la matière est d'un intérêt général : combien de localités dont les habitants gémissent par les débordements des ruisseaux qui les exposent à des maladies graves et à la perte de leurs récoltes. C'est comme un fléau dont il est toujours urgent de les affranchir. Les différents pouvoirs doivent surtout être sévères pour réprimer les prétentions des opposants qui, ordinairement, n'agissent que par caprice.

457. — Reste encore à trouver les moyens de payer journellement, ou à la fin de la semaine, les journées employées pour le compte des retardataires.

Ici, c'est, pour ainsi dire, la loi de la nécessité qui ordonne. Sans difficulté, sans notifier d'opposition, le délai prescrit dans l'arrêté du préfet s'écoule, et le curage languit par la faute des retardataires.

Le parti qui se présente le plus naturellement et qui me paraît du reste le plus légitime, c'est de recevoir sur un rôle provisoire de répartition, autorisé par le préfet, les valeurs, ou en nature ou en argent, fournies par les intéressés vigilants, et d'autoriser le maire à puiser, par ses mandats, dans la caisse communale, à titre d'avance pour les retardataires.

Lorsque toutes les dépenses seront terminées, le rôle définitif de répartition sera dressé sous la surveillance du préfet, rendu exécutoire par lui ; et le recouvrement, pour toutes les sommes restant dues, s'en opèrera de la même manière que celui des contributions publiques, le tout en vertu de l'art. 3 de la loi de l'an 11.

458. — Si les retardataires n'ont pas notifié leur opposition dans le délai fixé dans l'arrêté, il me paraît qu'il y a de leur part renonciation tacite au bénéfice du pouvoir gracieux ; il leur reste la faculté de se pourvoir au contentieux, en vertu de l'art. 4 de la loi.

459. — Les doutes sur l'ensemble de la matière et la controverse qui s'ensuit proviennent de la contexture de l'art. 2 de la loi. Les mots, « lorsque l'application des règlements ou l'exé- » cution du mode consacré par l'usage éprouvera des difficul- » tés, » s'appliquent nécessairement : 1° à l'opération matérielle, lorsqu'elle ne se borne pas au simple curage, car pour le curage l'opération purement matérielle est toute tracée par les dimensions anciennes existantes des ruisseaux ; 2° au mode de répartition des frais.

L'art. 3 charge bien les préfets de faire dresser, sous leur surveillance, les rôles de répartition et de les rendre eux-mêmes exécutoires ; mais ces rôles ne peuvent être dressés, *s'il y a difficulté*, que sur les bases établies dans les règlements d'administration publique, lesquelles bases touchent forcément dans plusieurs circonstances à l'opération purement matérielle.

Lorsque, en l'absence de règlements ou usages anciens, un préfet fait pour le simple curage un règlement qui les remplace, en cas *de difficulté*, ce règlement ne peut valoir que comme pièce d'instruction, ou, ce qui revient au même, que comme décision en premier ressort, et l'on agit comme si la difficulté provenait d'un règlement ancien ; c'est-à-dire que, par application de l'art. 2 de la loi, il faut provoquer, comme dans les autres cas, un règlement d'administration publique.

Sur quel motif, *s'il n'y a nulle difficulté*, le rôle ne pourrait-il pas être dressé en vertu des bases résultant du règlement fait par le préfet, lorsqu'il peut l'être en vertu du règlement ancien, ou des usages locaux, s'il en existe?

Le règlement ancien ou les usages reconnus n'ont pas plus de force que le règlement du préfet, qui les remplace : dans chacun des trois cas, il est facile aux intéressés de provoquer un règlement d'administration publique seul définitif. Cela a lieu par la plus simple opposition, dont la forme est toujours la même.

Le préfet a, dans ses fonctions, un pouvoir gracieux qui est borné, en matière de curage, à ce qu'on peut appeler premier ressort. Le ministre a aussi le sien ; mais ici il n'y a que le chef du gouvernement qui, *en cas de difficulté*, puisse faire un règlement définitif.

La loi fait agir, d'une part, le préfet et le chef du gouvernement s'il y échet, et d'autre part, le conseil de préfecture et le conseil d'état, aussi s'il y échet, par la raison qu'elle exige d'abord un règlement, s'il n'y a pas des usages établis, et ensuite, une décision au contentieux.

Si le règlement ou les usages soulèvent *des difficultés*, le roi les aplanit. Le conseil de préfecture en premier ressort, et le conseil d'état en dernier ressort, jugent les contestations.

Or, la décision de toute réclamation, touchant à l'opération matérielle, doit rester dans le pouvoir gracieux. C'est un moyen amiable dont la loi exige l'emploi, il doit avoir un terme; et voilà pourquoi, après l'exécution, les intéressés ne peuvent plus agir par demande gracieuse. Aucun corps de l'Etat n'est investi du droit de critiquer les décisions gracieuses du roi.

L'opération matérielle soumise définitivement aux règles prescrites dans le règlement d'administration publique, ou, par le silence des intéressés, aux règles selon les usages, ou le règle-

19

ment ancien, ou selon celui dressé par le préfet, il ne peut se soulever de contestations que relativement à la répartition des frais ou au recouvrement du rôle.

Un citoyen prétendra que, n'ayant aucun intérêt dans l'opération, il ne doit pas être compris au rôle ; un intéressé prétendra que la somme mise à sa charge n'est pas dans une exacte proportion avec son intérêt personnel dans la même opération. Dans ces deux cas et tous autres semblables, la contestation appartient à la juridiction contentieuse (art. 4 de la loi).

Je réfute une opinion dont la théorie est embarrassante dans la pratique, et en faveur de laquelle on ne peut argumenter qu'à l'aide d'une réticence dans l'art. 2 de la loi, qui ne parle nullement d'un règlement nouveau attribué au préfet; elle se borne à désigner les règlements et usages anciens. Cette théorie est donc purement systématique.

On abandonne ainsi une théorie dont la pratique est facile, et qui d'ailleurs se justifie par les attributions naturelles des préfets; par l'instruction en forme de loi de 1790, délibérée par l'assemblée constituante, instruction qui, n'étant remplacée par aucune autre, n'a cessé de servir de règle. Elle se justifie encore par une saine combinaison des art. 1 et 2 de la loi du 14 floréal an 11. Enfin elle se justifie par les principes généraux du droit.

460. — Sur tout ce que j'ai dit relativement à la compétence des préfets pour le curage des ruisseaux, on s'est aperçu que je distingue cette simple opération de celle se rapportant, ou au redressement, ou à l'élargissement, ou à une nouvelle profondeur de leur lit, ou au changement de leur assiette actuelle.

J'ai distingué aussi le cas où le curage est exclusivement à la charge des riverains de celui où cette charge doit être supportée par les riverains conjointement avec les propriétaires des champs non riverains.

Il suit de cette double distinction que, lorsque le curage doit être fait aux frais des riverains, tout règlement serait un hors-

d'œuvre. En effet, sur quoi reposerait le règlement? Qui dit règlement fait entendre une chose à régulariser par suite d'une
combinaison plus ou moins sérieuse. Or, dans ce cas, le curage,
qui n'est autre chose que l'enlèvement des corps étrangers au lit
du ruisseau, et chaque riverain étant tenu de l'opération en face
de son champ, aucun de ces deux objets ne peut fournir matière
à un règlement. Tout se trouve d'hors et déjà réglé, et il suffit
d'un arrêté du préfet ordonnant le curage, avec déclaration qu'il
y sera procédé pour les retardataires aux frais avancés par la
commune.

Le conseil municipal de la commune doit prendre l'initiative.
Sa demande constate l'usage et signale l'urgence. L'arrêté du
préfet basé sur ces motifs est légal, même dans l'opinion contraire à la mienne.

Supposons qu'un ou plusieurs riverains forment opposition;
mais sur quoi frappera cette opposition? Elle ne peut frapper
que sur les frais de curage que l'on prétendra devoir être suppor-
tés entre les riverains et les propriétaires des champs non riverains, par la raison que l'usage invoqué n'a jamais existé,
et que ces derniers propriétaires ont autant d'intérêt au curage
que les riverains eux-mêmes. En attendant le règlement d'administration publique, on procède au curage qui est le seul
point essentiel.

Je ne maintiens pas moins mes principes sur les autres
espèces.

461. — Consultons la jurisprudence:

J'ai cité, dans mon premier travail, plusieurs décisions à l'appui de mon opinion. Il est bon que je les reproduise ici, ainsi
que toutes autres non déjà rapportées.

1° Décret du 22 décembre 1811 (*Répertoire universel*, au mot
Cours d'Eau).

Il s'agissait du ruisseau de Giers, dans l'arrondissement de
Grenoble.

» Napoléon... Vu, etc.

» Considérant que le ruisseau de Giers, etc.

» Considérant que, dans l'état actuel, le lit du ruisseau se
» trouve tellement comblé, qu'aux moindres crues les eaux
» menacent les propriétés voisines et la grande route, et qu'aux
» termes de la loi du 14 floréal an 11, l'administration seule
» est chargée d'ordonner et de surveiller les travaux à faire ;
» que le tribunal de Grenoble, en ordonnant le changement du
» lit du ruisseau, dans la circonstance où il se trouve, a évidem-
» ment commis un excès de pouvoir et a excédé sa compétence.

» Sur le rapport de notre ministre de l'intérieur, notre
» conseil d'état entendu, nous avons décrété et décrétons ce qui
» suit :

» Art. 1er. Les jugements précités des 25 août 1810, 25 mai
» et 12 août 1811, et tous autres antérieurs et postérieurs ayant
» le même objet, sont déclarés comme non avenus.

» Art. 2. Le préfet du département de l'Isère, déterminera,
» sur l'avis de l'ingénieur en chef des ponts-et-chaussées, les
» travaux d'atterrissement nécessaires et le mode de les exécu-
» ter, en se conformant à l'art. 1er de la loi du 14 floréal an 11 ;
» et, en cas de difficulté sur l'exécution, il en sera référé à nous,
» en notre conseil d'état, conformément à l'art. 2 de la loi
» précitée. »

Ce décret confirme mon système. Il ne contient aucun règlement. Il contient seulement renvoi devant le préfet comme seul
compétent pour le curage et pour tout autre acte de pur entretien, par sa qualité d'administrateur et d'agent du pouvoir exécutif.

462. — 2° Instruction ministérielle du 10 décembre 1837, rapportée au n° 354.

» Les préfets, dit le ministre, qui, depuis la loi du 28 pluviôse
» an 8, sont substitués aux administrations départementales, et
» qui sont spécialement chargés de l'exécution de la loi du 14
» floréal an 11, ont donc le droit d'ordonner d'office le curage
» des petites rivières et ruisseaux. Il y a plus, etc. »

3° Autre instruction ministérielle du 22 juillet 1838, rapportée au même numéro et contenant les mêmes dispositions.

4° Une troisième instruction ministérielle du 18 mars 1839, dans le même sens (même numéro).

463. — 5° Le document le plus remarquable, et qui doit le plus faire impression, est celui-ci, rapporté au n° 355.

Une délibération d'un conseil municipal dans le département de la Haute-Saône, ayant été prise pour le curage d'un ruisseau, fut autorisée par le préfet qui ordonna que ce curage serait opéré par chacun des propriétaires riverains ou à leurs frais.

Un riche propriétaire se refusa d'obtempérer à cet arrêté. Il épuisa, mais en vain, tous les degrés de la juridiction administrative et judiciaire : le conseil d'état le condamna à payer les frais de curage auquel la commune avait fait procéder ; et il fut reconnu devant le pouvoir judiciaire, que la question de propriété qu'il avait soulevée était un moyen purement évasif, puisqu'on n'avait fait que déblayer le ruisseau des terres et gravier que la suite des temps y avait amoncelés.

464. — 6° M. Garnier, dans son *Traité des Eaux*, pages 286, 287 et 288 :

« Suivant l'art. 3 de la loi du 28 pluviôse an 8, le préfet est chargé seul de l'administration.

» L'administration ou le pouvoir administratif des préfets consiste à faire toutes les dispositions, à prendre toutes les mesures pour régir la chose publique dans l'intérêt de tous ; et, comme le dit M. Merlin, *Répertoire de Jurisprudence*, v° Préfet, n° 9 :

« Les attributions des préfets, prises dans un sens étendu, por-
» tent sur tout ce qui peut intéresser le gouvernement. Rien,
» dans ce sens, ne peut ni ne doit leur être étranger : réparer,
» féconder, surveiller, voilà leur tâche. Ainsi, si des abus
» existent dans leur département, si des améliorations sont pos-
» sibles, si le relâchement s'introduit dans l'exercice des fonc-
» tions d'une autorité quelconque, ou dans la conduite de ses
» agents, il ne peut le voir avec indifférence, et il doit appeler

» l'attention du gouvernement, même lorsqu'il s'agit d'objets
» étrangers à l'administration. »

« Or, comme la loi du 12-20 août 1790 et celle du 28 pluviôse an 8 chargent spécialement les préfets « de rechercher et
» indiquer les moyens de procurer le libre cours des eaux, d'em-
» pêcher que les prairies ne soient submergées par la trop
» grande élévation des écluses, des moulins et par les autres
» ouvrages d'art établis sur les rivières ; de diriger enfin autant
» qu'il sera possible toutes les eaux de leur territoire vers un
» but d'utilité générale, d'après les principes de l'irrigation : »

» Il en résulte que les préfets ont le droit, comme nous
l'avons déjà dit, de faire les règlements nécessaires sur le cours
et l'usage des eaux, suivant les règles que nous avons tracées
dans l'article précédent ;

» Ils peuvent fixer la hauteur des déversoirs des moulins et
usines ;

» Ordonner le changement des vannes, prescrire le curage
» des rivières et ruisseaux, ordonner, etc. »

M. Garnier, dans sa seconde édition, paraît avoir adopté un
tempérament à l'opinion qu'il avait émise dans la première édition ; aux pages 259 et 260 du second volume, il dit : « Nous rap-
pellerons, à l'égard des uns et des autres (les préfets et les sous-
préfets), l'observation que nous avons déjà faite dans la première
partie, qu'ils n'ont, en général, que des propositions à faire :
leurs arrêtés ne deviennent définitifs que par l'approbation du
pouvoir supérieur. Ainsi, quand nous dirons qu'ils peuvent faire
tels ou tels actes, la nécessité de cette approbation sera toujours
sous-entendue. Deux arrêts du conseil des 15 novembre 1810
et 14 août 1822 ont formellement décidé que les préfets ne
peuvent ni faire des règlements d'administration publique, ni
modifier ceux existant. Cependant, ces fonctionnaires étant autorisés, toutes les fois qu'il y a urgence, à faire exécuter leurs
arrêtés, sans attendre cette approbation, ils éluderont la règle
quand ils le voudront, parce qu'ils pourront toujours prétendre

que cette urgence existe. A dire vrai, il serait difficile de détruire cet abus, la loi paraissant poser le principe que les affaires administratives requièrent célérité, en établissant que le recours contre les décisions n'est pas suspensif.

» Les préfets, et en cas d'urgence absolue les sous-préfets, et même les maires, ont le droit de prendre les mesures nécessaires pour éviter les inondations, procurer le libre cours des eaux, assurer la liberté des irrigations et l'activité des usines.

» Les préfets ont le droit de faire des règlements sur le cours et l'usage des eaux, de prendre des arrêtés pour autoriser les usines, à la charge d'obtenir l'homologation du roi ;

» De fixer la hauteur des déversoirs des moulins et usines ou des étangs, d'ordonner le changement des vannes, de prescrire le curage des rivières ou ruisseaux. »

Ce tempérament de M. Garnier n'implique pas absolument contradiction à sa première opinion : il y a d'ailleurs toujours urgence en fait de curage d'un ruisseau, et cette urgence est facile à reconnaître. Le conseil municipal de la commune la signale dans sa demande à fin de curage, et avant son arrêté le préfet l'a fait constater par un ingénieur envoyé sur les lieux.

7° Voir le n° 343 où est rapportée l'opinion de M. Proudhon favorable à l'attribution de compétence des préfets pour règlementer les cours d'eau non navigables ni flottables.

465. — On m'oppose deux ordonnances royales rapportées dans le recueil de M. Félix Lebon, tome V, p. 150, et tome XIII, page 29. L'une du 26 février 1823 (syndics de Beaumes contre syndics d'Aubignan), l'autre du 20 janvier 1843 (Bourmizien, Dubourg et consorts).

466. — Dans la première, il s'agissait d'un torrent existant dans l'arrondissement de Carpentras (Vaucluse), traversant plusieurs communes.

Il s'éleva des contestations relativement à la réparation et à l'entretien des digues et chaussées, entre les syndics d'Aubignan et les syndics de Beaumes. Ceux-là, invoquant l'usage établi,

prétendaient que la dépense à faire devait être supportée exclusivement par le syndicat de la situation. Ceux-ci prétendaient,
au contraire, que chaque localité devait contribuer à la dépense
eu égard à l'avantage qui en revenait à chacune d'elles.

La contestation s'engagea : les syndics de Beaumes s'adressè-
rent au préfet, qui prit un arrêté fixant diverses dispositions règlementaires.

Les mêmes syndics, se prétendant lésés par cet arrêté, se sont
pourvus au conseil d'état. Ceux d'Aubignan leur ont opposé une
fin de non-recevoir résultant de la nature de l'acte, émané de
l'administration active et non de l'administration contentieuse.

« Louis, etc. — Sur le rapport du comité du contentieux ;

» Vu la requête à nous présentée, etc. ;

» Vu l'art. 2 de la loi du 14 floréal an 11, portant (voyez
» le n° 440).

» Considérant que, dans l'espèce, il n'existe pas d'anciens
» règlements et que les *usages sont contestés;* qu'ainsi, il y a
» lieu de procéder conformément aux dispositions de l'art. 2 de
» la loi précitée; — considérant que l'arrêté pris le 22 octo-
» bre 1819, par le préfet de Vaucluse, doit être regardé comme
» une proposition de règlement, laquelle proposition aurait dû
» être déférée au ministre que la matière concerne; et que,
» dès-lors, le pourvoi formé par la voie contentieuse, devant
» nous, en notre conseil d'état, contre une décision prise par
» un préfet, dans les limites de sa compétence, n'est pas
» recevable.

» Art. 1er. La requête des syndics de Beaumes est rejetée.

» Art. 2. Lesdits syndics sont condamnés aux dépens. »

Cette ordonnance n'est pas en opposition à ma doctrine : sans
règlements anciens et les usages étant contestés, le préfet devenait incompétent. Il devait alors se borner, en vertu de l'art. 2
de la loi, à faire une proposition de règlement et l'envoyer au
ministre qui aurait provoqué un règlement définitif d'administration publique.

La requête portait à faux , et c'est avec raison qu'elle a été rejetée. On ne se pourvoit ainsi devant le conseil d'état qu'en matière contentieuse ; et si tant les syndics de Beaumes avaient voulu réclamer contre la proposition de règlement, ils auraient dû le faire par un simple mémoire adressé au ministre.

Le conseil d'état n'a donc vu, dans cette affaire, que la contestation sur l'existence des usages et l'irrégularité dans les formes de procéder. De là , il a été jugé que l'arrêté du préfet était maintenu pour valoir seulement comme proposition de règlement en vertu de l'art. 2 de la loi, et que la requête était rejetée.

Ce cas est bien différent de celui où, sans contestation, il aurait été reconnu de toutes parts qu'il n'y avait ni règlement ni usages, et que, dans cette position, le préfet eût fait lui-même le règlement. Ce règlement du préfet aurait servi de base toutes les fois qu'il n'aurait pas été attaqué. S'il l'avait été , venait alors seulement l'application de l'art. 2 de la loi et l'obligation d'avoir recours au gouvernement.

J'observe que , dans cette espèce particulière, le règlement n'avait trait qu'à la répartition de la dépense , et que n'y ayant aucune contestation à raison de l'opération matérielle du curage , on aurait pu, sans irrégularité, y faire procéder en vertu d'un simple arrêté du préfet, sauf à en payer les frais après le règlement fait par l'administration publique , procédé facile , lors surtout que le curage peut être donné en adjudication.

467. — La seconde ordonnance, d'une date assez récente , a été rendue d'après les mêmes principes.

« Louis-Philippe , etc. — Vu l'arrêt du roi en son conseil, du
» 7 novembre 1747 ; — vu l'arrêt du parlement du 12 août 1789 ;
» — vu l'arrêté du préfet du département de Seine-et-Oise , en
» date du 25 floréal an 9, approuvé par le ministre de l'intérieur
» le 3 messidor an 10 ; — vu la loi du 14 floréal an 11 :

» En ce qui touche l'arrêté du préfet du 7 juillet 1840 , et
» la décision approbative de notre ministre de l'intérieur du
» 25 mars 1841.

» Considérant qu'aux termes de la loi du 14 floréal an 11,
» il doit être procédé au curage des rivières qui ne sont ni navi-
» gables ni flottables et à la répartition des frais de ce curage,
» de la manière prescrite par les anciens règlements, ou à défaut
» d'anciens règlements, d'après le mode consacré par les usages
» locaux, et que les anciens *règlements ne peuvent être modifiés ou*
» *les usages locaux abolis* que par une ordonnance royale rendue
» dans la forme des règlements d'administration publique. — Con-
» sidérant, etc. Que si ces dispositions paraissaient à l'administra-
» tion devoir être modifiées, il appartenait au préfet et à notre
» ministre de l'intérieur de soumettre à notre approbation telles
» dispositions nouvelles qu'ils auraient jugées convenables, mais
» qu'ils n'ont pu, sans excéder leurs pouvoirs, apporter d'eux-
» mêmes aucune dérogation au mode de répartition déterminé par
» le règlement précité.

» Sur les conclusions des sieurs Dubourg et consorts, ten-
» dantes à ce que les requérants soient exemptés de toute contri-
» bution aux frais du curage de l'Orge, effectué en 1840 (1), sur
» le motif que ce curage n'aurait été nécessité que par le défaut
» d'exécution, dans la partie inférieure de la rivière, des curages
» précédemment prescrits, et le préjudice que cette inexécution
» a pu causer aux requérants pourrait donner lieu en leur faveur,
» s'il y échet, à un recours tel que de droit, contre les pro-
» priétaires qui auraient négligé d'exécuter lesdits curages;
» mais, etc.

» En ce qui touche l'arrêté du conseil de préfecture du
» 15 juin 1841 : — Considérant que cet arrêté n'est que la con-
» séquence et l'exécution de celui du préfet, du 7 juillet 1840.

» Art. 1er. La requête en intervention, etc.

» Art. 2. L'arrêté du préfet de Seine-et-Oise, en date du
» 7 juillet 1840, et la décision approbative de notre ministre de
» l'intérieur du 25 mars 1841, sont annulés pour excès de pou-

---

(1) On voit que le curage précéda d'environ trois ans la répartition des frais.

» voirs, en tant que dudit arrêté et de ladite décision résulterait
» pour les sieurs Dubourg, Breton, Audiger et Robine, l'obli
» gation de contribuer, etc.

» Art. 3. L'arrêté du conseil de préfecture du même dépar-
» tement, en date du 15 juin 1841, est annulé.

» Art. 4. Les sieurs Dubourg, Breton, Audiger et Robine sont
» renvoyés devant l'administration, et, en cas de contestation,
» devant le conseil de préfecture, pour y voir fixer la part pour
» laquelle chacun d'eux doit y contribuer, s'il y échet, en tant
» que riverain, aux frais du curage précité, en exécution du
» règlement du 25 floréal an 9.

» Art. 5. La requête des sieurs Dubourg et consorts est rejetée
» pour le surplus. »

468. — Les deux ordonnances ayant fait une exacte application de l'art. 2 de la loi du 14 floréal an 11 et suivant les principes que j'ai développés, puisqu'elles n'ont d'autre base que celle
résultant des difficultés provoquées par les contestations des
parties, bien loin de me rétracter, je persiste de plus fort dans
mon opinion.

CHAPITRE XVI.

469. — L'art. 41, titre 27, de l'ordonnance de 1669, confirma irrévocablement le droit exclusif du domaine sur la pêche fluviale. Il n'y eut d'excepté que les droits que les particuliers pouvaient y avoir par titres et possessions valables.

470. — Mais la loi absolutive de féodalité entraîna la nullité de ces droits y compris ceux qui avaient pour origine des actes d'aliénation. Tout fut confondu à l'exemple des rentes appartenant aux seigneurs, bien que la majeure partie n'eût d'autre cause que la concession d'immeubles par où le débiteur en fut déclaré possesseur irrévocable et déchargé définitivement de l'obligation d'en payer la valeur.

Cette loi fut donc une loi spoliatrice. — Elle n'a été maintenue que par l'exigence des événements politiques.

De plus, la liberté de la pêche devint dès ce moment commune à tous les citoyens, et ce n'a été que par la loi du 14 floréal an 10 que le domaine en a repris le droit exclusif sans faire revivre ceux des tiers, tels qu'ils existaient en vertu de l'ordonnance de 1669.

471. — Les choses en cet état, est intervenue la loi du 15 avril 1829, qui a maintenu le domaine dans les mêmes droits. Cette loi, avec celle du 15 juin 1840, forment une législation complète sur la pêche fluviale, le dernier article de la première loi, qui est le 83me, portant abrogation de toutes lois, ordonnances, édits et déclarations, arrêts du conseil, arrêtés et décrets et tous règlements intervenus à quelque époque que ce soit, sur

les matières réglées par la présente loi, en tout ce qui concerne la pêche.

Ainsi, quelles que soient les difficultés qui pourraient se présenter, soit entre le domaine et les fermiers, soit entre l'un ou l'autre et les propriétaires riverains des cours d'eau, ce sera toujours dans les deux lois qu'il faudra puiser les motifs de décider.

Il est bon d'observer que la seconde loi, rendue pour modifier la première, n'en touche pas le fonds; elle établit seulement des règles de procéder et des conditions pénales contre les associations secrètes et toute manœuvre entre les pêcheurs ou autres, tendant à nuire aux adjudications, à les troubler ou à obtenir les cantonnements de pêche à plus bas prix.

472. — D'après l'art. 1er de la loi de 1829, le droit de pêche doit être exercé dans tous les fleuves, rivières, canaux et contre-fossés navigables ou flottables avec bateaux, trains ou radeaux, et dont l'entretien est à la charge de l'Etat; plus, dans les bras, noues, boires et fossés qui tirent leurs eaux des fleuves et des rivières navigables ou flottables, dans lesquels on peut, *en tout temps*, passer ou pénétrer *librement* en bateau de pêcheur, et dont l'entretien est également à la *charge de l'Etat*. Sont toutefois exceptés les canaux et fossés existants, ou qui seraient creusés dans les propriétés particulières et entretenus aux frais des propriétaires.

La première et la troisième partie de cet article de la loi n'ont nul besoin d'être commentées. Il n'en est pas ainsi de la seconde partie.

473. — Un ruisseau débouche dans le lit d'un cours d'eau navigable ou flottable; mais ce n'est que dans les hautes eaux que les bateaux de pêcheur peuvent y passer ou y pénétrer.

Dans ce cas, il me paraît évident que le droit de pêche ne peut y être exercé au préjudice du propriétaire ou des propriétaires riverains.

La loi pose deux conditions à la faculté de s'introduire dans les ruisseaux ou dans leur embouchure, pour y exercer le droit de la pêche fluviale.

1re condition, « dans lesquels on peut, en tout temps, passer ou pénétrer librement en bateau de pêcheur. »

2me condition, « et dont l'entretien est également à la charge de l'Etat. »

Ces deux conditions sont jointes par la conjonction copulative *et*, et la non existence d'une d'elles laisse aux riverains le droit de pêche exclusif.

474. — Il pourrait cependant y avoir quelque difficulté, si la première condition étant remplie, le domaine ne s'occupait nullement de la seconde.

Je pense que le point de fait, quant à ce, ne doit pas faire règle; c'est le point de droit qu'il faut consulter. Ainsi les bateaux de pêcheur, pouvant en tout temps être introduits librement dans le ruisseau, il s'ensuit qu'en point de droit, il doit être décidé que l'entretien du ruisseau ou de la partie assujettie à la pêche fluviale doit être entretenue aux frais de l'Etat. De là, les deux conditions sont censées remplies, puisqu'on ne peut mettre ces frais à la charge des riverains, et que même ceux-ci peuvent exercer contre le domaine une action en dommages pour réparation des pertes souffertes par la négligence de ses agents.

C'est le sens de la loi : or, le défaut d'entretien ne peut faire disparaître la faculté dérivant de la première condition ; le domaine n'est pas moins obligé ; il y pourvoit ou est forcé d'y pourvoir, si ce n'est d'une manière c'est de l'autre.

475. — Mais si les riverains n'ont aucun intérêt à l'entretien dont s'agit, ce qui arrive s'il ne résulte pour eux aucun dommage de la négligence qu'on peut y apporter, ils n'ont à envisager que la première condition. C'est aux ayant-cause du domaine à se mettre à l'aise dans la partie assujettie du ruisseau, et de faire, pour y parvenir, toutes opérations matérielles permises, c'est-à-dire sans enfreindre les droits des riverains.

476. — Il ne faut pas confondre les règles relatives à l'étendue du lit des cours d'eau navigables ou flottables avec celles de la pêche fluviale : le lit d'un ruisseau ne cesse pas d'appartenir aux riverains, malgré que, dans les hautes eaux, marquant la ligne extérieure du lit du fleuve ou de la rivière, il soit couvert jusqu'à une certaine étendue en le remontant bien au-delà de cette ligne. La propriété du domaine ne peut être rentrante dans le ruisseau ; car ce n'est qu'en considération de ce que les eaux du fleuve ou de la rivière le couvrent continuellement qu'il a été assujetti à la pêche fluviale. C'est comme un droit de servitude au profit du domaine, et nullement un droit de propriété.

477. — La propriété du lit d'un ruisseau n'est pas chose indifférente. Si, pendant tout le temps de l'occupation par les eaux, il n'est d'aucun produit pour le riverain, cet état de choses peut changer par un nouveau régime dans le cours des eaux du fleuve ou de la rivière.

478. — Il résulte de ce que je viens de dire qu'il ne suffit pas, pour que le domaine ait droit de pêche dans un ruisseau, que les bateaux de pêcheurs puissent y être introduits dans certaines saisons ou par temps seulement ; la loi est très-explicite à cet égard ; elle dit, *en tout temps*, ce qui ne laisse aucun intervalle ; d'où il suit que si, pendant les basses eaux, il est naturellement impossible d'y introduire les bateaux de pêcheur, il n'est pas permis de le faire pendant les hautes eaux. Le droit de pêche appartient alors exclusivement aux propriétaires riverains. Le soin qu'a porté le législateur, dans la rédaction de cet article de la loi, se remarque encore par l'emploi de ces mots : *passer ou pénétrer librement.* On dirait, par cette locution, que le législateur a été même tenté de refuser au domaine la faculté ainsi restreinte.

479. — Il est défendu, par l'art. 24 de la loi, de placer dans les rivières navigables ou flottables, canaux et ruisseaux, aucun barrage, appareil ou établissement quelconque de pêcherie, ayant pour objet d'empêcher entièrement le passage du poisson. Les

délinquants seront condamnés à une amende de cinquante francs à cinq cents francs, et en outre aux dommages-intérêts, et les appareils ou établissements de pêche seront saisis et détruits.

Tels sont les termes de la loi.

La disposition par laquelle il est défendu d'empêcher entièrement le passage du poisson a eu pour motif l'intérêt général et l'intérêt de tous les fermiers, de tous les porteurs de licences et de tous les riverains des canaux et ruisseaux.

480. — Cette disposition est générale; elle s'applique, non-seulement aux cours d'eau navigables ou flottables et aux canaux ou ruisseaux assujettis aux droits de la pêche fluviale; mais encore à tous autres cours d'eau qui en sont affranchis par l'art. 2 de la loi, tels que ceux des rivières non navigables ni flottables, des canaux ou ruisseaux et de tous autres non désignés dans les §§ 1 et 2 de l'art. 1er.

481. — En prohibant les barrages, l'art. 24 de la loi ne désigne pas nommément les rivières non navigables ni flottables. De là on pourrait conclure que la prohibition ne leur est pas applicable.

On serait entraîné à soutenir cette opinion, si l'on comparait rigoureusement l'art. 24 à l'art. 23. Dans l'art. 23, le législateur a signalé les fleuves et rivières navigables ou flottables, les canaux, ruisseaux ou *cours d'eau quelconques*. L'art. 24 laisse les cours d'eau quelconques, et ne signale que les fleuves et rivières navigables ou flottables, canaux et ruisseaux.

N'y a-t-il pas de l'arbitraire à ajouter à l'art. 24? On sait que les lois prohibitives et les lois pénales sont de droit étroit, et que conséquemment il n'est pas permis d'en étendre les dispositions.

482. — Cependant, comme le motif de la prohibition à l'égard des simples ruisseaux a pour fondement l'intérêt de tous les riverains pris en masse, afin que chacun d'eux puisse, en face de sa propriété, se livrer à l'exercice de la pêche, et par là, prendre part au profit qui en résulte, il doit en être de même, et à plus forte raison, des rivières non navigables ni flottables qui, généra-

lement, offrent, quant à ce, un bien plus grand avantage. C'est le sens de l'ensemble de la loi.

483. — M. Daviel ne dit rien sur la difficulté. S'il l'a prévue, il a pensé que ce n'était pas la peine de s'en occuper.

Néanmoins, la question a été portée devant la cour de cassation, qui, par arrêt du 24 novembre 1832, a cassé un jugement du tribunal correctionnel de Strasbourg, du 27 mai 1832 (1).

« La Cour, vu les art. 23, 24 et 32 de la loi sur la pêche
» fluviale ; attendu qu'il résulte des art. 23 et 24 précités,
» qu'il est interdit de placer dans les canaux, ruisseaux ou
» cours d'eau quelconques, des barrages ayant pour objet
» d'empêcher entièrement le passage du poisson ; que cette
» prohibition s'applique nécessairement à tous les canaux et
» fossés, quels qu'ils soient, communiquant par un point avec
» les fleuves et rivières, puisqu'elle a pour objet d'en assurer
» le repeuplement et d'en conserver le poisson ; attendu qu'il
» est constaté par un procès-verbal régulier, et reconnu par
» le jugement attaqué, que le prévenu avait entièrement barré,
» et de manière à fermer complètement tout passage au pois-
» son, des canaux ou fossés communiquant avec la rivière
» d'Ill ; que néanmoins ledit jugement l'a relaxé, par le motif
» que ces canaux ou fossés étaient établis entre des propriétés
» particulières, ne communiquant, par l'autre extrémité, avec
» aucune rivière navigable ou flottable, et se perdaient même
» dans les propriétés particulières, en quoi ledit jugement a
» violé les dispositions des art. 23 et 24 ci-dessus cités. »

» Attendu, etc.... casse, etc. »

484. — Pour l'application en thèse générale de l'art. 24 de la loi, il faut que le barrage soit complet, c'est-à-dire qu'il empêche entièrement le passage du poisson ; sans cette condition il n'y a point de délit.

_____

(1) Sirey, tome XXXIII, 1, p. 405

20

La cour royale de Limoges l'a jugé ainsi, par arrêt du 15 novembre 1843 (1).

La circonstance que le barrage n'a été que momentané n'est pas un motif suffisant pour l'acquittement du délinquant ; il y a seulement lieu dans ce cas à n'appliquer la loi qu'avec modération, tant pour l'amende que pour les dommages-intérêts revenant au riverain ou aux riverains lésés.

485. — Il n'y a que les ayant-cause du domaine, c'est-à-dire les fermiers ou porteurs de licence, qui puissent se livrer à l'exercice de la pêche fluviale, en se conformant aux prescriptions de la loi. Les autres citoyens doivent s'en abstenir entièrement pour ne pas s'exposer à l'amende qui est portée, pour ce cas, à 20 francs au moins, et à 100 francs au plus, non compris les dommages et intérêts en faveur de la partie lésée (art. 5).

486. — La prohibition embrasse non-seulement les cours d'eau de la pêche fluviale, mais encore les cours d'eau qui en sont affranchis.

Il est entendu que la prohibition s'évanouit en présence de la permission donnée par celui à qui le droit de pêche appartient. Dans ce cas, il ne peut y avoir délit, si l'on se conforme d'ailleurs aux règles de police tracées par la loi.

487. — Il est néanmoins permis, par le même art. 5, à tout individu de pêcher à la ligne flottante tenue à la main, dans les cours d'eau assujettis à la pêche fluviale, le temps du frai excepté.

488. — J'ai vu élever une prétention qui, quoique entièrement dénuée de fondement, m'engage à entrer dans quelques explications.

L'art. 2 de la même loi dispose que, dans toutes les rivières et canaux, autres que ceux qui sont désignés dans l'article pré-

---

(1) Sirey, tome XLVI, 2, p. 80. — Autre arrêt semblable par la cour de Pau, du 24 décembre 1829, tome XXX, 2, p. 230.

cédent, les propriétaires riverains auront, chacun de son côté, le droit de pêche jusqu'au milieu du cours de l'eau, sans préjudice des droits contraires établis par possession ou titres.

De là on a conclu que celui qui, depuis longues années, a établi un barrage sur un ruisseau, devait être maintenu dans la possession de ce barrage et du droit exclusif de pêche, au préjudice des autres riverains en amont.

C'est évidemment une erreur grossière : d'abord une véritable possession ne peut jamais avoir pour fondement un délit qui se renouvelle sans cesse. D'un autre côté, l'art. 2 de la loi n'a trait qu'au droit de pêche appartenant à chaque riverain, jusqu'au milieu du cours de l'eau en face de sa propriété; et l'on conçoit que le riverain de droite, par exemple, peut acquérir, par titre ou prescription, contre le riverain de gauche, le droit qu'avait celui-ci de pêcher, joignant son champ jusqu'à la moitié du lit du ruisseau ; auquel cas le riverain de droite a seul et exclusivement le droit de pêche entre les deux champs, dans l'entier lit du ruisseau, ayant réuni à son droit personnel, par le titre ou la prescription qui le remplace, le droit du chef du riverain opposé. Voilà la lettre et l'esprit de l'art. 2 de la loi. Il ne se rapporte directement ni indirectement au barrage.

489. — Si celui qui a établi un pareil barrage se croyait fondé, malgré qu'il ne fût pourvu d'aucune autorisation, à le conserserver, prétendant qu'en cela il n'a eu en vue que l'irrigation de ses prairies, et nullement d'arrêter le passage du poisson, il serait facile de lui démontrer le vice de cette nouvelle prétention.

J'ai prouvé, au n° 304 , chap. XIV, qu'il existait une grande différence entre un barrage et une tranchée sur la berge pour une prise d'eau, que cette dernière opération était facultative et de plein droit, et qu'un barrage ne pouvait être pratiqué qu'en vertu de l'autorisation administrative. Il me suffit d'y renvoyer, en observant que tous les cours d'eau non navigables ni flottables en train, quel que soit leur volume fort ou faible, et quelle que soit leur dénomination, rivières, canaux ou ruisseaux, sont sans exception soumis aux mêmes règles de police.

LIVRE DEUXIÈME.

Du péage pour la traverse des fleuves et rivières.

———o-⊙-o———

CHAPITRE PREMIER.

490. — Le droit de péage deviendrait presque illusoire, si l'entière ligne dans la commune où le pont est placé n'y était assujettie.

L'art. 538 du Code civil dispose que les fleuves et rivières navigables ou flottables sont considérés comme dépendance du domaine public.

« Art. 714. Il est des choses qui n'appartiennent à personne » et dont l'usage est commun à tous.

» Des lois de police règlent la manière d'en jouir. »

Je n'ai nul besoin de m'occuper de l'art. 714. Il est étranger à mon objet, étant seulement relatif à ce que les jurisconsultes appellent *res communes*, *res nullius*, comme l'eau qu'un particulier va puiser à la rivière, les pierres, le sable et les coquillages qu'on y ramasse.

Personne n'a intérêt à s'opposer à l'enlèvement de ces objets;

et s'il pouvàit arriver le contraire , ce qu'on ne peut prévoir , des lois ou règlements de police en régleraient l'usage.

491. — C'est l'art. 538 qui m'intéresse.

Il est hors de doute qu'en vertu de ses dispositions , le gouvernement est seul compétent pour régler les droit de navigation, de pêche et de la traverse des fleuves et rivières navigables ou flottables.

L'intérêt général le veut d'ailleurs ainsi. Le désordre serait une suite inévitable d'une règle contraire.

Or, le gouvernement autorise la construction d'un pont et concède un droit de péage à titre d'indemnité. La concession étant dans les limites de ses droits , le simple citoyen ne peut pas plus contre le concessionnaire que contre le gouvernement lui-même , et si malgré cela il se permettait la traverse du fleuve ou de la rivière dans une embarcation quelconque, en amont ou en aval du pont, n'importe la distance , ce ne pourrait jamais être qu'en fraude du droit de péage et en d'autres termes qu'un empiétement sur les droits du gouvernement.

492. — Je vais donner à ces principes le développement nécessaire.

J'ai entendu plusieurs fois invoquer contre ce système le grand mot de *liberté*, mot employé ordinairement à contre sens.

La véritable liberté ne peut exister que tout autant que l'intérêt privé se tait en faveur de l'intérêt général , sans cela il y a, dans toute la force du terme, absence de liberté.

Sans péage, point de nouveaux ponts, et ceux existants tomberaient en ruine.

Il est facile de concevoir que, si l'entière ligne n'est pas tributaire du droit de péage , ce droit n'ayant plus d'assiette fixe peut insensiblement se réduire à une valeur nulle, comparativement aux capitaux nécessaires pour l'établissement, l'entretien et la régie d'un pont : dès-lors, dans quelle classe d'hommes pourrait-on se promettre d'en trouver, avec la volonté de faire le sacrifice de leurs propres intérêts en faveur des intérêts de tous?

Il en serait de cette partie essentielle de l'administration publique comme il en était des chemins de halage pendant les premières années de la révolution de 89.

Au nom de la liberté on s'en empara. Chaque riverain exploitait à son profit la partie qu'il laissait ci-devant à sa primitive et utile destination ; mais le gouvernement ne tarda pas à s'apercevoir du vice de cette tolérance. Le commerce du cabotage devint onéreux, difficile, quelquefois impossible ; les populations souffraient et il fallut s'empresser de rétablir les dispositions salutaires de l'ordonnance de 1669.

Cet exemple est plus que suffisant pour faire sentir tout le vice d'une liberté malentendue. La véritable liberté veut que l'administration publique protége le droit de péage, puisque ce n'est qu'au moyen des ponts qu'on établit de faciles communications.

Sans nuire à la véritable liberté, le gouvernement exploite le droit de pêche et perçoit le droit de navigation.

Pourquoi voudrait-on qu'il en fût autrement à l'égard du droit de péage ?

Je ne puis découvrir des motifs de préférence.

Du reste, le législateur s'en est expliqué dans la loi du 6 frimaire an 7, qui est la seule qui puisse faire règle.

Par l'art. 1er, elle abroge toutes les lois antérieures, ainsi que tous usages, concordats, engagements, droits communs et franchises.

Par l'art. 7, le gouvernement prend possession de tous les ponts et passages dont il dépouille les précédents possesseurs.

Et voici les exceptions :

493. — « Art. 8. Ne sont point compris dans les dispositions
» des articles précédents, les bacs et bateaux non employés à un
» passage commun, mais établis pour le seul usage d'un parti-
» culier ou pour l'exploitation d'une propriété circonscrite par
» les eaux.

» Ils ne pourront, toutefois, être maintenus ; il ne pourra

» même en être établi de nouveaux qu'après avoir fait vérifier
» leur destination et fait connaître qu'ils ne peuvent nuire à la
» navigation, et, à cet effet, les propriétaires ou détenteurs
» desdits bacs ou bateaux, établis ou à établir, s'adresseront aux
» administrations centrales qui, sur l'avis de l'administration
» municipale, pourront en autoriser provisoirement la conser-
» vation ou l'établissement qui, toutefois, devra être confirmé
» par le directoire exécutif, sur la demande qui lui en sera faite
» par l'administration centrale. »

La difficulté s'évanouit, si tant est qu'elle ait jamais existé, en présence d'une loi dont les dispositions sont si précises. Les anciens possesseurs sont définitivement dépouillés à l'égard des passages communs, et le gouvernement prend leur place. Il n'y a de restriction qu'à l'égard des passages particuliers, les possesseurs n'en sont dépouillés que provisoirement. Ils peuvent, en vertu de l'art. 8 de la loi, y être maintenus si l'autorité le trouve à propos en vérifiant la demande qui doit lui en être adressée.

494. — Les passages particuliers, surtout, étaient nécessairement disséminés sur toute la ligne; malgré cela, on ne trouve directement ni indirectement aucune trace d'exception dans le texte de la loi.

Si le législateur avait entendu consacrer quelque franchise, c'était bien le lieu de s'en expliquer.

Il y a plus, il n'a même pas voulu laisser exister, sans nouvelle autorisation, les passages particuliers pour aboutir à un champ circonscrit par les eaux. Dans ce cas, il y a cependant nécessité (1).

_____

(1) Le législateur dut sentir le grave inconvénient de suspendre les passages particuliers pour aboutir à un champ circonscrit par les eaux, et dut être tenté d'établir en leur faveur une règle d'exception dans la loi, règle qui n'aurait pas constitué un véritable privilége; mais il fut arrêté par l'intérêt de la navigation. D'ailleurs il se reposa sur cette considération que, la loi autorisant les réclamations des parties intéressées, leur demande serait accueillie favorablement toutes les fois qu'elle serait appuyée sur des motifs raisonnables.

495. — Je me demande s'il était possible que le législateur déclarât franche une partie de la ligne?

D'abord, en agissant ainsi, il se serait mis en opposition avec le système dominant : plus de privilége.

Les priviléges, à part l'injustice choquante qui en résultait, ont été toujours insultants à l'égard de ceux contre qui on les avait établis.

Ensuite, l'intérêt général s'opposait à cette franchise, qui n'aurait eu d'autre effet que d'appauvrir le droit de péage et d'étouffer par là ce précieux progrès, dans la facilité des communications par les ponts; car il est généralement reconnu qu'en laissant au droit de péage toute son étendue, il est encore dans plusieurs localités au-dessous du niveau d'une équitable compensation, entre la dépense et la recette, la dépense se composant de l'intérêt des capitaux de l'établissement du pont, des frais d'entretien et de régie, plus d'une portion fractionnaire des mêmes capitaux qui doivent s'amortir ainsi d'année en année, pendant la durée de la concession.

Arrive-t-il aussi que, dans plusieurs autres localités, malgré le désir des habitants d'avoir un pont pour faire disparaître ces énormes difficultés d'embarquement dans un bac et du débarquement, avec le danger de tous ces funestes événements qui s'ensuivent, ils ne peuvent y parvenir, quelles que soient les offres du conseil général du département de la situation, et les sacrifices qu'ils ont la volonté de s'imposer eux-mêmes.

496. — Le gouvernement a agi d'après ces principes dans l'adjudication des bacs de Villemur, sur la rivière du Tarn, et dans la concession du pont suspendu qui les a remplacés.

Ce genre de preuve, quoique puisé dans un cas particulier, n'aura pas moins la force de compter au nombre des moyens propres à justifier mon système.

Dans le cahier des charges de l'adjudication des bacs, il fut inséré un article portant que, dans le cas où il serait établi pendant la durée de l'adjudication un pont suspendu, en remplacement des bacs, l'adjudicataire n'aurait aucun droit de péage à demander au concessionnaire du pont pour le transport des matériaux et des ouvriers que celui-ci devrait faire néanmoins avec ses propres bateaux (1).

En conséquence, cette réserve fut renouvelée dans le cahier des charges de la concession du pont dont la construction fut commencée environ cinq ans, et terminée environ trois ans avant la fin du terme de l'adjudication des bacs ; elle est conçue en ces termes : « Art. 10. — L'adjudicataire pourra faire avec » ses bateaux le transport de ses matériaux et de ses ouvriers » sur les points de la rivière où les travaux doivent être exé- » cutés, sans être tenu à aucun dédommagement envers le » fermier du bac ; mais il ne pourra jamais passer personne » qui ne soit employée à la construction du pont, ni trans- » porter des matériaux qui n'y soient destinés, sous les peines » de droit. »

Dans le cahier des charges de la concession du pont, l'art. 14 porte : « L'administration se réserve expressément le droit d'é- » tablir ou de laisser établir des bacs et bateaux pour le passage » de la rivière partout où elle le jugera à propos, pourvu que le » point d'embarquement et celui de débarquement soit à la dis- » tance de 1000 mètres à l'amont ou à l'aval du pont. »

497. — Remarquez que le gouvernement n'a point déclaré de ligne franche. Il s'est gardé de tomber dans cette grave erreur, il n'a fait autre chose que se réserver une partie de ses droits, ayant seulement cédé l'autre partie. De cette réserve, il ne faudrait pas conclure que le simple citoyen ait acquis des droits qu'il n'avait pas avant la concession ; quant à lui, toutes choses restent dans le même état que ci-devant, c'est-à-dire tout comme s'il n'y avait pas eu de concession.

498. — D'après ces titres qui ne peuvent être suspectés, il est

(1) Une grande partie de matériaux employés à la construction du pont fut prise à l'amont et à l'aval à des distances différentes, certaines fort éloignées.

évident que le gouvernement a pensé qu'il n'y avait pas de ligne
franche ; car, s'il en était autrement , à quoi bon faire la réserve
contre l'adjudicataire des bacs et celle contre le concessionnaire
du pont?

Si la ligne était de plein droit franche en totalité, la double
réserve était une superfluité et plus encore; et si, au lieu d'être
franche en totalité, elle ne l'eût été que pour une partie, le
gouvernement n'avait qu'à déterminer, contradictoirement avec
le concessionnaire, le point où commençait la franchise commune ; et dans la supposition que, dans le seul intérêt du gouvernement , cette franchise commune n'eût pas été jugée assez étendue, il fallait faire, de l'extension, l'objet d'une réserve expresse,
c'est-à-dire l'objet d'une véritable convention.

499. — Les partisans de l'opinion contraire, forcés de convenir de celle mise en pratique par le gouvernement, prétendront
qu'elle est le fruit d'une erreur, et de là ils seront fondés à dire
qu'erreur ne fait point règle.

Le principe est vrai; mais faut-il prouver l'erreur? c'est là la
difficulté.

Pour arriver à cette preuve, on ne pourrait qu'invoquer la loi
spéciale; mais elle est contre, et les moyens puisés en dehors de
ses dispositions ne sont pas admissibles. Il faut prendre garde
aussi que l'emploi des règles de l'analogie, sauf quelques cas très-
rares, n'est pas permis dans les matières criminelles, ni dans les
matières fiscales, et la loi du péage par rapport surtout à l'adjudicataire ou concessionnaire est une loi purement fiscale.

500. — J'avoue que, si des considérations particulières ou puisées
dans la position topographique de certains hameaux pouvaient
contrebalancer la volonté de la loi, on en trouverait par rapport
à la traverse des fleuves et rivières d'une certaine puissance ; mais
la supposition étant fausse, les conséquences le seraient aussi.
Le seul résultat légitime qu'on pût en induire serait de faire
naître, dans le cœur de l'honnête citoyen, le désir de voir modifier la loi.

Je reviens au respect dû à la loi et, sans me rétracter de ce que je viens de dire, je me sens disposé à en affaiblir toute l'expression.

A côté de ces considérations, il en est de contraires qui sont d'une bien plus grande puissance : c'est la masse des citoyens qui a été envisagée par le législateur (c'est la règle invariable de toute loi), et nullement cette très-faible fraction qui, trouvant aussi son avantage dans la facilité des communications par les ponts, est accidentellement et dans de bien rares circonstances forcée d'user de privation et de gêne.

Du reste, la loi n'a pas établi, quant à ce, un lien indissoluble; il est au contraire très-facile de se faire une position sans entraves. Le premier moyen, c'est de tenter d'obtenir l'autorisation d'un passage particulier; le second, c'est de payer à l'adjudicataire ou concessionnaire l'indemnité convenable.

L'on voit donc que l'exécution de la loi n'est pas chose si pénible, et qu'avec de la bonne volonté tout peut facilement rester dans un parfait équilibre.

M. Mauguin, député, a dit à la tribune, à l'occasion de la loi sur les grands travaux de routes, de canalisation, etc. : « Que faisons-nous en parlant toujours de l'intérêt individuel et de localité? Nous faisons du patriotisme de village. Il faut cependant que l'intérêt privé ne puisse pas prévaloir contre l'intérêt général : l'intérêt général, celui de la France, voilà ce qui doit nous occuper; la France, voilà ce que nous devons voir? Gardons-nous, par trop de respect pour l'intérêt individuel, de compromettre les travaux, etc. (1). »

Voilà le véritable langage du législateur.

501. — Je ne dois pas terminer sur ce point, sans discuter le mérite d'une décision du ministre des finances, du 30 germinal

____

(1) Rapporté par M. Chauveau Adolphe, professeur de droit administratif à la faculté de Toulouse, dans son ouvrage *De la Compétence et de la Juridiction*, tome Ier, p. XXII. Introduction.

an 13, rapportée dans l'ouvrage de M. Daviel, tome Ier, n° 234.
Il en résulte que l'étendue de la ligne de chaque passage est déterminée par l'ingénieur des ponts-et-chaussées et que les bornes
sont placées par l'adjudicataire du bac et à ses frais. Que, dans les
limites déterminées par ces bornes, il a seul le droit exclusif du
passage d'une rive à l'autre. Qu'en général, la ligne de chaque
bac ne peut avoir en longueur plus d'un kilomètre d'étendue ;
savoir : un demi-kilomètre au-dessous du bac, et autant au-dessus;
que tout bateau circulant au-delà de cet espace est censé parcourir la rivière dans sa longueur et peut débarquer sur les deux
rives sans que le fermier du bac puisse réclamer.

Cette décision ne peut être considérée que comme instruction
fournie par le ministre à ses subordonnés, chargés du travail
préparatoire pour l'adjudication ou concession du droit de péage.

Il faut se garder de croire qu'elle soit obligatoire à l'égard des
adjudicataires ou concessionnaires, qui ne peuvent être contraints
qu'en vertu de la loi et des termes de la convention, et la convention résulte seule du cahier des charges.

Cela n'aurait nul besoin de preuve. Il est trop évident qu'un
ministre ne peut établir des règles générales qui aient force de
loi. Son mandat se borne à des actes de pure administration, à
moins qu'il n'y ait délégation de la part du législateur, ce qui
n'existe pas dans l'espèce.

Ainsi, lorsqu'une adjudication ou concession sera faite sans
aucune réserve de franchise, toute la ligne sera tributaire du
droit de péage ; je l'ai prouvé plus haut, et si dans un cas particulier qui serait de la compétence du ministre, comme juge en
premier degré, il décidait le contraire, on devrait se pourvoir
devant le conseil d'état pour faire annuler la décision, comme
directement opposée aux dispositions de l'art. 5 du Code civil,
qui défend aux juges de prononcer par voie de disposition générale et règlementaire sur les causes qui leur sont soumises.

502. — On conçoit une réserve faite en faveur du gouvernement et écrite dans le titre de l'adjudication ou concession ; mais

on ne conçoit pas une réserve qui serait générale et en faveur de tous, lors même qu'elle serait aussi écrite dans le titre.

Dans le premier cas, elle est obligatoire par la raison que le gouvernement, traitant d'un droit lui appartenant, peut en céder seulement une partie et retenir l'autre. Il n'y a là qu'un acte ordinaire et dans les limites légales.

Dans le second cas, au contraire, la convention serait illégale et nulle de plein droit, en ce qu'elle établirait une règle générale et en faveur de tous, ce qui ne peut appartenir qu'au législateur; à tel point que, malgré le consentement donné par l'adjudicataire ou concessionnaire, il ne serait pas moins en droit de se refuser à s'y conformer (1).

Ainsi la décision du ministre considérée comme jugement est vicieuse dans toutes ses parties; considérée comme instruction, elle ne l'est que dans sa partie finale, sur le même motif qu'elle attaque la règle fondamentale de la division des pouvoirs.

Admettre le contraire serait ouvrir une bien large voie à l'arbitraire, et la position des adjudicataires ou concessionnaires ne cesserait d'être flottante, ce qui n'est pas tolérable. Le ministre n'a pas reçu mandat du législateur, et l'ingénieur des ponts-et-chaussées mis en jeu ne peut utiliser celui qui lui est donné par le ministre.

Il est pénible de se croire obligé d'insister sur un point de facile démonstration. On se répète, on s'expose à être diffus, à déplaire surtout aux personnes instruites; mais j'ai de fortes raisons pour mon excuse. Comme je l'ai dit dans l'avant-propos, j'ai administré le pont de Villemur, et par là je suis resté convaincu que l'erreur n'est jamais plus facile que lorsqu'il faut régler les intérêts d'un simple individu en opposition avec une masse d'habitants.

503. — Je dois faire remarquer que, même en adoptant les règles tracées dans la décision ministérielle (ce que l'on doit bien

_____

(1) Par argument de l'art. 1134 du Code civil.

se garder de faire), il suffit d'embarquer ou de débarquer dans la ligne intermédiaire pour être tenu au paiement du droit de péage. On ne pourrait s'en affranchir sur le motif que l'embarquement ou le débarquement aurait lieu dans la ligne franche. En un mot, la franchise ne pourrait être appliquée que tout autant que l'embarquement et le débarquement seraient effectués dans la ligne franche.

504.— On a déjà vu que, relativement au pont de Villemur, l'administration publique s'est réservé d'établir ou de laisser établir des bacs et bateaux pour le passage de la rivière, partout où elle le jugera à propos, pourvu que le point d'embarquement et celui de débarquement soient à la distance de 1000 mètres à l'amont ou à l'aval du pont.

Cette réserve est dans le sens de la première partie de l'instruction ministérielle. Il y a seulement cette différence qu'au lieu de 500 mètres faisant demi-kilomètre, la convention faite a porté la ligne tributaire à 1000 mètres, faisant un kilomètre, soit à l'amont, soit à l'aval, et que ce n'est que le gouvernement qui puisse en profiter.

505. — Quoique mon opinion soit contre la décision ministérielle, ne la trouvant exacte que dans la première partie en la considérant comme simple instruction, afin, par l'administration publique, de s'en servir dans les traités avec les adjudicataires ou concessionnaires, je me félicite de l'avoir rencontrée. Jusque-là je n'avais que mon opinion personnelle, ayant cherché vainement dans les recueils de jurisprudence qui sont à ma disposition. J'étais cependant fort de la loi, d'autant que les consultations dont j'ai parlé dans l'avant-propos ne contiennent aucun enseignement, ce qui m'engagea à rédiger, immédiatement après la première consultation, un mémoire dans l'intérêt du pont de Villemur, où je professe les mêmes principes, avec un certain développement.

Maintenant que je trouve une réponse directe, je me rassure, malgré qu'elle soit contraire à ma manière de voir. J'ai fourni mes raisons, et j'espère par là intéresser le zèle et le goût de ceux qui peuvent jeter sur la question une vive lumière. Il s'en va temps qu'elle s'éclaircisse.

Je crois avoir justifié ma proposition tant à l'égard du simple citoyen qu'à l'égard du gouvernement. J'ajoute néanmoins que j'ai surtout parcouru avec le plus grand soin le répertoire universel de Merlin et le recueil de Sirey, et que, dans les nombreuses décisions que j'ai trouvées, il n'est nullement parlé de distance, de limite pour aucune franchise.

Si cependant il devait y avoir exception à la règle générale, ne la trouvant pas dans la loi, on la trouverait dans la jurisprudence qui en est le complément, d'où je conclus que le cas n'est pas de la nature de ceux qui peuvent fournir matière à controverse.

CHAPITRE II.

APRÈS LA CONCESSION CONSENTIE PAR LE GOUVERNEMENT, LUI RESTE-T-IL
ENCORE LE DROIT D'ÉTABLIR OU DE LAISSER ÉTABLIR DANS LA LIGNE UN
AUTRE PASSAGE COMMUN, MALGRÉ QU'IL N'AIT FAIT AUCUNE RÉSERVE A
CE SUJET ?

506. — La concession d'un péage consentie par le gouvernement est nécessairement régie par les règles communes. C'est un contrat ordinaire qui n'est sous l'influence d'aucune loi exceptionnelle.

507. — Personne ne peut contester que le droit du gouvernement n'affecte toute la ligne. La loi du 6 frimaire an 7, qui est la loi de la matière, ne permet pas à ce sujet d'élever le moindre doute.

Or, le gouvernement concède un droit de péage à titre d'indemnité, ou à un simple particulier, ou à une compagnie, à raison de la construction d'un pont que le concessionnaire se soumet d'établir, en remplacement du bac au lieu désigné dans la convention, et le concédant n'a fait aucune réserve dans le contrat.

Sur quel motif pourrait-on se refuser à reconnaître que le concessionnaire est pour la chose entière au lieu et place du gouvernement ?

En effet, laissant à part toute règle écrite, on est naturellement, disons invinciblement, entraîné à décider que le substitué est au lieu et place du substituant pour le principal et les accessoires de la chose en totalité, sauf les réserves faites dans la convention. L'intelligence la plus ordinaire se refuse au système contraire,

21

d'autant que c'est ainsi que cela se pratique journellement dans les transactions usuelles de la vie.

La règle écrite, c'est l'art. 1135 du Code civil, qui dispose que les conventions obligent, non-seulement à ce qui y est exprimé, mais encore à toutes les suites que l'équité, l'usage ou la loi donnent à l'obligation, d'après sa nature. Cette disposition législative a pour complément l'art. 1162 du même Code. Ces deux articles, quoique éloignés l'un de l'autre, font un ensemble parfait.

508. — Or, le pont a été substitué au bac; le péage qui était inhérent au bac a dû passer dans le domaine du pont.

C'est l'équité, qui osera le contester?

509. — C'est l'usage : il est attesté par le gouvernement lui-même qui, comme dans le contrat de la concession relatif au pont de Villemur, a fait, à l'égard d'autres ponts, réserve d'établir ou de laisser établir un autre passage commun, en observant telle ou telle autre distance ; preuve irrécusable que le gouvernement a pensé que sans la réserve il était lié pour toute la ligne.

510. — C'est encore la loi : le droit de péage est un tout qui ne peut être divisé que par convention expresse.

J'invoquerai l'art. 1134 du Code civil, portant que les conventions légalement formées tiennent lieu de loi à ceux qui les ont faites ; qu'elles ne peuvent être révoquées que de leur consentement mutuel, ou pour les causes que la loi autorise, et qu'elles doivent être exécutées de bonne foi.

511.—La concession du droit de péage est-elle une convention légale ?

A côté du pouvoir législatif, il a fallu nécessairement un second pouvoir; c'est celui qu'on nomme pouvoir exécutif, ou gouvernement, ou administration publique, termes absolument synonymes.

Ce second pouvoir, soumis lui-même à la loi, est seul compétent pour la faire exécuter; d'où il suit qu'il est aussi seul compétent pour établir des règles d'exécution ; bien entendu toutefois que ces règles ne doivent froisser directement ni indirectement les points fondamentaux posés par le législateur.

Ainsi, ayant toute la capacité requise, lorsqu'il se renferme dans ses limites, le gouvernement est lié par les conventions formées entre lui et le simple citoyen.

Dans l'espèce, l'illégalité de la convention ne pourrait résulter que de la prohibition faite au gouvernement de mettre en ferme le droit de péage; et, au contraire, le législateur l'a ordonné dans l'art. 25 de la loi du 6 frimaire an 7; et, par l'art. 26, il déclare que le procès-verbal d'adjudication contiendra les clauses, charges et conditions qui, conformément à la présente loi, auront, par le directoire, été jugées les plus convenables à la nation et aux localités.

512. — Le directoire exécutif, c'est-à-dire le gouvernement (1), avait donc toute latitude. Il devait procéder à la mise en ferme et veiller, de son mieux, à l'intérêt général dans les conditions de l'adjudication.

Sa mission lui impose l'obligation de protéger la masse des citoyens ; et comme la facilité des communications, par les ponts, est un des principaux objets dans le nombre de ceux qui, en premier rang, participent à la prospérité des nations, il est dans l'ordre ordinaire des choses qu'il acquiesce à des conditions qui peuvent paraître d'abord onéreuses, mais qui au fonds ne le sont nullement, comparativement aux avantages qui sont offerts en compensation. De là, tantôt il fait la con-

---

(1) Il me semble que l'expression *gouvernement* devrait comprendre les trois pouvoirs : 1° pouvoir législatif, 2° pouvoir exécutif, 3° pouvoir judiciaire. Mais le mot *gouvernement* est consacré par le législateur lui-même et par les publicistes pour désigner l'administration publique, non compris le pouvoir législatif, qui par là serait isolé de la catégorie. Je respecte cette consécration. Ce n'est pas à moi à toucher à une définition qui a paru toujours exacte aux premières capacités. Si mon observation a quelque sens, je dois accuser la pauvreté de notre langue.

Je propose aussi mes doutes sur l'entente de l'expression *pouvoir exécutif.* Dans ma manière de voir, le mot *gouvernement* embrasserait deux pouvoirs, et il n'y en aurait pas d'autre : 1° pouvoir législatif, 2° pouvoir exécutif. Ce second pouvoir se subdiviserait en pouvoir administratif et pouvoir judiciaire.

cession du droit de péage sans réserve, tantôt il réserve une partie de la ligne; il ne peut avoir de règle fixe. Le contrat de la concession n'est pas son unique ouvrage : le concessionnaire, qui peut être considéré comme sa partie adverse, a aussi le droit de veiller à ses intérêts. Il en est de ce cas tout comme d'un traité de citoyen à citoyen, ils tentent de s'accorder.

513. — Quelles sont les causes de révocation autorisées par la loi?

Dans l'espèce je n'en connais pas. Je n'ai rien trouvé, dans les constitutions ni dans la charte, de contraire à mes preuves.

Je ne parle pas ici de la loi sur l'expropriation pour cause d'utilité publique, j'en parlerai en son lieu ; elle est d'ailleurs étrangère à ce qu'on appelle causes de révocation.

514. — La loi ajoute que les conventions doivent être exécutées de bonne foi.

Oui, sans doute, la bonne foi doit présider non-seulement à la formation des conventions, mais encore à leur exécution ; et le gouvernement doit, avant tout, donner l'exemple.

Cependant, le conseil d'état a décidé, le 21 janvier 1813 (1), qu'en accordant à un particulier ou à une compagnie la concession du péage d'un pont, le gouvernement ne s'interdit pas la faculté d'en faire ou laisser construire un autre sur un point plus ou moins rapproché, et dont l'existence diminuerait les produits du premier.

Si cette décision pouvait passer comme exacte, il faudrait réduire au néant toutes mes preuves, et ne tenir aucun compte des lois citées.

Il faudrait accorder au conseil d'état une volonté d'omnipotence, et l'affranchir par là de toute règle légalement établie, y compris même la bonne foi.

Ce serait une bien dure extrémité : Dieu nous préserve d'une si extravagante législation !

(1) *Journal des Conseillers municipaux*, tome VII, p. 113.

515. — Je sais que l'intérêt général doit toujours prévaloir sur l'intérêt privé ; c'est une règle constante ; mais il ne faut pas conclure de là que le gouvernement puisse rompre une convention légalement formée, et consommer par là la ruine d'un simple particulier, lors surtout qu'il est facile de lui laisser sa position, tout en améliorant l'intérêt général ; ce que je prouverai bientôt.

516. — M. Locré, voulant justifier l'institution d'une justice administrative, qui n'avait pas pour partisans tous les hommes d'état, a dit : (1) « On a dû faire des exceptions au droit commun, pour les affaires où l'intérêt général se trouve plus ou moins mêlé, parce qu'il importe également de maintenir l'ordre public et l'ordre privé. Il est devenu nécessaire d'instituer une justice administrative qui, ayant plus de latitude, puisse tout balancer, former un droit mixte des règles du droit public et de celles du droit privé, et faire prévaloir, au besoin, l'équité et l'intérêt de l'État, qui est l'intérêt de tous, sur les dispositions inflexibles et plus étroites de la législation positive. »

Il y aurait erreur de croire que M. Locré ait voulu faire entendre que la justice administrative devait être affranchie des dispositions inflexibles et plus étroites de la législation positive. Ce serait un paradoxe. Il a voulu dire que, dans les cas rares où la loi spéciale semblait en opposition avec les règles d'équité, il fallait chercher, dans le corps des lois, celle qui pût justifier une décision contraire, en apparence, à la loi spéciale. L'équité est la suprême loi ; et si on y ajoute l'intérêt de l'État, qui est l'intérêt de tous, il doit être bien permis, pour arriver à un but convenable, de former un droit mixte des règles du droit public et de celles du droit privé. M. Locré confirme donc, par son exception, combien on doit être fidèle observateur des règles législatives spéciales. De plus, l'emploi du

(1) M. Chauveau, ouvrage cité, 1er vol., p. LVI, introduction.

mot équité justifie pleinement sa manière de voir. On viole les règles de l'équité, si on ne ménage les intérêts de toutes parties, sans excepter celles qui peuvent se trouver en opposition avec le gouvernement.

517. — Si la décision du conseil d'état pouvait faire règle, il faudrait considérer l'administration publique comme étant constamment dans un état d'interdiction. Sa volonté n'aurait aucune force ; d'où la ruine des contractants serait souvent le résultat des chances malheureuses du plus pur arbitraire.

Ce système renverserait toutes les idées reçues.

518. — Le gouvernement, qui cède un droit de péage, s'interdit nécessairement l'exercice de ce même droit, et il ne peut pas plus en ressaisir une partie que la totalité, tant que dure le délai de la concession.

En établissant un second pont sans qu'il en ait fait la réserve, il fait plus que détruire le traité, puisqu'il laisse la charge et enlève l'émolument : c'est un vendeur qui reprend l'immeuble sans en rendre le prix.

519 — Si le nouveau pont est placé à côté du premier, les produits du péage du premier deviennent presque nuls ; et, s'il est placé à une certaine distance, ces mêmes produits se réduisent considérablement.

Dans les deux cas, les produits du péage se divisent en deux portions égales ou inégales, et c'est le gouvernement qui perçoit celle du second pont, laquelle primitivement formait un tout avec l'autre partie, ce tout attribué au concessionnaire en compensation des charges qu'il s'imposait dans le traité.

Qu'en serait-il si le nouveau pont était franc de péage ?

520. — Dans tous les cas, la ruine du concessionnaire serait un résultat forcé de cette manière de procéder. Pourrait-on rejeter cette malheureuse conséquence sur sa propre imprévoyance ?

Non sans doute. Il n'a pu raisonner que sur les règles établies. Il savait que l'arbitraire est flétri depuis bien longtemps.

La faculté d'établir un second pont ne pourrait être sous-entendue que tout autant que l'entière ligne serait franche de plein droit, auquel cas la réserve serait inutile (1) ; mais toute la ligne étant tributaire et le concessionnaire étant au lieu et place du gouvernement, ce droit ne peut exister que par la réserve expresse résultant du titre de la concession.

521. — Comme cela s'évince des explications déjà données, la réserve opère un retranchement sur la chose formant l'objet du traité, et l'on ne peut concevoir la légitimité de ce retranchement sans une convention expresse.

522. — Le conseil d'état, en formulant son opinion, a fait néanmoins entendre le contraire : il a fait en sens inverse l'application de l'art. 1162 du Code civil ; il a créé le doute et a substitué le concédant à la place du concessionnaire, c'est-à-dire la partie qui stipule à la place de la partie qui contracte l'obligation (2).

523. — Le conseil d'état a appuyé sa décision sur des considérations d'intérêt général : « La raison en est, dit-il, qu'à moins » d'interdiction formelle, on ne peut supposer que le gouverne- » ment ait abdiqué, en faveur du concessionnaire, la faculté » d'adopter une mesure d'utilité publique. »

Il n'est jamais permis au gouvernement d'abdiquer les mesures d'utilité publique, sous peine d'encourir la honte de la prévarication ; son mandat n'est pas celui d'user et d'abuser. La règle de sa conduite est dans la loi.

524. — La concession du droit de péage, moyennant l'établissement d'un pont, constitue un acte d'une véritable administration paternelle. A part le résultat de cette grande facilité de communication d'une rive à l'autre, quel est le citoyen de la localité qui n'a pas à déplorer des malheurs de famille, ou qui n'a pas

---

(1) Le concessionnaire ne serait-il pas, néanmoins, dans ce cas, en droit de prétendre qu'il n'y aurait pas, de la part du gouvernement, de bonne foi dans l'exécution du contrat ?

(2) Si j'ai trop insisté sur les preuves à fournir, c'est que j'ai senti que, lorsqu'on attaque une décision du conseil d'état, il fallait frapper de toute sa force ; heureux même si l'on parvient à se faire entendre !

conservé le triste souvenir des malheurs d'autrui, résultat de la traverse au moyen des bacs?

C'est à grands cris que nous devons demander des canaux, des routes, des ponts; ce sont de sources fécondes d'où découle le bonheur des peuples.

525. — Le gouvernement, qui l'a senti mieux que personne, fournit journellement des preuves de sa sollicitude à cet égard. Ainsi, il faut se garder de décourager les concessionnaires. Sans leur accorder des faveurs, qu'ils jouissent du moins en paix des droits de la concession, et que dans ces limites ils puissent compter sur l'appui du gouvernement.

526. — Il me semble que le conseil d'état perdit de vue, lors de sa décision, que, quel que soit le lien qu'impose au gouvernement une convention légalement formée, il ne faut pas craindre qu'il y ait jamais entrave dans l'exécution des mesures d'intérêt général. Elles sont protégées par la loi qui autorise l'expropriation pour cause d'utilité publique. Ce grand levier les place toujours bien au-dessus des mesures d'intérêt privé; à la vérité, faut-il payer à l'individu exproprié une juste et préalable indemnité.

Il y aurait criante injustice, s'il en était autrement.

Cette dernière preuve me paraît détruire le fondement de la décision; d'où je conclus que l'on ne doit en tenir aucun compte.

527. — C'est avec crainte que j'ai attaqué la décision du conseil d'état, qui a été toujours composé de personnes éminentes et d'un profond savoir; mais malgré cela, n'ai-je pas dû, m'occupant d'une question que je dois livrer au public, user de cette liberté sans laquelle on ne peut écrire rien d'utile?

Une considération, du reste, qui m'a soutenu, c'est qu'avec ma longue expérience, il ne m'est pas permis d'ignorer qu'un foyer de lumières ne reflète pas toujours une vive clarté.

Aussi ai-je fait mes efforts pour justifier ma manière d'envisager la question, affirmant que, si je suis tombé dans l'erreur, on ne doit accuser que mes faibles lumières et nullement ma conscience.

528. — Le grand homme qui s'enivra de gloire étendit aussi sa puissance sur l'administration intérieure. Ses regards frappaient partout et sa volonté fut trop souvent le type des actes de l'administration publique. J'ose le dire (l'histoire l'a déjà dit), il fallait obéir! il fallait!!!.... En janvier 1813, sa puissance éblouissait encore. La décision du conseil d'état n'en serait-elle pas empreinte (1) ?

(1) M. Duvergier, tome XVII, page 53, a dit : « Comment l'abus n'aurait-il pas existé sous le règne d'un homme qui a abusé de tout, même de la gloire; qui deux fois a mandé devant son conseil d'état les tribunaux qui lui paraissaient trop indépendants; qui a fait casser par ce même conseil une décision souveraine d'acquittement d'un jury et qui enfin avait rétabli, par son décret du 3 mars 1810, les lettres de cachet et les prisons d'état? » (Rapporté par M. Chauveau, ouvrage cité tome 1er, introduction, page XIX).

CHAPITRE III.

L'ART. 8 DE LA LOI LAISSANT AU GOUVERNEMENT LE DROIT D'AUTORISER LES PASSAGES PARTICULIERS, SUR QUELS MOTIFS DOIT-IL SE DÉTERMINER ?

529. — Lorsqu'il s'agit d'un passage pour aboutir à un fonds circonscrit par les eaux, la chose est sans difficulté, le motif étant facile à vérifier.

L'autorisation n'est pas alors seulement personnelle, le passage s'appliquant uniquement à la culture d'un fonds enclavé par les eaux. Elle est commune au maître, au fermier (1) et à toutes autres personnes envoyées pour l'exploitation.

Dans le fait, c'est uniquement cette exploitation qui a été considérée et dans la demande et dans l'autorisation; à tel point que, si le champ changeait de maître, je pense que le nouveau maître pourrait utiliser l'autorisation donnée au premier, sans nul besoin de la faire confirmer, lors même que la mutation se serait opérée par titre singulier.

530. — Dans tout autre cas, il y a d'autres précautions à prendre avant d'accorder l'autorisation.

A part l'intérêt de la navigation, l'autorité ne doit pas accorder le passage particulier à tout prétendant indistinctement; il serait dérisoire de prétendre qu'il suffit de le demander pour l'obtenir. Il faut que l'autorité délibère : elle prend l'avis du maire; si elle le trouve insuffisant, elle prend celui de toute autre autorité locale; et, après avoir recueilli tous autres renseignements qu'elle a jugés nécessaires, elle combine le tout,

(1) Arrêt du conseil d'état du 15 novembre 1826, *Journal des Conseillers municipaux*, tome VII, page 134.

sans oublier les droits du passage commun qui, comme établissement d'intérêt général, mérite toute préférence.

Ce n'est que par ces sages précautions que l'on peut atteindre à une décision équitable.

En raisonnant ainsi, je me fonde sur ces mots de l'art. 8 de la loi : « Ils ne pourront toutefois être maintenus, il ne pourra » même en être établi de nouveaux qu'après avoir fait vérifier » leur destination, etc. »

Il faut donc délibérer, et l'on ne peut délibérer sans considérer le pour et le contre, et découvrir, par là, de quel côté est la justice.

531.— Sur un grand nombre de fleuves et de rivières, il existe des fermes qui se composent de champs sur les deux rives. L'autorisation ne doit alors souffrir de difficultés, surtout si le passage commun est trop éloigné, malgré que la loi ne parle que des champs circonscrits par les eaux.

J'y mets cette condition ; en effet, le passage particulier étant accordé seulement en considération de l'exploitation des champs, c'est-à-dire dans l'intérêt de l'agriculture, il impliquerait que le motif cessant, le passage fût néanmoins accordé, et le motif cesse, lorsque le passage commun est à peu de distance du manoir de la ferme.

532. — Le législateur n'a pas signalé, en termes exprès, les motifs qui doivent déterminer le rejet de la demande ; mais le gouvernement a fait pressentir son opinion sur le cas proposé, lorsque, dans tous les tarifs du péage, il n'a consenti qu'à établir un droit réduit pour tout ce qui a rapport à l'agriculture.

Je dois observer que, dans ce cas comme dans le premier, le passage n'est pas seulement personnel : il est commun au maître, au fermier et autres personnes envoyées pour l'exploitation.

533.— Il me semble qu'il y aurait injustice, au préjudice des intérêts du passage commun, que d'accorder un passage particulier à celui qui, n'ayant à opposer aucun empêchement naturel pris de la position des lieux, aurait le manoir de la ferme à la distance, par exemple, de deux cents mètres du passage commun.

Je rattache mon sentiment à ce principe salutaire que les établissements quelconques d'intérêt général doivent être protégés. Il est démontré, depuis bien longtemps, une fois pour toutes, qu'on s'éloigne de la véritable voie de la prospérité, si l'on procède tout autrement.

534. — Pour que je fasse connaître exactement ma manière d'envisager les autres cas qui peuvent se présenter, il est nécessaire que j'entre dans un certain détail.

Le manoir est à l'amont du passage commun, tandis que les champs sur la rive opposée sont à l'aval, ou bien le manoir est à l'aval et les champs sont à l'amont; dans ces deux cas, il implique d'accorder le passage particulier, puisque le motif d'utilité cesse. Il ne peut y avoir utilité que lorsqu'on ne laisse pas le pont derrière soi, dans la distance à parcourir.

J'applique le mot utilité dans un sens raisonnable. Il y aurait erreur de l'appliquer sur des considérations pécuniaires. La loi entend que chacun soit tenu de supporter toute contribution légalement établie, et le droit de péage est une contribution (1) ; ce qui me fournit l'occasion de dire, qu'en pareille matière, l'autorité, chargée de juger les demandes de passages particuliers, ne doit se déterminer qu'après un très-sérieux examen.

535. — La loi lui laisse toute latitude dans le choix des moyens de conviction; ainsi, il faudrait toujours mettre en cause le concessionnaire du droit de péage; c'est la partie adverse du prétendant droit au passage particulier ; et mieux que personne, mieux même que l'autorité locale, il peut fournir des renseignements exacts. Sans cette précaution, le mensonge peut facilement prévaloir; d'ailleurs, il paraît que c'est un droit pour le concessionnaire : on juge sa propre cause, et on ne le peut sans l'en-

_____

(1) On a contesté tout récemment la légalité des tarifs de péage arrêtés par le gouvernement. Je me garde de traiter la question.

tendre; on juge sa propre cause, par la raison que le passage particulier est un démembrement du passage commun.

536. — D'un autre côté, un passage particulier est une occasion fréquente de fraude. L'embarcation sert souvent à des personnes qui n'y ont aucun droit, et une exacte surveillance est un lourd fardeau pour le concessionnaire.

Cette considération ne doit pas paraître vaine. Le gouvernement doit protection aux établissements d'utilité publique, et il doit en user toutes les fois que l'occasion s'en présente.

537. — La demande d'un passage particulier, au lieu d'avoir pour motif l'intérêt de l'agriculture, en aura tout autre.

Une usine, par exemple, sera exploitée par un certain nombre d'ouvriers pris journellement sur la rive opposée : que doit-il en être dans ce cas?

En exceptant de l'interdiction définitive les bacs et bateaux non employés à un passage commun, la loi a dit : « mais établis » pour le seul usage d'un particulier, ou pour l'exploitation d'une » propriété circonscrite par les eaux. »

Jusqu'ici, j'ai écarté la rigueur des termes. Je l'ai fait en faveur des passages particuliers demandés pour l'exploitation de champs non circonscrits par les eaux, mais bien situés sur la rive opposée.

Je n'ai pu me déterminer à agir différemment. Il m'a paru que mon système était seul conforme à l'esprit de la loi, en tenant pour obligatoires les conditions que j'ai signalées.

Je considère le cas posé d'une toute autre difficulté que le précédent. La loi ne conduit pas à une décision aussi facile, et j'ai besoin d'une sérieuse combinaison.

538. — A-t-elle borné l'autorisation de la traverse d'une rive à l'autre à la seule personne qui l'a obtenue, sans qu'il lui soit permis d'en user à l'égard des personnes de son ménage, de ses domestiques, de ses ouvriers et à l'égard de tous objets de consommation pour son ménage, plus de ses récoltes, etc., etc. ?

539. — Ou bien, a-t-elle entendu que l'autorisation compren-

drait, non-seulement la personne autorisée, mais encore sa famille, ses ouvriers et généralement tout ce qui pourrait être considéré comme propre à son usage, à son industrie ou lui appartenant?

540. — Dans le premier cas, il y a réellement restriction; mais elle est rigoureuse. Dans le second, n'y ayant d'écartés que les étrangers et leurs choses, l'on peut dire qu'il n'y a nulle restriction. Les étrangers ne peuvent se servir ni pour eux ni pour leurs choses d'un passage particulier, sans le rendre commun, et c'est ce que la loi prohibe expressément.

Si je m'arrêtais là, il faudrait décider que le passage accordé à un particulier se borne uniquement à sa seule personne.

La rigueur de cette décision m'entraîne à chercher un terme moyen, sans perdre de vue le sens restrictif des mots « pour le seul usage d'un particulier. »

Il faut les respecter en leur donnant une certaine extension. Un procédé qui tendrait à les rendre sans effet, serait nécessairement vicieux, il renverserait la loi.

541. — Dans le langage ordinaire, on entend par ces mots « pour le seul usage d'un particulier, » désigner seulement les serviteurs et les choses d'un usage habituel et journalier, dans son propre ménage et pour ses propres intérêts.

542. — J'embrasse ce dernier système, par où j'exclus les ouvriers de l'usine. On ne peut pas dire qu'ils soient à l'usage personnel du particulier autorisé, ni qu'ils soient au nombre de ses serviteurs. J'exclus les membres de la famille, les récoltes, les matériaux, les bestiaux, les voitures, les chevaux de trait et de main et tous autres objets matériels.

Je ne me dissimule pas que je trouverai des contradicteurs, avec d'autant plus de raison que MM. les préfets sont assez dans l'usage d'accorder des passages particuliers, sans préciser l'étendue de la faculté, et on en abuse.

543. — J'ai cherché à trouver dans la loi une saine règle; si je n'ai l'avantage de l'avoir saisie, je ne serai pas moins satisfait d'a-

voir provoqué d'heureuses explications, et je déclare que le présent chapitre, en le traitant dans toute son étendue, doit exciter le zèle des capacités. Un grand bien serait le résultat d'une règle sûre.

544. — J'ai connaissance d'un fait arrivé non loin de ma localité : je le trouve frappant, voilà pourquoi je le rapporte.

Le propriétaire d'un domaine sur la rive gauche du Tarn est dans l'habitude de prendre, pour certaines opérations d'agriculture, des brassiers habitant le village sur la rive opposée. Il a été autorisé, il y a très-peu d'années, à avoir un passage particuculier pour son seul usage; et il s'en sert pour transporter ces ouvriers de la rive droite sur la rive gauche, et à la fin de la journée, pour les transporter de la rive gauche sur la rive droite.

Ce passage particulier est en amont du bac d'environ cent mètres, et le village est, au contraire, en aval à une plus forte distance; de sorte que ces ouvriers laissent le passage commun derrière eux, le matin en allant et le soir en se retirant.

545. — Le fermier du bac a fait sa réclamation, et le préfet a cru qu'elle était sans fondement; mais aussi, à la nouvelle adjudication, il a été difficile d'avoir un nouveau fermier, le précédent s'étant retiré définitivement.

546. — Le propriétaire dans sa demande a invoqué la loi, et le préfet l'a invoquée aussi en donnant l'autorisation.

De quel côté est l'erreur?

Je garde encore mon opinion, et je renvoie le lecteur au développement que j'ai déjà fourni, en thèse générale : il y reconnaîtra la décision applicable à ce cas.

547. — Autre exemple: le propriétaire d'un moulin demande l'autorisation d'un passage particulier pour l'achalandage et le service de ce moulin.

Si l'on accueille favorablement la demande, sans désigner nommément à quel usage doit s'appliquer l'autorisation, on doit s'attendre à des abus nombreux.

Il faut donc revenir aux règles tracées par la loi. J'ai démontré que, lorsqu'il s'agit d'un passage purement personnel, c'est-à-dire qui n'a aucune liaison avec l'intérêt de l'agriculture, il fallait se renfermer dans le sens de ces expressions de la loi : « pour le seul usage d'un particulier, » et ne pas dépasser les bornes d'une saine interprétation.

548. — Usant de cette même règle, j'ai cru néanmoins, sans tomber dans l'arbitraire, pouvoir expliquer, dans un sens plus large, les dispositions de la même loi relatives à l'exploitation d'un champ circonscrit par les eaux, et je fais profiter de la même faveur les champs non circonscrits, mais situés sur la rive opposée du manoir.

Je conviens que ces deux cas ne sont pas identiquement les mêmes ; mais il ne doit pas paraître extraordinaire de les assimiler sous un certain rapport en prenant pour base le motif qui a déterminé le législateur à l'égard des champs circonscrits par les eaux, motif qui n'est autre que l'intérêt de l'agriculture.

Du reste, on pourrait citer beaucoup d'exemples, puisés dans la jurisprudence et dans la doctrine, d'une interprétation qui paraît contraire à la lettre de la loi, mais qui ne laisse pas que d'être conforme à son esprit.

La loi est la raison écrite. On doit l'y chercher avec cette conviction que l'on ne fera pas de recherches vaines. Ces soins sont quelquefois très-pénibles, jamais infructueux.

549. — Il s'agit dans le cas proposé, non pas d'un passage purement personnel, il n'est demandé et il ne peut être accordé qu'en considération du moulin ; ce qui le place dans la catégorie des passages pour la culture des champs circonscrits par les eaux ou situés sur la rive opposée du manoir.

Or, il faut examiner quels sont les objets que doit embrasser l'autorisation. Il est indispensable qu'ils soient dans la classe de ceux qu'on appelle objets de nécessité.

Il est de nécessité qu'il y ait une embarcation quelconque dépendante du moulin pour vérifier le pertuit ou l'écluse et le barrage, s'ils sont à la charge du moulin ; pour y transporter les

matériaux et les ouvriers employés à leur réparation ; pour la traverse par le meunier, lorsque sa maison d'habitation est sur la
rive opposée, afin de porter chez le forgeron ou tel autre ouvrier
les outils à réparer, nécessaires dans l'intérieur du moulin.

Je ne pousse pas plus loin l'étendue de l'autorisation, et je conclus qu'elle ne doit être accordée que pour les besoins que j'ai
signalés.

550. — Lorsque j'ai dit : « objets de nécessité, » j'ai fait pressentir une explication ; je l'ai déjà donnée en traitant les autres
hypothèses : nonobstant cela, au risque de me répéter, je
dois y revenir.

Si l'on étend l'autorisation au-delà des cas de nécessité, on pa-
ralyse la loi en lui ôtant toute l'énergie de ces mots : « pour le
» seul usage d'un 'particulier ou pour l'exploitation d'un champ
» circonscrit par les eaux. » Remarquez qu'elle ne dit pas autre
chose, et que ce ne peut être que par la voie d'une interprétation
large que l'on accorde quelque faculté à l'égard des moulins. C'est
sur ce puissant motif que je n'ai désigné que les besoins de nécessité, écartant tous les autres, et, en cela, je suis en pleine
bonne foi de croire que j'ai fait la bonne part au prétendant droit
au passage particulier.

551. — Toute loi doit être respectée, même à l'égard des dispositions qui consacrent certains intérêts privés ; mais ce serait
une erreur, 'si, en présence de la loi d'intérêt général, on se
permettait de faire fléchir celle-ci pour étendre l'autre. Dans le
doute, on doit accorder la préférence à la loi d'intérêt général.
Toute autre règle établirait une maxime dangereuse.

Si, par exemple, l'autorisation pouvait être accordée pour ce
qu'on appelle l'achalandage du moulin, il arriverait qu'on trans-
porterait journellement, d'une rive à l'autre, des grains, des fa-
rines et des personnes qui, toutes, allègueraient se rendre au
moulin.

Ce ne serait plus alors un simple passage particulier, ce serait
plutôt un passage commun ; et comment justifier la légalité d'une

pareille autorisation? On ne connaît que la loi de l'an 7, il n'y en a pas d'autre ; et cette loi est en opposition évidente avec cette large faculté qui ne pourrait constituer qu'un privilége au détriment du concessionnaire du passage commun.

552. — On ne peut argumenter contre mon opinion de l'arrêt du conseil d'état, du 15 novembre 1826, cité par M. Daviel, tome Ier, page 227; il y est dit, que lorsqu'un meunier avait établi un bac pour l'achalandage et le service habituel de son moulin, s'il passait quelquefois ceux qui se présentaient, moyennant une rétribution conventionnelle, les agents de la régie ne pouvaient voir là un bac public soumis au tarif établi en contravention de la loi.

Cette décision est exacte. Les agents de la régie n'ont à s'occuper que des passages communs. Leur surveillance ne peut s'étendre aux passages particuliers. C'est l'affaire du concessionnaire du droit de péage ou du fermier du passage commun; et la circonstance d'une rétribution conventionnelle à la charge de celui qui demande à faire la traverse ne change point la position des choses. Du reste, on doit sentir que ce cas ne peut être que purement accidentel.

Les mots « pour l'achalandage et le service habituel du moulin » que l'on trouve dans l'arrêt ne doivent pas compter. Le conseil d'état n'avait qu'à apprécier les droits de la régie, et nullement les droits respectifs du passage commun et du passage particulier. Il était, dès-lors, indifférent de donner plus ou moins d'étendue au passage particulier, par l'emploi de termes plus ou moins significatifs.

553. — Cependant, il serait très-possible que le meunier eût obtenu du préfet une autorisation avec les termes d'achalandage et de service habituel. On connaît mon opinion à cet égard, et je suis tellement pénétré de sa conformité aux vrais principes que je ne puis me déterminer à croire que cette autorisation existe. J'aime mieux croire qu'il a été fait un traité entre le concessionnaire du droit de péage et le meunier qui, moyennant

une rétribution, a obtenu du concessionnaire une large faculté.

Le gouvernement ne peut prohiber de pareils traités. Il n'a aucun droit de s'en mêler, par la raison qu'il n'y a aucun intérêt direct ni indirect.

554. — Je dois ajouter qu'il n'existe pas de passage commun où il n'y ait des abonnés, et que, dans l'étendue de la ligne qui en est tributaire, à part les passages particuliers autorisés par le préfet, il en existe, par la seule convention, entre le concessionnaire et le simple particulier. Cette convention est légale, et il en résulte un véritable lien entre les deux parties réciproquement, sur ce motif que le concessionnaire traite de sa propre chose, ayant seul intérêt au droit de péage sur toute la ligne. Ainsi, quel que soit l'usage que l'on fait du passage particulier, l'on doit croire, lorsqu'il dépasse les limites de la loi et que le concessionnaire n'agit point, que c'est en conformité du traité entre lui et le simple particulier.

555. — J'ai été souvent témoin, en ma qualité de notaire, d'homme de loi, de conventions faites entre un fermier de bacs et un propriétaire. Celui-ci avait besoin de faire transporter à sa campagne de la brique, pour construire une maison ou agrandir celle existante. Il embarquait ces matériaux tout près du bac, ou à telle distance qui lui convenait à l'amont ou à l'aval, et on les débarquait sur la rive opposée et sur le point le plus commode, soit pour le propriétaire, soit pour le voiturier qui venait les prendre. La distance à parcourir en longueur, forte ou faible, n'était d'aucune considération dans la rétribution accordée au fermier; on envisageait seulement le droit de celui-ci à raison de la traverse.

556. — Il n'est pas inutile que je donne connaissance d'une décision intervenue, se rapportant à un passage particulier pour l'usage d'un moulin.

L'action fut intentée par le sieur Quénot, ingénieur civil, concessionnaire du droit de péage d'un pont établi sur la rivière de l'Isle, en remplacement d'un bac existant depuis longtemps.

Dans le voisinage de ce pont existent, de l'un et de l'autre côté de la rivière, un moulin et des magasins appartenant au sieur Chaumel qui, depuis longues années, transportait ses grains au moulin, au moyen de bateaux qui lui appartenaient.

Le sieur Quénot a prétendu pouvoir obliger le sieur Chaumel à passer sur le pont.

17 décembre 1830, jugement du tribunal civil de Libourne, qui accueille sa prétention.

Appel devant la cour royale de Bordeaux qui, par arrêt du 23 mars 1832, se déclare incompétente, sur le motif qu'il s'agit de l'appréciation de l'étendue des droits qui ont pu être valablement conférés ; et que la décision d'une pareille question doit être jugée par voie administrative, aux termes de l'art. 31 de la loi du 6 frimaire an 7 (1).

N'ayant pas trouvé dans la jurisprudence la suite de cette affaire et ayant eu occasion de voir M. Quénot lui-même, dans le printemps de l'année 1844, je lui ai demandé où il en était à ce sujet : il me répondit qu'il avait transigé avec M. Chaumel, mais qu'au fonds celui-ci avait pris condamnation.

Je dois noter que le libellé du dispositif du jugement du tribunal ne parle nullement d'une autorisation accordée au sieur Chaumel, pour passage particulier. Il y est dit seulement que M. Chaumel prétendait droit au passage particulier, pour l'achalandage et le service de son moulin, sur le motif que, depuis longues années, il était en possession de cette faculté.

557. — M. Proudhon rapporte littéralement, à la page 277, tome III, le considérant de l'arrêt du conseil d'état du 15 novembre 1826, cité par M. Daviel et dont il s'agit au n° 552 ci-dessus. Il est très-utile de s'en pénétrer pour se convaincre que cette décision n'a aucun rapport avec la question de savoir, si un meunier a le droit, à l'encontre du concessionnaire d'un pont ou d'un

(1) *Journal des Communes*, tome VI, p. 20, et Sirey, tome XXXII, 2, p. 579.

bac, de prendre dans son batelet les individus qui se présentent pour la traverse de la rivière.

Il est ainsi conçu : « Considérant que la contestation, élevée » entre les agents des contributions indirectes et les héritiers » Got, a pour objet la saisie d'une barque de passage apparte- » nant au sieur Got, sur la rivière d'Adou; que cette rivière » n'est ni navigable ni flottable; qu'aucun chemin public n'abou- » tit sur ce point; que l'une des rives dépend du moulin de la » Bressole, et que la rive opposée lui est assujettie par droit de » servitude; que ladite barque n'a été établie, par les héritiers » du sieur Got, que pour l'achalandage et le service habituel de » leur moulin; que, s'ils passent quelquefois ceux qui se présen- » tent et que s'ils en reçoivent quelque rétribution, ce passage » et cette rétribution sont libres de part et d'autre, et ne con- » stituent ni un service ni un salaire obligés; qu'il suit de là que » ledit bac ne forme pas, dans le sens de la loi du 6 frimaire an 7, » un passage public soumis à un tarif et exclusif de tout autre » passage qu'il plairait à l'administration d'établir; que, par con- » séquent, la loi du 6 frimaire an 7 est inapplicable à l'espèce, » et que les tribunaux étaient seuls compétents pour prononcer » la main levée en question. »

558. — Les difficultés que pouvait présenter le raisonnement de M. Daviel, dans les nos 235 et 236, disparaissent par les termes employés dans le considérant de l'arrêt, même par rapport au concessionnaire d'un pont ou d'un bac. Il s'agissait dans l'espèce d'une rivière non navigable ni flottable et d'un point sur lequel il n'existait aucun chemin qui aboutit à la rivière. De plus, il paraît qu'il n'y avait point de bac public établi en cet endroit; mais toujours est-il certain, qu'en supposant le contraire, les poursuites de la régie des contributions indirectes, bien ou mal fondées, étaient absolument étrangères aux droits du concession- naire qui ne cessait de les conserver avec la faculté de les faire valoir sur les principes développés dans les nos 549, 550, 551 et 576.

559. — Les rivières non navigables ni flottables sont délaissées par le domaine, comme ne présentant aucun intérêt relativement à la navigation et au flottage. Les riverains peuvent s'en servir pour l'irrigation de leurs propriétés; ils y ont droit de pêche; d'où il suit qu'ils ont aussi le droit d'y établir des batelets de leur propre autorité pour la traverse d'une rive à l'autre, ou pour la parcourir dans toute la longueur de leurs champs riverains. Il faut même décider qu'à l'exemple du flottage à bûches perdues, ils ont le droit de s'en servir comme d'un chemin vicinal pour le transport de tous objets, sauf à indemniser le riverain sur le champ duquel ces objets seraient momentanément déposés. Si de pareilles rivières ne sont pas d'un intérêt général, faut-il du moins accorder aux riverains tout ce qui n'est pas en opposition avec leurs intérêts respectifs. Tout autre système établirait, sans aucun avantage, une gêne permanente, non pas seulement à l'égard d'un certain nombre de riverains, mais à l'égard de tous. Cette opinion s'accorde avec la qualité de la rivière. Si le lit en appartient au domaine, il est hors de doute que l'eau courante qu'il renferme est une chose commune ou *res nullius*, ce qui aboutit au même résultat.

560. — Il est toujours sous-entendu qu'il n'appartient à aucun riverain d'établir un passage public. Ce droit est dans les attributions exclusives du domaine; de telle sorte que si, dans l'intérêt de la localité et pour une plus grande facilité dans les communications d'une rive à l'autre, un passage public était jugé nécessaire, il y est pourvu par l'administration; et, dès l'instant de l'établissement, les riverains sont astreints à l'observation de toutes les règles se rapportant aux passages publics sur les fleuves et rivières navigables ou flottables.

CHAPITRE IV.

DE L'APPLICATION DE L'ART. 9 DE LA LOI AINSI CONÇU : « NE SONT POINT
» COMPRIS DANS LES PRÉCÉDENTS ARTICLES LES BARQUES, BATELETS ET
» BACHOTS SERVANT A L'USAGE DE LA PÊCHE ET DE LA MARINE MAR-
» CHANDE MONTANTE ET DESCENDANTE; MAIS LES PROPRIÉTAIRES ET CON-
» DUCTEURS DESDITES BARQUES, BATELETS ET BACHOTS NE POURRONT POINT
» ÉTABLIR DE PASSAGE A HEURE ET LIEU FIXES. »

561. — Cet article de la loi dispense de l'autorisation comme de tout péage :

Premièrement, les barques, batelets et bachots servant à l'usage de la pêche ;

Secondement, les embarcations de même nature servant à l'usage de la marine marchande montante et descendante.

La première partie de l'article n'a nul besoin d'explication. Il n'en est pas ainsi de la deuxième partie.

562. — Lorsque le législateur a dit : « servant à l'usage de la marine marchande montante et descendante, » il a entendu désigner deux espèces d'embarcations, savoir : les petites embarcations d'une part, et les grandes embarcations d'autre part; celles-ci voiturant les marchandises d'un port à l'autre, d'une ville à l'autre, et les petites embarcations servant à l'usage des grandes embarcations, en y transportant les marchandises prises sur la rive, ou en les prenant dans les grandes embarcations pour les transporter sur la rive, en embarquant ou débarquant les hommes de l'équipage au départ et au retour, et dans le cours du voyage, pour faire provision de comestibles journellement nécessaires à l'équipage, pour passer les cordes de l'embarcation à la rive et de la rive à l'embarcation, et pour tous autres besoins du service.

Ainsi, c'est tout comme si l'on trouvait dans la loi ces mots :
« barques, batelets et bachots, servant à l'usage des embarcations
de la marine marchande montante et descendante. »

563. — Cette explication s'évince des propres termes de la loi,
lorsqu'elle désigne, pour l'usage de la marine marchande, les
mêmes embarcations servant à l'usage de la pêche ; car personne
n'ignore que l'on ne fait point la marine marchande montante et
descendante, avec d'aussi frêles embarcations.

564. — Il n'est pas toujours possible d'amarrer les embarcations de la marine marchande montante et descendante, à l'extrême bord ; souvent on en est empêché par des bancs de sable,
de cailloux, séparés de la rive par une large voie d'eau ; d'autres
fois, les eaux sont trop basses ; d'autres fois encore, et par mesure
de précaution, le patron laisse les embarcations sur un point intermédiaire de la rivière au moyen de l'ancre ; et par-là, il est
assuré que les marchandises voiturées ne sont nullement exposées, et que les hommes de l'équipage peuvent se livrer à un
sommeil profond. Il ne laisse pas moins que de placer un marin
de quart ; du moins cette mesure est au nombre de celles dont
il doit s'acquitter rigoureusement.

565. — En affranchissant du droit de péage les barques, batelets et bachots, la loi n'a pas entendu désigner les embarcations de la marine marchande. Ces embarcations ne sont point
destinées à la traverse des fleuves, des rivières ; elles sont
seulement de destination montante et descendante pour des
voyages de plusieurs jours, de plusieurs mois, et il est trop évident que le droit de péage ne peut jamais leur être imposé ; elles
sont soumises aux lois de la navigation proprement dite, elles
paient le droit d'octroi qui s'y rattache, et pas autre chose.

Il ne peut y avoir aucune difficulté à leur égard, tandis qu'il
pouvait y en avoir à l'égard des petites embarcations ; et c'est ce
que la loi a voulu éviter. Elles font seules le trajet réitéré d'une
rive à l'autre, ou à des points intermédiaires, pour les opérations que j'ai signalées ; et comme ce trajet n'est autre chose que

la traverse du fleuve ou de la rivière, le droit de péage serait dû, sans l'exception portée dans la loi à la règle générale.

566. — Voici un fait sur lequel la cour de cassation a prononcé :

Un coche d'eau, appelé le bateau de la *Bouille*, montant et descendant la Seine, passe à heure fixe devant le port du Val de la Haie.

Là, il est abordé par des batelets ou bachots qui lui apportent des passagers ou des marchandises pour destination montante et descendante.

A qui appartient le droit de faire le service de ces batelets ou bachots ?

Suffit-il d'avoir droit de navigation ou à l'amont ou à l'aval, comme le bateau lui-même de la Bouille, pour faire cette espèce de service ?

Ou ce service n'appartient-il qu'au batelier qui, au port du Val de la Haie, est chargé du passage d'une rive à l'autre ?

Le litige a eu lieu entre Jean Baton, marin classé, qui, aux termes de la loi du 27 vendémiaire an 2, était porteur d'un permis de navigation.

Et d'autre part, Adolphe Lanne, qui, en vertu de la loi du 6 frimaire an 7, était adjudicataire du droit de péage, par eau, sur la rivière de la Seine, du Val de la Haie à l'autre côté de la rive.

1er avril et 18 août 1829, jugement du juge de paix, et sur l'appel, jugement du tribunal civil de Rouen, qui condamnent Baton.

Pourvoi en cassation.

Arrêt du 10 mai 1831, rapporté par Sirey, t. XXXI, p. 138.

La cour : « Attendu qu'il s'agit seulement de maintenir le dé-
» fendeur éventuel dans la jouissance du droit de bac et passage
» d'une rive à l'autre de la rivière de la Seine, à l'endroit déter-
» miné par l'adjudication qui lui en a été faite à la préfecture de
» Rouen ;

» Attendu que ce droit ainsi défini n'a rien de commun avec le
» congé de navigation pour le petit cabotage et la pêche sur la
» cote délivrée, etc.; que c'est précisément pour empêcher l'em-
» piètement d'un service sur l'autre, que l'art. 9 de la loi du 6
» frimaire an 7 défend aux propriétaires des barques et batelets
» destinés à la navigation, d'établir des passages à heure ni lieu
» fixes ; que, s'il en était autrement, les adjudicataires du droit
» de péage se trouveraient privés de partie des produits de leurs
» baux dont ils paient un fermage à l'Etat ;

 » Et attendu, en fait, qu'il a été reconnu par les premiers juges
» que le demandeur stationnait, à poste fixe, sur la rive de la
» Seine, près de l'endroit où le bac était établi; qu'il y embar-
» quait des voyageurs ou des marchandises pour les transporter,
» sinon à l'autre rive, au moins jusqu'au coche d'eau qui les
» recevait à son bord, et qu'en réprimant cette entreprise, le
» jugement attaqué a fait une juste application de la loi, rejette
» le pourvoi, etc. »

Cet arrêt n'est nullement trop rigoureux; la cour a dû se déterminer sur la circonstance que le sieur Baton stationnait à poste
fixe ; ce que la loi a défendu en termes exprès, lorsqu'elle a dit :
à heure ni lieu fixes. Il en aurait été autrement, s'il s'était agi d'un
service purement accidentel.

567. — On doit remarquer que l'opinion que j'ai émise depuis
le n° 561 jusqu'au n° 565, n'est pas en opposition avec l'arrêt de
la cour de cassation. Je me suis prononcé en faveur des barques,
batelets et bachots, avec cette circonstance que ces petites embarcations étaient comme une dépendance des grandes embarcations
de destination montante et descendante, et que d'ailleurs elles
n'étaient employées qu'à leur usage exclusif, sans nul besoin de
stationner isolément, à lieu ni heures fixes, tandis que le sieur
Baton faisait à poste fixe, au moyen de son batelet, un service
habituel et journalier, moyennant salaire : ce qui diminuait d'autant les produits du port du Val de la Haie.

Le permis de navigation dont était muni le sieur Baton n'était pas un titre à opposer à l'adjudicataire du passage commun. Le droit de la navigation et le droit de la traverse des fleuves et rivières sont deux choses distinctes et séparées. Restait donc contre lui la défense expresse de la loi d'établir de passage à heure ni lieu fixes.

568. — Généralement, les maîtres ou patrons de barques font leur chargement, tantôt sur un lieu, tantôt sur un autre; et avant de s'y rendre, ils en connaissent la nature et le poids approximatif. Cela leur est nécessaire, non-seulement pour composer l'équipage, mais encore pour agréer les embarcations en nombre relatif. Dans ce cas, tout dol et fraude cessant, ils ont le droit de faire usage de leurs petites embarcations.

Le sieur Baton était dans un cas totalement différent : le coche d'eau stationnait sur un pont intermédiaire de la rivière, et le batelet stationnait également sur la rive à portée du coche d'eau. Tel était l'usage journalier, et les tiers le savaient généralement; de sorte que, sans avis ni convention préalables, les passagers n'arrivaient pas moins ainsi que les marchandises, tout comme s'il s'était agi d'un passage commun. Cet usage a été suivi jusqu'à l'arrêt de la cour de cassation.

Il résultait bien évidemment de cette manière de procéder, que le sieur Baton s'était placé en opposition flagrante avec les droits de l'adjudicataire du véritable passage commun.

Un tel état de choses ne pouvait être de longue durée.

569. — Ce cas, qui a été sainement jugé par les trois degrés de juridiction, aurait souffert de sérieuses difficultés, si, au lieu du sieur Baton, il s'était agi d'un homme de l'équipage d'une grande embarcation de destination montante et descendante, qui, avec les petites embarcations en dépendant, aurait fait lui-même, par ordre du patron, le service que faisait le sieur Baton, avec cette circonstance que la grande embarcation ne devait parcourir le fleuve ou la rivière que dans sa longueur.

Pour légitimer ce service, on aurait fait valoir les motifs suivants :

570. — La loi, qui n'a assujetti au droit de péage que le fait de la traverse, a expressément affranchi du même droit, les barqnes, batelets et bachots, servant à l'usage de la marine marchande montante et descendante.

Tels sont les termes de la loi.

Les grandes embarcations peuvent stationner à heure et lieu fixes. Ce n'est pas pour elles que la prohibition existe : elle frappe seulement les petites embarcations en dépendant, prises isolément.

Or, une embarcation de la marine marchande montante et descendante arrive, selon l'usage, sur un point déterminé, ne pouvant aboutir à l'extrême bord, soit à cause des basses eaux, soit à cause de tout autre empêchement. Pour ne pas interrompre son service, le patron ordonne à un ou plusieurs hommes de l'équipage de détacher les petites embarcations, et avec elles d'aller prendre les marchandises, même les voyageurs, pour les déposer dans la grande embarcation.

Cette manœuvre rentre nécessairement dans le nombre de celles appartenant exclusivement à la marine marchande montante et descendante. Adopter le système opposé, ce serait aboutir au désordre.

571. — Les grandes embarcations opèrent leur chargement et déchargement, en prenant ou déposant les marchandises sur les embarcadères, sur les cales ou quais. Elles stationnent pendant un temps plus ou moins long pour compléter leur chargement, surtout lorsqu'il n'a pas été convenu à l'avance, entre le patron et les expéditeurs; ce qui arrive toujours, lorsque les grandes embarcations sont parvenues à la destination du premier chargement et qu'il s'agit d'un second pour le retour.

Dans ce service, les petites embarcations sont indispensables, et prétendre qu'elles stationnent à heure et lieu fixes, par la raison qu'elles sont là attachées aux grandes embarcations et que ce fait rentre dans la prohibition de la loi, c'est confondre les espèces et se déterminer pour un parti que réprouve le plus simple bon sens, et qui, d'ailleurs, serait contraire au grand intérêt qu'inspire le commerce de la navigation sur les fleuves et rivières.

572. — En effet, quelles entraves ne rencontrerait-on pas si un pareil service appartenait exclusivement aux adjudicataires des bacs, dont la ligne pour la traverse est souvent placée à de fortes distances.

Ces motifs sont, selon moi, péremptoires. — Je les adopte ; d'où je conclus que le cas du sieur Baton était entouré de circonstances qu'on ne peut trouver dans le cas que j'ai supposé.

573. — Le sieur Baton n'était pas seul dans le service qui occasionna le litige. Il paraît, d'après la notice de l'arrêt, qu'un certain nombre de batelets appartenant à divers étaient en concurrence pour ce même service, sans nul intérêt dans les opérations du coche d'eau.

574. — Il y avait, de plus, cette circonstance frappante, que le bac était placé à une très-petite distance du lieu où stationnait le sieur Baton, et qu'en déclarant fondée la réclamation du fermier du bac, les opérations du coche d'eau ne pouvaient souffrir aucun préjudice.

CHAPITRE V.

UNE EMBARCATION SERVANT A L'USAGE DE LA PÊCHE OU DE LA MARINE
MARCHANDE MONTANTE ET DESCENDANTE, COMPRISE DANS L'EXCEPTION RÉ-
SULTANT DE L'ART. 9 DE LA LOI, RENTRE-T-ELLE DANS LE DROIT COMMUN
LORSQU'ELLE EST EMPLOYÉE A TOUT AUTRE USAGE ?

575. — Une embarcation, servant à l'usage de la pêche ou de
la marine marchande montante et descendante, est assujettie
au droit de péage lorsqu'elle est employée à tout autre usage.

En effet, elle ne doit pas être considérée en elle-même pour
l'application de la règle commune ou de la règle exceptionnelle.
On doit considérer seulement l'opération à l'usage de laquelle elle
est employée. Ainsi, on s'en servira dans une occasion quelconque, pour porter d'une rive à l'autre des passagers ou des marchandises faisant, par là, uniquement la traverse de la rivière,
sans aucun rapport avec l'exercice de la pêche, ni avec celui de la
marine marchande montante et descendante. Dans ce cas, il y
a usurpation contre l'adjudicataire du passage commun, et il
peut attaquer le conducteur de l'embarcation en dommages-
intérêts.

576. — Il ne peut en être autrement que lorsque le fait de la
traverse est purement accidentel, c'est-à-dire que lorsque ce fait
n'occasionne qu'une interruption de quelques instants de la part
du conducteur livré, lorsque le voyageur l'appelle à l'exercice de
son métier de pêcheur ou de celui de la marine marchande
montante et descendante. Sans cette circonstance, la fraude
existe.

577. — Le plus simple bon sens indi que qu'il y aurait encore,
sinon fraude, du moins abus, si la traverse avait lieu tout près
du passage commun, malgré qu'elle ne fût qu'accidentelle et par

interruption dans l'exercice de la pêche ou de la marine montante et descendante.

Pour légitimer le fait de la traverse accidentelle, en retenant la circonstance dont je viens de parler, il faut que le voyageur y trouve un avantage réel, et il ne peut l'y trouver que lorsque, par ce moyen, il gagne du temps en prenant un chemin plus direct (1).

578. — Un individu quelconque embarquera des grains, du bois ou tout autre objet, sur une des deux rives, pour les passer sur la rive opposée, non par une simple traverse, mais bien en parcourant en longueur une certaine distance à l'amont ou à l'aval, après quoi il les fait porter à dos de mulet ou autrement, dans son domicile ou dans ses magasins : que doit-il en être de ce nouveau cas ?

Pour asseoir une opinion exacte, il faut, au préalable, savoir si une pareille opération est de la nature de celles du passage particulier ou permises accidentellement à la pêche ou à la marine marchande montante et descendante, seuls cas affranchis par la loi du droit de péage.

Elle est étrangère au passage particulier par un double motif : qu'il y a absence d'autorisation, et qu'en supposant que l'autorisation existât, elle ne peut y être comprise. J'ai developpé ce principe dans le n° 537.

Elle est étrangère à la pêche et à la marine marchande montante et descendante, dans le sens que j'ai donné à l'art. 9 de la loi, au n° 575.

579. — Les moyens ordinaires manquant, le contrevenant, pour légitimer l'opération, finirait par prétendre que l'acte en lui-même est un acte direct de la marine marchande montante et descendante, et que, sous ce rapport, il est dans la voie légale.

---

(1) Si je tourne trop souvent sur le même pivot, c'est que j'y suis forcé par la nature de la matière que je traite. J'y ajoute le désir d'être compris par ceux qui n'ont pas l'habitude d'étudier les lois.

Pour qu'il en fût ainsi, il faudrait dénaturer les faits, confondre les espèces et placer de nouvelles idées sur celles dominantes depuis des siècles.

Si, au lieu de quelques centaines de mètres pour monter ou descendre, l'embarcation ne faisait que la simple traverse, on ne pourrait voir là un acte de la marine marchande montante et descendante, et on conviendrait généralement que, dans ce cas, le droit de péage est dû.

Les circonstances du trajet à l'amont ou à l'aval, en parcourant le fleuve ou la rivière dans sa longueur, ne peuvent changer la question. Le fait de la traverse n'existe pas moins, et ce serait une vraie puérilité d'établir une différence entre les deux cas. On est forcé de les confondre et de leur appliquer la même règle.

580. — Il m'est permis de me prévaloir ici de l'instruction ministérielle, rapportée au n° 442.

Comme on l'a vu, je n'adopte pas l'entier système de l'instruction, je refuse au ministre le droit de déclarer franche une partie de la ligne; mais ayant lui-même décidé que tout bateau qui circule au-delà de la ligne tributaire du bac est censé parcourir la rivière dans sa longueur et peut débarquer sur les deux rives sans que le fermier puisse réclamer, c'est tout comme s'il avait dit que, dans le cas contraire, le fermier du bac a le droit de demander des dommages-intérêts.

Cette dernière partie de l'instruction est parfaitement dans mon système; d'où il suit que mon opinion ne diffère de celle émise dans l'instruction que relativement à l'étendue de la ligne tributaire.

581. — La marine marchande montante et descendante est celle qui se livre au commerce. C'est la définition qu'on trouve dans le répertoire de Merlin au mot *Navigation* et dans le *Dictionnaire du Notariat*.

Pour qualifier un fait, il est nécessaire de le considérer en lui-même, abstraction faite de ces similitudes légères qui ne sont propres qu'à induire en erreur.

Si, au lieu de mettre à terre les objets dont s'agit, on les laissait dans l'embarcation pour les transporter plus tard dans un port quelconque, il serait naturel de supposer que c'est pour les livrer au commerce, et ce fait, tout dol et fraude cessant, constituerait une véritable *opération* directe de la marine marchande montante et descendante.

La contravention à la loi du péage n'existe donc que lorsqu'après la traverse, on décharge l'embarcation par la mise à terre des objets voiturés.

582. — Les maîtres des embarcations de la marine marchande montante et descendante ne sont tels que pour s'occuper du transport de marchandises d'un port à l'autre, d'une ville à l'autre. Ceux de ma localité prennent les marchandises, ou à Albi, ou à Gaillac, ou dans les autres villes sur la rivière du Tarn, jusqu'à Villemur, pour les transporter, ou à Montauban, Moissac, Agen, ou à Bordeaux. Au retour, ils prennent des denrées coloniales ou autres marchandises destinées aux différentes villes que je viens de nommer.

Ils ne peuvent se livrer à ces opérations qu'avec un matériel considérable, et il leur faut des bénéfices relatifs; aussi ils sont toujours restés étrangers aux transports d'une rive à l'autre. Ces actes minces d'intérêt ne peuvent appartenir, en payant le péage, qu'aux pêcheurs et aux marins invalides.

583. — Cette rège est mise en pratique par les gens d'eau de Villemur depuis bien des années, sans que je me rappelle d'aucune discussion de concurrence. Il y a plus, les maîtres des grandes embarcations seraient honteux d'aller contre. Ils croiraient faire preuve de pauvreté et par là affaiblir la confiance dont ils ont besoin, si ce n'est pour multiplier leur clientelle, du moins pour maintenir celle dont ils sont en possession.

584. — Il y a une si grande différence entre les maîtres des embarcations de la marine marchande montante et descendante et les individus qui se livrent dans chaque localité aux simples

opérations de la traverse, que l'on peut dire avec confiance que le législateur n'a pas entendu les confondre.

Un système contraire donnerait ouverture à des fraudes nombreuses. Tous ceux qui trouveraient économie à faire transporter leurs récoltes ou autres choses matérielles, soit dans leur domicile, soit ailleurs, en faisant ainsi la traverse sans obligation de payer le péage, s'empresseraient d'avoir recours à ce moyen, et le concessionnaire du passage commun, témoin malgré lui de toutes les traverses, ne pourrait invoquer son titre pour s'y opposer ou pour obtenir des dommages. Il faut convenir que sa position serait dure.

CHAPITRE VI.

DES OUVRIERS QUI SE RENDENT DANS UNE EMBARCATION DE LA MARINE
MARCHANDE MONTANTE ET DESCENDANTE, AU MOYEN D'UN BATELET,
SONT-ILS TENUS DU DROIT DE PÉAGE?

Il est nécessaire de distinguer.

585. — L'embarcation est amarrée sur un point intermédiaire de la rivière, et les ouvriers sont appelés pour aider les hommes de l'équipage à la décharger, faisant autant qu'il est nécessaire le trajet réitéré, de la rive à l'embarcation et de l'embarcation à la rive.

Il ne peut y avoir de difficulté que relativement au premier et au dernier trajet ; c'est-à-dire, lorsque les ouvriers sont pris sur la rive et portés dans l'embarcation, et lorsque, l'opération terminée, ils sont portés de l'embarcation sur la rive.

Arrivés dans l'embarcation, ils se confondent avec les hommes de l'équipage, et quel que soit le nombre de trajets par ces mêmes ouvriers pour terminer le déchargement, il me paraît qu'on ne doit pas s'y arrêter. Pendant tout ce temps, ils sont dans la règle exceptionnelle posée par l'art. 9 de la loi : ils rentrent seulement dans la règle commune après que le déchargement est terminé.

586. — Malgré cela, je trouve plus conforme à l'esprit de la loi de décider que, même pour le premier et le dernier trajet, les ouvriers doivent être francs du péage, avec ces conditions que ce service doit être fait sans salaire ou par le patron ou par un homme de l'équipage, ne perdant pas de vue la circonstance que l'embarcation est amarrée sur un point intermédiaire de la rivière.

Le cas se rapproche beaucoup de la règle exceptionnelle de l'art. 9 de la loi en faveur des barques, batelets et bachots, servant à l'usage de la marine marchande montante et descendante ; et puis, n'y a-t-il pas nécessité de se servir d'un batelet ? Voyez depuis l'art. 561 jusqu'à l'art. 574.

587. — Néanmoins, si le premier et le dernier trajet avaient lieu, moyennant salaire, à la charge des ouvriers, il serait juste d'accorder ce service au fermier du bac ou au concessionnaire du pont, sans quoi il y aurait empiètement sur les droits de l'adjudication ou concession.

Le salaire changerait la nature du service. Il serait alors évident que les deux trajets seraient considérés comme en dehors de ceux faisant partie des opérations de la marine montante et descendante.

588. — Si, au lieu d'être sur un point intermédiaire, la grande embarcation était amarrée à l'extrême bord de la rivière, il y aurait purement traverse par les ouvriers pris sur l'autre rive, et le péage serait dû sans aucune difficulté.

J'ai déjà fait entrevoir que ce n'a pas été sans hésitation que j'ai adopté la négative dans le premier cas. Celui dont je m'occupe au présent numéro étant isolé de toute considération particulière, il ne peut être permis de franchir la règle commune.

Le batelet est, dans ce second cas, à l'usage de l'embarcation seulement pour le fait du transport des marchandises prises à bord et portées sur la rive opposée, et quel que soit le nombre des traverses pour l'entier déchargement, il n'est dû aucun droit de péage, lors même que les ouvriers suivraient les marchandises dans toutes les traverses.

Je l'ai déjà dit, les ouvriers appelés sont dans la condition commune en se rendant à bord de l'embarcation. Là, se confondant avec les hommes de l'équipage, ils tombent au même instant dans la condition exceptionnelle. Ils reprennent leur première condition immédiatement après le déchargement ou à la fin de la journée.

589. — Ce raisonnement est fondé sur la nature des choses. On ne peut considérer les ouvriers comme appartenant à l'équipage que tout autant qu'ils se mêlent avec les marins le composant et qu'ils se livrent ensemble aux mêmes opérations.

L'activité est infiniment louable dans toute opération, et surtout dans celles de la marine marchande.

Les eaux s'élèvent ou s'abaissent, les écluses sont navigables ; quelques heures de perdues, elles ne le sont plus : un mauvais passage communément dangereux ne l'est pas dans tel moment.

Le navigateur ne doit pas non plus perdre de vue son engagement de remettre à leur destination et à jour fixe, sous peine de dommages, les marchandises qu'il voiture ou qu'il a promis de voiturer.

Toutes ces considérations sont autant de motifs d'activité, et il est juste que le navigateur puisse renforcer son équipage à volonté, sans que lui ni les ouvriers qu'il appelle soient tenus du droit de péage, à raison des traverses réitérées pour transporter les marchandises sur la rive opposée.

590. — Un troisième cas plus saillant que le second, c'est lorsque les ouvriers pris sur la rive opposée ne sont appelés que pour prendre les marchandises dans l'embarcation amarrée sur l'autre rive, et les déposer ou sur la même rive ou sur un champ contigu ; ce qui arrive fréquemment dans ma localité, sur la rivière du Tarn.

Ce troisième cas est le même que le précédent : ils diffèrent seulement sur un point de peu d'importance. Dans le second, les marchandises sont portées par un batelet sur la rive opposée, et dans celui-ci, le batelet est inutile.

La circonstance du batelet faisant la traverse, chargé de marchandises prises à bord de l'embarcation, ne déplace pas la question ; et s'il est évident, comme je le pense, que ce troisième cas doit être régi par la règle commune, sur quel motif pourrait-on invoquer la règle exceptionnelle en faveur du second ?

CHAPITRE VII.

DE L'INDIVIDU QUI FAIT LA TRAVERSE A GUÉ.

591. — L'individu qui fait la traverse à gué n'est point assujetti au droit de péage.

Cet acte est si conforme au pur droit naturel, qu'on doit être surpris qu'il ait jamais donné lieu à la moindre réclamation. Le droit civil n'a dû ni pu y apporter le moindre obstacle.

592. — Les passages communs sont établis dans l'intérêt des citoyens, comme les grandes routes, et le péage n'est qu'une indemnité en rapport avec les capitaux employés pour les établir et avec les frais d'entretien et de régie.

Or, le péage ne peut être exigé que dans le cas où l'on utilise le passage commun en en faisant usage, ou bien lorsqu'en laissant le passage commun, on fait la traverse à l'aide de quelque moyen artificiel.

Mais, lorsque l'homme, abandonnant tout secours étranger, ayant uniquement confiance à ses propres forces naturelles, fait la traverse par le gué ou à la nage, ou sur la glace, on ne peut voir là une contravention, il use de son droit.

Il serait facile de citer un certain nombre d'autorités à l'appui, puisées tant dans l'ancienne jurisprudence que dans la nouvelle. J'évite cette surcharge et je cite seulement l'arrêt de la cour de cassation, du 25 octobre 1822, rapporté par Sirey, tome XXV, page 302.

593. — L'action fut dirigée par la société du pont de Milhau, sur la rivière du Tarn, contre plusieurs individus convaincus

d'avoir passé la rivière à gué au-dessous du pont sans payer le droit de péage.

Le juge de paix les condamna; mais le procureur général près la cour de cassation demanda, dans l'intérêt de la loi, la nullité de la sentence, et la cour la cassa en adoptant les motifs du réquisitoire.

594. — Cette décision de la cour de cassation doit s'appliquer non-seulement aux hommes personnellement, mais encore aux bêtes et voitures de toute espèce, sans nulle exception : les motifs de franchise sont les mêmes dans l'un comme dans l'autre cas.

CHAPITRE VIII.

595. — L'art. 50 de la loi du 6 frimaire an 7 dispose : « Ne
» seront point toutefois assujettis au paiement des droits com-
» pris auxdits tarifs, les juges, les juges de paix, administra-
» teurs, commissaires du directoire, ingénieurs des ponts-et-
» chaussées, lorsqu'ils se transportent pour raison de leurs
» fonctions respectives, les cavaliers et officiers de gendarmerie,
» les militaires en marche, les officiers lors de la durée et dans
» l'étendue de leur commandement. »

596. — Il ne faut pas considérer cet article de la loi comme
limitatif; il faut l'étendre surtout aux courriers du gouvernement,
aux malles-poste, aux facteurs ruraux faisant le service du gouvernement, aux employés des douanes, à ceux des impositions
indirectes et aux commissaires de police.

Il peut se présenter d'autres cas, et les commis aux péages
doivent se déterminer sur la nature des fonctions dont est chargé
l'individu qui prétend droit à la franchise. Dans aucun cas, elle
ne peut être admise qu'à l'égard des fonctionnaires qui font la
traverse pour l'exercice de leurs fonctions.

597. — Elle ne s'étend pas aux entrepreneurs d'ouvrages et
fournitures faits pour le compte de l'Etat, ni à ceux des convois
militaires, par la raison que ces entrepreneurs ne sont nullement
fonctionnaires et qu'ils opèrent dans leur intérêt personnel,
malgré que l'objet de leur entreprise soit relatif à l'intérêt général
(art. 49 de la loi).

598. — On doit décider le contraire à l'égard du maire et des
conseillers municipaux : ils sont tous dans la classe d'administrateurs, et ils ont d'autant plus droit à la franchise que leurs fonc-

tions sont gratuites. Les curés et desservants doivent jouir de la même faveur lorsqu'ils vaquent à l'exercice de leurs fonctions. C'est l'opinion de M. Proudhon, volume III, page 274, où il dit que, si cette franchise n'a pas été inscrite dans la loi de l'an 7, c'est évidemment par suite de l'abandon où était alors l'exercice du culte catholique; elle avait été formellement prononcée par un arrêt du conseil du 24 juin 1727, cité dans le *Répertoire* de Merlin, au mot *bac*, n° 5.

599. — Les cantonniers et les ouvriers employés à la réparation des chemins vicinaux et des routes sont sujets au péage.

Il en est de même des brigadiers cantonniers et agents-voyers qu'on ne peut comprendre ni dans la classe des fonctionnaires publics ou d'administrateurs, ni dans celle d'ingénieurs.

600. — Le garde champêtre de la commune où est établi le passage commun doit être franc de péage. Il est considéré comme officier de police (art. 9 et 16 du Code d'instruction criminelle).

Du reste, le concessionnaire du passage commun doit avant tout se conformer à la disposition à ce relative, contenue ou dans le cahier des charges ou dans le tarif. La convention sur cette matière est rigoureusement obligatoire.

601. — Le conseil d'état a décidé, le 18 février 1829, que le gouvernement pouvait, malgré l'existence du bac public, accorder, à l'adjudicataire de la construction d'un pont, l'autorisation d'établir des bateaux pour le transport des ouvriers et matériaux destinés à la construction de ce pont, et que le fermier du bac n'était pas fondé à demander une indemnité pour le transport desdits ouvriers et matériaux (1).

Cette décision est contraire à l'opinion du gouvernement, résultant de la réserve faite dans le cahier des charges contre l'adjudicataire des bacs, à Villemur, remplacés par un pont suspendu. Il y est dit, en termes exprès, que, si le gouvernement trouve à

(1) *Journal des Conseillers municipaux*, t. VII, p. 138.

propos d'établir ou de laisser établir un pont en remplacement
des bacs, l'adjudicataire ne pourra demander aucune indemnité
au concessionnaire du pont pour le transport, soit des matériaux,
soit des ouvriers.

602. — Le gouvernement a donc pensé que l'indemnité était
due à l'adjudicataire des bacs, et, sur ce motif, il a fait de la
franchise une condition expresse de l'adjudication ; car, à quoi
bon faire la réserve, si la franchise résultait, soit de la lettre,
soit de l'esprit de la loi (1)?

Il serait difficile de soutenir qu'il y a doute dans l'entente
de la loi : ses expressions sont trop précises pour chercher à les
commenter.

Elle dispose que les entrepreneurs d'ouvrages et fournitures
faits pour le compte de la république, ne sont point dispensés du
paiement des droits de péage, et la construction dont s'agit est
parfaitement dans l'intérêt général et constitue, conséquemment,
un entreprise de la nature de celles dont parle la loi.

Or, le seul parti à prendre, c'est de s'y soumettre jusqu'à ce
qu'elle ait été remplacée par une autre loi, moins rigoureuse ou
plus analogue à la matière.

603. — Je dois cependant observer que la loi existante n'est
ni inconvenante ni trop rigoureuse. La difficulté roulerait sur
une indemnité pécuniaire en faveur du passage commun, indemnité qui est ordinairement de peu de valeur et le résultat de
l'accord amiable entre les deux parties.

Celle qui a traité avec le gouvernement, au sujet de bacs, doit
placer sa confiance dans la loi ; c'est son unique ressource. Trop
faible, elle doit éviter toute contestation avec un pareil adversaire ; le doute doit l'effrayer. Elle doit néanmoins reprendre
courage, si elle peut choisir pour adversaire le concessionnaire
de la construction d'un pont.

(1) Voyez sur les conséquences que l'on peut tirer d'une réserve expresse,
depuis le n. 490 jusqu'au n. 503.

CHAPITRE IX.

604. — Le concessionnaire a fait de l'entreprise l'objet d'une spéculation industrielle, et il ne manque pas de la considérer sous tous les rapports avant de s'en charger.

Il prévoit les sinistres qui peuvent arriver, soit pendant la construction, soit après que le pont a été livré au public, et ils sont à craindre dans de pareils ouvrages, par les crues si fréquentes dans toutes les rivières.

Il prévoit aussi le chômage accidentel tout comme les pertes occasionnées par une extrême sécheresse, ou une forte gelée; dans le premier cas, s'établissant des gués sur plusieurs points, et dans le second l'épaisseur de la glace permettant la traverse sans moyen artificiel par les hommes, les bestiaux et même les charrettes.

Ce dernier moyen, je l'ai vu utiliser en 1830, sur la rivière du Tarn, midi de la France, par les grosses charrettes de roulage.

Ainsi, le concessionnaire ne peut être fondé dans la demande en indemnité lorsque le sinistre de force majeure est au nombre de ceux qu'il a pu ou dû prendre en considération dans l'étendue de son engagement.

605. — Il faut néanmoins observer que les cas de force majeure doivent être restreints à ceux de la nature de l'entreprise. Il ne serait pas juste d'y comprendre les autres.

Par exemple, une armée ennemie foulant le sol de la patrie

rompt le pont ; ce cas, quoique de force majeure, doit donner lieu à indemnité : il ne peut être compris dans ceux de la nature de l'entreprise. Il doit en être de même, et avec bien plus de raison si le pont est rompu par notre propre armée.

606. — L'indemnité serait encore due, si le chômage provenait d'un fait personnel à l'administration.

Les routes aboutissant au passage commun deviennent impraticables par défaut d'entretien, et les voyageurs ainsi que les rouliers sont obligés de prendre une autre direction ; dans ce cas, la demande en indemnité serait fondée.

S'il s'agissait d'une route départementale, l'indemnité serait due par le département. S'il s'agissait d'un chemin vicinal, elle serait due par la commune, sur ce principe que chacun doit réparation de sa propre faute.

607. — Dans le cas de chômage par la rupture du pont, le concessionnaire doit immédiatement aviser aux moyens de desservir le passage commun par un bac. Il en a seul le droit. J'ajoute qu'il est tenu de le faire, cette obligation devant être considérée comme étant au nombre des charges de la concession, lors même qu'elle ne serait pas exprimée dans les titres.

608. — Une difficulté se présente : elle consiste à savoir si, dans ce cas, on doit se servir du nouveau ou de l'ancien tarif ?

L'ancien tarif n'a plus d'existence légale, et celui du pont ne peut être appliqué à tout autre moyen de traverse ; mais s'il y a quelque exactitude dans ce que je viens de dire, relativement à l'obligation à la charge du concessionnaire de desservir le passage par le bac, faut-il du moins qu'il y trouve son salaire.

609. — Pour éviter tout arbitraire, il me paraît que le préfet, administrateur du département, doit s'empresser d'intervenir, et vu l'urgence, d'établir des règles provisoires obligatoires, soit à l'égard du concessionnaire, soit à l'égard des passagers.

En cas de contestation, le juge de paix pourrait prononcer ; et, s'il s'agissait du droit de péage, la validité des règles provisoires étant contestée quant à ce par le passager, celui-ci ne devrait pas moins être condamné au paiement d'une somme qui serait arbitrée par ce magistrat, et attribuée au concessionnaire sur la règle générale que tout travail mérite son salaire. Il me paraît qu'en procédant ainsi la décision ou sentence serait à l'abri de toute censure.

610. — Dans les lieux où un pont est établi en remplacement du bac, les abords sont ordinairement abandonnés, ainsi que les rampes; et après quelques années ils sont dans un tel état qu'il est très-difficile, même dangereux, de les utiliser sans y faire des réparations. Il faut donc, lorsqu'il y a lieu à reprendre momentanément le bac, prévenir l'administration des ponts-et-chaussées : c'est elle qui doit y pourvoir.

CHAPITRE X.

Il existe des tarifs des droits de péage qui ne sont pas assez explicatifs sur la nature des voitures; d'où naissent des difficultés entre les commis à la perception et les passagers, quelquefois même des discussions en justice.

611. — C'est ce qui est arrivé souvent par rapport au pont de Villemur, sur l'article chariot de roulage. Les commis au péage prétendaient que c'était la destination de la voiture et non sa construction qui devait être prise en considération pour le taux du péage ; de là, ils appelaient chariot de roulage toute grosse voiture à deux ou quatre roues employée au transport des matières coloniales ou autres, expédiées ou par un négociant ou par un commissionnaire.

A cette occasion, et sur la demande des ayant-droit du concessionnaire, j'ai, en 1842, donné mon avis écrit sur la difficulté. Je l'ai revu avec soin, et mon opinion étant encore la même, je trouve tout simple de m'éviter la peine d'une nouvelle rédaction, et je copie presque littéralement.

Le tarif établit les distinctions suivantes :

1° Voiture à deux ou quatre roues suspendue ;

2° Charrette chargée, attelée d'un cheval ou d'un mulet ;

3° Charrette chargée, attelée de deux chevaux ou mulets ;

4° Charrette chargée, attelée de trois chevaux ou mulets ;

5° Charrette employée au transport des engrais ou à la rentrée des récoltes.

6° Chariot de ferme ou char de montagne ;

Les mêmes charrettes, chariots ou char de montagne ne paieront que moitié prix quand ils seront à vide ;

7° Charrette chargée ou non, attelée seulement d'un âne ou d'une ânesse ;

8° Chariot de roulage ;

Les mêmes, à vide, ne paieront que moitié.

Voilà les différentes espèces de voitures sujettes au droit de péage.

612. — Pour saisir l'esprit qui a présidé à la rédaction du tarif, il faut faire quelques comparaisons.

Point de difficulté sur les voitures suspendues. Le tarif est clair à leur égard.

Les 2e 3e 4e et 5e articles s'appliquent à charrette et désignent une voiture de même nature ; il n'y a que cette différence que la charrette, employée au transport des engrais ou à la rentrée des récoltes, est tarifée à un taux moins élevé.

613. — Vient ensuite le chariot de ferme ou char de montagne.

Cette nature de voiture a été nécessairement désignée par opposition à charrette. De là on est en quelque manière forcé de dire que, par cette opposition, on a entendu désigner une voiture non suspendue assise sur quatre roues ; sans quoi il n'y aurait pas eu de motif pour établir deux dénominations.

D'ailleurs, on remarque que, par ces mots : « chariot de ferme ou char de montagne, » on a entendu établir un point de comparaison, et on sait généralement que le char de montagne est à quatre roues.

Le 7me article ne présente point de difficultés.

614. — La discussion a son siége dans le 8e article, qui dénomme le chariot de roulage.

A-t-on entendu par là désigner toute voiture non suspendue à deux ou quatre roues, employée spécialement à voiturer les marchandises qui sont purement objet de commerce ou de trafic, sans considérer sa construction ?

Je ne le pense pas. On ne s'est occupé dans le tarif que de la construction des voitures et nullement de la nature des objets voiturés, si ce n'est, et par exception, à l'égard des engrais et pour la rentrée des récoltes, opérations qui doivent jouir de quelque faveur.

Si on l'avait entendu autrement, il était indispensable de s'en expliquer en termes exprès dans le tarif.

615. — D'un autre côté, en imposant la voiture à raison des objets voiturés, les commis au péage auraient été obligés de se livrer à des investigations trop pénibles et souvent propres à faire naître des contestations entre eux et le voiturier ; comme aussi il y aurait eu trop souvent encombre dans le passage commun par le retard occasionné dans l'inspection des objets voiturés.

616. — Je remarque même qu'en règle, il y aurait illégalité : les marchandises ne peuvent être imposées que par la loi de l'octroi ou de la douane, et cette loi est étrangère au péage. Dans le système que je repousse, le droit de péage serait plutôt sur les marchandises que sur la voiture, et il se confondrait avec le droit d'octroi.

617. — Si la nature des marchandises devait déterminer l'application du droit de péage, le chariot de roulage serait souvent considéré comme charrette, et la charrette à son tour souvent considérée comme chariot. Cette métamorphose seule démontre l'erreur de l'opinion contraire à celle que j'établis.

618. — C'est précisément pour éviter cette confusion que la voiture de roulage a été placée dans le dernier article du tarif, et qu'elle y a été dénommée chariot, c'est-à-dire voiture à quatre roues ; par ce moyen, impossible de la confondre avec la charrette qui est une voiture à deux roues.

619. — Reste une seconde difficulté : le chariot de roulage pourrait être confondu avec le chariot de ferme, ou char de montagne, l'un et l'autre étant voitures à quatre roues. Il a donc fallu une distinction dans le tarif ; elle existe par ces mots : « de roulage, chariot de roulage, » qui désignent non-seulement

une voiture à quatre roues, mais encore une voiture d'une forte construction, ayant les jantes des roues de la largeur prescrite par la loi et les règlements relatifs à la police des grandes routes; tandis que le chariot de ferme ou char de montagne est une voiture d'une construction frêle et placée sur des roues dont les jantes sont d'une largeur arbitraire, cette espèce de voiture n'étant nullement assujettie à la police des grandes routes, par le motif qu'elle n'est pas destinée à les parcourir. Il en est autrement dans le cas où elle les emprunte pour toute opération qui ne se rapporte pas spécialement à l'exploitation des champs.

620. — Ce détail est en parfaite harmonie avec l'ordre suivi dans le tarif où l'on trouve : « voitures suspendues, charrettes, chariot ou char de montagne, et chariot de roulage (1). »

621. — En résumé : les voitures à deux roues non suspendues sont appelées charrettes et tarifées sans considérer la largeur des jantes ni la nature des objets voiturés.

622. — Les chariots de ferme ou char de montagne ont un article unique dans le tarif et sont voitures à quatre roues non suspendues avec jantes d'une largeur arbitraire.

623. — Le chariot de roulage est une grosse voiture non suspendue, à quatre roues avec jantes larges, conformément aux règles de la police des grandes routes. Il a aussi un article unique dans le tarif.

Dans la pratique, la difficulté roulait plus particulièrement sur l'ignorance, où l'on était assez généralement, à quels signes il fallait reconnaître le chariot pour le distinguer de la charrette (2).

624. — Si l'on avait voulu s'en tenir à la définition que l'on

(1) Je ne m'occupe pas de la charrette attelée d'un âne ou d'une ânesse, cet article du tarif ne fait ni pour ni contre dans la difficulté.

(2) Si je ne me fais illusion, les détails dans lesquels je suis entré feront disparaître toute incertitude, et l'on procèdera à l'avenir avec toute assurance.

24

trouve dans le *Dictionnaire de l'Académie*, la chose était facile ; mais on la repoussait , prétendant qu'elle ne pouvait faire règle.

Cependant, on est obligé de convenir que, dans le commerce ordinaire de la vie , on ne s'entend bien que par l'emploi des expressions consacrées, ou par l'usage , ou par ce Dictionnaire qui doit être considéré comme loi nationale par l'entente des expressions.

Du reste, on peut invoquer la loi du 29 floréal an 10 , sur la police des grandes routes.

On lit dans l'art. 1ᵉʳ :

« Le poids des voitures employées au roulage et messageries,
» dans l'étendue de la république , ne pourra excéder , en com-
» prenant le poids de la voiture et celui du chargement, les
» proportions suivantes :

» Voitures ou chariots à quatre roues, etc. . . .	450
» Voitures ou charrettes à deux roues.	250
» Voitures ou chariots à quatre roues.	550
» Voitures ou charrettes à deux roues.	350
» Voitures ou chariots à quatre roues.	600
» Voitures ou charrettes à deux roues.	375
» Voitures ou chariots à quatre roues.	650
» Voitures ou charrettes à deux roues.	475 »

Le législateur parlant ainsi, il faut avouer qu'il a entendu comme le *Dictionnaire de l'Académie* que le mot *chariot* désignât une voiture à quatre roues, et que le mot *charrette* désignât une voiture à deux roues.

625 — Pourrait-on argumenter contre cette opinion en disant : Puisque le législateur a cru nécessaire de parler du nombre des roues, il a pensé qu'il pouvait y avoir des charrettes à quatre roues et des chariots à deux roues ; car à quoi bon de dire si souvent chariots à quatre roues, charrettes à deux roues, la dénomination de chariot ou de charrette désignant par elle-même le nombre des roues ?

626. — Cet argument n'est pas convenable, on peut le considérer comme moyen de chicane.

Tel est l'avis que j'ai donné pour le pont de Villemur ; les explications qu'il contient ne laisseront pas que d'être utiles pour
les ponts en général , les tarifs étant à peu près les mêmes partout.

CHAPITRE XI.

DU PÉAGE POUR LE TRANSPORT DES ENGRAIS ET POUR LA RENTRÉE DES
RÉCOLTES.

627. — Rien de plus ordinaire que de voir presque tous les hommes s'élever contre la création de nouveaux impôts, lors même que leur utilité ne peut être révoquée en doute.

Y a-t-il dans la loi quelque terme qui puisse présenter un double sens, qui prête à interprétation, c'est toujours dans son intérêt que le contribuable tranche la difficulté.

En décidant sa propre affaire, il lui est facile de se faire illusion. Avant d'établir une opinion sur l'étendue de la signification d'un mot, d'une dénomination, l'on doit ne pas perdre de vue la spécialité de la matière et considérer le terme qui fait naître la difficulté, non isolément, mais bien par rapport à l'ensemble de la phrase. Ce moyen d'explication réussit, et l'on doit toujours l'employer si l'on ne veut s'exposer à obscurcir ou méconnaître la vérité.

628. — En me renfermant dans l'objet proposé, je trouve, dans le tarif des droits de péage, à peu près ces termes :

« Par charrette chargée employée au transport des engrais ou à la rentrée des récoltes, etc. »

De là, question de savoir ce qu'on doit entendre par transport des engrais ou rentrée des récoltes, le droit de péage étant dans ce cas moindre que le droit ordinaire.

629. — On sait généralement ce que c'est qu'engrais. La marne, les cendres, le plâtre, les matières fécales, le fumier proprement dit, sont des engrais, c'est-à-dire des objets propres à amender les terres ou à ranimer les plantes.

630. — Le mot *récolte*, pris isolément, signifie tous les produits de la terre, spontanés ou naturels ; ainsi le vin, les grains,
le foin et autres produits que le propriétaire fait transporter à la
ville, en les prenant au manoir de sa ferme ou même sur les
champs, font dépendance de sa récolte, et il n'est pas impropre
qu'il dise : J'ai fait porter ma récolte, j'ai vendu ma récolte.

Cela est vrai dans le langage général et d'ailleurs conforme
aux règles communes ; mais est-il raisonnable de puiser dans
cette source pour l'explication de la phrase qui fait naître la difficulté ?

631. — Il s'agit dans l'espèce d'un droit de péage, et le mot
récolte placé dans le tarif ne peut être un mot générique, il est
seulement relatif ; sans quoi la perception du péage deviendrait
sinon impossible du moins très-difficile pour tout ce qui aurait
trait au transport des denrées. Tout serait récolte, même les
grains que le propriétaire aurait achetés et d'abord déposés dans
les greniers de sa ferme. Il y aurait fraude à la vérité dans ce
cas, mais comment la prouver ? les commis à la perception du
péage ne sont pas des commis ambulants.

632. — J'ai dit que le mot *récolte* dans le tarif du péage était
relatif et non générique ; cela résulte des expressions *ou à la rentrée des récoltes.*

Le plus vif empressement de l'agriculteur, c'est de soustraire
ses récoltes au maraudage et aux fléaux dévastateurs, tels que
grêle, inondation et autres.

La maturité arrive, on se presse, et on n'est en pleine sécu-
rité que lorsque les récoltes sont abritées, c'est-à-dire que lorsqu'on les a réunies au manoir de la ferme. C'est alors et seulement alors que l'agriculteur dit : J'ai fait la rentrée de ma
récolte.

C'est le langage naturel, le langage de la vérité.

633. — Le mot *rentrée* qu'on trouve dans le tarif désigne
cette première opération, qui seule mérite de jouir de quelque
faveur dans les charges publiques.

634. — Les transports ultérieurs rentrent dans la classe des transports de marchandises ; sans quoi il faudrait admettre que, pour la même nature de récolte, il pourrait y avoir plusieurs rentrées : la première du champ à la ferme, la seconde de la ferme à la ville, la troisième de la ville à la ferme, et successivement jusqu'à l'infini, ce qui livrerait au caprice du redevable le taux du péage. Il n'y aurait donc rien de positif, tout serait désordre.

Mais il ne faut pas perdre de vue que la rigueur des expressions *à la rentrée des récoltes* ne permet pas d'imaginer deux rentrées pour la même récolte, ce qui fait nécessairement disparaître la difficulté.

635. — On sait que, dans toute exploitation rurale, il y a un bâtiment qui en est le chef-lieu. C'est là où l'on réunit les fourrages, le produit des coupes des taillis, où l'on fait le gerbier, où l'on réunit la vendange ; et l'agriculture devant être ménagée, il a été juste d'imposer le transport des marchandises à un taux plus élevé que le transport des récoltes que l'on réunit au manoir de la ferme. Il en est de même au sujet des engrais transportés de la ferme aux champs.

636. — Les fermes rapprochées des rivières se composent très-souvent de plusieurs champs situés sur les deux rives.

C'est pour ces cas seulement qu'a lieu la faveur dans la fixation du droit de péage. Il y a même plus : le propriétaire peut demander, en vertu de l'art. 8 de la loi du 6 frimaire an 7, l'autorisation de se servir d'un batelet pour l'exploitation des champs situés sur la rive opposée, sans être tenu à aucun dommage envers le concessionnaire du péage.

637. — Je n'ai rien trouvé dans les recueils de jurisprudence qui fût directement applicable à l'espèce ; mais je vais avoir l'avantage de faire des citations qui, par voie d'une analogie simple et je puis dire parfaite, ne permettront pas de former à l'avenir le moindre doute sur l'entente des expressions *à la rentrée des récoltes.*

Je veux parler de la loi sur le roulage, du 7 ventôse an 12.

L'art. 8 porte: « Sont exceptées des dispositions de la présente
» loi, les voitures employées à la culture des terres, *au trans-*
» *port des récoltes* et à l'exploitation des fermes; mais le gouver-
» nement règlera le poids du chargement de ces voitures pour le
» cas où elles emprunteront les grandes routes. »

638. — Il faut remarquer que les expressions *au transport des
récoltes*, employées dans la loi du roulage, sont moins énergiques
que les expressions *à la rentrée des récoltes*, employées dans les
tarifs de péage; néanmoins, voici ce qu'en dit M. Garnier, dans
son ouvrage intitulé : *Traités des Chemins de toute espèce,*
2me édition, page 164 :

« Ainsi les voitures employées à la culture des terres, au transport des récoltes et à l'exploitation des fermes sont dispensées de
la rigueur des règlements quand elles empruntent les grandes
routes. Cette disposition s'applique au cas seulement où les voitures sont obligées de prendre la grande route pour les transports du manoir aux champs et *vice versa;* mais l'exception cesse
pour les transports du manoir ou des champs à la ville, ou de la
ville au manoir ou aux champs; ainsi les voitures sont soumises
aux règlements sur la police du roulage, si elles transportent
des grains, des pailles, des foins aux marchés ou chez les
particuliers, ou si elles conduisent des fumiers recueillis dans
la ville. Elles font en cela office de voiture de roulage ; la
tolérance étendue jusque-là rendrait l'objet des règlements illu-
soires.

» C'est ce qui résulte d'un arrêt du conseil, du 18 avril 1821,
dans lequel on lit les motifs suivants : Considérant qu'il résulte
» des lois et décrets ci-dessus visés, que l'exception faite par
» l'art. 8 de la loi du 7 ventôse an 12 n'est applicable qu'aux
» transports qui se font d'un point à l'autre d'une ferme et de
» ses dépendances. Considérant que, dans l'espèce, le sieur Yves-
» Leden avait pour but de livrer le chargement de sa voiture à
» la consommation ou au commerce; que l'exception relative
» aux roues à jantes larges prononcée par l'art. 8 de la loi du

» 7 ventôse an 12 n'est point applicable à ce cas. » (Voyez autre arrêt du 20 octobre 1819) (1).

639. — D'après cela, il reste évident que l'entier droit de péage est dû toutes les fois que la voiture se sert du bac ou du pont pour le transport de tous objets. L'exception ne peut être applicable qu'aux récoltes et engrais transportés d'un point à l'autre de la ferme. Alors seulement, on comprend le motif de la faveur ; et qu'on ne prétende pas que l'on ne puisse tirer aucun argument de la loi et des arrêtés cités sur la police du roulage. Dans l'espèce, il y a parité parfaite et conséquemment même motif de décider.

640. — Je pense, en conséquence, qu'il est raisonnablement impossible que, dans une discussion judiciaire, la faveur du moindre droit de péage soit accordée au voiturier transportant des denrées du manoir de la ferme à la ville ou des engrais de la ville à la ferme.

J'aurais pu poser des exemples pour rendre la décision palpable, en faisant entrevoir les inconvénients et le désordre du système contraire. Je les passe sous silence comme inutiles et superflus : les motifs de décider sont d'ailleurs trop saillants.

641. — Dans le mois de juin 1846, j'étais à Valence, chef-lieu du département de la Drôme. Il existe, sur le Rhône, un beau pont suspendu en face de cette ville. Je me rendis à la première loge pour m'informer, avec le commis au péage, comment on procédait sur plusieurs articles du tarif, et notamment sur celui relatif à la rentrée des récoltes.

Le commis m'affirma qu'on ne soumettait qu'au simple droit le transport des récoltes de la ferme à la ville, pourvu que le voiturier présentât un certificat du maire attestant que sa charge était un des produits de la ferme.

(1) Dans le même sens, ordonnance royale du 28 octobre 1830 , tome XXXIII, page 64 du *Mémorial de Jurisprudence des Cours royales de France*, imprimé à Toulouse.

Sur ma demande, s'il n'y avait pas eu de procès sur ce cas entre le voiturier et l'administration du pont, il me répondit négativement.

Je vis là une erreur fondée sur la bonne foi et sur le défaut d'un examen sérieux des droits de l'administration du pont, le libellé de l'article du tarif étant exactement le même que celui transcrit au n° 628.

La seule considération que le maire peut se refuser à délivrer de pareils certificats et que, d'ailleurs, s'il a cet excès de complaisance, il est facile de le tromper, fait ressortir le vice de ce procédé qui, lors même qu'il ne serait pas en opposition avec la loi, ne pourrait être tolérable que tout autant que le commis serait mis à même de comparer les produits de la ferme avec les objets transportés, ce qui ne pourrait se faire que par des inventaires dressés annuellement, on ne sait par quelle autorité; au moyen de quoi, et les expéditions que noterait le commis, on pourrait parfois empêcher la fraude ou en convaincre l'expéditeur.

Ce procédé, totalement en dehors des plus simples règles, est un des principaux moyens de justification de la loi et de la décision ci-dessus.

CHAPITRE XII.

DE LA VOITURE DONT LA CHARGE N'EST PAS ENTIÈRE.

642. — Les tarifs du péage ne mentionnent que la voiture chargée ou à vide. Il n'y est nullement question de la voiture dont la charge est un diminutif de celle qui peut lui être assignée comparativement à la force de sa construction ; ainsi n'y ayant pas de terme moyen dans le tarif, le droit de péage ne peut être scindé : il est dû tout entier ou pour voiture à vide ou pour voiture chargée.

La seule difficulté est donc de savoir quand est-ce que l'on peut considérer la voiture comme chargée; car il répugne au bon sens d'assujettir au droit de la voiture chargée, celle sur laquelle on ne trouvera qu'un fardeau, par exemple équivalant au dixième de la charge ordinaire.

643. — Généralement, les commis au péage qui ont la volonté de remplir leur tâche sans blesser les intérêts de personne, s'accordent avec le voiturier; et l'on fractionne le droit eu égard au poids approximatif du fardeau, lorsqu'il se rapproche de ce qui peut être considéré comme formant une demi-charge. Si le fardeau est plus faible, on considère la voiture à vide; si, au contraire, il dépasse la demi-charge, on paie l'entier droit.

Cette manière de procéder à l'amiable ne peut être blâmée. Le consentement libre de part et d'autre valide la convention, qui d'ailleurs se justifie par les règles communes d'équité. Le commis ne peut être accusé de concussion que dans le cas où il se permet d'exiger une plus forte somme que celle portée au tarif, et dans l'espèce la somme payée est en dedans de celle du tarif; et d'ailleurs elle est ainsi fixée de gré à gré par manière de transaction entre le commis et le voiturier, ce qui écarte toute idée de fraude.

644. — Dans le cas où le juge de paix est appelé à prononcer sur la difficulté, quelle sera la base de sa décision ?

Nous avons dit que le tarif ne peut être scindé. Cela est rigoureusement vrai toutes les fois que, comme dans l'espèce, une telle faculté n'est pas exprimée dans le titre.

Or, le juge de paix arbitrera par lui-même le fait. Il s'aidera, s'il le croit nécessaire, des déclarations du commis et du voiturier. Il sera infailliblement reconnu que, dans plusieurs circonstances pareilles, l'entier droit n'a pas été exigé ; que même d'autres fois le commis s'est contenté du simple droit.

Ces données, quoique insuffisantes pour trancher la difficulté, ne laissent pas que d'être un acheminement à une décision exacte. En retranchant sur l'entier droit, le commis a considéré que la voiture, quoique avec un certain fardeau, ne pouvait être envisagée comme voiture chargée. C'est un point de départ, et le juge de paix peut s'en aider pour établir son opinion. Elle sera hors de critique, comme toutes celles qui sont forcément, par le silence du titre, livrées à l'arbitrage du juge.

645. — Prétendre qu'il suffit d'un fardeau quelconque sur la voiture pour qu'elle soit tarifée comme voiture chargée, serait évidemment une injustice. Il y aurait également injustice contre le droit de péage si, malgré une certaine charge, on devait considérer la voiture à vide.

La règle la plus usitée devrait être, ce me semble, d'assujettir au droit de la voiture chargée celle dont la charge excèderait le tiers de la charge entière ; et du tiers et au-dessous, de ne la considérer que comme voiture à vide.

Il serait peut-être plus conforme aux usages de poser pour limite la demi-charge. Jusque-là la voiture serait tarifée à vide.

Cependant, cette dernière règle serait trop large pour le voiturier et la fraude trop facile. Si les lois fiscales doivent dans le doute être expliquées en faveur du redevable, il ne faut pas perdre de vue que les moyens d'exécution doivent être sévères. Il faut éviter surtout l'obligation d'en venir à des appréciations arithmétiques pour établir le droit ; et, pour atteindre ce but, il vaut infiniment mieux, au lieu d'une moitié, fixer au tiers qui est d'une très-facile évaluation par la simple inspection de la charge.

Si ce premier point présente des difficultés, il en est un autre d'une solution aisée. Je veux parler de la voiture sur laquelle sont plusieurs comportes ou plusieurs barriques vides.

646. — Une telle voiture est à vide. Les comportes, les barriques sont destinées à contenir la charge, et ce serait une bien forte méprise que de considérer comme charge ce qui n'est destiné qu'à la recevoir. Le contenant est par lui-même à vide ; il y a seulement charge par le contenu.

Je crois qu'il suffit de signaler ce cas pour que chacun s'aperçoive que tout autre décision heurterait le bon sens. Il ne peut donc y avoir qu'un avis à ce sujet, et les commis au péage doivent s'empresser de le suivre.

Je dois observer qu'il en serait autrement si la voiture du port de cinq comportes ou de cinq barriques pleines, par exemple, était chargée d'un plus grand nombre de comportes ou barriques vides ; alors, comme ce serait plus que le contenant de la charge, il y aurait lieu à apprécation sur les bases du premier point ; ainsi, y aurait-il dix comportes vides sur la voiture, il faudrait en compter cinq comme commencement de charge.

CHAPITRE XIII.

647. — Par l'art. 51 de la loi du 6 frimaire an 7, il est enjoint aux adjudicataires, mariniers et autres personnes employées
au service des bacs, de se conformer aux dispositions de police
administrative et de sûreté, contenues dans la loi, ou qui pourraient leur être imposées par le directoire et les administrateurs,
pour son exécution, à peine d'être responsables, en leur propre
et privé nom, des suites de leur négligence, et en outre, être
condamnés, pour chaque contravention, en une amende de la
valeur de trois journées de travail; le tout à la diligence des
commissaires du directoire exécutif près les administrations centrales et municipales.

648. — Les dispositions de police administrative et de sûreté
sont établies dans l'art. 31 jusqu'à l'art. 47 de la même loi.
Celles spécialement relatives à l'adjudicataire ou concesionnaire
sont ordinairement écrites dans le cahier des charges. Quoi qu'il
en soit, la loi ne reste pas moins obligatoire pour toutes ses dispositions, au nombre desquelles on trouve l'obligation de suspendre les passages depuis le coucher du soleil jusqu'à son lever,
si cela est prescrit dans la localité (art. 42).

649. — Plus, celle d'avoir des veilleurs ou quarts, dans les passages de nuit autorisés (art. 43).

650. — Plus, celle d'avoir des batelets ou canaux à la suite du
bac ou bateau, afin de porter secours à ceux des passagers auxquels un accident imprévu ferait courir quelques risques, et d'a-
marrer les bacs et bateaux lors de l'embarquement et des débar-

quements, afin d'éviter les dangers que le recul du bateau pourrait occasionner (art. 44 de la loi).

651.— Le même article parle du nombre des passagers et de la quantité de chargement que chaque bac ou bateau devra contenir en raison de sa grandeur.

652. — L'art. 45 dispose que les adjudicataires et nautonniers maintiendront le bon ordre dans leurs bacs et bateaux pendant le passage, et seront tenus de désigner aux officiers de police ceux qui s'y comporteraient mal, ou qui, par leur imprudence, compromettraient la sûreté des passagers.

653. — « Art. 46. Dans les lieux où les passages de nuit sont » autorisés, les veilleurs ou quarts exigeront des voyageurs, au- » tres que les domiciliés, la représentation de leurs passeports, » qui devront être visés par l'administration municipale ou l'offi- » cier de police des lieux.

654. — » Les conducteurs de voitures publiques, courriers des » malles et porteurs d'ordres du gouvernement, seront dispensés » de cette formalité. »

655. — « Art. 47. Les adjudicataires ne pourront se servir » que des gens de rivière ou mariniers reconnus capables de » conduire sur les fleuves et canaux; à cet effet, les employés de- » vront, avant que d'entrer en exercice, être munis de certificats » des commissaires civils de la marine, dans les lieux où ces sortes » d'emplois sont établis, ou de l'attestation de quatre anciens ma- » riniers conducteurs, donnée devant l'administration municipale » de leur résidence, dans les autres lieux. »

Les articles de la loi transcrits ci-dessus n'ont nul besoin d'être commentés. Leurs dispositions sont sans ambiguité. Ils se rapportent tous à des mesures de police et de sûreté. Il suffit de les lire pour connaître vos obligations à l'égard des autres, et celles de ceux-ci à votre égard.

CHAPITRE XIV.

DE L'ACQUIT ET DES FRANCHISES DU DROIT DE PÉAGE.

656. — « Tous individus voyageurs, conducteurs de voitures,
» chevaux, bœufs ou autres animaux et marchandises passant dans
» les bacs, bateaux, passe-cheval, seront tenus d'acquitter les
» sommes portées aux tarifs (art. 48 de la loi). »

« Ne sont point dispensés du paiement desdits droits les entre-
» preneurs d'ouvrages et fournitures faites pour le compte de
» la république, ni ceux des chariots à la suite des troupes
» (art. 49). »

657. — « Ne seront point toutefois assujettis au paiement des
» droits compris auxdits tarifs, les juges, les juges de paix, admi-
» nistrateurs, commissaires du directoire, ingénieurs des ponts-
» et-chaussées, lorsqu'ils se transporteront pour raison de leurs
» fonctions respectives; les cavaliers et officiers de gendarmerie,
» les militaires en marche, les officiers lors de la durée et dans
» l'étendue de leur commandement (1). »

(1) Voyez les nos 595 jusqu'au no 603, plus le no 665.

CHAPITRE XV.

DES DISPOSITIONS PÉNALES.

658. — L'art. 51 de la loi du 6 frimaire an 7, étant rapporté au n° 284, il me suffit d'y renvoyer.

L'art. 52 porte : « Il est expressément défendu aux adjudicatai-
» res, mariniers et autres personnes employées au service des bacs
» et bateaux, d'exiger dans aucun temps, autres et plus fortes
» sommes que celles portées aux tarifs, à peine d'être condamnés
» par le juge de paix du canton, soit sur la réquisition des parties
» plaignantes, soit sur celle des commissaires du directoire, à la
» restitution des sommes indûment perçues, et en outre, par
» forme de simple police, à une amende qui ne pourra être moin-
» dre de la valeur d'une journée de travail et d'un jour d'empri-
» sonnement, ni excéder la valeur de trois journées de travail et
» trois jours d'emprisonnement. Le jugement de condamnation
» sera imprimé et affiché aux frais du contrevenant.

» En cas de récidive, la condamnation sera prononcée par le
» tribunal de police correctionnelle, conformément à l'art. 607
» du Code des délits et des peines. »

659. — « Art. 53. Si l'exaction est accompagnée d'injures, me-
» naces, violences ou voies de fait, les prevénus seront traduits
» devant le tribunal de police correctionnelle, et en cas de con-
» viction condamnés, outre les réparations civiles et dommages-
» intérêts, à une amende qui pourra être de cent francs et un
» emprisonnement qui ne pourra excéder trois mois. »

660. — Art. 54. « Les adjudicataires seront dans tous les cas
» civilement responsables des restitutions, dommages et intérêts,

» amendes et condamnations pécuniaires prononcées contre leurs
» préposés et mariniers. »

661. — « Art. 55. Ils pourront même, dans le cas de récidive
» légalement prononcée par un jugement, être destitués par les
» administrations centrales, sur l'avis des administrations munici-
» pales; et alors leurs baux demeureront résiliés sans indemnités. »

662. — « Art. 56. Toute personne qui se soustrairait au paie-
» ment des sommes portées auxdits tarifs sera condamnée, par le
» juge de paix du canton, outre la restitution des droits, à une
» amende qui ne pourra être moindre de la valeur d'une journée
» de travail ni excéder trois jours.

» En cas de récidive, le juge de paix prononcera, outre l'amende,
» un emprisonnement qui ne pourra être moindre d'un jour, ni
» être de plus de trois, et l'affiche du jugement sera aux frais du
» contrevenant. »

663. — « Art. 57. Si le refus de payer était accompagné d'in-
» jures, menaces, violences ou voies de fait, les coupables se-
» ront traduits devant le tribunal de police correctionnelle et
» condamnés, outre les réparations civiles et dommages-inté-
» rêts, en une amende qui pourra être de cent francs, et un
» emprisonnement qui ne pourra excéder trois mois. »

664. — « Art. 58. Toute personne qui aura aidé ou favorisé la
» fraude, ou concouru à des contraventions aux lois sur la police
» des bacs, sera condamnée aux mêmes peines que les auteurs des
» fraudes ou contraventions. »

665. — « Art. 59. Toute personne qui aurait encouru quel-
» ques-unes des condamnations prononcées par les articles pré-
» cédents, sera tenue d'en consigner le montant au greffe du juge
» de paix du canton, ou de donner caution solvable, laquelle
» sera reçue par le juge de paix ou l'un de ses assesseurs.

» Sinon seront ses voitures et chevaux mis en fourrière, et les
» marchandises déposées à ses frais jusqu'au paiement, jusqu'à
» la consignation ou jusqu'à la réception de la caution. »

666. — « Art. 60. Toute consignation ou dépôt sera restitué

25

» immédiatement après l'exécution du jugement qui aura pro-
» noncé sur le délit, pour raison duquel les consignations ou dé-
» pôts auront été faits. »

667. — « Art. 61. Les délits plus graves et non prévus par la
» présente, ou qui se compliqueront avec ceux qui y sont énon-
» cés, continueront d'être jugés suivant les dispositions des lois
» pénales existantes, auxquelles il n'est point dérogé. »

CHAPITRE XVI.

DE LA NON ABROGATION DES CONDITIONS PÉNALES DE LA LOI DU 6 FRIMAIRE
AVEC UNE COURTE EXPLICATION.

668. — Les articles de la loi que j'ai transcrits, depuis le n° 647 jusqu'au n° 667, ne présentent presque pas de difficulté dans leur exécution. J'entrerai dans un court examen.

La constitution du 1er vendémiaire an 4, art. 132, délégua le pouvoir exécutif à cinq membres qui ne pouvaient être pris que parmi les citoyens qui avaient été membres du corps législatif ou ministres (art. 135).

Ces cinq membres étaient choisis au scrutin secret par le conseil des anciens sur une liste décuple formée aussi au scrutin secret par le conseil des cinq cents (art. 133).

Les cinq membres ainsi choisis formaient ce qu'on appelait le directoire dont les attributions étaient fort étendues.

Il était chargé de pourvoir, d'après les lois, à la sûreté extérieure ou intérieure de la république (art. 144).

Il disposait de la force armée, nommait les généraux, les ministres, surveillait et assurait l'exécution des lois dans les administrations et tribunaux par des commissaires à sa nomination, nommait les receveurs des impositions directes, etc., etc.

Mais il ne pouvait déclarer la guerre, cela appartenait au corps législatif sur la proposition du directoire (art. 326).

669. — Les traités de paix n'étaient valables qu'après avoir été examinés et ratifiés par le corps législatif (art. 333).

Le directoire n'était autorisé qu'à faire des stipulations préliminaires, telles que des armistices, des neutralisations et des conventions secrètes (art. 330).

670. — Notre monarchie constitutionnelle a , nécessairement, d'autres formes qu'il est inutile d'expliquer; on les connaît généralement.

Mais, pour tout ce qui a rapport à l'exécution de la loi du 6 frimaire, on doit faire les substitutions suivantes :

Au mot directoire ou directoire exécutif, substituez le mot roi.

Aux mots administration centrale, substituez le mot préfet, et aux mots commissaire du directoire exécutif, substituez les mots procureur du roi.

671. — Je n'ai nullement besoin de parler de l'administration municipale, ces mots désignant encore la même autorité.

672. — La loi du 6 frimaire est pleinement en vigueur, même pour les conditions pénales. Elle n'a été ni abrogée ni modifiée par aucune autre loi.

Malgré qu'elle ne s'occupe que des bacs, il est facile de sentir qu'elle a la même force à l'égard des ponts. Les bacs sont employés aux passages communs, tout aussi bien que les ponts qui n'ont été établis qu'en remplacement des bacs dans plusieurs localités, et à peu près partout où les concessionnaires ont pu croire que les produits du droit de péage seraient suffisants pour les indemniser des capitaux nécessaires dans l'entreprise.

673. — Ainsi, les règles des uns sont les règles des autres; il ne peut y avoir d'autre différence dans l'application de la loi que celle résultant de la nature des moyens de la traverse : les précautions à prendre pour la sûreté des passagers dans les bacs ne sont pas celles à prendre pour la traverse sur les ponts ; les injonctions de la loi dans le choix des mariniers et dans l'obligation d'amarrer et de tenir des batelets, des canots pour s'en servir en cas d'accident dans la traverse, sont étrangères au service des ponts. Il y a d'autres différences.

674. — L'art. 484 du Code pénal porte : « Dans toutes les » matières qui n'ont pas été réglées par le présent Code et qui » sont régies par des lois et règlements particuliers, les cours et » tribunaux continueront de les observer. »

De là, on doit conclure que les lois sur des matières spéciales ont conservé leur force pour tout ce qui n'est pas en opposition aux dispositions du Code pénal, non-seulement pour la compétence, mais encore pour le taux et la nature de la peine.

675. — Je me propose une difficulté, savoir, si en vertu de la loi du 6 frimaire, la peine d'emprisonnement peut être cumulée avec celle de l'amende, et si le magistrat est dans tous les cas autorisé à réduire la peine jusqu'à une journée de travail ou à un jour d'emprisonnement?

Pour toutes les contraventions signalées dans le Code pénal, la règle générale s'oppose au cumul (art. 471, 475 et 479).

Il y a cependant des exceptions : elles résultent des art. 473, 476 et 480 pour les cas ordinaires, et des art. 474, 478 et 482 pour les cas de récidive.

676. — Malgré cela, le législateur s'est déterminé à porter un tempérament, dans tous les cas, à la rigueur de la peine d'emprisonnement.

Les art. 473, 476 et 480 ne sont nullement impératifs, et le magistrat a la faculté de puiser dans sa sagesse les motifs d'appliquer avec l'amende la peine de l'emprisonnement ou de ne pas l'appliquer.

677. — Pour le cas de la récidive, il en est à peu près de même, ce qui d'abord a lieu de surprendre, puisque les termes des art. 474, 478 et 482 sont impératifs, ne laissant aucune issue à la volonté du magistrat dès l'instant que l'accusé en récidive a été convaincu.

678. — L'alinéa de l'art. 483 dispose : « L'art. 463 du présent » Code sera applicable à toutes les contraventions ci-dessus indi- » quées ; » et on lit dans le dernier alinéa de cet art. 463 que, dans tous les cas où la peine de l'emprisonnement et celle de l'amende sont prononcées par le Code pénal, si les circonstances paraissent atténuantes, les tribunaux correctionnels sont autorisés, même en cas de récidive, à réduire l'emprisonnement, même au-dessous de six jours, et l'amende, même au-dessous de

seize francs; qu'ils pourront aussi prononcer séparément l'une ou l'autre de ces peines et même substituer l'amende à l'emprisonnement, sans qu'en aucun cas elle puisse être au-dessous des peines de simple police.

679. — Il suit de là qu'il était inutile d'établir une disposition facultative dans les art. 473, 476 et 480, l'art. 483 joint à l'art. 463 embrassant et le cas ordinaire et le cas de la récidive.

680. — Il est toujours entendu qu'on ne peut réduire la peine de l'amende ou de la prison plus bas que le minimum relatif à la classe de la contravention punie.

681. — Il n'entre pas dans mon objet de m'étendre davantage sur les dispositions du Code pénal. Je sens qu'il y aurait quelques questions à discuter en me renfermant dans les trois classes de contraventions; mais ce serait un travail perdu ou une superfluité dans mon ouvrage; personne ne les y chercherait, son intitulé n'indiquant directement ni indirectement une pareille matière.

682. — Je reviens à la loi du 6 frimaire et à la difficulté que je me suis proposée.

La peine d'emprisonnement peut-elle être cumulée avec la peine de l'amende?

L'art. 51 prononce seulement l'amende de trois journées de travail.

L'art. 52 prononce la double peine d'une amende d'une journée à trois de travail et d'un jour à trois d'emprisonnement.

L'art. 56 prononce seulement la peine d'une amende d'une journée à trois de travail; et en cas de récidive, outre l'amende, il prononce la peine d'un emprisonnement qui ne pourra être moindre d'un jour ni être de plus de trois, avec l'affiche du jugement aux frais du contrevenant.

683. — Il résulte des articles de la loi, rapportés littéralement dans les numéros précédents et que je viens de rappeler, que le cumul de la peine de l'amende avec celle de l'emprisonnement

ne peut avoir lieu que dans les cas prévus par les art. 52 et 56. Il faut même observer que l'art. 56 ne permet le cumul que dans le cas de récidive.

684. — Je me renferme dans les attributions de la justice de paix ; je ne vais pas plus loin. Je laisse les cas qui rentrent dans les attributions du tribunal de la police correctionnelle, d'autant qu'il est facile de les distinguer par la simple lecture des articles de la loi, rapportés depuis le n° 658 jusqu'au n° 667.

Que doit-il en être de la réduction de la peine?

685. — Le magistrat est tenu d'appliquer la loi pénale, en se renfermant dans la volonté du législateur telle qu'elle est exprimée dans le texte. Il ne lui est pas permis de raisonner par voie d'analogie. Cette méthode serait trop dangereuse, et voilà pourquoi elle est interdite. Elle n'est en usage qu'en matière civile où elle est souvent d'absolue nécessité.

686. — Ainsi, pour toutes les contraventions prévues dans l'art 51, le magistrat doit appliquer l'amende de trois journées de travail ; il y aurait violation de la loi s'il la réduisait.

Cet article n'établit, ni un maximum, ni un minimum : il dit trois journées de travail et pas autre chose.

Si le législateur l'avait entendu autrement, il s'en serait expliqué, comme il l'a fait pour d'autres cas, où il a dit : « à une amende qui ne pourra être moindre de la valeur d'une journée de travail, ni excéder trois. »

687. — Pour les cas prévus par l'art. 52 où la double peine doit être appliquée, le magistrat a la faculté de la réduire de trois à un, tant pour l'amende que pour l'emprisonnement.

L'art 56, à part le cas de la récidive, ne fixe pas une seule limite à l'amende ; il laisse aussi au magistrat la faculté de la porter à une, deux ou trois journées de travail.

Dans le cas de la récidive, il doit être ajouté en vertu du même article la peine d'emprisonnement pour un, deux ou trois jours. L'affiche du jugement doit en outre être ordonnée aux frais du contrevenant.

688. — Ce n'est que pour la contravention prévue par l'art 56 que la récidive a été placée dans les attributions du juge de paix. Dans tous les autres cas, la récidive doit être jugée par le tribunal de police correctionnelle, ce qui rend inutile toute dissertation pour prouver que l'alinéa de l'art. 56 consacré à la récidive n'est applicable qu'à l'espèce du même art. 56 et nullement aux autres.

689. — On a dû remarquer que les conditions pénales de la loi du 6 frimaire sont établies, tantôt contre les adjudicataires, préposés et mariniers, tantôt contre les passagers. Cela devait être ainsi ; car, si les obligations des adjudicataires, préposés et mariniers, doivent être en plus grand nombre, et si à leur égard une légère faute peut les rendre coupables aux yeux de la loi, il n'est pas moins vrai que les passagers doivent à leur tour éviter toute espèce de provocation et payer exactement la somme portée au tarif.

690. — En portant mon attention sur certaines dispositions du Code pénal, j'ai entendu mettre le lecteur à même de remarquer la différence des espèces comparativement à celles prévues par la loi du 6 frimaire, et surtout d'éviter qu'il pensât que l'art. 463 du Code pénal fût une disposition générale pour tous les genres de contraventions.

Les dispositions de l'art. 484 ne permettent pas de former le moindre doute à cet égard. Il laisse en vigueur les autres lois et règlements, pour tout ce qui n'est pas en opposition avec le Code pénal.

Or, ce Code étant resté étranger aux matières de la loi du 6 frimaire, on ne peut pas plus s'en prévaloir pour la forme que pour le fonds, dans les contraventions prévues et punies par cette loi.

CHAPITRE XVII.

DE LA RESPONSABILITÉ DE L'ADJUDICATAIRE OU CONCESSIONNAIRE.

691. — Les maîtres et les commettants ont été, dans toutes les législations, déclarés responsables des dommages causés par leurs domestiques et préposés.

Ce point est si conforme à l'équité naturelle qu'il ne faut pas être surpris qu'il ait été de tous les temps et de tous les lieux.

Là où est le domestique, on est censé trouver le maître.

Là où est le préposé, on est censé trouver le commettant.

Faut-il néanmoins, pour admettre cette fiction, que le domestique ou le préposé soit en fonction de sa tâche, qu'il exerce dans l'intérêt du maître ou du commettant, en se renfermant dans des limites dues et raisonnables.

692. — L'absence de tout commandement de la part du maître ou commettant ne doit pas être prise en considération, lorsqu'il s'agit d'apprécier la demande dirigée contre lui par la partie qui se prétend lésée. Il faut seulement examiner si le fait dont on se plaint est le résultat ou une suite de la nature de ceux compris dans la tâche du domestique ou préposé.

Voilà, en thèse générale et en peu de mots, les règles applicables aux dommages dus à la partie lésée.

693. — Il n'en est pas ainsi par rapport à la peine qui se compose, soit de l'amende seule ou de l'emprisonnement seul, soit de cette double peine.

Les maîtres et commettants n'en sont nullement responsables, s'ils n'en sont expressément déclarés tels par la loi spéciale. Toujours est-il vrai de dire qu'ils ne sont, dans aucun cas, déclarés responsables de la peine d'emprisonnement. La loi ne peut les atteindre que pour la peine de l'amende. La punition corporelle frappe uniquement l'individu, auteur du fait qui y a donné lieu.

694. — L'art. 54 de la loi du 6 frimaire rend, dans tous les cas, l'adjudicataire civilement responsable des restitutions, dommages et intérêts, amendes et condamnations pécuniaires, prononcées contre ses préposés et mariniers.

695. — Ainsi le commis au péage d'un pont usera, dans l'exercice de ses fonctions, de procédés qui provoqueront contre lui des condamnations pécuniaires; l'administration du pont qui en est responsable doit s'empresser de payer, sauf à elle à s'en faire rembourser par le commis, débiteur principal, en attaquant ses propres biens, si mieux elle n'aime user de retenue sur ses gages; car le commis n'est nullement déchargé par le paiement fait; il y a seulement substitution d'un nouveau créancier au lieu et place du premier, par où la créance n'a cessé d'exister.

CHAPITRE XVIII.

696.— Les villes, situées à l'extrême bord d'un fleuve ou d'une rivière, ont ordinairement deux passages communs, un à chaque faubourg, c'est-à-dire, un en amont et un en aval de la ville.

C'était ainsi dans ma localité avant l'établissement du pont, et les deux adjudicataires n'ont jamais eu de contestation entre eux quant à la limite intermédiaire.

697. — En règle générale, elle doit être placée au milieu de la ligne, et chaque passage a un droit exclusif sur une moitié. Mais si, entre les deux passages, il existe des usines, moulins ou autres, fonctionnant par des prises d'eau, il est assez naturel que le barrage serve de limite.

698. — Pour ce dernier cas, il y a un motif déterminant, puisé dans l'état matériel des choses. Le barrage forme un bassin et la partie d'aval forme toujours un courant plus ou moins rapide. De là, les barques pour la traverse ne peuvent être ni de la même construction, ni de la même forme; de là encore, les mesures de police et de sûreté ne peuvent être les mêmes.

699. — Les barques d'amont sont ordinairement plates, c'est-à-dire, ouvertes aux deux extrémités et plus fortement construites. L'embarquement et le débarquement y est moins dangereux et beaucoup moins difficile surtout pour les voitures et chariots de roulage. L'amarrage est facile et le recul presque insensible.

Cela vient de ce que les eaux du bassin étant presque dormantes, la barque est facile à gouverner ; elle se meut lentement, et lors même que, par un accident quelconque difficile à prévoir, mais qui ne peut arriver que dans les hautes eaux, elle serait détachée du câble ou corde qui la tient sur la ligne directe de la traverse, ne pouvant dans ce cas l'aborder à la cale ordinaire, on l'aborde sans danger sur tout autre point en amont du barrage, qui est ordinairement assez éloigné pour que les marins conducteurs aient le temps nécessaire d'en éviter la descente, qui ne pourrait être que très-dangereuse.

700. — La barque d'aval, au contraire, doit avoir ses deux extrémités relevées ; sa construction n'a nul besoin d'être aussi forte que celle de la barque d'amont. Si elle était plate, les vagues pourraient la submerger, et il y en a toujours par la chute des eaux occasionnée par le barrage, elles sont considérables dans les hautes eaux. Il faut beaucoup plus de précautions pour la gouverner, et conséquemment un plus grand nombre de marins. L'amarrage est difficile et le recul dangereux, la barque faisant la traverse avec rapidité, étant entre deux forces opposées, le courant et la corde qui la tient sur la ligne directe de la traverse, au moyen de la poulie jouant sur le gros câble assujetti par deux chèvres placées une sur chaque berge.

701. — Elle n'est pas propre pour les voitures et chariots de roulage, elle l'est pour les voitures suspendues et les charrettes de ferme.

702. — Dans les cas rares où le câble ou la corde se rompt, elle dérive avec vitesse ; et il est difficile de l'amarrer à une des rives, sans un pressant danger.

703. — De cette différence, il résulte que les mesures de police et de sûreté sont aussi différentes ; un batelet ou canot sera attaché à la suite de la barque, ou il ne le sera qu'à la rive pour porter secours en cas d'accident. Les passagers et la quantité de chargement seront d'un nombre et d'un poids relatif ; les passages seront suspendus depuis le coucher du soleil jusqu'à son lever

ou ils ne le seront pas, et le nombre des marins sera plus ou moins fort.

704. — Du reste, pour tout ce qui tient aux mesures de police et de sûreté, il faut suivre les instructions et les ordres de l'administration publique qui, par ses agents, étudie, avant de les donner, l'état des lieux, la largeur et le courant plus ou moins rapide du fleuve ou de la rivière, et le besoin journalier plus ou moins pressant des habitants.

Elle est seule compétente, quant à ce. Il s'ensuit qu'elle est aussi seule compétente pour opérer des innovations nécessitées, soit par le changement du lit, soit par des atterrissements ou alluvions, et par l'établissement d'un ou de plusieurs canaux formés naturellement dans le lit du fleuve ou de la rivière.

705. — Quant à la limite de la ligne intermédiaire, elle est depuis longtemps connue.

706. — Il serait difficile de se trouver dans telle circonstance où il fût nécessaire d'établir de nouveaux bacs. Tout est fait; à cet égard, et il est tout simple de respecter l'état actuel des choses qui n'a été d'ailleurs que le fruit d'une très-longue et très-sérieuse expérience, sérieuse comme tout ce qui se rattache aux mesures conservatrices de la vie de l'homme.

Or, il ne peut s'élever entre les deux adjudicataires de réelle difficulté : les deux bacs entre lesquels existe un barrage ont ce même barrage pour limite, et toute innovation constituerait un empiétement d'un bac sur l'autre.

707. — Dans les cas rares où les deux bacs ne sont séparés par aucun barrage, la limite intermédiaire, comme je l'ai dit, doit être placée au milieu de la ligne, règle générale qui ne souffre d'autre exception que celle qui est forcée par l'état matériel des lieux.

CHAPITRE XIX.

DE LA PROPRIÉTÉ DU SOL SUR LEQUEL SONT ASSISES LES CULÉES D'UN PONT
ET LES AVENUES, ET DU TERRAIN QUI LES LONGE.

708. — C'est le gouvernement qui autorise la construction des ponts en remplacement des bacs.

Les compagnies ou les particuliers qui en restent chargés doivent, avant toute œuvre, traiter avec les propriétaires du terrain désigné pour l'emplacement des culées et des avenues.

Il y aurait de l'imprudence de la part des concessionnaires d'en agir tout autrement : ils s'exposeraient à une action possessoire dont les suites pourraient compromettre leurs intérêts.

709. — Il est dû une indemnité, et l'autorisation du gouvernement ne peut en paralyser la demande. Ce sont deux choses distinctes et séparées. Il en est de même des avenues, sauf qu'elles ne fussent placées sur un fonds déjà consacré à l'utilité générale, comme sont les grandes routes et les autres voies publiques.

710. — Il faut aussi excepter le cas où l'emplacement des culées dépendrait du domaine public : l'indemnité ne serait pas due, sur le motif que, malgré sa nouvelle destination, l'emplacement ne resterait pas moins propriété domaniale, comme le pont dont il ferait dépendance (1).

Par la même raison, si cet emplacement était acquis d'un sim-

(1) Voyez du n° 1 jusqu'au n° 23 pour l'étendue du lit des cours d'eau.

ple particulier, il me paraît qu'en définitive le gouvernement devrait supporter l'indemnité, sauf convention contraire dans le cahier des charges pour la concession.

L'indemnité, s'il y a lieu, à raison de l'emplacement des avenues, doit être supportée, ou par la commune, ou par le département, ou par le gouvernement, selon la classification de cette voie publique.

711. — On voit assez généralement des plantations en peupliers ou saules en amont et en aval, longeant les culées et les avenues, soit sur le terrain dépendant du lit du cours d'eau, soit sur le fonds riverain. Elles sont ordinairement faites par les soins des concessionnaires qui, sans doute, pensent en avoir le droit.

C'est une erreur. Il n'y a que l'emplacement des culées et le terrain acquis des riverains comme nécessaire au pont qui puissent en faire dépendance. Tout le surplus ne change pas de maître; d'où il suit que les plantations, faites en dehors de la ligne séparative, profitent non au concessionnaire du pont, mais bien au propriétaire du fonds qui les porte.

712. — Si cependant le concessionnaire faisait des actes de maître pendant l'espace de trente ans sans opposition, il aurait acquis au profit de l'Etat la propriété du fonds, et pour lui le droit d'utiliser les produits des plantations jusqu'à l'expiration du délai de la concession.

713. — J'entends parler seulement des plantations sur le fonds riverain indépendant du lit des cours d'eau qui est chose inaliénable et imprescriptiple, comme étant de consécration publique; car, malgré tous actes de possession sur cette propriété domaniale, et quelle qu'ait été leur durée, le droit de l'Etat ne reste pas moins entier, tant pour l'accessoire que pour le principal, avec d'autant plus de raison que le concessionnaire possède pour et au nom de l'Etat, et que son droit personnel ne peut dépasser les bornes du titre de la concession qui ne sont autres que

celles du droit de péage. C'est ainsi, toutes les fois qu'il s'agit de distinguer les droits respectifs de ces deux parties. Au contraire, elles se confondent dans une seule et même personne, à l'encontre d'un tiers qui se prétend lésé par les faits de possession de la part du concessionnaire.

CHAPITRE UNIQUE.

DE LA COMPÉTENCE.

714. — La compétence pose la limite des différents pouvoirs. Les formes de procéder sont pour la mise en action du droit.

La législation serait incomplète, si elle n'établissait des règles fixes pour la compétence et les formes de procéder. L'arbitraire en serait une suite inévitable, et notre monarchie constitutionnelle en ressentirait de violentes secousses.

M. de Cormenin dit que ceux qui aiment le plus la liberté sérieuse et développée, sont ceux qui aiment le plus aussi un pouvoir régulier et fort (1).

715. — Rien de plus vrai que cette assertion, car l'absence d'une de ces deux conditions serait une cause de destruction.

Montesquieu (2) : « Il faut se mettre dans l'esprit ce que c'est que l'indépendance et ce que c'est que la liberté. La liberté est le droit de faire tout ce que les lois permettent, et si un citoyen pouvait faire ce qu'elles défendent, il n'aurait plus de liberté, parce que les autres auraient tout de même ce pouvoir. »

Ces deux grands maîtres ont dit de bien belles choses, et l'on doit être avide de leurs enseignements.

716. — Montesquieu n'a pas été le premier modèle : Athènes et Rome l'avaient précédé, laissant de précieux monuments historiques; mais, à part l'étonnante profondeur de ses vues, il a eu le mérite d'avoir écrit avec liberté dans un temps où la liberté

---

(1) M. Chauveau, *Principes de Compétence et de Juridiction*, tome Ier, introduction, p. 1.

(2) *Esprit des Lois*, édition de 1820, tome Ier, p. 244.

d'écrire n'était nullement sanctionnée par la loi; il a eu le courage d'indiquer une large voie d'améliorations. Heureux les peuples qui auraient su profiter de ses leçons avec la volonté permanente d'améliorer sans détruire.

717. — Les règles de compétence pour le droit administratif sont nécessairement disséminées dans ce grand nombre de lois, suite inévitable de la transition trop subite d'un régime absolu à un régime constitutionnel.

Abjurant le passé, les novateurs chargés de reconstruire l'édifice social, n'ayant sous la main que des matériaux d'effervescence et de passion, détruisaient aujourd'hui ce qu'ils avaient fait la veille. L'incertitude était à l'ordre du jour. Les ondulations populaires arrivaient souvent jusque dans le sanctuaire des lois, et le législateur oubliait alors son caractère et son indépendance.

Une nouvelle faction s'emparait du pouvoir. Au même instant, tout s'ébranlait, tout changeait de face : nouveau système, nouvelles résolutions, nouvelles règles, nouvelles lois.

718. — C'est ainsi que, de faction en faction, la France a vécu dans les plus cruelles angoisses pendant plusieurs années et jusqu'à l'apparition de ce grand homme qui devait étonner l'Europe, non-seulement par ses triomphes et sa gloire, mais encore par ses revers.

Comme un génie réparateur, il s'empressa d'étouffer l'anarchie ; et, parvenu bientôt après à s'emparer des rênes de l'Etat, il cimenta la paix intérieure et le bon ordre par les plus nobles, les plus généreuses résolutions. La partie saine de la population, et c'était la plus nombreuse comme la plus honorable, le bénit mille et mille fois.

719. — C'est à partir de cette époque que le gouvernement français commença à se consolider. Les lois ne furent plus dictées par la passion. Le législateur, libre de toute contrainte, pouvait consulter la vertu et la sagesse.

De nouvelles règles d'administration furent établies, et il n'est resté des précédentes que celles qui pouvaient être en harmonie avec la nouvelle constitution ; mais il n'en est pas moins certain que toutes les lois en vigueur, y compris celles créées depuis l'empire, réglant la marche du pouvoir exécutif, sont en très-grand nombre.

720. — Malgré cela, je me garderai bien de croire que l'étude en soit si pénible qu'elle doive inspirer du dégoût.

721. — Avant la codification de notre droit civil, se permettait-on d'abandonner l'étude des lois ? Les jeunes adeptes ne couraient-ils pas, avec le même empressement, entourer ces chaires où le savant professeur ouvre la carrière, en aplanit les aspérités et y introduit ses disciples ?

Combien qui, fidèles à ces leçons, ont été des modèles d'érudition : les uns illustrant le barreau, les autres la magistrature, ceux-ci prononçant comme des oracles dans le silence du cabinet, ceux-là enrichissant la science de monuments impérissables, et la fécondant par des principes clairs et précis.

722. — Cependant, les lois civiles étaient largement disséminées, sans compter les difficultés résultant de la division du territoire en pays coutumier et en pays de droit écrit ; sans compter encore les usages locaux qui avaient force de lois, et certaines coutumes aussi locales relatives aux gains de survie ou de noces, augment, contre-augment, année de deuil, etc., etc.

Ainsi ne reculons pas devant la science du droit administratif. Si elle n'offre pas généralement les mêmes attraits que la science du droit civil, restons convaincus que l'étude en est bien moins pénible.

Je place avec regret des mots qui ne sont pas l'expression de mes vrais sentiments.

723. — *Mêmes attraits....* Les lois administratives ont pour unique objet l'intérêt général ; voilà pourquoi elles composent ce qu'on nomme droit public. Les lois civiles, au contraire, ne se rapportent qu'à l'intérêt individuel, et par ce motif elles composent ce qu'on nomme droit privé.

Il est sans doute très-honorable de posséder l'une et l'autre de ces deux sciences; mais, dans le choix, la préférence indique la science du droit public : le publiciste acquiert des droits à la reconnaissance générale ; le légiste n'a qu'une clientelle.

724. — *Moins pénible...* Que celui qui veut acquérir de la science, s'éloigne du sanctuaire s'il n'a le courage de faire plutôt brèche pour s'y introduire.

La science ne s'improvise pas, et quelle que soit la source où l'on veut la puiser, elle n'est jamais que le résultat de longs et pénibles travaux; mais l'espoir d'une honorable récompense y mêle le plaisir.

725. — Si la science du droit administratif a été négligée, il faut en attribuer la cause au défaut de son enseignement public.

L'établissement des nouvelles chaires est une heureuse conception. Ce n'était que par ce moyen que la science administrative pouvait se généraliser, tout en faisant de rapides progrès.

726. — Les méthodes déjà données par les professeurs, si j'en juge par celle de M. Chauveau, sont claires et précises, même pour les points de controverse. Les difficultés se rapprocheront ainsi degré par degré, et finiront par se confondre l'une dans l'autre, pour n'enfanter que des points de doctrine, d'autant plus sûrs qu'ils auront été fortement controversés.

Nous aboutirons par ce moyen à des règles d'unité, et conséquemment d'une facile application. Un grand bien en sera le résultat.

727. — La limite entre le pouvoir exécutif et le pouvoir judiciaire n'est pas toujours facile à saisir. Cependant si, en matière administrative, la chaîne doctrinale n'était quelquefois rompue par le déclassement, on aurait des points fixes de départ pour tous les cas, et les doutes seraient facilement éclaircis, les lois administratives étant rarement sujettes à commentaire, à la différence des lois civiles qui, avant leur application, doivent être commentées, expliquées.

Cela tient à la différence des espèces : dans l'application des lois civiles, il faut une bien plus forte contention d'esprit; un simple travail de recherches est ordinairement suffisant pour l'application exacte de la loi administrative. Le déclassement seul multiplie ce travail.

728. — Il ne m'est pas permis d'entrer dans un long détail; je m'égarerais. Je ne dirai pas un mot du pouvoir gracieux. Je me contente de quelques courtes considérations, et de fournir quelques exemples se rapportant directement au contentieux de la matière de mon ouvrage.

729. — J'ai considéré la science administrative prise en masse comme devant occuper l'homme laborieux pendant plusieurs années, avec cette condition que, pour fournir un travail utile, « il fallait y être initié par de nombreux précédents. »

C'est donc seulement à l'homme, qui réunit ces conditions à la force de l'âge, à embrasser l'ensemble de la science, et à fournir des théories de détail. Plus elles seraient synthétiques, plus elles seraient précieuses.

730. — Dans mes aperçus, j'ai cru découvrir que, si le droit administratif ne pouvait être codifié, il n'en était pas de même à l'égard de la compétence. Je fais des vœux pour qu'un Code de procédure administrative entre dans les vues du législateur. Les difficultés ne sont pas peut-être si ardues qu'on pourrait d'abord le penser. Du reste, les professeurs du droit administratif et les publicistes pourraient frayer la voie.

731. — Les tribunaux administratifs ne doivent pas être considérés comme des tribunaux d'exception. A leur égard, il n'en est pas comme des tribunaux de commerce et des justices de paix. Les matières se classent d'elles-mêmes. Tout ce qui tient au pouvoir exécutif est naturellement dans les attributions des tribunaux administratifs, et ce ne peut être que par voie de déclassement qu'une matière administrative passe dans les attributions des tribunaux civils. Par la même raison, les justices de paix et les tribunaux de commerce, étant uniquement des tribunaux

d'exception, ne peuvent être nantis que par des dispositions formelles de lois, les tribunaux civils embrassant généralement tout ce qui est matière civile.

732. — En partant de là, lorsqu'un cas se présente, on doit donner ses premiers soins à l'examen de la nature du fait qui donne lieu à l'action.

Si l'intérêt général y est plus ou moins mêlé, laissant à part toute question de propriété, si les titres à produire émanent du pouvoir exécutif, et qu'ils présentent de tels doutes que le juge n'en puisse faire l'application sans les commenter, les expliquer, ajoutant ou retranchant sur leur contenu, c'est déjà une preuve que la matière est administrative.

733. — Exemple. Le riverain d'un cours d'eau navigable ou flottable prétendra que les agents de l'administration ou les entrepreneurs ont anticipé sur son rivage en pratiquant le chemin de halage ou le marchepied sur une largeur plus forte que celle fixée par l'ordonnance ; ou bien, il prétendra que les mêmes agents ou entrepreneurs se sont permis de couper des arbres, radiqués en dehors de la ligne séparative de la portion de rivage affectée à la navigation de celle qui en est restée libre.

Dans les deux cas, l'action en dommages appartient au contentieux administratif (1).

734. — Mais si les faits prétendus dommageables étaient en dehors des termes du contrat entre l'administration et les entrepreneurs, ceux-ci rentreraient dans la condition commune, et l'action deviendrait purement civile.

C'est ce qui résulte des arrêts cités par M. Daviel, n° 435.

735. — Autre exemple. Un riverain pratique des ouvrages sur le bord de son rivage pour se défendre contre l'action des eaux.

Le riverain de l'autre bord prétendra que ces ouvrages sont des actes offensifs contre sa propriété, et allèguera les motifs

____

(1) Art. 4 de la loi du 28 pluviôse an 8.

qu'il lui plaira de choisir pour justifier sa demande en destruction des ouvrages avec dommages-intérêts.

Cette action sera purement civile. Le domaine public est sans
intérêt à intervenir ; il est sans intérêt sur ce motif déterminant
que, quelle que soit l'issue de la demande, l'intérêt public ne
peut être compromis ni de près ni de loin, les cours d'eau navigables ou flottables et les lits qui les renferment étant imprescriptibles et inaliénables et toujours soumis aux règles de police
émanant du pouvoir exécutif. Ces différentes choses constituent
des droits inaltérables.

Si l'action est intentée dans l'année de la confection des ouvrages, elle le sera par voie de complainte possessoire devant le juge
de paix de la situation (1).

736. — Autre exemple. Il n'est pas permis aux navigateurs
d'amarrer leurs bateaux au moyen de câbles aux arbres plantés
sur les rives hors de la limite légale qui est de 9 m. 74 c. d'un
côté et de 3 m. 25 c. de l'autre. Le mépris de cette règle donne
droit à des dommages au profit du propriétaire lésé, et l'action
étant aussi purement civile est exclusivement de la compétence
du pouvoir judiciaire (2).

737. — Autre exemple. L'administration demandera la démo-
lition d'un bâtiment pour rétablir le chemin de halage. Ce bâtiment existe à la distance requise sur l'alignement donné dans les
formes légales.

On ne peut voir là qu'une expropriation pour cause d'utilité
publique, et l'on devra procéder conformément à la loi du
3 mai 1841.

Il impliquerait qu'un pareil cas fût de la compétence de l'administration : elle serait juge et partie.

738. — Autre exemple. Pour tout ce qui se rapporte aux eaux

(1) C. d. c. Sirey, tome XX, 1, p. 63. J'observe que cet arrêt n'est pas
entièrement satisfaisant.
(2) Voyez le n° 43.

d'une source, s'agissant d'intérêts purement privés, les parties sont soumises à l'autorité des tribunaux civils.

Si cependant leur volume était de telle consistance qu'immédiatement après le fonds où naît la source, il y eût un courant renfermé dans un lit creusé par la force des eaux, il faudrait considérer ce courant comme un cours d'eau ordinaire dont le règlement général entre tous les riverains serait dans les attributions de l'administration, laissant toujours au propriétaire de la source le droit d'en changer le cours, suivant les principes développés au chapitre IX.

739. — Autre exemple. Il s'agit, dans le chapitre X, des eaux d'une source qui se perdent dans tout autre cours d'eau où est établi un barrage pour, au moyen des eaux ainsi réunies, mettre en mouvement une ou plusieurs usines.

Dans cette espèce, pour tout ce qui se rapporte aux droits du propriétaire de la source et aux droits du propriétaire des usines en contestation, les parties restent dans le droit commun : s'agissant seulement d'intérêts privés, leurs différends sont portés devant les tribunaux civils.

La circonstance que les usines sont d'intérêt public ne déplace pas la compétence. C'est une considération que l'on peut faire valoir pour obtenir de l'administration, soit l'autorisation de l'établissement, lorsqu'elle est nécessaire, soit la hauteur des eaux au moyen du barrage jusqu'à tel point plutôt que sur un point moins élevé.

La limite de la compétence respective entre le pouvoir judiciaire et le pouvoir exécutif est ici bien facile à saisir; elle résulte des principes généraux souvent développés dans le cours de l'ouvrage, et dont l'application à des cas particuliers se retrouve dans plusieurs arrêts rapportés.

740. — Autre exemple. Les contestations entre le domaine et un riverain, au sujet de la limite d'un cours d'eau navigable ou flottable en train, ne peuvent qu'être portées devant le tribunal civil. Voyez les deux arrêts rapportés au chapitre Ier.

Il en est de même à l'égard du lit des rivières non navigables ni flottables.

Dans tous les cas généralement quelconques, le droit contesté de propriété a pour régulateur le pouvoir judiciaire.

Des propriétaires riverains de la Garonne demandent au gouvernement une loi qui régisse la matière des alluvions; preuve que le domaine a souvent des prétentions exorbitantes à cet égard, ainsi qu'à l'égard de la délimitation de pareils cours d'eau.

La chambre des députés a entamé la discussion dans sa séance du 5 avril (1); et M. Odilon Barrot, fidèle à une saine théorie au nombre de tant d'autres qu'il possède et qui le placent au rang des premières capacités, a demandé qu'il fût bien reconnu que, toutes les fois que la délimitation provoque une question de propriété, le pouvoir judiciaire était seul compétent.

M. Dumon, ministre des travaux publics, a semblé d'abord adopter le principe; mais il est rentré bientôt après dans un système contraire.

Dans cette matière, la principale question est, en effet, de savoir quelle est l'autorité compétente pour juger le différend entre le domaine et le riverain qui se plaint d'une usurpation sur sa propriété, par suite de la délimitation arrêtée administrativement.

M. Odilon Barrot a dit : « Si vous admettez qu'en vertu du droit de police, qui lui appartient incontestablement, l'administration a le pouvoir, par un arrêté règlementaire, de déterminer le lit d'un fleuve, de telle sorte que la conséquence de ce règlement soit de déposséder, sur les bords de toutes nos rivières navigables, une masse indéfinie de propriétaires en pleine possession depuis un temps immémorial, je dis que c'est là l'acte le plus énorme, le précédent le plus dangereux que vous puissiez introduire en matière d'expropriation (assentiment).

» Et cependant, c'est sur le fondement de pareilles prétentions

(1) Journal le *Siècle*, lundi et mardi, 5 et 6 avril 1847.

de la part de l'administration que des conflits ont été élevés, et que les tribunaux ont été dépouillés du droit de tutelle et de protection qui leur appartient à l'égard de la propriété (mouvement).

» Je suis propriétaire d'un terrain. Eh bien , un préfet, par un arrêté, déclare que le lit de la rivière doit s'étendre, en vertu de son pouvoir administratif, sur tous les terrains qui jusqu'alors avaient été découverts, et de cette façon il me dépouille de ma propriété, et de cette façon il tranche, de son autorité privée, une question, la plus grave de toutes, une question de dépossession, sans aucune appréciation, sans aucune indemnité. Pouvez-vous sanctionner un pareil abus?

» Nous disons, nous, qu'il faut prendre garde de confondre le droit de l'administration avec le droit de propriété; si vous voulez prendre la propriété du riverain, déclarez-la d'utilité publique, remplissez toutes les formalités prescrites par les lois, et nous n'aurons plus rien à dire. Mais ce que vous voulez, vous, c'est établir des expropriations *ipso facto*; c'est contre cet abus de l'autorité administrative, que nous protestons avec les pétitionnaires, en demandant que les questions de propriété soient rendues au domaine des tribunaux, qui en sont les défenseurs naturels (approbation). »

M. le ministre des travaux publics fait observer que les concessions, quant au droit de propriété, ne s'appliquent qu'à la rectification et non à la délimitation des fleuves; il n'admet pas que les tribunaux puissent intervenir lorsqu'il s'agit de la délimitation.

On a lieu d'être effrayé lorsque l'on voit dans la chambre des députés deux systèmes opposés sur un point dont le bon côté se démontre de lui-même. Cependant ces hommes, envoyés des départements pour concourir à la confection des lois, sont en général des hommes recommandables; les ministres du roi sont en présomption de l'être d'autant plus qu'ils occupent un poste plus éminent, ayant dans leurs nombreuses obligations, et sous leur responsabilité personnelle, celle dominante de procurer le bonheur de la nation, par les règles de la plus exacte justice.

On dirait souvent que le caprice seul délibère dans la chambre des députés. Si la politique divise les hommes dans la condition privée, ce ne devrait pas être ainsi parmi les hommes du gouvernement. Leur mission est toute publique, et le simple individu devrait s'effacer devant elle.

J'espère que, dans cette circonstance, où il ne s'agit, ni de la loi électorale, ni de celle sur les incompatibilités ; chaque député retrouvera toute sa dignité, et qu'une forte majorité se prononcera en faveur du système de M. Odilon Barrot. C'est le seul admissible, si l'on ne veut s'exposer à bouleverser un état de choses d'un intérêt majeur, établi depuis des siècles dans plusieurs localités, et d'ailleurs évidemment juste.

Il ne faut pas oublier que les alluvions présentes ou futures sont toujours en compensation des portions de rivages rongées par l'action des eaux. Il ne faut pas oublier que les courants des eaux se rendent toujours justice à eux-mêmes, et qu'il est dans l'ordre des choses naturellement impossible que le domaine éprouve aucune perte. Si une alluvion rétrécit d'un côté le lit du fleuve, ce même lit s'étend de l'autre.

Quant à la compétence, ce serait pour la première fois peut-être, que l'on verrait passer, dans le domaine du pouvoir exécutif, une question de propriété qui ne peut qu'appartenir au pouvoir judiciaire.

Du reste, c'est ainsi, je crois, que la jurisprudence l'a établi. Pour preuve, j'ai cité au présent numéro deux arrêts, l'un de la cour de Rouen, l'autre de la cour de Lyon.

741. — Autre exemple. Les riverains d'un simple cours d'eau et les propriétaires des usines mises en mouvement par ce cours d'eau, y compris les affluents qui viennent le grossir, sont en contestation, soit pour des barrages établis, soit pour des prises d'eau que les uns prétendent être d'un trop fort volume comparativement aux besoins des autres.

Ces contestations, et généralement toutes celles se rapportant aux mêmes cours d'eau et affluents, doivent être soumises à l'autorité judiciaire. L'administration n'est compétente que relativement au règlement général.

742.— Autre exemple. En matière de pêche, les tribunaux civils sont seuls compétents pour juger les contestations entre l'administration et les adjudicataires relatives à l'interprétation et à l'exécution des conditions des baux et adjudications, et toutes celles qui s'élèveraient entre l'administration ou ses ayant-cause et des tiers intéressés à raison de leurs droits ou de leurs propriétés (art. 4 de la loi).

743. — Autre exemple. Cette attribution de compétence ne peut s'appliquer au cas où l'adjudicataire du droit de pêche, et la partie adverse prévenue d'un délit de pêche, sont en contestation, sur le point de savoir quelles sont les limites de l'adjudication. Cette question préjudicielle est de la compétence du préfet.

C'est ce qui résulte d'une ordonnance royale en conseil d'état, du 27 août 1845, rapportée par Sirey, tome XLVI, 2, page 91.

744. — Autre exemple. Le concessionnaire du péage attaque devant le juge civil le propriétaire d'un moulin, prétendant que celui-ci n'a nul droit de se servir de ses bateaux pour transporter, dans le moulin, des grains pris sur la rive opposée.

Le propriétaire du moulin repousse la demande sur le motif que, depuis longues années, il est en possession d'un pareil service, au vu et su des précédents concessionnaires du péage, et qu'il a le droit de le continuer.

En pareil cas, la cour royale de Bordeaux, nantie de l'appel d'un jugement rendu en première instance en faveur du concessionnaire, s'est déclarée incompétente par arrêt du 23 mars 1832, sur le motif qu'il s'agit de l'appréciation de l'étendue des droits qui ont pu être valablement conférés, et que la décision d'une pareille question doit être jugée par voie administrative (1).

(1) Voyez le n° 556.

745. — Dans les cas pareils à ce dernier exemple, le juge civil ne se déclarera pas absolument incompétent, la matière est dans ses attributions; il se déclarera tel, relativement à l'explication du titre invoqué, et retenant la cause, il en ajournera le jugement jusqu'à ce que l'une des parties l'ait nanti du titre régulier de cette explication, qui ne peut être donnée que par l'administration publique.

Le respect dû à la séparation des pouvoirs serait violé, si le juge civil passait outre, prenant sur lui de faire disparaître la difficulté. Ce serait un véritable empiètement sur les attributions du pouvoir administratif, et le jugement serait évidemment sujet à cassation.

746. — Il faut néanmoins observer que l'ajournement ne doit être adopté que tout autant que l'explication du titre serait rigoureusement nécessaire ; car, si le juge civil n'y voit aucun doute sérieux, la question préjudicielle disparaissant, il doit évacuer immédiatement la cause, en considérant l'exception comme un moyen purement évasif (1).

747. — Dernier exemple. — Le concessionnaire du péage pour la traverse, au moyen d'un pont ou d'un bac, attaque un passager pour le faire condamner à lui payer un droit de péage qu'il prétend lui être dû, le passager prétendant au contraire que le fait particulier dont s'agit n'est nullement tarifé, et que, par voie de suite, il n'est tenu à aucun paiement.

Le juge civil sera compétent, non-seulement sur la demande principale, mais encore sur l'incident.

(1) « S'il y a débat sur le sens du cahier des charges et nécessité d'interprétation, le tribunal doit renvoyer les parties à se pourvoir devant l'administration et à surseoir à statuer jusqu'à la décision à intervenir. » (M Daviel, no 433.)

Le même auteur, no 488 : «Toutefois, il convient d'analyser par forme d'exemples les précédents de la jurisprudence sur la compétence des tribunaux, en les rattachant à quatre grandes distinctions qui paraissent embrasser tout le domaine judiciaire, 1o, 2o, toutes les questions d'application des actes administratifs, lorsque *le sens en est clair et non contestable.*»

748. — C'est la doctrine de la cour de cassation. Par son arrêt du 8 février 1845 (1), elle a décidé que les tribunaux, saisis d'une contestation relative à la perception du péage d'un pont, sont seuls compétents pour interpréter l'ordonnance royale portant création et fixation du péage; une telle ordonnance, n'étant que le résultat de la délégation du pouvoir législatif, participe essentiellement de la nature des lois dont l'interprétation appartient aux tribunaux; ce n'est pas un acte administratif que l'autorité administrative aurait seule pouvoir d'interpréter.

Telle est la notice de l'arrêt, lequel est conçu en ces termes :
« La cour. — Vu l'art. 40 de la Charte constitutionnelle,
» l'art. 2 de la loi du 7 septembre 1790, l'art. 52 de la loi du
» 6 frimaire an 7, les art. 11 et 12 de celle du 14 floréal an 10,
» l'art. 124 de la loi du 25 mars 1807, et l'art. 7, § 3, de la loi
» postérieure des finances du 24 juillet 1843. — Attendu que la
» loi du 14 floréal an 10, en établissant les contributions indi-
» rectes pour l'an 11, a rangé dans cette classe, sous le titre de
» péage, les droits à percevoir sur les ponts, comme ceux éta-
» blis sur le passage des bacs. — Attendu que l'ordonnance du
» roi du 2 mai 1841, portant création d'un péage, relativement
» au pont suspendu du port du Pascau, a ainsi été rendue hors
» des limites et en dehors des pouvoirs ordinaires de l'adminis-
» tration; — que cette ordonnance, en présence de l'art. 40 de
» la Charte, ne puise sa base légale que dans les art. 10 et 11 de
» ladite loi du 14 floréal an 10, les dispositions dernières des
» lois annuelles des finances et particulièrement dans les
» art. 124 de la loi du 25 mars 1817, et 7, § 3, de celle du
» 24 juillet 1843, qui délèguent au gouvernement le droit d'é-
» tablir le tarif des taxes à percevoir au passage des ponts, et
» qui, pour chaque exercice, autorisent la perception de ces
» droits; — qu'il suit de là que l'ordonnance dudit jour, 2 mai
» 1841, n'étant que le résultat de cette délégation du pouvoir

(1) Sirey, tome XLV, I, p. 229.

» législatif, participait ainsi essentiellement de la nature des
» lois, dont l'interprétation appartient aux tribunaux.

» Attendu que le jugement attaqué, en surseant à statuer sur
» la demande ou restitution d'une somme que des contribuables
» soutenaient avoir été perçue illégalement , sous le prétexte
» qu'une telle réclamation nécessiterait l'interprétation d'un
» acte administratif , et en méconnaissant ainsi le véritable
» caractère de l'acte qu'il lui appartenait d'apprécier, a, par là ,
» violé les règles de sa propre compétence, ainsi que les dispo-
» sitions des lois ci-dessus visées.

» Par ces motifs, casse. »

749. — La doctrine de cet arrêt est rigoureusement exacte. Il
ne faut pas confondre les actes purement administratifs avec les
actes qui, quoique émanés du pouvoir administratif, ne sont
nullement compris dans ses attributions , étant exclusivement
du domaine du législateur; ces derniers actes n'ont aucune
valeur, si ce n'est dans le cas où il y a délégation expresse de la
part du législateur; mais , avec cette condition, ils sont obligatoires, ils remplacent la loi, ils sont la loi elle-même.

750. — De là, une conséquence forcée : s'il est ordonné aux
tribunaux civils, lorsque l'acte administratif leur paraîtrait obs-
cur ou ambigu, d'en renvoyer l'interprétation à l'autorité de
laquelle il émane, sauf, après l'interprétation donnée, à en faire
eux-mêmes l'application , il ne doit pas en être ainsi lorsque
l'acte du pouvoir administratif remplace la loi.

Dans ce cas, le juge civil est lié par l'art. 4 du Code civil, il
doit interpréter l'acte et en faire l'application pour ne pas se
rendre coupable de déni de justice. La loi ne souffre aucun intermédiaire entre elle et les tribunaux chargés de l'appliquer.

751. — Cette doctrine de la cour de cassation va opérer un
changement considérable dans la jurisprudence. Jusque-là, on
n'avait point soulevé la question ; on ne faisait aucune différence
entre les deux espèces, et on les confondait. Tout récemment,
dans l'affaire qui est encore en instance, relative à la perception

du péage sur le pont des Arts, le juge de paix du 2me arrondissement de Paris s'est déclaré incompétent pour interpréter les décrets qui prorogent la durée du péage.

752. — Il est seulement une jurisprudence devenue constante, c'est celle de laquelle il résulte pour les tribunaux civils
le droit d'examiner la légalité des actes de l'autorité administrative, et de ne pas s'y conformer, si ces actes ne sont au nombre
de ceux compris dans ses attributions.

Ce point est si conforme aux vrais principes qu'il a été reconnu tel généralement. Il en sera de même pour celui jugé par
l'arrêt dont s'agit.

753. — Les deux espèces ne sont pas identiquement les mêmes ; mais elles se rapprochent et indiquent le même principe.
Dans la première, on n'envisageait que la question de savoir si le
juge civil devait appliquer l'acte administratif sans qu'il lui fût
permis d'en examiner la légalité. Il devait suffire de poser la
question pour la résoudre négativement.

S'il était reconnu que l'acte émanait d'une autorité compétente, et qu'il fût nécessaire d'en éclaircir les dispositions avant
de l'appliquer, le juge civil en renvoyait l'interprétation devant
la même autorité, sans examiner si l'acte remplaçait la loi en
vertu d'un pouvoir délégué par le législateur. Là était l'erreur.

754. — Il résulte de la doctrine de la cour de cassation que toutes les délibérations, tous les arrêtés, règlements et autres actes
des autorités administratives, y compris l'autorité municipale,
doivent être considérés comme lois s'ils émanent d'un pouvoir
délégué par la loi générale ou par une loi spéciale. Leurs dispositions seront en conséquence obligatoires pour les tribunaux,
sans qu'il leur soit permis, avant d'en faire l'application, de renvoyer les parties devant l'autorité administrative sous le prétexte
que l'acte est sujet à interprétation.

755. — Les procès-verbaux d'adjudication des droits de péage
portent ordinairement que les contestations sur la quotité du
droit seront vidées devant le maire.

Cette clause n'est nullement obligatoire à l'égard des tiers. Elle ne paraît pas même devoir l'être à l'égard de l'adjudicataire. Il n'appartient pas à l'administration publique de toucher à l'ordre des juridictions; c'est exclusivement du domaine du législateur.

Il ne faut pas néanmoins considérer la clause sans nulle portée. Les parties restent sans doute dans le droit commun lorsqu'il s'agit de procéder pour arriver à une décision au moyen de laquelle l'une des deux parties puisse contraindre l'autre; mais la comparution devant le maire peut avoir un bon résultat, elles peuvent se concilier par les sages conseils de ce magistrat. Sur ce motif et malgré que le défaut de cette comparution n'entraîne aucun vice dans l'instance portée devant le juge civil compétent, l'adjudicataire surtout fera très-bien d'appeler sa partie adverse devant le maire.

C'est ainsi que l'a entendu l'administration supérieure, en insérant la clause dont s'agit dans les procès-verbaux d'adjudication, d'autant que les contestations en fait de péage sont généralement d'un faible intérêt pécuniaire, et d'ailleurs presque toujours urgentes.

Dans ce même sens, arrêt du conseil d'état du 25 février 1818, rapporté dans le journal des conseillers municipaux, tome VII, page 138.

FIN.

TABLE ANALYTIQUE

—⋞⟶⟶⋟—

A.

ACTION personnelle. — L'action pour dommages aux champs, fruits et récoltes, est personnelle, p. 250. — Les actions pour dommages aux champs, fruits et récoltes, sont portées devant le juge de paix de la situation, p. 262. — Que doit-il en être du cas où l'objet matériel qui occasionne le dommage est situé dans un autre canton? p. 265.

ADJUDICATAIRE. — Soumis aux dispositions de police et de sûreté, p. 381. — Il ne peut exiger au-delà du tarif, sans, outre la restitution, s'exposer à des peines de police, p. 384. — Les adjudicataires sont responsables des commis et employés, p. 384.

ADMINISTRATION. — Elle est souvent pouvoir discrétionnaire, p. 177. — Administration centrale, aujourd'hui préfet, p. 388.

AFFLUENTS. — Tout cours d'eau qui se jette dans un fleuve ou dans une rivière, en est considéré l'affluent, p. 63. — Les affluents ne sont pas soumis au régime des eaux du domaine, p. 63. — Les affluents ne sont pas des canaux; ils viennent grossir les cours d'eau du domaine, p. 66. — Les riverains d'un cours d'eau ont droit sur les eaux des affluents qui l'alimentent, p. 124 et suivantes. — Ils sont censés riverains et de l'un et de l'autre, p. 133.

B.

C.

CANAUX. — Les canaux ou bras sont un démembrement des cours d'eau du domaine ; ils sont inaltérables, p. 66. — Il n'en est pas ainsi lorsqu'ils ne rentrent pas dans le lit des eaux du domaine, et qu'ils ne sont ni navigables ni flottables, p. 66 et 67. — Exception à l'égard des canaux creusés de main d'homme, entretenus par les propriétaires et dont la navigation n'a d'autre objet que le service et l'exploitation des héritages; ils sont alors dans la classe des simples cours d'eau, p. 67.

CASSATION. — La décision d'un tribunal pour le partage des eaux échappe à la censure de la cour de cassation, s'agissant d'un pur fait matériel, p. 108. — Il n'en serait pas ainsi, si le tribunal accordait tout à l'un et rien à l'autre, p. 108.

CHARIOT de ferme ou char de montagne.—Voiture à quatre roues non suspendue, p. 367. — D'une construction frêle et à jantes d'une largeur arbitraire, p. 369.

CHARIOT de roulage. — Voiture non suspendue, à quatre roues et à jantes larges, p. 367 et suivantes.

CHARRETTE. —Voiture à deux roues non suspendue, à jantes larges ou non larges; lorsqu'elle est employée au transport des engrais ou à la rentrée des récoltes, le droit de péage est moindre, p. 367.

CHEMIN de halage. — Voyez halage.

CHEMIN public. — Les chemins de halage et du marchepied sont exclusivement destinés à l'usage de la marine et de la pêche ; il n'est nullement permis de s'en servir pour autre usage, p. 27.

CLOTURE. — Les riverains ne peuvent tenir clôture, plus près que 9 m. 74 c. du côté que les bateaux se tirent, et 3 m. 25 c. de l'autre bord, p. 17. — La clôture, sur l'alignement donné par l'administration, détruite par la force majeure, n'oblige l'administration à aucune indemnité, p. 55 et suivantes.

COMMIS au péage. — Soumis aux règles de police et de sûreté à l'égard des passagers, p. 381. — Ils ne peuvent exiger au-delà du tarif, sans, outre la restitution, s'exposer à des peines de police, p. 384.

COMMISSAIRE du pouvoir exécutif. — Aujourd'hui procureur du roi, p. 388.

COMPÉTENCE. — L'administration est incompétente pour le partage

D.

E.

F.

J.

L.

M.

ne peut se servir du simple marchepied avec chevaux , p. 24. — On ne peut s'en servir comme d'un chemin vicinal ; sa destination est spéciale et n'a d'autre objet que le flottage et la pêche , p. 27.

MARINE. — Les embarcations, servant à l'usage de la marine marchande montante et descendante , sont affranchies du péage , p. 343. — Nature de ces embarcations , p. 343 et suivantes. — Arrêt de la cour de cassation sur l'espèce , p. 345. — Les embarcations peuvent être employées aux besoins de l'équipage , et pour charger et décharger les marchandises sans obligation du péage, p. 347 et suivantes. — L'embarcation, employée à tout autre usage que celui de la marine montante et descendante , rentre au même instant dans la règle commune, p. 350. — Exception , si le fait de la traverse est purement accidentel , p. 350. — Pour légitimer le fait de la traverse accidentelle, il est nécessaire que le passage commun soit éloigné , p. 351. — Les grandes embarcations de la marine marchande montante et descendante sont assujetties au péage lorsqu'il y a purement traverse des objets voiturés , et que ces objets sont déposés sur la rive , p. 353. — Il en est autrement si les marchandises restent dans l'embarcation pour être transportées plus tard d'un port à l'autre , d'une ville à une autre, p. 353.—Un système contraire donnerait lieu à des fraudes nombreuses , p. 354. — Ce n'est pas une considération de franchise que la circonstance d'où résulte que l'embarcation a fait un certain trajet en parcourant la rivière en longueur, p. 384.

MARINIER. — Soumis à l'égard des passagers aux règles de police et de sûreté, p. 381. — Il ne peut exiger au-delà du tarif, sans , outre la restitution , s'exposer à des peines de police , p. 384.

MOULIN. — Le passage particulier pour le service d'un moulin doit se borner aux objets de nécessité, p. 336. — L'autorisation ne doit pas être donnée vaguement pour l'achalandage d'un moulin. Ce serait alors un passage commn , p. 336 et suivantes. — L'arrêt cité par M. Daviel est étranger à l'espèce, p. 338. — Jurisprudence favorable, p. 339.

O.

OUVRAGES. — Le riverain peut en pratiquer pour empêcher les eaux de fouiller dans ses rivages, p. 44. — Il ne le peut pour les agrandir, p. 44. — Dans quel cas y a-t-il acte offensif? p. 44 et suivantes. —Exemple d'ouvrages défensifs ou offensifs, p. 49. — L'administration publique peut , sans inconvénient , tolérer les actes qui tendent à anticiper sur le lit des cours d'eau, p. 50. —Les tiers conservent toujours leurs droits ,

convention ou prescription acquérir des droits en opposition avec ces facultés, p. 100. — La prescription de l'action en dommages pour crimes, délits ou contraventions, n'est pas la même que celle de l'action en dommages pour quasi-délits, p. 269. — On a trente ans pour l'action en dommages sur quasi-délit, p. 270.

PRISE D'EAU. — M. Daviel pense que tout riverain d'un cours d'eau non navigable a ce droit. Cela n'est vrai qu'en l'absence de tout règlement de l'administration, p. 178 et suivantes. — Opinion des auteurs, p. 179 et suivantes. — Arrêt de la cour de cassation conforme, p. 179. — Une tranchée sur la berge est facultative, il n'en est pas ainsi d'un barrage, p. 181. — Le riverain qui fait une prise d'eau est tenu de rendre l'excédant d'une juste déperdition dans son cours ordinaire, p. 183.

PROPRIÉTÉ. — Le droit contesté de propriété a pour régulateur le pouvoir judiciaire, p. 409.

Q.

QUASI-DÉLIT. — L'auteur du quasi-délit est tenu à des dommages, p. 234. — Différence entre délit et quasi-délit, p. 235. — Le quasi-délit disparaît s'il n'y a pas faute de la part de l'auteur du dommage, p. 235. — Sur quels motifs distingue-t-on les délits des quasi-délits? application des règles par la jurisprudence, p. 270 et suivantes. — Prescription de l'action pour quasi-délit, p. 272.

R.

RÉCOLTE. — En fait de péage, quel est le sens de ce mot, le droit étant moindre lorsque la charrette transporte la récolte, p. 373 et suivantes.

RÈGLEMENT. — Les riverains pris en masse sont soumis au règlement émanant du pouvoir exécutif, p. 102. — Les intérêts privés sont réglés par le pouvoir judiciaire, p. 102. — Un règlement sur les cours d'eau ne peut être permanent. Il est variable comme les moyens qui le provoquent, p. 103. — S'il s'agit d'un règlement général, il faut s'adresser au préfet, p. 103. — S'il s'agit d'un règlement de riverain à riverain, il faut s'adresser au tribunal, p. 104. — Le règlement fait par le tribunal n'est obligatoire que vis-à-vis des parties au procès, p. 106. — Tout règlement est inutile lorsqu'il s'agit du simple curage d'un ruisseau et que chaque riverain est tenu de curer tout le long de son champ riverain, p. 285.

peut s'y introduire en bateau de pêcheur en tout temps, y passer ou pénétrer librement aussi en tout temps. Autre condition : il faut que l'entretien du ruisseau soit à la charge de l'Etat, p. 302. — La propriété du domaine ne peut être rentrante dans le lit d'un ruisseau quoique assujetti à la pêche fluviale, p. 303. — Il est défendu de placer dans les ruisseaux aucun barrage, appareil ou établissement quelconque de pêcherie ayant pour objet d'empêcher entièrement le passage du poisson, p. 303. — Arrêt de la cour de cassation , qui a fait l'application de ces principes, p. 305. — Il faut que le barrage soit complet ; arrêt de la cour de Limoges, p. 306. — Il y a délit, malgré que le barrage ne soit que momentané, p. 306.

S.

SERVITUDE. — Les propriétaires des fonds inférieurs sont tenus de recevoir les eaux des terrains arrosés, moyennant indemnité, p. 142. — Il y a un vide dans la loi ; il aurait fallu fixer le sort des propriétaires inférieurs quant à l'usage des eaux abandonnées par le propriétaire supérieur, p. 142 et suivantes.

SOURCE. — Le propriétaire du champ où elle naît en dispose souverainement, sauf, moyennant indemnité, le cas où les habitants d'une commune , village ou hameau , se servent des eaux qu'elle fournit, p. 69. — Les tiers peuvent acquérir des droits sur les eaux d'une source , par titre ou par prescription, p. 70. — La prescription , pour être efficace, doit avoir pour fondement des ouvrages apparents , pratiqués sur le fonds où naît la source , p. 70. — Il ne suffit pas d'ouvrages pratiqués sur le fonds inférieur , p. 70 et suivantes. — Jurisprudence et opinion des auteurs , p. 71 et suivantes. — Nature des ouvrages nécessaires pour prescrire , p. 73. — Le propriétaire du fonds inférieur doit prouver qu'il est l'auteur des ouvrages, la présomption étant toujours en faveur du propriétaire de la source , p. 74 et suivantes. — La possession trentenaire prouve que le propriétaire du fonds inférieur est , par lui ou les précédents propriétaires qu'il représente, l'auteur des ouvrages, p. 76. — Les ouvrages entièrement mobiles ne doivent pas compter. Leur usage momentané n'est dû qu'à la simple tolérance, p. 78. — Plusieurs exemples où sont signalés les ouvrages au moyen desquels on prescrit ou l'on ne prescrit pas contre le propriétaire de la source , p. 75 et suivantes. — Si les deux parties prouvent que chacune d'elles est l'auteur des ouvrages, la preuve fournie par le propriétaire de la source doit prévaloir, p. 80. — On ne prescrit pas les eaux d'une source par un barrage sur un cours d'eau qui les reçoit en amont , p. 82. — Opinion de Pardessus , qui prétend que les ouvrages apparents sur le fonds inférieur sont suffisants pour prescrire, p. 83. — Le propriétaire du fonds inférieur reçoit les eaux de la source à titre de servitude naturelle, p. 84. — Le propriétaire de la source peut en diviser les eaux, p. 146. — Le propriétaire inférieur ne peut s'opposer au passage des eaux d'une source, sous le prétexte que, n'étant pas suffisantes pour l'irrigation d'un second champ, il doit les utiliser lui-même comme par le passé, jusqu'à ce qu'il plaise au propriétaire de la source de changer le cours sur le seul fonds où elle naît, p. 146 et suivantes. — Le propriétaire du fonds intermédiaire pourra se refuser à concéder le droit de passage, lorsque les eaux de la source seront amenées sur un point autre que celui de la pente naturelle, p. 147. — Fameuses sources de Vaucluse, de Beze, de l'Orbe en Suisse, le Duc, à Châtillon, p. 195.

SURSIS. — Si le défendeur élève une question de propriété, le juge de paix renverra les parties devant le tribunal d'arrondissement qui jugera et la question de propriété et celle relative aux dommages, p. 252 et suivantes. — Opinion contraire de MM. Masson et Benech, p. 253.

T.

TARIFS. — Il en est certains qui ne sont pas assez explicatifs sur la nature des voitures, p. 366.

TERRAIN submergé. — Le propriétaire a le droit, moyennant indemnité, de se débarrasser des eaux, par leur écoulement, sur les champs nférieurs, p. 167. — En fait de dessèchement de marais, le pouvoir exécutif est seul compétent sur les difficultés qui peuvent se présenter. Il n'en est pas ainsi à l'égard des terrains submergés, p. 169.

TRAVERSE. — Le fait de la traverse n'existe pas moins, malgré qu'en l'opérant, on suive la rivière dans sa longueur, p. 352.

TRIBUNAUX civils. — Ils sont seuls compétents pour vider les difficultés relatives au droit d'appui des barrages, p. 170. — Plus, sur les contestations que fait naître l'acte d'autorisation; mais ils ne peuvent se mêler d'autoriser ou de prohiber les barrages, p. 177.

U.

USINE. — Une usine ne peut être établie sans autorisation, p. 183. — Quelle doit être la marche de l'administration, lorsque plusieurs riverains du même cours d'eau demandent l'autorisation d'établir des barrages, l'un devant nuire à l'autre, p. **191.** — Il serait imprudent de commencer la construction d'une usine, sans être nanti de l'autorisation royale. p. **211.**

V.

VOITURE. — Quand est-ce qu'elle est chargée ou non chargée, 378. — Elle est censée chargée lorsqu'elle porte le tiers de la charge ordinaire, p. 379. — Les barriques et les comportes vides destinées à contenir la charge doivent faire considérer la charrette à vide, p. 380.

VOYAGEURS. — Sont tenus d'acquitter les sommes portées au tarif, p. 383.

FIN.

ERRATA.

Page 52, ligne 13, *au lieu de* il ne me reste, *lisez* il ne reste.

Page 55, ligne 9, *au lieu de* pouvait, *il faut lire* pourrait.

Page 140, ligne 2, après supérieure, *ajoutez* à s'emparer.

Page 153, ligne 12, *lisez* en aval *au lieu de* en avant.

Page 155, ligne 30, *retranchez* par cours.

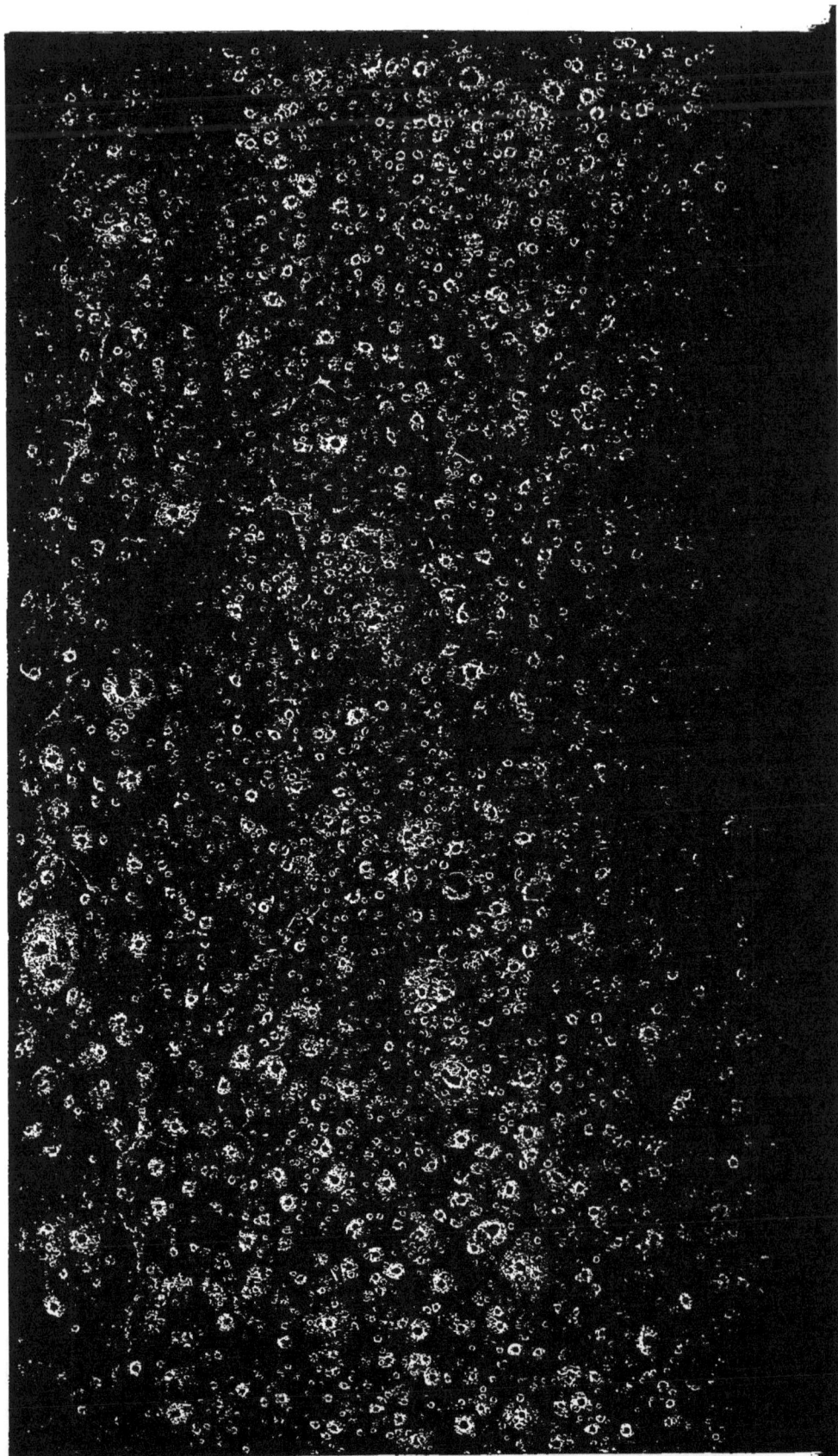

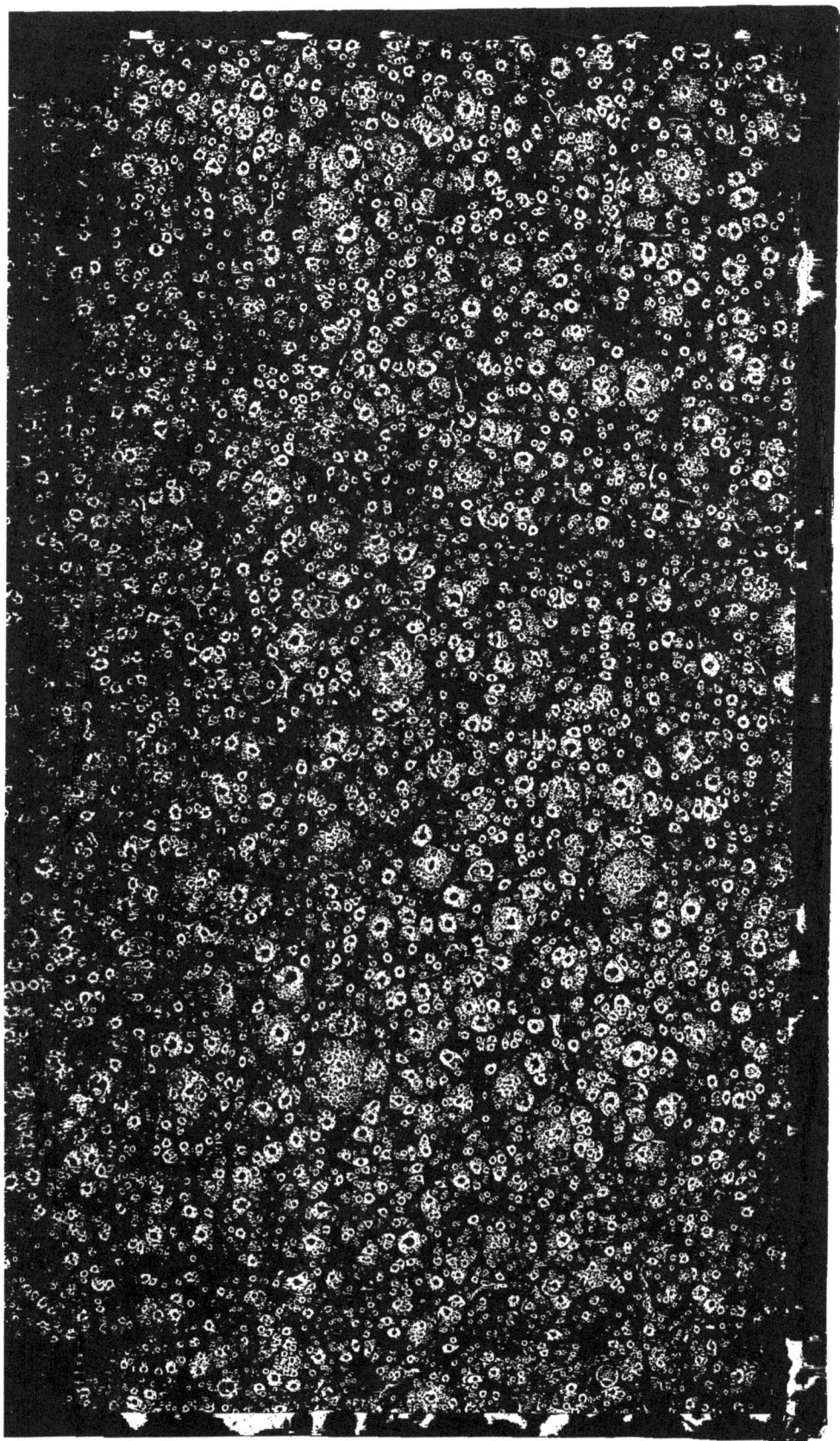

www.ingramcontent.com/pod-product-compliance
Lightning Source LLC
Chambersburg PA
CBHW060525220326
41599CB00022B/3434